李大钊评传

董宝瑞 著

燕山大学出版社
·秦皇岛·

图书在版编目(CIP)数据

李大钊评传/董宝瑞著. —秦皇岛:燕山大学出版社,2017.9(2021.5 重印)
ISBN 978-7-81142-467-6

Ⅰ. ①李… Ⅱ. ①董… Ⅲ. ①李大钊(1889-1927)-评传 Ⅳ. ①K827=6

中国版本图书馆 CIP 数据核字(2021)第 070941 号

李大钊评传

LI DAZHAO PINGZHUAN

董宝瑞 著

出 版 人:陈 玉
策划编辑:柯亚莉
责任编辑:柯亚莉 朱红波 王海平
封面设计:吴 波
出版发行:燕山大学出版社 YANSHAN UNIVERSITY PRESS
地 址:河北省秦皇岛市河北大街西段 438 号
邮政编码:066004
电 话:0335-8387555
印 刷:中国标准出版社秦皇岛印刷厂
经 销:全国新华书店

开 本:710 mm×1000 mm 1/16 印 张:33 字 数:470 千字
版 次:2017 年 9 月第 1 版 印 次:2021 年 5 月第 2 次印刷
书 号:ISBN 978-7-81142-467-6
定 价:88.00 元

出版说明

李大钊，字守常，中国共产主义运动的先驱，伟大的马克思主义者，杰出的无产阶级革命家，中国共产党的主要创始人之一。

1889 年 10 月 29 日，李大钊出生于直隶省（今河北省）乐亭县大黑坨村。近代中国半殖民地半封建社会的沉沦和黑暗，激发了他的爱国热忱，他立志为苦难的中国寻求出路。在十月革命的激励下，李大钊迅速完成了由民主主义者向共产主义者的转变，参与领导五四爱国运动，积极传播马克思主义，筹备创建中国共产党。党的一大召开后，李大钊负责党在北方广大地区的组织创建及革命工作。1922 年 8 月后，李大钊受党的委托协助孙中山改组国民党，促成了首次国共合作。1924 年 4 月后，李大钊担任国共两党在北方的主要领导人，领导北方党组织发动群众，开展了轰轰烈烈的反帝反军阀斗争，猛烈冲击了帝国主义势力和北洋军阀统治。大钊同志作为具有高尚道德品格的学者和革命家，名重当世，受到社会各阶层的广泛尊崇。1927 年 4 月 6 日，李大钊被捕；28 日，在北京惨遭奉系军阀杀害，英勇就义，年仅 38 岁。

今年适逢李大钊同志诞辰 128 周年和英勇就义 90 周年，我们也将迎来党的十九大胜利召开，回望中国共产党人近百年来为民族解放、国家富强和人民幸福而奋斗牺牲的历程，不由人抚今追昔，心潮澎湃。当此之际，我们将这部著作奉献于读者面前，旨在追慕大钊同志三十八年人生的光华与绝响，激励吾辈不忘初心，为实现中华民族伟大复兴的中国梦而继续砥砺前行。

这部《李大钊评传》充分利用了有关李大钊的原始档案资料，全面细致地追述了李大钊的生平和思想，尤其在李大钊的身世、家乡关系以及从美学角度探讨李大钊的文章成就等方面颇下功夫，同时对李大钊在特定历史时期的生活经历和社会关系等一些细节加以具体考证，作为一部人物传记，本书的内容可谓多有独到之处。

本书作者董宝瑞先生是河北昌黎地方文化名人，毕生以充沛的激情和缜密的态度致力于李大钊研究，一生成果颇丰。惜及至本书写作的后期，他不幸罹患癌症，但他在身受病痛折磨、已经失语的情况下仍以惊人的毅力撰写，直至完成本书的初稿。今天，我们将他的遗作郑重出版，以此告慰董先生。

本书的出版，得到了河北省社会科学院历史研究所所长朱文通先生的支持，也承蒙著名出版人、作家李津生先生拨冗审读并提出十分中肯的意见。特别感谢唐山市政协文史委王振良先生和唐山师范学院美术系董怀晶女士对书稿悉心批阅、加工润色和适当增删，并对编辑提出许多重要的建议。国家新闻出版部门重大选题审读专家进行了审读指导，在此一并致谢。

我们深知，出版一本中国共产主义运动伟大先驱的传记，任务光荣而艰巨，唯其如此，我们愿意知难而进。所幸上级领导自始至终给予我们巨大的关怀和鼓励，出版社同仁戮力同心，终于使这本书得以面世。我们也深知，本书还存在着某些不足，敬祈读者予以批评、指导和匡正。

燕山大学出版社
2017 年 9 月

序　言

一

宝瑞先生一直生活在渤海之滨五峰山下的昌黎县城。昌黎在商周时期属于孤竹国，著名的孤竹国王子伯夷、叔齐（清初名相魏裔介认为他们是传承中国文化道统的圣人之一）曾经在这一带留下过足迹；此外，昌黎还是唐代大诗人韩愈的郡望之地。昌黎境内的避暑胜地黄金海岸和五峰山风景区名扬遐迩，李大钊在五峰山的革命活动，更使昌黎成为红色旅游的胜地。

昌黎的山水赋予宝瑞先生卓越的才华和作家兼学者的独特气质。由于地缘关系，大学毕业后，他从文学创作和地方史研究出发，慧眼独具地选择了李大钊作为创作的主要题材和研究对象，在当代学者中是宣传、研究李大钊比较早的作家、学者之一。他把学习李大钊、研究李大钊和宣传李大钊作为自己的终生事业，孜孜以求，取得了令人瞩目的成就。宝瑞先生先后撰写或出版有中篇传记文学《李大钊与五峰山》、长篇传记文学书稿《铁血先驱》（1988 年，未刊）、《香山芳魂》（李大钊的夫人赵纫兰传）、《秦皇岛思绪》、《性乐山的人》、《碣石纵横谈》等，参加编纂或撰写的主要有《昌黎县史》、《李大钊史事综录》（北京大学出版社 1989 年 4 月版）、《李大钊与故乡》（中央文献出版社 1994 年 7 月版）、《燕山漫步》、《李大钊人格风范》（红旗出版社 1999 年 10 月版）、《李大钊传》（天津古籍出版社 2005 年 5 月版）、《李大钊年谱长编》（中国社会科学出版社 2009 年 12 月版）；还有《五峰山李大钊革命活动旧址》《古今昌黎》和《李大钊的审美历程》（2012 年完稿，未刊）等；此外还有一些文艺作品和论文被收入各种书中。宝瑞先生把一生都献给了李大钊研究的事业，他的逝世是河北史学界和文学界的一大损失，也是全国李大钊研究界的一大损失。

二

我和宝瑞先生相识于 1989 年，一次是 5 月在北京开会，一次是 10 月在唐山开会。那时，他参加编写的《李大钊史事综录》（原河北省社会科学院历史研究所副所长、后任辽宁师范大学教授韩一德先生主持）经过艰难曲折，终于由北京大学出版社出版；此外，他还向会议提交了学术论文《留学日本在李大钊一生中所起的作用》，后来曾经在《河北学刊》发表。从此，我们成为君子之交淡如水式的好友，每次见面或通信交流只谈学术问题，几乎不用寒暄。特别是在每次开会期间，比如 2013 年见面最多，分别在乐亭、秦皇岛、滦县的有关会议上见面，都会畅谈不止；微醺之后，他更是滔滔不绝，毫无倦意。我主持的《李大钊传》和《李大钊年谱长编》，他都给予大力支持和帮助，是主要撰稿人之一；在这期间以及后来他写作《李大钊的审美历程》和《李大钊评传》（最初他坚持名为《李大钊大传》，我提出书名中有两个“大”字，应该修改）期间，我们的联系更为频繁紧密，无法一一细说。他留给最深刻的印象是，好像总有一只手夹着香烟，头颅略微后仰，遥望远方，一副若有所思的样子。眼珠不停地转动着，似乎一只在看历史，另一只在观察现实。

他写作《李大钊的审美历程》和《李大钊评传》期间，不断发来文稿、论文或函件，探讨各种问题，有时我们还和李权兴先生一起探讨。进入2014年再也不见他的来函，我也没有多想，以为他赶写书稿很忙。直到6月中旬，我发电邮问他是否参加即将在昌黎召开的有关李大钊的会议，6月16日他才回复告知我因病在化疗，情况尚好。惊讶之余，我立即回函安慰、鼓励他，并和王小梅、裴赞芬商议抽空去北京看望他。因为拟于2014年10月举办全国性的李大钊学术研讨会，筹办过程困难重重，最后只能开一个简单的座谈会，加之同时我还得准备去美国女儿家探亲，准备签证手续资料之烦琐，更加令人烦躁。去北京看望宝瑞先生，只好延期，我在心底默默地祈祷他能够战胜病魔。可是无论如何也没有想到，到达哥伦布女儿家没有几天，很快就传来了宝瑞先生逝世的噩耗，并且是遗体已经火化，连个送花圈寄托哀思的机会都没有。当时，我脑子里一片空白，慢慢回过神来，遥望故乡的方向，在心中默念：老董一路走好！然而，仍然觉得悲痛之情，无处寄托。未几，李权兴先生和宝瑞先生遗孀张晓光老师先后来函，谈宝瑞先生遗著的出版事宜，张晓光老师并委托我作序。自然，我不能推辞。宝瑞先生生前很早就和我提及这件事，当时我说：还是请一位大学者作序为好。他没有接话。宝瑞先生逝世后，李大钊研究学者中，朱志敏先生、张静如先生于2016年春、夏相继魂归道山，前不久李权兴先生又驾鹤西游；此外，颇多其他亲人师友不断辞世，真是噩耗连连，令人抑郁，以至于难以自拔。

面对宝瑞先生的遗著《李大钊评传》，勉为其难，我开始正襟危坐地写这篇序言。其实，此前已经几次动笔，都觉得难以下笔，难以一气呵成。现在，我才深深知道，能够说出来的是怀念，而说不出来的却是心灵深处的沉痛，以及生活的无奈和生命的无常。宝瑞先生走了，我们只能直面这个惨淡的现实，好在他留下很多宝贵的论著和栩栩如生的文艺作品，文如其人，他将永远活在后人特别是喜爱他的读者心中；而且他在临终前还留下了凝聚着他无数心血和生命的代表作《李大钊评传》。现在，这部著作终于要出版了，这不仅仅是为了实现作者的遗愿，而且是为李大钊研究推出了一部足以传世的最新力作。

阅读这部专著的读者，未必都熟悉书的作者。 因此，还是略微介绍他的简历，以便读者有一个大致的了解。 我以为，与其说宝瑞先生是一个作家（出道于此），不如说他是一位学者，或者集二者于一身。 他长期游走于文史之间，可谓文史双栖，并且将二者完美地结合在一起。 董宝瑞，笔名东燕、洞箫、碣阳人等，祖籍河北卢龙（孤竹国的核心区域），1949 年出生于辽宁铁岭，自幼定居卢龙的邻县、曾经属于卢龙府管辖的昌黎。 1976 年毕业于河北大学中文系，他的同学都过了退休的年龄，曾经在各地各行各业大多都是精英和骨干，比如他曾经和我说起过多次的著名作家何申就是他的老同学。 宝瑞先生长期致力于文学创作，后来逐渐以李大钊研究为主。 曾经担任昌黎县文联主席，文学创作二级，河北省作家协会会员，中国李大钊研究会会员，兼任河北省李大钊研究会理事、秦皇岛市散文创作研究会会长等职。

宝瑞先生长期在基层工作，文学创作以散文、随笔和纪实文学等见长，同时致力于唐山、秦皇岛地方区域史研究和李大钊研究。 在本书的《写作缘起》中，他自述成长历程，可以说他是乘着改革开放的东风，从有关李大钊生平事迹的文学创作开始，进而登堂入室，进入李大钊研究领域，并做出独特的贡献。 换言之，宝瑞先生的创作和研究是从身边历史风物和历史人物出发的，以李大钊和昌黎五峰山为主，同时，他还是地域史研究，特别是“身边史研究”的典范。 我以为，《李大钊评传》的出版，一方面是宝瑞先生一生研究李大钊的总结和升华，凝聚着他一生的心血；另一方面又是对宝瑞先生逝世三周年的最好纪念。 倘若宝瑞先生地下有知，这应该是对他最大的慰藉，可以含笑于九泉。

三

不太熟悉宝瑞先生的读者，一看他是作家出身，又一直在地方和基层工作，对他能不能写好这部专著，可能会在心里打个问号。 如果是这样，那还真是不了解宝瑞先生。 他很早就和我谈过这部专著的写作计划，曾经有一家出版社希望再版我主持的《李大钊传》，但需要进行修订，我和宝瑞先生谈起过这事。后来因为涉及版权问题，只好作罢。不久，他就和我谈起他要写《李大钊大传》。我知道他这个愿望，已经在心底埋藏很久了。以我对他的了解，以为他完全能够胜任这一艰巨的工作，因而大力支持。他不是心血来潮，而是经过长期积累的。他十分熟悉有关历史背景和材料，有着比较深厚的研究基础。前面提到他的有关成果，足以证明他的能力。他不仅参加编写《李大钊史事综录》《李大钊传》《李大钊年谱长编》等多种撰著，而且还有两部未刊稿长篇传记文学《铁血先驱》（1988 年）和专著《李大钊的审美历程》（2013 年 2 月曾经发给过我，确实下了很大功夫）作基础。他写作的过程乃至很多细节，我也很了解。特别是他严肃认真、兢兢业业、求真务实、一丝不苟的态度和精神，令人感动。因此，在宝瑞先生自己看来，他写《李大钊评传》自然也是顺理成章的事情，不容置疑。

熟悉情况的学者都知道，现在网络检索很方便，读者也不难发现，目前学术界已经出版多本李大钊传记，还有没有重写的必要？我记得我主持《李大钊传》时，曾经就这个问题请教过张静如先生。先生在给《李大钊传》写的序言中回答了这个问题："有人担心李大钊的传记已出版几本了，大同小异，属于重复劳动。我觉得，像李大钊这样的人物，多出几本传，还是可以的。你看这本，他看那本，有研究的还可以比照看看，各得其益。再说，不同的研究者写出来的传着重点也不同。"接着，先生主要以董宝瑞执笔部分为例来说明河北学者写李大钊的家乡、身世等"就比较细，可见不同的版本，可以相互补充"，"只要有特色，下了功夫，就能立住脚"。（《张静如文集》第 4 卷，海天出版社 2006 年版，第 1354 页）我认为，张静如先生的意见在今天看来仍然很有启发意义。再说，不断有新资料被发现，研究工作也在不断地深入，李大钊传记也应该与时俱进。可以说，《李大钊评传》的出版，正逢其时。

我以为，宝瑞先生的《李大钊评传》在诸种李大钊传记中，可谓独树一帜，别具一格，《李大钊评传》可以说是目前把学术性和可读性结合得最好的一部。宝瑞先生擅长文学创作特别是纪实文学的写作，大家都知道他的文笔优美，加之图文并茂，足以保证《李大钊评传》的可读性。他将纪实文学作品的写作经验，融入到近年来在国内外比较流行的以研究为基础的“非虚构”式创作中，加之他多年来养成的专业研究基础，因而能够把“非虚构”式创作和严谨规范的学术研究较好地结合起来，这是他能力的独到之处，也是《李大钊评传》的突出特色。

宝瑞先生对建党前的李大钊研究，特别是对李大钊的故乡和身世，可以说如数家珍，写得细致入微。比如，和李大钊有关的历史人物之间的相互关系、村庄之间的距离，大概只有他能够发掘得出来。在一般读者乃至编辑看来，可能觉得琐碎。其实，我认为恰恰是这种对有关社会环境和史实的深刻揭示，可以引导读者更好地进入到当时的时空环境和生活场景当中，身临其境地体味李大钊的生存状况和人生境遇，可以说宝瑞先生使出浑身解数更好地发扬了上述张静如先生所说的优点。

当然，该书也难免有不足之处。通读全书的读者，可能会觉得读后一部分不如读前面的过瘾。这是因为作者对李大钊后期的研究不如早期深入透彻，尽管作者有意识地把主要精力放在后期的研究上，但是由于作者罹患肺癌，难以通盘修改提高。

现在回想起来，宝瑞先生在写作《李大钊评传》的过程中确实有一种只争朝夕的精神。难道是冥冥之中，他预感到了什么？他勤奋刻苦、严谨治学的精神，永远值得我们学习！

总之，《李大钊评传》一书史料翔实可靠，严谨规范，文笔生动，雅俗共赏，可读性强，加之颇多独到见解，促进了李大钊研究的深化。该书不仅适合广大党员干部和青少年学生阅读，更是专家学者教学和研究的案头必备参考书。后出转精，必将传之久远。

朱文通

2017 年 9 月 26 日于常守孤松斋

写作缘起

萌生写出一部追述李大钊的生平及其思想的传记的念头，已经有一些年头了。迟迟没有动笔，主要是觉得自己的学识和笔力尚有欠缺与不足。不过，写一写的愿望，随着时光的推移，非但没有淡化，反而愈加强烈，似乎总是有一股力量在催促自己，非要把这部书稿写出不可。

笔者与新中国同龄，在李大钊的冥寿年满六十时，笔者和不少迎接人民共和国诞生的婴儿一起来到这个世界上。其时，李大钊已经在古老的北京城英勇就义 22 年了。

记不清何时知道在为新中国的建立洒血捐躯的英烈中有伟大的革命先驱李大钊了，仅记得年少时即知晓他曾在家乡昌黎城北的五峰山韩文公祠避过难，在古称“神岳”的碣石山中留下了闪光的足迹。

了解到李大钊在昌黎五峰山的事迹，是在 1976 年的冬天。当时，自己刚刚由河北大学中文系毕业回乡工作不久，一个偶然的机会，见到一本纸色泛黄的打印本《昌黎县革命回忆录选集》，其中载有李大钊的长女李星华 1959 年 4 月写的回忆文章《父亲和昌黎五峰山》。

1977年10月下旬的一个下午，与驻军某部一位爱好写作的战士，同到昌黎县城东北的两山公社采访水果丰收的情况。采访结束时，获悉五峰山韩文公祠遗址就在两山公社五峰山大队境内，便请一位在公社工作的陆姓五峰山人带领我们前往。路途并不算近，需要穿过五峰山村的几个自然村，顺一道长长的山梁盘旋而上。好在那时自己年轻，腿脚灵便，十来里的山路很快便被踩在脚下。绕过东五峰山前的坡岭，登上西五峰山半山腰的坝台，到达当时已经拆毁有30年的韩文公祠遗址，看到的是满目荒凉的景象。上哪里去寻李大钊的遗踪？向导似乎察觉到这一点，又领我们攀上庙后峭壁高处的一条平台，指着一个天然石篷说：当年，李大钊嫌庙里游人嘈杂时，常在这里备一方桌，读书著说。那时，庙里的松柏遮天蔽地，盛夏当午，这儿也凉爽如秋呢……听着他动人的讲述，望着那山里人传说的“大钊读书石”，我的眼里顿时噙满泪花，仿佛看到了石篷下李大钊那“铁肩担道义，妙手著文章”的身姿。

这是自己第一次走近李大钊，其情其景，至今铭刻在心。

再一次走近李大钊，是在1978年10月中旬。当时，我被借调到唐山日报社编辑文艺副刊，一次到乐亭县文化馆走访文学创作成果颇丰的作家张建国，他领着我去坐落在滦河故道西侧的大黑坨村，拜谒了正在进行修缮的李大钊故居纪念馆。在李大钊撞响生命之钟的那个农家院落，我一边看着那简朴、通常的房屋，一边聆听刚刚恢复工作的李大钊纪念馆馆长刘荆山讲述李大钊小时候的故事，仿佛听到李大钊在那个东厢房屋的土炕上呱呱落地时发出的第一声啼哭和幼年时跟随他的老爷爷李如珍在院子里牙牙学语时的笑声。自那一刻起，李大钊对我不再陌生。他从家乡的热土走出，魂灵又回到了自己的故土。

由此，我开始一步步地走近李大钊，也开始一点点地查寻和记述李大钊的生平。

第一次凭吊五峰山韩文公祠遗址归来，我查阅《昌黎县志》和有关资料，写出《五峰长翠》《漫话五峰》等短文在一些报刊上发表。在纪念李大钊诞辰90周年之际，我又写出发表于1979年第4期人民日报出版社《战地》增刊的散文《李大钊与昌黎五峰》。在此期间，我千方百计地寻找李大钊当年在五峰山写下的诗文。当时，昌黎县图书馆关于李大钊的书籍，仅有北京师范大学教授张静如的《李大钊同志革命思想的发展》（1957年3月湖北人民出版社出版）。我根据书后附录的《李大钊同志著作年表》，托分配到中国社会科学院文学研究所的大学同学刘平查找《游碣石山杂记》《五峰游记》等文章。他很快抄录来李大钊1919年发表在《新生活》杂志的《五峰游记》，还有1918年、1919年发表在《新青年》和《少年中国》等杂志上的诗歌。令人更加惊喜的是，1979年6月，我到中国革命博物馆去查询资料，找到了1959年4月人民文学出版社出版的《李大钊诗文选集》。我一字一句地把《游碣石山杂记》《旅行日记》《自然与人生》《从五峰致郁嶷信》等都抄录下来。与此同时，我多次到五峰山村、马家山湾等地走访知情人，搜集到一些有关李大钊的民间传说。随着《李大钊传》等书的出版，我对李大钊的一生了解更多，对李大钊在五峰山留下的足迹追寻得也就更加细致了。1980年5月，我根据搜集到的资料和初步研究成果，写出了中篇传记文学《李大钊与五峰山》。后来，书稿几经修改，于1984年12月由河北人民出版社出版。接着，我又写出一些介绍李大钊与昌黎五峰山的文章，同时，开始撰写论文。1984年10月中旬，我携带论文《李大钊与昌黎五峰山》，到乐亭县城参加河北省纪念李大钊诞辰95周年学术研讨会，得以同国内外的一些研究李大钊的专家、学者结识。之后，我多次到北京参加李大钊研究活动，为北京和河北等地的李大钊研究者共同编纂的《李大钊史事综录》（北京大学出版社1989年版）提供了昌黎、卢龙等县的有关资料。同一时期，我和家乡一些人士积极推动集资重新修建五峰山韩文公祠活动，陪同李大钊的长子李葆华重上五峰山，替李葆华整理出《跟父亲两上五峰山的回忆》《我的回忆》等文章。时至1988年冬天，我不舍昼夜，利用三四个月的时间写出了23万字的长篇传记文学书稿《铁血先驱》，试图以文学笔法全面追述李大钊的主要战斗业绩。只是，由于种种原因，书稿未能出版。

后来，我发现自己对李大钊一生的了解和研究尚欠不小的火候，也就释然了。

1989 年 10 月底，我携带论文《留学日本对李大钊一生所起的作用》，到北京参加全国纪念李大钊诞辰 100 周年学术研讨会。从北京归来，我在继续写出一些李大钊研究论文的同时，先后写出《李大钊的审美历程》和《香山芳魂》（李大钊的夫人赵纫兰传）等书稿，并为中央文献出版社 1994 年 7 月出版的《李大钊与故乡》和红旗出版社 1999 年 10 月出版的《李大钊人格风范》撰写了一定数量的李大钊研究文章。进入新世纪，我又与朱文通、王小梅、裴赞芬、谢福临和李权兴、刘焕峰等本省的李大钊研究专家、学者，先后共同编写出由天津古籍出版社 2005 年 5 月出版的《李大钊传》、中国社会科学出版社 2009 年 12 月出版的《李大钊年谱长编》。《李大钊传》和《李大钊年谱长编》皆由河北省社会科学院历史研究所所长朱文通主编，出于地利之便，我主要负责的是李大钊的童年和少年部分，这使得自己对李大钊到天津投考北洋法政专门学堂之前的人生岁月进行了比较细致的梳理，对李大钊的童年和少年时代的生活有了一个比较清晰的了解和研究。在写这些书稿时，我强烈地感觉到，自己追述的尽管主要是李大钊的年少岁月，触摸的却是他的整个人生。再努一把力，好好写写李大钊的整个人生，写写自己多年来所了解和理解的李大钊的整个人生历程，写出一部比较详尽的李大钊传记，似乎是顺理成章之事了。

这些，就是笔者动笔写这部《李大钊评传》的缘起。

董宝瑞

2013 年 12 月

目　录

第十五章　生命绝响正气歌

第一章

少年才俊起蒿莱

颇具悲剧色彩的身世

19 世纪 80 年代的最后一个深秋，李大钊在中国北方的沿海乡村——直隶省（今河北省）乐亭县大黑坨村的一个农家宅院的一间小屋土炕上，撞响了自己的生命之钟。[1]

本来，人的出生时节与大自然的节令并无必然联系，但恰恰在这个时节出生的李大钊的身世，却似乎与自然界的景象异常合拍，充满了悲壮的气息。

李大钊在襁褓中的命运，并不像催生他的那个百草结籽、五谷归仓的季节那样圆满喜人，倒颇像迎接他来到人世间的那个寒风萧瑟、雪地冰天的季节那样冷酷无情。

李大钊的父亲李任荣，一个大黑坨村非常出众的青年学子，未等到儿子降生，就被疾病夺去了年轻而宝贵的生命。这使得李大钊尚未呱呱落地，就

---

[1] 李大钊的出生日期，公历为 1889 年 10 月 29 日，农历为清光绪十五年十月初六。他的农历生日镌刻在北京香山万安公墓墓地所立的碑铭上，是其夫人赵纫兰提供，应为准确。李大钊到日本东京留学初期，在用英文作文写《我的自传》时，说自己出生在 1890 年，当系用公历换算中国旧历年份之误；1927 年 4 月，他在就义之前写《狱中自述》时明言自己“现年三十九岁”，说的当是虚龄。

极其不幸地成了“遗腹子”，或曰“墓生儿”。

▲ 李大钊于1889年10月29日诞生的房屋

李任荣，字华亭，生于1867年5月29日（清同治六年四月廿六日）。他是大黑坨村老李家（大黑坨村民除李姓还有赵、杨、谷、罗等姓氏）李如珠的二儿子。李如珠上有一兄，下有一弟，皆已成家；在叔伯兄弟中间，李任荣排四。李任荣自幼聪敏，喜好识字读书，从而深得李如珠的兄长——在李任荣出生时已经整整40岁的李如珍——的喜爱。李如珍是一个走南闯北、争强好胜的人，人生的唯一缺憾是在老伴崔氏又生下一个女儿，完全失去生育能力时仍无子嗣；不得已，在李任荣童年时，与李如珠议定，把惹得他异常喜爱的李任荣过继为子，以续自家香火。

李任荣过继到家庭生活条件比较优越的大伯父李如珍家以后，拜执教经验比较丰富的昌黎县增广生赵辉斗为师，奋发求学，以图科场有名。然而，由于种种缘故，他自学成后连续参加童试均未走运，直至去世时也没能考中生员，身后仅落得一个“童生”的名分。李任荣在16周岁那年，不再是参加科举考试的“幼童”后，与西走马浮村（在大黑坨村西北5公里左右）的周家一个姑娘结婚，在家宅中院的东厢房屋建立了自己的小家庭。结婚以后，他不幸得了肺结核。李任荣究竟是在何时患上极其难治的肺结核的，已很难查清了。不过，据说，他在光绪十三年（1887 年）“书丹”由其继父李如珍以“从九品”的官员身份“督办”、由他的老师赵辉斗“撰文”的《华严寺前置买香火地基碑》时，身体业已比较孱弱，是铺着毯子跪在碑上书写的。他抱病书写的碑文为比较标准的楷书，笔画均匀、劲挺，字体隽秀、规整。这方如今保存在大黑坨村李大钊故居纪念馆前院碾棚里的石碑碑文，充分显示李任荣在自己生命的第 20 个春秋时，已经拥有了相当深厚的学习功底和不同一般的书法才华。光绪十三年，为农历丁亥年，系举行童试科考之年，李任荣在那一年是否又参加了每三年举行一次的童试科考，已不可得知；但从他当时的身体状况看，放弃参考的可能性很大，即便勉强又去应试，是年也很难考出一个比较理想的结果。

▲ 李大钊父亲李任荣生前书写碑文的石碑

在李大钊出生的前一年——光绪十四年五月初四（1888 年 6 月 13 日），渤海湾发生了一次强烈的地震，波及范围甚广，地处渤海沿岸的乐亭县境成为地震的重灾区之一。地震发生时，李如珍家的房屋因新翻盖只有 7 年，比较坚固，基本没有受到什么损害；而李如珠家的房屋较老，危险性很大。生性孝顺的李任荣从睡梦中被强烈的地震惊醒，异常惦念住在村东头的亲生父母的安危，见继父家没什么危险，就不顾自己身体有疾，火速赶到自己的原家察看。他见房屋破损严重，时刻有倒塌的可能，急忙把自己的生身母亲背出屋子，一直背到了继父家门口西侧的“老母庙”（旧时奉祀观音菩萨的庙宇）前的安全地带。这一吓一累，使他的病情突然发作，当场就吐了血。

自此，他一病不起。转年春天（光绪十五年三月），李任荣病入膏肓，在尚差一个月才年满 22 周岁时，丢下刚刚确定怀有身孕的妻子周氏凄然离开人世。[1] 他的不幸早逝，使李大钊不待出生，就与自己的生身父亲生死两界了。

李大钊的母亲周氏，生于 1866 年 2 月 12 日（清同治四年腊月廿七日）。依照传统的说法，她比李任荣大两岁，实际只长一岁多几个月。据说，周氏容貌清秀、俊俏，聪敏、贤惠，心灵手巧，炕上地下的活儿样样能拿得起、放得下。她按“父母之命”“媒妁之言”与李任荣结婚后，与知书达理的丈夫相处分外融洽，小两口互敬互爱，日子过得比较甜美。她嫁到李家以后，安分守己，恪守妇道，时时处处孝敬公婆、体贴丈夫，一心一意扶持正值韶华之龄的男人刻苦读书，期盼李任荣早日榜上有名，为李家光宗耀祖，也能“夫荣妻贵”。李任荣染病后，她精心伺候丈夫吃药治病，细心为丈夫调养身体，从不惹丈夫生气，尽心尽力帮助李任荣早日摆脱病魔的缠绕。李任荣被无情的病魔夺去了生命，令她五内俱焚，悲恸欲绝，一时恨不得也陪伴情深意笃的男人远去；是自己身上孕育的小小生命，使她顽强地存活下来。生下与自己同样属牛的李大钊[2] 之后，她时常在暗地里以泪洗面，更加思念在儿子出生前 7 个月就被病魔夺走的丈夫，心神始终难宁。光绪十七年正月廿七日（1891 年 3 月 7 日），由于长期过度悲伤，也被病魔缠身，她在李大钊来到这个世界上只有一年零四个多月时，丢下这个“十分需要她照看的可怜的婴儿”[3]，猝然辞世，终年 25 周岁。

父亲在李大钊降生之前未能养儿育女，母亲在他不到一周半时（按虚岁

---

[1] 在当时的医疗条件下，肺结核基本上为不治之症。据传，李任荣在逝世前几个月，家里请一个远方来的拉骆驼的游医为他诊治，那个游医见已无回天之术，开出药方后叮嘱李家“留后”。

[2] 周氏生于农历乙丑年，李大钊生于农历己丑年，属相均为牛。

[3] 李大钊：《我的自传》，《李大钊全集》，河北教育出版社 1999 年版，第 2 卷第 322 页。

算则为3岁）不幸去世，令李大钊“在襁褓中即失怙恃，既无兄弟，又鲜姊妹”[1]，尚在自己的生命摇篮之中，就由他自己在成年后仍有些忌讳自认的“遗腹子”[2]，变成了在北方乡村被视为命苦至极的孤儿。可以说，在寒冬时节即将到来时撞响自己生命之钟的李大钊，在对任何世间之事都混沌不知时，就懵懵懂懂地接受了人世间最悲辛的命运洗礼。

李大钊的身世不幸，就其家庭环境来说，似乎还不仅仅如此。

李任荣是李如珍的过继之子，这就决定了新降生的李大钊的过继孙子的身份。而李如珍没有亲生儿子，却有亲生女儿，老伴崔氏最疼爱的老闺女（李大钊称其为“三姑”），出嫁后仍旧惦念娘家堪称可观的家产。在李任荣去世时，李如珍有上好宅院和上百亩良田的家产继承权问题就凸显出来。按那时的民间风俗，去世的男人没有子嗣，则为断后，而谁在为其送葬时打出殡之“灵幡”，谁则可继承他的家业；死者无后，一般在本家族中找一个情愿过继到死者名下的儿辈执幡。安葬李任荣时，为李任荣的英年早逝极度悲苦的李如珍并不知儿媳已有身孕，又极不愿就此甘当“绝户”，百般无奈，只得按照乡情与两个弟弟商议，准备从孙辈中找一个过继孙子为李任荣出殡执幡。李大钊的母亲周氏得悉这一情况，焦虑万分。她很担心自己若生下一个男孩，将来难以顺利承袭家业。但她刚刚守寡，一时不便向公公说明；而婆婆又痴痴呆呆，恐难以说清。万不得已，她把实情告诉了赶来为自己侄儿送殡的姑婆婆。李如珍从妹妹口中得知儿媳已经身怀有孕，心中又有了传续香火的期盼，当即决定让周氏替未出生的婴儿为自己“短命”的过继儿子执幡。从此，在精神上受到极大打击的李如珍，最渴盼的是儿媳能给自

---

[1] 李大钊：《狱中自述》，《李大钊全集》第4卷第713页。

[2] 李大钊在留学日本初期用英文写的《我的自传》中说：“当我刚刚两岁的时候，我的父亲就去世了，第二年我的母亲又去世了……”按照虚龄计算，李大钊的母亲确实是在他3岁时去世的；他的父亲去世的时间并非在他“刚刚两岁的时候”，而是在他出生之前，或曰虚岁1岁。他这样写，显然是有意地隐讳了自己“遗腹子”的身世。

己生下一个能够续后的孙儿。盼到李大钊出生，他自然是欣喜异常；而他的老伴崔氏和私心较重的女儿“老捡姑子”[1]，却对李大钊的问世并不兴奋，总觉得李任荣的早逝给家里带来不少晦气。

当时，李家仅剩下李如珍老两口，如何养活这个尚在襁褓中的孤儿，成了这个老龄家庭最大的难事。

在李大钊幼小的生命遇到生存危机时，家里的反响是截然不同的。年逾花甲、已经64岁高龄的祖父李如珍，拼出老命也要把李大钊养活成人，以为自家留下一棵传宗接代的根苗；而年近古稀的祖母崔氏，“久症”[2]在身，精神业已不大正常，不仅“憨傻”，“心地也狭窄”，到此时“除了她的亲闺女老捡姑子以外，心里什么人也没有了”，她不仅“对她的过继孙子”，“连眼皮也没有撩过一下”，而且对失去怙恃的李大钊采取的据传是“死了算了”的态度，一心想的是死后让自己的“女婿”给打“灵幡”[3]；而婚嫁在外的“老捡姑子”居心叵测，与游手好闲、不务正业的丈夫“王大手断”，似乎在盼她的这个过继侄儿早日饿死，以由她和丈夫来主要承继娘家的家

[1] 见李星华《回忆我的父亲李大钊》，上海文艺出版社1981年版，第21页。李如珍的小女儿被称为“老捡姑子”，从乳名“老捡”看，当为老来所养（“老捡”当为老来又“捡”到一个孩子之意）。从李星华的回忆看，李如珍当有3个女儿，“大女儿和二女儿早就嫁到离家很远的地方去了”。实际情况很可能是在李大钊出生前后，李如珍仅剩有小女儿在世。据了解，现仅知“老捡姑子”有一个姐姐出嫁后殁于乐亭沿海一场匪祸；为此，掌握这一情况的李大钊故居纪念馆第一任馆长刘荆山在撰写《墓碑和族谱考》时云“李如珍无子，只生二女”（《李大钊与故乡》，中央文献出版社1994年版，第13页）。

[2] 李大钊的表姑薛范氏，李如珍妹妹之女，小时曾协助李如珍看护李大钊，长大后出嫁到离大黑坨不算太远的富各庄，与李大钊的关系一直比较亲密。她在1957年3月16日口述、由其子薛贵仁笔录的《李大钊先烈略传》（现藏乐亭县档案馆，载《李大钊同志及其故乡革命活动资料》第182～185页）云李大钊小时，“祖母尚有久症”。所谓“久症”，当为不宜言明的“久”就有之的痴傻病症。对于祖母当时的思想与病症，李大钊长大后表示了深深的理解和同情。

[3] 李星华：《回忆我的父亲李大钊》第21～22页。

产[1]。一时，失去了勃勃生机的家庭险象环生。据乡里人相传，李大钊在母亲死后并未脱奶，待人续哺，奇怪的是，李如珍连请几个奶妈试乳，他均拒吮，唯有“三姑”的奶水尚能吃上几口。李如珍决定为女儿的孩子另请奶妈，让女儿把李大钊奶大，可女儿说啥也不肯答应，气得他表示要和女儿断绝一切关系。被私心缠住的女儿非但不体谅他的心情和处境，竟回到家里大哭大闹，甚至拿刀动杖，扬言要杀死年纪尚小的李大钊。万般无奈，生性刚强的李如珍不顾自己年迈体衰，与孙子相依为命，一肩挑起抚养李大钊的全部重担。

李如珍，完全可以说既是李大钊的祖父，又是李大钊的“再生父母”。老人在少年时曾读书求学，成人后到东北经商多年，是一个见过世面、生活阅历比较丰富的人。他婚后与结发老伴仅生有女儿，为不使自家“绝户”，在年近半百时不得不把李任荣过继到自己膝下，供其读书，以求自己的继子能中举及第，光宗耀祖。年过半百，他归土还乡，先将家宅翻盖一新，立堂号为“怀德堂”，继而又为李任荣娶妻成家。李任荣未考中生员即病殁，对他年老而依然十分好强的心灵无疑是一个异常沉重的打击；而李任荣留下的根苗——李大钊的出世，又给了他莫大的希冀与慰藉。也许是怕独苗难养，尽管在李大钊诞生之际，他恰巧在自家附近的地里捉到一只有“百灵”“百龄”寓意的百灵鸟，算是一个吉兆，但他并没有因此给李大钊起一个带“灵”字的乳名，而是按照乡俗，反将他叫成了“憨头”。儿媳的紧接去世，令他心中苦不堪言；唯一剩下的女儿的忤逆不孝，又使他怒不可遏。他不顾有些瘋瘋憨憨的老伴说三道四，自己充当李大钊的“奶妈”，每天守着

---

[1] “大手斯”（“斯”方言音 xiē），系乐亭皮影中独有的串场逗乐丑角，以“大手”为主要特征；“王大手斯”为“老捡姑子”的王姓丈夫的绰号，贬义成分较大。当李大钊尚年幼时，“老捡姑子”为了争娘家的“财产”，非常恨他“这个过继侄儿”，给李大钊幼小的心灵留下很深的印痕。“为什么三姑老要害死我呢？”曾是李大钊幼年时不得其解的疑问，直到他找到革命真理后才认识到，这是整个以私有制为主的封建社会制度造成的，并不仅是他儿时个人生活的悲剧。

李大钊，把饭嚼烂后一口口喂他；夜里，他让李大钊亲着自己的胖乳头入睡。为此，大黑坨村至今还流传着李大钊是吃他爷爷的奶头长大的说法。

当时，李大钊就是这样，在父母相继亡故之后，用他自己在牺牲前写的《狱中自述》中的话说，“为一垂老之祖父教养成人”的。

李大钊的身世，在中国近代有影响的历史人物中是比较罕见的。他在童年时经受的磨难，可以说是从娘胎里就开始了；在襁褓中，他饱尝的是悲剧的滋味，以致面临难以跃出人生摇篮的危险。人是没有先知先觉的。李大钊的身世再苦，异常聪慧的他也不可能从幼年起就开始有意识地感受悲剧的力量。使他产生朦朦胧胧的人世间温暖而炽烈的感觉的，唯有他的“监护人”——代其父亲对他实施“庭训”的祖父李如珍。李如珍，当为他步入人生的第一个崇仰对象。因为，幼年的李大钊不仅“不思其父”，就连哺育他的母亲也只留下一个依稀的印象，唯有与他朝夕相处的祖父，在依照自己的人生宗旨，精心地抚育并教育他成长。老人的身传言教，一举一动，都给了他终生难忘的影响。从一个亲密而年迈的老人身上，他耳濡目染，感受到了热忱、豪爽的性格，感受到了中国的传统美德，感受到了人世间的温暖与希望，感受到人的生命的美好前景。

这可以说是李大钊生命摇篮的独特之处。

河北乐亭县大黑坨的李氏家族

坐落在乐亭县城东偏南15.5公里处的大黑坨村，始建于明朝初年，是一个多姓氏的村庄。全村的聚落以东西一条长街为主，住户主要有李、赵、杨、谷、罗等姓。罗家在村西头的罗庄子，李、赵、杨、谷等姓人家在大庄。李姓家族在大黑坨村是大户，李大钊在世时约有三四十户李姓人家。

大黑坨村李姓家族在村东北大沙坨上所立的祖茔碑文，对其家族迁徙到大黑坨村的时期有明确记述："始祖以明永乐二年奉诏移此，卜筑此乡。"但来到大黑坨村的李姓家族迁自何处，碑文没有写明。对于李家的来源，多年来村中主要流行两种说法：一种说法是李家祖先是在明永乐年间自山西移民而来，一种说法是李家祖上是在明永乐二年（1404年）由山东南部迁此定居的。

李家祖茔以李大钊的五世祖李文翠的墓地为主墓，墓前立有两座碑亭，其中一座碑亭的石碑上刻有清同治二年（1863年）重修墓地时所撰《大黑坨李氏族谱引》，其正面为立碑缘由的说明，背面刻有是时的李家三代谱系名单。

现藏李大钊故居纪念馆的《大黑坨李氏族谱引》碑文已破损严重，字迹不可全辨。从能够识别的字句中可以得知，李姓家族自明永乐时卜筑此乡之后，到清同治初年已在大黑坨村居住有450多年，由于种种原因，到清咸丰年间家谱已经失传，不得不新立《大黑坨李氏族谱引》。碑文在阐述立碑缘由时特意提到的“嘉庆十六年，岁甚凶荒”，是指当年发生的一场特大滦河水患。据清光绪《乐亭县志》所载《滦河东迁志》，清嘉庆十六年（1811年）夏天，乐亭县境遭遇“滦水大发”，是时“洪波迅湍，势不容遏”，“乐邑四门皆为水困，登城四望，一片汪洋，车马路绝者数月，惟舟可以来往，滦水之灾至此极矣”。那年“八月之后，诸乡庐舍虽存，墙院萧然，家无盖藏，人有饥色”；“十月初，妇女遍野皆以掘草根度日，见之惨然。穷苦之家生无衣食，死无棺木，道殣相望，至有鬻妻卖女者”。显然，是那一年滦河泛滥形成的特大灾害，使大黑坨的李家祖墓遭到前所未有的破坏，乃至“坟树”皆空，家族“涣散”，再也无人经管了。

经过100多年的休养生息，到李大钊出生前30年左右，由李大钊的曾祖父李为模出面，把李家多年荒芜、破乱的祖茔整修一新，栽植树木，添置祭田，再兴茔祭。到同治初年，李为模又在主持修建3间看茔房屋之后，在父亲李文翠的墓前修建了石供桌和碑亭，刻镌了《大黑坨李氏族谱引》，使家族的祭奠、续谱等活动得以重新开展。

从《大黑坨李氏族谱引》碑文所刻李家三代世系族谱看，大黑坨李家的人丁到这时已经相当兴旺。族谱主要记载的是当时李姓家族名字中间为“为、如、任”字的三代子孙，其中“为”字辈有“智、梁、枢、卿、荣、相、模、美、得、勤、俭、德”等12位，而李为梁、李为枢、李为模为李文翠的三个亲生儿子，李为模行三，是其最小的儿子。“如”字辈较多，分作两行排列，有38位，其中李为模之子李如珍、李如珠、李如璧排在第二行；“任”字辈排列三行，有60位，其中没有李大钊的父亲李任荣的名字，他是立碑4年之后出生的。

排列在“为”字辈中间位置的李为模，系李文翠的第三个儿子。据李大钊故居纪念馆现存的祖先牌位记载，李大钊的曾祖父李为模，字广训，生于清嘉庆六年四月二十四日（1801年6月6日），卒于清同治十一年六月初五

(1872 年 7 月 10 日)，享年 71 周岁。从他能够在清咸丰末年和同治初年整修李家已经荒凉多年的祖茔看，李家的家境逐渐好转，生活比较富裕，并积有一定家产，可出面承办家族的一些公益事业，是在李为模在世之际。是他主持重新修整了李家的老坟。

李为模也有三个儿子，其长子是李大钊的继祖父李如珍，次子是李大钊的亲祖父李如珠，三子是李大钊的三祖父李如璧，而李为模的子女中比较持重且比较富有的是李如珍。按照规矩，李大钊的父母去世后，包括在李大钊出生之前的秋七月去世的李如璧，都一一按照次序下葬于李家坟地。到清光绪二十三年（1897 年）李大钊的亲祖父李如珠病故时，李如珍以“老茔狭隘，难以埋葬”，主持李为模一脉后代，在老茔之北数十丈另辟了一个新的茔地。当时，李如珍在主持开辟新的茔地时，为父亲李为模建有一座虚祖墓，立有虚祖碑一通，镌有“皇清例赠登仕佐郎显考李公讳为模字广训、妣孺人檀太君之茔墓”等字样[1]，并在碑的背面书有叙述开辟新茔缘由的碑文。从碑文可知，李如珍的三弟李如璧去世较早，是在李大钊出生前三个月病故的；而李如珍的二弟李如珠是在这一年去世的。李家新墓地开辟以后，李如珍在 9 年之后埋葬于此，其墓当为主墓。后来，李如珍和李如珠两家的后人去世，也均埋葬于此。这个墓地，被村里人称为“李家新坟”。

李如珍，字怀瑾，生于清朝道光七年（1827 年），是大黑坨村一个颇有影响和威望的人。他自幼颇喜读书，但由于家境尚不算富裕，他在读书的路上并没有走出多远，未能踏上科举考试之路，而是在学到一些文化知识以后，就去了关外，到东北“住地方”[2]，学做生意，最终成为一个商人。他

[1] 刘荆山：《墓碑和族谱考》，《李大钊与故乡》第 12 页。

[2] 当地人称去关外学做生意或做买卖为“住地方”。一般是先学徒，当小伙计，再有本事可以当“掌柜的”（生意的主要经营管理者），再以后或与人合开店铺，或独立经商，成为“东家”（“买卖”的拥有者）。清朝后期，乐亭县与邻近的昌黎县和滦州等州县形成到东北行商的风气，不少青少年远离家乡，到山海关外的东北各地学做生意，有一些人后来成为有名的商人。

与有着家族亲戚关系的本村“福臻堂”的赵良佐、赵文隆父子关系较好，可能跟曾在黑龙江省双城县开有杂货铺、油房等“买卖”的赵良佐学过生意；在赵良佐年老后，他又与子继父业的赵文隆（比他小 20 岁）搭过多年伙计（赵文隆后来成了李大钊的岳父）[1]。那时，赵良佐、赵文隆父子是“东家”，他是比较精明、能干的“掌柜的”。后来，他在长春、万宝山一带当过不少年行装商。细情究竟如何，如今已经很难知晓，但可以肯定的是，那时他挣到不少钱，不仅在家乡购置了一些耕田，还有了一定的积蓄。这使得他在东北的“胡子”（土匪）越闹越凶，他和赵文隆无法再在关外继续经商，关掉“买卖”回到老家之后，得以重建宅院，在村中立一堂号[2]，为过继儿子成亲，显示了比较强盛的经济实力。据乡人相传，“四方大脸，膀大腰圆”，身体“结结实实”[3]的李如珍，脾气有些暴躁，但他“为人好善积德，心直性耿，廉洁奉公，好打抱不平，常为村中解决纠纷，打井、修庙为群众办事”；“由于他主持公道，有条不紊，不负众望，颇受乡中父老赞

[1] 据杜全忠《岳父赵文隆一家人》（《李大钊与故乡》第 28～31 页）记述，赵文隆“生于 1847 年 5 月，卒于 1903 年 4 月”，祖籍在昌黎县大滩村一带。他的父亲赵良佐在东北学“买卖”有成，曾在双城堡（今黑龙江省双城县）开有杂货铺、油房等。赵良佐年老后，由唯一的儿子赵文隆继承父业，经管这些“买卖”。从李如珍曾与赵文隆多年一起经商看，他去东北学做生意时投奔赵良佐的可能性很大。此外，从刘荆山在《身世与启蒙》一文中说李大钊是同“他姑奶的三孙女赵纫兰结了婚”，“他们是‘老亲’”（《李大钊在河北》第 10 页）看，李如珍当与赵良佐有亲戚关系；赵良佐的妻子当为李如珍的叔伯或本族姐姐。另，“大滩村”当为“崖上村”。据昌黎县地名办公室 1983 年 11 月编印的《昌黎县地名资料汇编》介绍，大滩村所在地原为大片海滩地，清道光二十七年（1841 年）前后，赵姓从崖上迁来开荒定居，因地处海滩上而得名“大滩”；据此，赵文隆一家的祖籍当为昌黎县城西南偏北 24.5 公里处的崖上村，为明朝时的先祖赵胡玉后裔。

[2] 那时能给家宅立堂号的，家里得有点资产和名堂。当时，大黑坨村立有堂号的一共 3 家，除李如珍立的“怀德堂”和赵良佐、赵文隆家立的“福臻堂”之外，还有杨家的“白玉堂”。

[3] 李星华：《回忆我的父亲李大钊》第 16 页。

扬”[1]。据说，由于李如珍为人正直，疾恶如仇，好管不平事，善摆理直言，在村中威望很高，素有“李铁嘴”之称；同时，他直爽好客，乐善好施，回乡后热心村里的公众事业（村西华严寺前的香火地就是由他张罗购置的）。此外，从李任荣书写的《华严寺前置买香火地基碑》明确署有“督办人从九品李如珍”看，李如珍生前多年拥有“从九品”的官衔，似乎又有“为官”经历。

刘荆山认为，说李如珍仅仅是“一个买卖人，实际是不全面的”，“他还有从九品的官衔”，“他的官职虽低，但表明确是个读书的人，所以他特别重视培养后代求学”[2]。他在撰写《身世与启蒙》一文时说，李如珍在“少年时，发奋读书，成绩优良，曾到永平府院试，考中秀才”[3]。此外，《李大钊传》在介绍李如珍时，明确说他“也是个读书人”[4]。只是，李如珍自幼求学，曾读过不少书，有一定的文化履历，基本可以确认，但说他年轻时就有了“生员”的功名，尚有质疑之处。一是若说李如珍从年轻时就已经有“生员”的功名，却不见于李大钊本人的任何文字记述及其亲属、后代的任何回忆，也不见于碑文的记载，其在《华严寺前置买香火地基碑》仅注明的是“从九品”的官衔，未有“生员”字样；二是李如珍若在青年时代即考中生员，则会在参加科举考试的道路上继续走下去，不会在青年时代就到关东去学做买卖，并在东北经商多年，由此而成为一个比较富有的商人。实际的情况，当是李如珍在在掌握了一定程度的文化知识以后，就去了关外，到东北“住地方”，学生意，最终成为一个商人。

李如珍的“从九品”官衔，从他的生平情况看，当是在东北经商有了一定的经济实力后“捐纳”而来的。

捐纳官衔与相应职务，在李如珍在世时的清朝末期，并非不是为官的正

[1] 刘荆山：《身世与启蒙》，《李大钊在河北》第 7 页。

[2] 刘荆山：《墓碑和族谱考》，《李大钊与故乡》第 13 页。

[3] 刘荆山：《身世与启蒙》，《李大钊在河北》第 7 页。

[4] 《李大钊传》，人民出版社 1979 年版，第 1 页。

途。所谓“捐纳”，即平民可通过捐纳财物来获得官职，生员可通过捐纳财物成为贡生和监生，也可得到低级官吏的虚衔或实任，官吏通过捐纳财物可以晋级。清朝末期，朝廷腐败，国库空虚，捐纳制度几乎泛滥成灾，捐纳价位愈来愈低，致使由捐纳而得到低级官吏虚衔或实任的人数剧增。不过，当时捐纳情况各有不同，一些人盼望就此走上仕途，或是当官发财，或是有所作为；也有不少平民捐纳官衔，并非为了就此走上仕途，而主要是为了改善家庭的社会地位，光宗耀祖，荫及子孙。从李如珍一生的品行看，他在中年时不惜破费钱财捐得一个品级最小的官衔，显然不是为了个人能炫耀乡里，而是为了子孙能在科场求取功名时有一个较好的名分。当时，多数乐亭人在东北经商挣钱后，除置地、盖房外，以供子弟读书、改换门庭为本，李如珍亦当如此。此外，从曾与李如珍一起在东北经商的赵文隆家中柜子里藏有“顶戴花翎”和“绣袍”等物看，李如珍的“从九品”官衔，是在东北经商时与赵文隆一起捐置的可能性最大。

李如珍的“从九品”官衔所任官职，从李家新坟所立虚祖墓碑分析，当为“登仕佐郎”。

按照清朝实行的“九品十八级”官阶制度，从九品为最末一级的官衔。另外，从九品文官的官位初授将仕佐郎，升授登仕佐郎。李如珍的“从九品”的官衔对应的官位，从他在清朝光绪二十三年（1897 年）在“七十一”时“率侄孙”为李家新坟立虚祖墓前立石碑为已故父母李为模、檀氏所标明的称号看，应是“登仕佐郎”。在李家新坟虚祖墓前立的石碑上，为李为模、檀氏夫妇书写的是“皇清例赠登仕佐郎显考李公讳为模字广训、妣孺人檀太君之茔墓”。由此，完全可以确认，李如珍的“从九品”官衔对应的官位为“登仕佐郎”，而他的父亲李为模和母亲檀氏，正是因他有“登仕佐郎”的官位，才得以在墓碑上书写“皇清例赠登仕佐郎显考李公讳为模字广训”和“妣孺人檀太君”字样的。

李如珍生前所拥有的“从九品”官衔和“登仕佐郎”官位，从他的生平状况分析，当为虚衔，并未任过实职。据刘荆山《身世与启蒙》一文介绍，

"由于列强入侵，清朝政府腐败，内忧外患，接踵而来"，使李如珍"有衔不能任职"。而实际情况，李如珍当年捐纳的官衔相应的官位，很可能本身就是虚衔，并非"有衔不能任职"。

通过对碑文与李大钊故居内现存的祖先牌位查证，李家的祖先有文字可考者，从其高曾祖父李文翠始。而大黑坨村这一脉李氏家族，在村里和家族中地位开始比较煊赫，当自李大钊的曾祖父李为模起。作为李为模的长子，李大钊的继祖父李如珍到东北经商致富，并捐纳从九品官衔，拥有登仕佐郎官位，又使这一脉李氏家族在大黑坨村的地位更加显耀。

“人之生”的乡土境遇

“人之生也，莫不有其环境，而常与其生以莫大之影响焉。”[1] 人是环境的产物。环境塑造了人，并在无形中给人的精神和行为打下了深深的思想与社会烙印。李大钊这句论及“人”与“环境”的话语，很难说没有深深地包含着自己的人生体验。

“人之生”的“环境”，当然不仅仅是指其当时所处的家庭环境，还包括其当时所在的自然环境和社会环境等诸多方面的情况。李大钊的家庭环境，应当说是错综复杂，悲剧色彩较浓的。他能从那样一个“与其生以莫大之影响”的家庭环境走出来，投身改造社会、再建中国的伟大斗争洪流当中，实属不易。那么，李大钊的“人之生”是在一个什么样的社会环境和时代背景下开始的？特别是直接影响他接触社会、感受世界的乡土境遇又是如何？是否也给了他一生“以莫大之影响”？

“我出生在离北戴河大约百里的海滨。”[2] 这是李大钊留学日本时，用英文写的《我的自传》的开头语。这句话，点明了他的家乡——今河北省乐

[1] 李大钊：《民彝与政治》，《李大钊全集》第 2 卷第 357 页。

[2] 《李大钊全集》第 2 卷第 322 页。

亭县大黑坨村的地理位置。

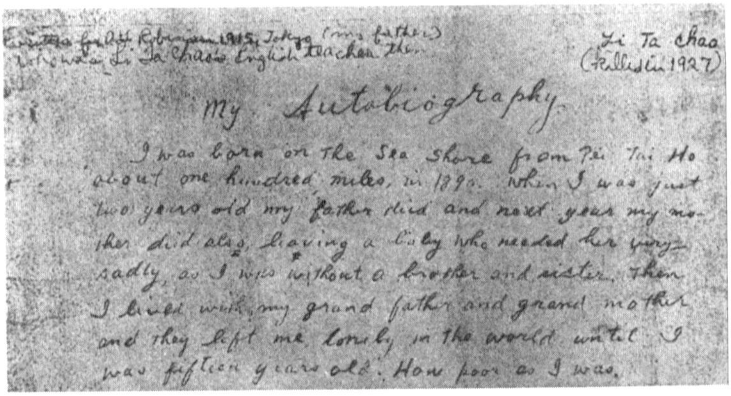

Written for A.H. Robinson 1915, Tokyo (my father) who was Li Ta Chao's English teacher then.

Li Ta Chao
(Killed in 1927)

My Autobiography

I was born on the Sea Shore from Pei Tai Ho about one hundred miles, in 1890. When I was just two years old my father died and next year my mother died also, leaving a baby who needed her very sadly, as I was without a brother and sister. Then I lived with my grand father and grand mother and they left me lonely in the world until I was fifteen years old. How poor as I was.

▲ 李大钊日本留学时用英文写的《我的自传》

“北戴河”作为地名，有两个概念：一个是指原在直隶省永平府抚宁县境的北戴河村（在北戴河车站北约1公里处，今属秦皇岛市北戴河区管辖）；一个是指原在直隶省永平府临榆县境，现为秦皇岛市辖区的北戴河海滨。两地之间相距约有7公里。李大钊在《我的自传》中所说的“北戴河”，从当时的情况看，显然指的后者。

在李大钊出生时，北戴河村与大黑坨村一样，无声无息。两个村相隔上百里之遥，同为直隶省永平府的沿海村庄，只是一个在抚宁县与临榆县交界之处，一个在间隔着昌黎县辖域的乐亭县境。北戴河之所以在19世纪末期出名，是因其名先与现代交通设施——铁路结缘，成为一个车站的定称；后又延续到临海地域，成为近代中国的第一个海滨避暑区的美称。

李大钊出生的年代，处于中国最后一个封建王朝——清王朝的末期，也是中国遭受帝国主义的侵略，被迫向世界近代化进程加速靠拢的关键时期。1876年（清光绪二年），“洋务派”的代表人物李鸿章着手经营以“求富”为目的的民用企业，派上海轮船招商局总办、候补道唐廷枢到滦州境内勘探，发现滦州西部的开平镇一带矿藏十分丰富，极有开采价值，遂在天津设立了官督商办性质的开平矿务局，着手在滦州西部兴办与世界接轨的工业。开平矿务局原拟煤、铁兼采，后因炼铁成本太大，招股一时难以足额，遂聘请英国技师，从英国引进机器设备，先办采煤业。1881年（清光绪七年），开平煤矿建成，开始出煤，所产煤炭通过在胥各庄至宁河县阎庄之间开挖的一条人工河（时称“煤河”），转入蓟运河，运至天津港口海运上海等地。当时，因胥各庄至唐山一带矿区的地段地势较高，不宜挖河，但朝廷一些重臣又极力反对在开平至芦台间修筑一条运煤铁路的计划，唐廷枢以修建“快车马路”的名义，雇用英国工程师金达在唐山至胥各庄之间秘密修建了一条长达10.2公里的轻便铁路。1881年6月9日，唐胥铁路修理厂制造的中国第一台蒸汽机车开始上轨运行。尽管自此“运输之力，陡增十倍”，时隔不久却因清政府中的守旧派以机车行驶“震动东陵，先王神灵不安”等由责难，开平矿务局不得不停用蒸汽机车牵引，改用骡马在铁轨上拽拉煤车，直至次年方止[1]。唐胥铁路的修建，为中国自办铁路之始。至1885年（清光绪十一年），李鸿章最终奏请朝廷批准建立开平铁路公司（后改建成中国铁路公司），斥资收购唐胥铁路，实行路矿分营，开始筹资向西续修通往天津的铁路。三年后，这条由中国人自己建筑的第一条铁路修到天津，建成唐津铁路。继而，开始由唐山向东展修至山海关之外的铁路，但仅修到距唐山不算很远的古冶，就又因朝廷的亲贵以铁路修到关外会破坏他们在东北的老家的“风水”为由反对，被迫停工。直到1890年（清光绪十六年），由于沙皇俄国侵略东北的步伐日益加快，清政府才同意修建通往关外的铁路。在修筑古冶至山海关（临榆县治所在地）的铁路时，因乐亭县比较靠南，铁路经由滦州城北的横山南麓，向东穿越的是乐亭县北邻的昌黎县境，这就使大黑坨一带偏离铁路有35公里左右。1893年（清光绪十九年），受雇于中国铁路公司的英国工程师金达率人勘测东行的路线，在北戴河村附近，不仅确定了一个以村名命名的火车停车站址，还在北戴河村东南十数里外的莲蓬山（一名联峰山）、金山嘴一带临海地域，发现了一个“海水浴之最佳处”。铁路修到北戴河车站后，英美等国的人士纷纷到那一带修建别墅。1898年（清光

[1] 参阅《唐山历史写真》有关记述，中国文史出版社1998年版，第124～126页。

绪二十四年）春天，在津榆铁路（天津至临榆，即山海关）建成通车4年之后，清政府决定在秦皇岛自开商埠，建立以外运煤炭为主的港口，并决定“戴河以东至金山嘴沿海向里，乃往东至秦皇岛对面为各国人士避暑地，准中外人杂居”[1]，从而确定了距秦皇岛港很近的北戴河海滨的位置与性质。进入20世纪，北戴河海滨很快就变成了闻名中外的避暑胜地。

这就是李大钊在写《我的自传》时举在大黑坨东北“大约百里”的北戴河海滨，标明其家乡的地理位置的缘由。北戴河，在李大钊到日本留学之际，已经成为在国内外有一定知名度的地方，而偏离京奉铁路有数十公里的大黑坨村，离新出现的北戴河海滨尽管不算很远，却依然默默无闻。

实际上，李大钊家乡的自然景观并不比北戴河一带逊色多少。那里，也是一个比较美好的地方，不仅有着特色鲜明的自然环境，而且有着源远流长的历史与文化传统。

乐亭，地处“自古多慷慨悲歌之士”的燕赵大地一隅，位居河北省东北部，为华北平原与东北平原的交接地带的组成部分。其地距首都北京只有230公里左右，距通商大埠天津不到170公里，离万里长城之首——山海关亦不算太远，并非闭塞封锢之地。县境濒临渤海，河川贯通，有着得天独厚的地理优势，被乡人自诩为祖国北方的一块宝地。与邻近的滦州、昌黎等州县有所不同的是，乐亭县虽离战略重地较近，却偏于一隅，距通衢要道尚有一段路程，历来遭受刀兵之乱的祸害较少，百姓多得安居。当地的风土民情，据旧时的《乐亭县志》概括，一方面，“县民悲歌慷慨，犹存燕赵遗风”，“乐邑人情，急公好义，士守廉隅，民勤操作，而闺门之风尤为谨饬”；另一方面，因“数千年不识刀兵，遵海而傍滦河，七十里惟安耕读”，县民“雅重读书”，“举凡衣食稍足人家，无不令其子弟就学，或延名师，或从外傅”。此外，乐亭人与同样地处滦河三角洲平原的滦州人、昌黎人一样精于经商（外地人统称之为“昌、滦、乐”地区，并以当地方言土语奇特，音乐感较

[1] 转引自《北戴河海滨志略》。

强，又称为“老奋儿”），自清朝中叶东北开禁之后，县内“营商关外”者不计其数，形成有名的“奋商”群体；在第二次鸦片战争以后天津成为通商口岸，乐亭人“习艺津门”者亦众。县民出外经商形成风习，除“开一县富源”之外，也在有意无意间将一方净土同喧闹缤纷的外部世界建立了比较紧密的联系，使乐亭这样一个沿海县域不只乱中偏安，而且静中有动，逐渐形成了有别于永平府其他州县的乡土特点。

大黑坨村东距渤海仅有十几里地远（在大黑坨村东南 8 公里许），为当地人所称的“海袖子”之地。其地又在滦河的入海口附近[1]，村东 1.7 公里处即为滦河的老河道，那里曾多年为滦河入海的主河床；后来，主河道东移北挪，紧靠大黑坨村的这条滦河故道，尽管仍为滦河分流入海的主要河道之一，但已退居其次，被人们称为“老滦河”，或“二滦河”了。

大黑坨坐落在滦河三角洲的滨海滩地上，在李大钊小时候，村庄附近有一两座“河淤沙聚”而形成的沙丘，即当地人所说的“沙坨子”。大黑坨一带，曾经遍布这样的沙丘，其中一些沙丘渐渐淤平后，以地势较高，易避滦河泛滥的洪水，被择为盖房建庄之地。这样，当地就出现了不少以“坨”命名的村庄。据说，大黑坨村就是因建在一道淤积的黑沙岗上，从而得

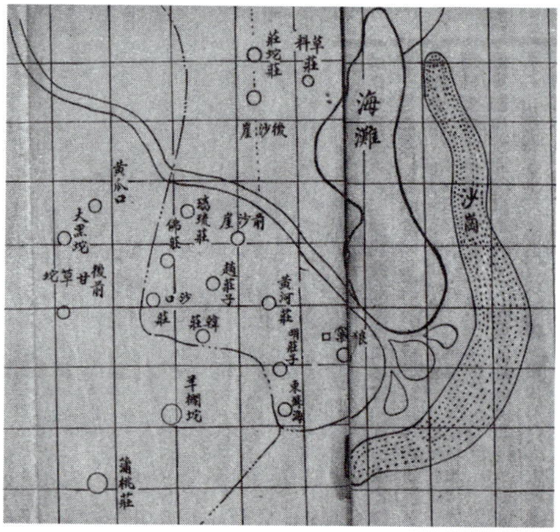

▲ 民国版《昌黎县志》标绘的大黑坨一带村落位置示意图

[1] 滦河入海口原在大黑坨村东南偏北 8 公里处的狼窝口（一作“浪窝口”）。当时，乐亭、昌黎两县以滦河为界，河口北岸的狼窝口村属昌黎县境，大黑坨村也在两县交界之处。1867 年（清同治六年），滦河改由狼窝口东北 7.5 公里处的甜水沟入海；后来又移至现河口。新中国成立后，大黑坨村紧临的二滦河与今滦河之间地域均划归乐亭县管辖。

名“大黑坨”的[1]。沙坨子没有多大看头，可大黑坨村北七八十里外那高耸入云、群峰逶迤的碣石山，却每每令人大饱眼福。相传，那就是在古代曾被称为“神岳”，秦始皇、汉武帝等“求仙”时接连登临的观海胜地之所在，是留下魏武帝曹操“东临碣石，以观沧海”千古绝唱的古老而神奇的山峰。

李大钊的家乡，完全可以说是有着名山大川的海阔天空之地，是颇有自然美的神力的摇篮。

幼年时，父母双亡，祖父李如珍怕他遇到不测，轻易不放他出门玩耍，自家的后院就是他童年的乐园。

李大钊家的住宅位于大黑坨村的居中地带（略偏东），系冀东乡村中颇有独特韵采的穿堂院，为李如珍在1881年与三弟李如璧合盖。门口有一眼大井，旁边立有一个拴马石桩。前、中两院为两家合用，各居东、西半院，后院中间由一道花墙相隔，分为两个小院，为各家独用。正房为五破二，一家各隔成两间半，既合又分。中院分列东、西，各建有3间厢房。整个宅院构思精巧，布局合理，既严谨美观、朴实大方，又坚固实用，显得异常别致。为此，李如珍曾戏称自己的宅院为“鸳鸯院”。李如珍居东半院，后院靠东墙盖有两间厢房、两间棚子。李如珍怕李大钊幼年时受外界的不良影响，又怕他寂寞无趣，就在后院栽花植树，并把盛粮的两间厢房腾出作为他读书写字之地，让他尽情地在那里玩乐。同时，家里还养了一条狗和几只狸猫，使之成为他玩乐的伙伴。这样，李大钊在未上学时极少有机会与外部世界接触，童心童趣几乎处于一种天然的状态。但愈是如此，他对外部世界了解的渴望却似乎愈加强烈。随着年龄的增长，自身生存能力的增强，他一步步走出宅院，外部世界的大门一扇扇向他打开，自然界中的一切景象都使他兴趣盎然。乡土的神美在不知不觉间美化了他的气质，赋予了他异于常人的人生秉性。

李如珍是一个惜孙如命的人，又是个有深谋远虑的人。他明理识体，治家有道，教子有方。他希望李大钊命硬寿长，以延续自家的香火，更希望李

[1] 《乐亭县地名资料汇编》，乐亭县地名办公室1984年9月编印，第145页。

大钊学有所长，成为光宗耀祖的有为之人。因此，他对自己的独苗孙子疼爱而不溺爱，断守而不放松管教。从李大钊4岁起，老人就亲自教他识字背诗；李大钊刚刚6周岁，老人就送他到本村谷家私塾接受启蒙教育。李大钊10岁时，又被老人送到邻村小黑坨张家专馆攻读四书五经。13岁时，李大钊初次参加童试，因染卷等原因未考中，老人又毅然送他到乐亭县城北的井家坨井侯庄宋举人家深造，从而使他在十几岁时就成了远近闻名的文童。

一个人的气质、性格的形成，有着诸多因素，但是在强调家庭、社会、时代等作用的同时，不容漠视，也不应低估自然美，特别是倍感亲切的家乡所拥有的美丽的风景所具有的“巨大的教育影响”；尤其是在一个人年龄幼小、知识幼稚，尚无高超的觉悟之时，这种“巨大的教育影响”尤显重要。从这种意义上说，神美的乡土境遇，是李大钊踏入人生旅程的第一个卓越的“教师”。这个“教师”，给了他一生莫大的造化，直接影响着他的前途和命运。当然，对他的气质、性格和情操的形成，影响可能就会更大一些了。

▲ 大黑坨村旧貌(右边凸出院落为当时的李大钊家宅)

从小生活在浩瀚的大海之滨和长流不息的大河近岸，无疑有益于开阔李大钊的胸襟和视野，使他不满足家门口的小天地，只要一能迈步，就渡河越海，去寻找更加广阔深远的世界。在恬静的乡间田园长大，又使得他的性情显得分外沉稳、质朴，待人诚实、谦和，有温文君子的风度。

还应指出的是，李大钊的家乡所处的地理位置及在近代中国所发生的变化，对李大钊的性格、思想的形成，也在无形中产生了很大的影响。

在民国初年废府设道以前，乐亭县属京畿重地永平府管辖。永平府是一个古老的地区，早在商朝就建有孤竹国，著名的伯夷、叔齐兄弟让国，不食周粟而饿死首阳山的故事就发生在这块土地上，府城卢龙素有“夷齐故里”的美称。到李大钊出生前后，这一带又得“办洋务”风气之先，成了中国近代工业的主要发祥地。开平矿务局的建成投产，唐山与胥各庄之间修成的中国人自己建筑的第一条运输铁路，以及这条铁路的西延东展，距李大钊出生那一年都不算很远；在童年的李大钊渐渐懂事时，唐津铁路最终修成津榆铁路，而随之而出现的家乡以东的秦皇岛港口和北戴河海滨的开辟等等，这些都是影响一个地方的社会、经济、文化等方面的前所未有的重大变化，直接影响到人们早已习惯的生产方式、生活方式、思想方式，以及社会管理方式的改变。随着开平煤矿的不断扩建和铁路交通的发达，永平府境内的滦州开平镇西边的唐山，由一个不起眼的小村，逐步显现了近代工业城市的雏形（在李大钊出生那一年，唐山建立了中国的第一个水泥生产企业——唐山细绵土厂）。开平矿和秦皇岛港，一西一东，都在乐亭县百里开外的地方；铁路虽穿越的是其北部的滦州和昌黎县境，但工业化带来的近代文明几乎在短短的十几年时间就震撼了整个永平府辖境，李大钊的家乡也变成古老的文明与近代的文明撞击、叠印、交织的地方。这在无形中给其神美的乡土增添了近代文明的鲜丽色调和比较浓郁的现代政治、经济、文化气息。这样富有时代特色的地方社会环境，无疑是使人的思想成熟、性情开放的催化剂。何况，这里又地近天津和北京，是所谓的比较开化的地区呢！这些，都在潜移默化中，使得没有被“人之生”的厄运扼杀在摇篮里的李大钊，不只在悲辛中尝到了祖父李如珍无私奉献的甜美滋味，也在神美的乡土境遇里吮吸了厚实、甘美的精神乳浆，打开了审视世界的心扉，进而在时代的急剧变化中，迈出了自己人生道路上坚实而有力的第一步。

第二章

新人新学永平府

初试科场的懵懂少年

李大钊是在 16 岁那年进入永平府中学堂学习的。

在成为一个新式学堂的中学生之前，李大钊曾经先后两次参加童试科考，和那个时代的学童一样，在小小年纪就异常艰辛地品尝了科举制度的苦涩滋味。有幸的是，他在参加第二次童试科考的中途，就赶上了科举制度的废止，这使他有机会到新式学堂求学，迈出了人生路上关键的第一步。

这一变化，使从年少时开始远离家门的李大钊在中国社会面临重大变革的历史时期，不仅没有成为封建社会腐朽没落的科举制度的牺牲品，反而成了一个以“挽救民族、振奋国群”[1]为己任的有志青年。

在 19 世纪 90 年代的最初几年，父母双双亡故的李大钊，在祖父李如珍的百般呵护和精心养育下，摆脱了“人之生”的悲惨命运，一天天长大了。一字字，一句句，他学会了说话；一脚脚，一步步，他学会了走路。坐落在大黑坨村当腰的“怀德堂”大院，不时传出牙牙学语的李大钊，和他越来越年迈的爷爷的舒心笑声。李家宅院，又恢复了以往的生气。

转眼之间，李大钊 4 岁了。李如珍指望他将来也像他的父亲一样能够刻

[1] 李大钊：《狱中自述》，《李大钊全集》第 4 卷第 713～714 页。

苦读书、走进科场，开始教他认字。小憨头一点也不憨，一个字，爷爷只要教上个两三遍，他就认得了。时间一长，李如珍怕他光会念，不会写，就把《百家姓》《三字经》等一些儿童启蒙课本上的不少单字，写在两寸大小的方块硬纸片上，教他连认带用小手指划写。再大一点，李如珍开始手把手教他描红，写仿，练习用毛笔写字，打读书人必练的书法底子。继而，又教他背诵一些古诗，锻炼他的记忆能力和表达能力。到过年时，还带着他去各家门口认对联，念对联，这样的训练使他成了村中认字最多的男孩。

就这样，李大钊在自己的祖父的耐心教育和严格把持下，从幼年起即开始了自己漫长的学习生活。

李大钊长到6周岁时，开始接受正规教育。李如珍把他送到了本村西头谷宗海家开设的私塾，师从单子鳌学习启蒙课程。单子鳌是与大黑坨村紧邻的黄瓜口村（在大黑坨村西北1.5公里处的老滦河沿岸，村边有渡口）人，考中生员后难以再求功名，便以教书育人为生，受聘于大黑坨谷家学馆。据说，李大钊的原名“耆年”与字“寿昌”，皆为他所起[1]。那时，启蒙读物为《百家姓》《三字经》《千字文》等，而李大钊有祖父李如珍给打下的良好基础，学起来并不怎么费劲。后来，单子鳌开始让他和较大的孩子一起读《论语》《孟子》等，及早熟悉和学习参加科考必读的“四子书”（即四书）。单子鳌教了李大钊大约有3年光景。到李大钊年满9岁时，他觉得自己很难在谷家学馆更好地对品学兼优，尤其是学业日趋精进的李大钊因材施教了，便建议李如珍把颇有深造潜力的李大钊转到条件较好的学馆读书。在这种情况下，李如珍几经奔波，设法把李大钊送到了大黑坨村南1.5公里许的小黑坨村张攻璞家开设的专馆续读。

[1] 单子鳌给李大钊起名“耆年”，主要是取寿长之意，希冀他能够成为耆寿耇老，高寿之人。“年”字，为大黑坨李氏谱系同辈男子所范之字，与“耆”字结合，恰恰可合称为“耆年”。“寿昌”，与“寿长”谐音，语义和美，恰可作“耆年”一名的表字。“寿”与“昌”二字作合，为长寿昌盛之意。寿昌，充满仙寿恒昌的吉祥意韵，是古人起名或定字时常用的两个字。

小黑坨村的张攻璞家，在东北和北京、天津等地设有不少商号，为当时乐亭县的“四大家”（崔、刘、张、史）之一，是乐亭县数一数二的富户。被人称为“张老攻”的张攻璞（本名张玉相），素好怜恤当地无业游民，供其吃穿。张家自养影戏班以供享乐。他性情豪爽，一生好乐，善骑马，又喜收藏古玩、字画，并擅于书法，长于琴弦。他青年时练就驯马、骑马的过硬本领，不惜重金选购骏马一匹。同治年间，太监安德海为取慈禧欢心，举行京城赛马。他得知后，率仆人策马赴京，见十几名魁伟骑手骑马飞奔而来，策鞭像旋风一般追了上去，瞬间便越过骑跑在前头的安德海。安德海问他是谁，他答道：我是“京东快马张”。说完箭一般地冲出赛马场。后来，他得称“京东快马张”。为了显赫门庭，他在光绪年间，用钱捐了个三品官衔。

据李星华回忆，张家专馆是为张攻璞的独苗儿子张春迴单独开设的，学习条件和环境都异常优越，一般是容不得任何外人插入其中的[1]。她的这一回忆并不准确。实际情况是，张家专馆并非为张春迴开设，而是为他过继的单传孙子张永泰设立的。对此，刘荆山撰写的《李大钊轶事补遗》进行了考证。当时，张攻璞有子无孙，只得过继他的弟弟张玉印之孙、张绍仲之子张永泰（字世安）继承香火，并为张永泰求学设置了专馆。而且，陪同张永泰读书的，除李大钊外，还有张永泰的胞兄张永祥，以及小黑坨村的刘宽，共有 4 个学生，聘任昌黎县大滩人赵辉斗为专馆教师[2]。

在这个时候，李大钊之所以能够进入张家专馆学习，主要得益于赵辉斗先生[3]。

---

[1] 李星华：《回忆我的父亲李大钊》第 24 页。

[2] 刘荆山：《李大钊轶事补遗》，《河北省社会主义学院学报》2002 年增刊《李大钊研究专辑》。按照张攻璞当时的经历与年龄，张家专馆当为其孙子张永泰所开。

[3] 李大钊能够去张家专馆读书，除靠赵辉斗引荐，与张攻璞对李大钊祖父李如珍素来仰慕有关，与他对李家的门风家教，对李大钊的学习、品行都有所了解，深信良师益友可助其后代走向学成之路有关。

赵辉斗，字奎光，为距乐亭县境较近的昌黎县大滩村（在大黑坨村东北14公里处）人，约出生于清朝道光年间，比李如珍略小一些。他在考取生员后，以在岁、科两考成绩居一等前列，被录为增广生[1]，后因生活所迫，以在昌黎、乐亭两县交界一带教书为生。赵辉斗的经学功底深厚，并长于吟咏，诗词歌赋俱佳，著有《自娱轩吟草》，从而深得乐亭县的进士孙国祯的赏识，在乐亭县的一些地方颇有声望。赵辉斗的父亲就是以教书为生的，他曾在大黑坨村赵良佐家开设的学馆任教多年，并与赵良佐认为同祖宗亲，交谊很深。据说，他是在赵家学馆任教时患病，回乡后不久即辞世的。赵辉斗继承父业，到赵家学馆任教，成为孜孜求学的李任荣的老师。他跟赵良佐的儿子赵文隆为同辈远亲，关系异常密切，与长一辈的李如珍也相交甚笃。李任荣逝后，他很关心自己得意门生留下的儿子的成长，特别是在获悉赵文隆把最心爱的三女儿赵纫兰许配给李大钊之后，对李大钊的学习情况更加关注。他很想亲自把李大钊送上考场，以弥补未能使李任荣在有生之年考中生员的缺憾。赵辉斗为使李大钊能到小黑坨张家专馆跟他就读，借口张永泰一人学习比较孤单，必须有伴读才能学习有成，极力向张攻璞提议准许学习颇有天分的李大钊前来伴读。而张攻璞这个过继的孙子，养得很娇，张家人也担心他一个人跟已经有些年迈的赵辉斗学习太寂寞，憋出病来，同意找伴读。这样，略经周折，赵辉斗终使李大钊来到张家专馆，成了与他朝夕相处的学生。

李大钊进入小黑坨村张家专馆从师赵辉斗学习，大约是在他与赵纫兰结婚前后。李大钊是11岁时，与比他大6岁的赵纫兰结婚的。这是在1899年（清光绪二十五年）的事情。李大钊之所以在自己还是一个孩子的时候就成了家，除旧的早婚习俗外，主要是当时的家境所迫。那一年，李

---

[1] 增广生，简称增生，为科举制度的生员名目之一。明朝时生员皆有月米，额内者为廪膳生员，额外者为增广生员；到清朝在岁、科两试中居一等前列者，方能补为增生或廪生，廪生有廪米有职责，而增生无之。赵辉斗生平事迹，载民国二十二年（1933年）版《昌黎县志·艺术志·文苑传》。

如珍已经73岁了，而他的老伴崔氏比他大4岁，年事更高，身体和精神亦越来越差。当时，有句令不少人都比较信服的老话，叫“七十三，八十四，阎王不叫自己去”[1]。这一年，李如珍的身体尽管还算比较硬朗，但他唯恐万一遇上不测，过不去“七十三”这道坎儿，丢下李大钊而去。为此，他张罗着把早就与赵文隆定下的这门亲事办了，以给李大钊及早找一个可以依靠的家庭，免得自己身后生变。这可能是李大钊早早就结婚成家的主要原因。

赵纫兰出生于清光绪九年腊月廿四（1884年1月21日），她是赵文隆在与元配夫人生有一男二女之后，又娶的小黑坨村盛家姑娘的头生儿，在姐妹中排三，被称作“福臻堂的三姑娘”。她长得很像她年轻貌美的母亲，乳名“小翠”，长大后引古代著名诗人屈原《离骚》中的名句“纫秋兰以为佩”，取名“纫兰”。赵纫兰几乎是看着李大钊一天天长大的，她很愿意在这个节骨眼上走进李家的大门，帮助爷公公李如珍挑起家庭生活的重担，与李家人同甘苦，共患难，协助李大钊刻苦读书，完成学业。

▲ 赵纫兰与其表姑薛范氏

李大钊与赵纫兰结婚后，赵辉斗与李大钊有了亲戚关系，尽管这种亲戚关系并不算很近，但他觉得自己的心情离李大钊贴得更近了。为了不辜负李、赵两家的重托，他在教李大钊学习四书五经时几乎竭尽了全力，恨不得

[1] 旧时的一种流传很广的迷信说法，意谓73岁和84岁（均指虚岁）是老年人生命的两道难过的“坎儿”。李如珍在自己73虚岁这一年急急给李大钊完婚，除家里老的老、小的小，亟缺人手外，可能主要有此顾忌。

把终生所学悉数传授给如饥似渴地吸吮知识甘露的李大钊。李大钊在这样贴心而德高望重的老师的悉心教诲下，学业进步很快，完全具备了参加童试科考的能力。

李大钊第一次参加童试科考的时间，是在1902年（清光绪二十八年）。不幸的是，由于种种原因，他在考场初试身手就出师不利，品尝的是落榜的苦果。关于李大钊首次参加童试的情况，李星华说："父亲在14岁那年，正赶上科举考试，他到考场上去应试，据说因为不小心把墨迹涂在卷子上，也许还有其他原因，结果没有考取。他心里很难受。爷爷看出孙子的心思，安慰他说：'那有什么不痛快，再念，再考！'"[1] 此外，李大钊的表姑薛范氏让她儿子薛志仁代书的《李大钊先烈略传》，也有相同的记述："……14岁去永平府考试，因污卷未伸。"[2]

童试，系"童生试"的简称，亦称小考、小试，是取得生员资格的入学考试。童试在县、府两级举行，整个考试分县试（在本县举行）和府试、院试（均在府治所在地举行）三个阶段，考生须在这三个阶段的考试中成绩均及格，方可考中生员（亦称"进学"），得到赴省城参加录取举人的乡试资格。李大钊第一次参加童试为科考，属于"幼童"之列。当时，乐亭县举行科考的地点设在县城，那一年他进乐亭城应童试科考，极可能是首次上县城。县试也并非一试即可，分正场和初复、二复、三复，只有场场过关，方可获得府试资格；府试不被淘汰，还得参加由学政司主持的院试，院试录进才算正式考取生员。李大钊初上考场，就通过繁复而紧张的县试，把"未冠题"（当时县试为幼童另出的题目之称）作得异常漂亮，应当说是相当不简单的，这表明他当时的学习程度和写作水平都已相当出色。接踵而至的是更加严格而紧张的府试、院试，考场设在卢龙。卢龙，是李大钊取得到省城参加乡试资格必须通过的最后关口。可惜，他在参加府试或院试（以府试的可能

[1] 李星华：《回忆我的父亲李大钊》第24~25页。

[2] 董宝瑞：《乐亭人为李大钊写的传记》，《李大钊与故乡》第280页。

性较大）时功亏一篑，由于心情过度紧张，不小心把卷子涂染了墨迹。染卷是当时考场的大忌，有作弊的嫌疑，倘若果真是因为“不小心把墨迹涂到卷子上”，是极易被淘汰出场的。不是因为文章没有作好，而是因为“污卷”而“未考仲”，这对李大钊来说，在精神上无疑是一次很大的打击。这是他在求学路上遭受的第一次严重挫折。面临府试或院试的落榜结局，他心里自然非常懊悔。好在李如珍是一个饱经沧桑又通情达理的老人，当时不仅没责怪他，反而安慰他，让他忘掉这个“不痛快”，让他“再念，再考”。是年迈的祖父驱散了压在他心头的一片乌云，激励他跌倒了爬起来，继续奋发苦读，以待三年之后再上考场。

在李大钊第一次参加童试科考前后，娇生惯养的张永泰染病而亡，张家专馆无法再办。赵辉斗在送李大钊参加第一次童试科考后，觉得自己已经力所能及，倾尽全力，不好再充任李大钊的老师了，便协助李、赵两家把李大钊送到乐亭县城北略偏西 3.7 公里处的井家坨的井侯庄（在大黑坨村西北偏南 16.5 公里处）举人宋森荫为自家子弟开办的学馆继续学习；而他自己则就此挂鞭，告老还乡，颐养天年去了。

大约在 1902 年秋后，李大钊离家转赴井家坨的井侯庄宋家学馆读书，续拜黄宝琳为师。

黄宝琳，字玉堂，生于清同治九年（1870 年），系乐亭县城西南 3.5 公里处的太平庄人。他读书刻苦，才思敏捷，学识渊博，在科举考试中成绩异常优秀，赴北京国子监参考得学老师后，成为“名师”。由于李大钊在第一次参加童试时就通过了县试这一难关，只是在府试或院试中因污卷等原因而未考取，已显示了异乎寻常的学习水准，黄宝琳非常器重他，从多方面对他进行教育，指导他熟读四书五经，磨炼自己的文思和文笔，提高自己的学习水平和领悟能力。又苦读三载，李大钊在第三个老师黄宝琳的教育下，手不释卷，博闻强记，成了宋家学馆中最优秀的学生。

1905 年（清光绪三十一年）秋天，李大钊再度应试，在县试中又顺利过关，府试也考得比较顺利。只是，他没有料到，在“府试中”之后，“试未竟”[1]，也就是说童试科考并没有举行完毕，就在他准备参加院试，进行最后一搏之际，清朝政府加快了对科举制度改革的进程，批准了直隶总督兼北洋大臣袁世凯请求立即停止科举、推广学堂的奏折，下诏废除科举，自丙科始，即从1906年起，所有乡、会试及各省岁、科试一律停止；对在是年童试中成绩佼佼者，改招为中学堂学员。就这样，李大钊以在府试取得的成绩，于这一年秋天被录取为永平府中学堂的学员。

尽管这一次李大钊考中的是永平府中学堂的学员，而不是被称作“秀才”的生员，李、赵两家和大黑坨村的乡亲们，还是着实庆贺了一番。当然，得悉他终于在科场有名的喜讯，亲人中最高兴的，当属他的祖父李如珍了。李如珍到这一年已经78周岁，身体越来越差，不再像原来那样硬朗了。年交耄耋，终于了却盼了几乎一生的心愿，老人自然是喜不胜喜。可惜，李大钊那有些憨傻的祖母再也无法得知这一喜讯了——最终病瘫在炕上的崔氏已经去世快两年了[2]。

经过两次参加童试科考，李大钊考取的不是生员，而是永平府中学堂的学员，这对本来准备在科举的道路上一步步走下去的李大钊的人生道路的改变，有着重大的转折意义。倘若按照清朝政府在1903年批准的方案，童试的岁、科考分两科减尽，乡、会试分三科减尽，同时以科场递减之额酌量作学堂取中之额，李大钊很可能还会在科举的道路上再走上几年。即便他在1905

[1] 李大钊：《狱中自述》，《李大钊全集》第4卷第713页。

[2] 李大钊的祖母崔氏病逝于清光绪二十九年腊月初五（1904年1月21日），终年81岁。按旧历记年，与李大钊考上永平府中学堂，当为隔一年，按公历记为一年前。李大钊在《我的自传》中说：“……我没有兄弟和姐妹。于是我和祖父母生活在一起。但等我长到15岁的时候，他们又留下我孤独地生活在这世界上。我是多么不幸啊！”他的祖母去世时，他恰为“长到15岁的时候”，但他的祖父在他“长到15岁的时候”，尽管年事已高，依然健在。（李大钊在《狱中自述》初稿中写得比较清楚：“其时祖母去世，祖父年逾八旬。”）他之所以这样写，可能为在用英语作文时求文字简约之故。

年的科考中最终通过院试，考取生员，也不一定会进入永平府中学堂学习，而是继续去攻读儒学经典著作，准备迎接 1906 年的乡试、会试，成为清朝最后一批举人、进士。

李大钊在参加第二次童试科考时，科举制度的桎梏终于被打碎了，他放开了自己的思想，可谓恰当其时。

直隶永平府中学堂求学

李大钊是在1905年的秋天，怀着颇为喜悦的心情，到卢龙县城开始“学习启蒙科学”，获得“学英语的开端”[1]，走进自己中学时代的学习生活的。

卢龙，是科举制度废止后李大钊离开家门，走上新的人生旅程的第一站。

李大钊在永平府中学堂学习的时间并不算很长，他“在永读书二载”[2]，仅“度过两载光阴”，但这“两载光阴”却对他最终走上寻求革命的道路起到了重要的奠基作用。

在民国初年废府设道以前，卢龙城为永平府治所在地。那时，人们按照习惯，直称卢龙城为“永平府”。永平府在没有被废置时，辖有一州（滦州）六县（卢龙、迁安、抚宁、昌黎、乐亭、临榆）。李大钊的家乡大黑坨村所在的乐亭县，自金朝大定末年，长期为滦州的领县（元初曾单独置为

[1] 李大钊：《我的自传》，《李大钊全集》第2卷第322页。原文为：“……第二年我到了永平府，在中学校里学习启蒙科学，这是我学英语的开端，在那儿我度过两载光阴。”

[2] 李大钊：《狱中自述》，《李大钊全集》第4卷第713页。

“溟州”），直至清朝雍正末年才脱离滦州的辖管，隶属永平府。

永平府治所在地卢龙，是中国北方一座有着悠久的历史和文化的古城。李大钊在这样一座府城开始自己中学时代的学习生活，他感受到的首先是一种亘古气息极浓的历史。

早在公元前16世纪，商朝建立伊始，就在北方的沿海地区设立了一个同姓诸侯国——孤竹国。孤竹国的国都在今河北省与辽宁省靠近渤海的一个较大的地域，几经迁徙，大约在商、周交替时，或在周朝建立之后，迁到今卢龙城一带。为此，当地的人们一直传说，孤竹国君的两个儿子——伯夷、叔齐兄弟竞相让国，不食周粟而饿死首阳山等历史故事，就发生在永平府的辖境之内。李大钊到卢龙上学以后，首先发现的是，卢龙古城内外几乎到处都有古孤竹国的遗迹与传说。李大钊和同学们都多多少少受到了伯夷、叔齐的故事的感染，感受到了一种义烈味极足的“清风”（在卢龙城西南5公里处滦河边上的夷齐庙专建有“清风台”）之气。

卢龙是少年时苦心读书的李大钊在求学道路上的必经之地。当时，永平府辖境的童生，若要在童试科考中一举成名，谁也无法绕过这里。这里，既是一些荣登考榜的童生的欣喜之地，也是不少名落孙山的童生的伤心之地。李大钊第一次参加童试科考，就是在卢龙城品尝到追悔莫及的苦涩滋味。当时，他在小小年纪第一次来到颇有些神秘色彩的卢龙，本应好好领略古城的山光水色；而“因污卷未伸”的懊恼，令他无心欣赏永平府第一城的奇景妙境，就匆匆返回了家乡。所幸的是，三年后复来这里应试，他不仅顺利地闯过了府试这一关，且赶上了停办科举令的突然下达，使他不用再参加院试，就被永平府中学堂录取为首批学员。这意味着，他不必再为能不能考上生员、举人、进士而去钻古书堆，完全可以在新式的学堂里学习一些自己想学的新的知识和文化了。

中途结束科考，李大钊由卢龙回到家乡向祖父与妻子报喜后，在家里休息了一些时日，又来到了卢龙城。此番再来，他已经没有了任何思想负担，充满的是寻求新的知识、探索新的世界的渴望。

到永平府中学堂报到后，李大钊见山山亲，见水水亲，颇觉永平府城的一切都显得异常美好。卢龙县与乐亭县的地势完全不同。这里毗邻山区，距海较远，辖境多为丘陵地带。颇有意趣的是，紧靠青龙河的卢龙城，本身就建在三座毗连的土丘上，却因山势都不那么明显，让人感觉不到城中有山。再有，由于卢龙城的城池是顺着平缓的山势而建的，庐舍高低不平，道路宽窄不一，城墙难以四四方方；四座城门无法像地处海边平原的乐亭县城那样呼应相对，南门和西门距离很近，几乎贴在了一起。大概因此，卢龙城才有“三山不显，四门不对”之说。永平府知府的大堂跃居于城中最高的平山顶端，站在那里可俯瞰卢龙全城；而永平府中学堂就坐落在古城西南隅的平山南坡上，在与永平府大堂相对的一个深宅大院里。学堂的大门面西，对着由南门通向府衙的一条大街。永平府中学堂占据了原敬胜书院和义学（靠南）两个相通的院落，显得很宽敞。校园里分有教学区和住宿区，教室不算多，但古朴、静雅；宿舍较多，学生多两人居一室，也有一人居一室的。校园南边紧贴着的是“龙厅”大院。“龙厅”是永平府举行迎接圣旨仪式之地，雄伟高大的殿宇面南而建，殿内阴森、肃穆，高高的龛阁上存放着皇帝颁发的圣旨，一般人根本不能接近。出校门向南行上百步远，即是正对相距较近的南门和西门的十字街口，街口正中，耸立着一座刻有金大定十一年（1171 年）撰写的《平州石幢记》的尊胜陀罗尼经石幢。据传，这座经幢始立于唐朝，自辽、金以来历经多次重修，堪称是卢龙历史的象征。整个经幢挺拔、古朴，八棱六节，雕饰异常精美，在古城的街口显得分外别致。稍有闲暇，李大钊很喜欢到经幢那里散心，发点思古

▲ 距离李大钊就读的永平府中学堂较近的卢龙县城西门

之幽情。

永平府中学堂的前身是创建于清乾隆十二年（1747 年）的永平府敬胜书院。光绪二十八年（1902 年），永平府敬胜书院奉诏改设为永平府校士馆，开始增添课程，招收学员，朝改办成一所新式学堂迈开了第一步。永平府校士馆是在科举废止后才改建成永平府中学堂，真正变成一所进行中学教育的新式学校的。李大钊入学后，永平府中学堂依照清政府颁布的《中学堂章程》，在开办校士馆的基础上，设置了除经学以外的一些新的课程，如英语、体操和一些教授近代科学文化知识的课程等。为了集中力量办好新式学堂，直隶总督袁世凯在这一年秋天通令直隶各地，各中学堂所需经费皆由各县房税契项下拨充。这样一来，不仅永平府中学堂的经费来源较之以前充足许多（原以督学院行署的地产、息金和学费维持），学员需交的学杂费用也比以前大大减少（较之私立中学少交有三分之一）。应该说，李大钊上新式的官办学堂，正赶上了一个前所未有的好时机。

据调查了解，李大钊为永平府中学堂的第二班学员[1]。永平府校士馆在改设伊始，仅从当年的科考中招收了第一班学员，后循科考而未招收新的学员。直至停办科举令下达之后，把李大钊这一班学员招进，永平府中学堂才开始年年不间断地招生。

---

[1] 第二班，即第二届。朱志敏所著《李大钊传》（山东人民出版社 1998 年版）第 17 页云："永平府中学建立于 1902 年，校所设在'敬胜书院'院内。李大钊入学前这里已经招收过两届学生，约有一百六七十人。"此说法出自刘秉中《唐山市第一中学校史》（载《唐山文史资料选辑》第 1 辑）："1903 年初，永平府中学堂开始招生，开设两个班，有学生 80 多人，学制 4 年，不分初高中。一年后，又增招两个班，学生增至一百六七十人。"实际情况是，李大钊为第二届学员，他入学时第一届学员已经离校。据当时李大钊参加拍摄的《永平府中学堂官师学生合影》（见本书下页图），其时在校学生尚不足 50 人。云"届"为"班"，据访问有关知情人，系当时的沿袭说法。此外，刘秉中《唐山市第一中学校史》又有李大钊"就是唐山一中的前身永平府中学堂第二班的学生"语，与李大钊入学前永平府中学堂"已经招收过两届学生，约有一百六七十人"的说法前后抵牾。

▲ 永平府中学堂官师学生合影(前排左四为李大钊)

住在学堂安排的宿舍里，逐渐熟悉了卢龙城和校园四周的环境以后，李大钊心情格外激动。他深为自己能到这样一个学校学习而高兴。

当时，永平府中学堂像那时的大多数新改办的学堂一样，并没有完全脱离旧有的教育轨道，在课程安排上采取新旧结合的办法，主要教授两类课程：一类是中学，包括经学、文学、史学和“通考”之类的政治学；一类是西学，包括英文、数学、外国地理和历史、格致学、外国近代政治学和体操，等等。李大钊“生性简易，聪爽绝伦”[1]，进入中学堂后，读书比以往更加勤奋，遇到不懂的问题必须弄懂才会罢休，每次考试各科成绩都名列前茅。不久，他就成了学堂里出名的好学生。

在诸多新的课程中，李大钊最感兴趣的是介绍西方地理、历史和近代科学文化知识的一些课程。他对学习英语也很感兴趣，觉得这是全面学习和掌

[1] 韩湘亭主笔重修的《乐亭县志》稿补录的《李大钊传》语。董宝瑞《乐亭人为李大钊写的传记》，《李大钊与故乡》第282页。

握西方科学文化知识的一个新的“开端”。

李大钊是从什么时候开始对当时被称为“新学”的西方科学文化知识感兴趣的？是自进入永平府中学堂始，还是要早一些？现在已经难以说清楚了。按说，他自读书求学，主要是为参加科举考试，不可能接触多少经史以外的东西，他的几任私塾老师也不可能教授中国传统文化以外的任何知识，他大量接触“西学”只能是从永平府中学堂始。不过，据说李大钊在9岁时手抄的《重译富国策》的发现[1]，似乎提供了一个新的研究线索。《重译富国策》被误以为是“英人斯密德著”[2]，实际是根据英国经济学家亨利·福塞特的经济学著作《政治经济学提要》翻译的《富国策》，是介绍英国等资本主义国家的“富国”之道的小册子，于1880年由京师同文馆刊印的；到“戊戌变法”以前，有人又根据世界上形势新的发展变化，重新编译了《富国策》[3]。被发现者和一些研究者认定的署有“李大钊”之名，并盖有“李大钊”篆印的手抄本《重译富国策》，明确签有“光绪戊戌八月一日抄”字样；封面贴条上用隶书写有“重译富国策”，下角为用行书写的“李大钊手写并叙”。这册手抄本计68页，比较工整地抄写有1.3万余字，字迹也不算

[1] 为收藏者林恒非1960年购于北京北新桥的一个旧书摊上，已捐献给中国革命博物馆。详情见胡景熙《新发现的李大钊九岁墨迹》（《文物天地》1987年第2期）和刘荆山、宫振兴《九岁墨迹》（《李大钊与故乡》第49~52页）。

[2] “英人斯密德”，指苏格兰籍经济学家和哲学家亚当·斯密。他于1776年出版《国民财富的性质和原因的研究》。此书在中国最早的译名为《邦国财用论》或《国富论》，后被中国近代启蒙思想家、翻译家严复翻译成《原富》，于1902年由上海南洋公学译书院出版。

[3] 编译者为清末维新派人物、江西瑞金举人陈炽。陈炽（1855~1900）于1986年12月在《时务报》连续发表《重译富国策》（分5期载完，只译到卷二的前四章，卷三未译）。他在友人的帮助下进行翻译时，把亨利·福塞特的《富国策》误为亚当·斯密的《国富论》。详见李权兴《李大钊幼年手抄〈重译富国策〉》，李权兴、王艳萍编著：《李大钊史事钩沉》，中共唐山市委党史研究室、唐山市李大钊研究会2011年7月编印，第59~75页。

特别成熟，与李大钊的童年墨迹对照，颇像李大钊的童年笔体。但这并非没有可疑之处，一是“李大钊”之名系李大钊在24岁时走出北洋法政学校之际所改，非童年时所用（他在改名“大钊”之前一直沿用“耆年”之名）；二是书名处所签“李大钊手写并叙”，标明“李大钊”不仅是“手写”了《重译富国策》，并给“手写”的《重译富国策》加上了叙言；而细读《〈富国策〉叙》，其中有“因忆十五年前，曾见总署同文馆所译《富国策》”，“适有友人自南方来，熟精西国文字，下榻寓邸，退食之暇，晨夕剧谈”等语，显然非李大钊9岁时的语气与口吻[1]。若果真为李大钊9岁时抄写，当为李大钊在走出北洋法政学校时重新装订；或是另有一个名“李大钊”者“手写并叙”。实际情况如何，尚需进一步甄别。总之，李大钊是不可能在迎接童试科考的沉重压力下，过多地寻找一些介绍西方的科学文化知识的书籍阅读的，他真正开始有目的地接触西方的科学文化知识，还是自进入永平府中学堂方才开始。

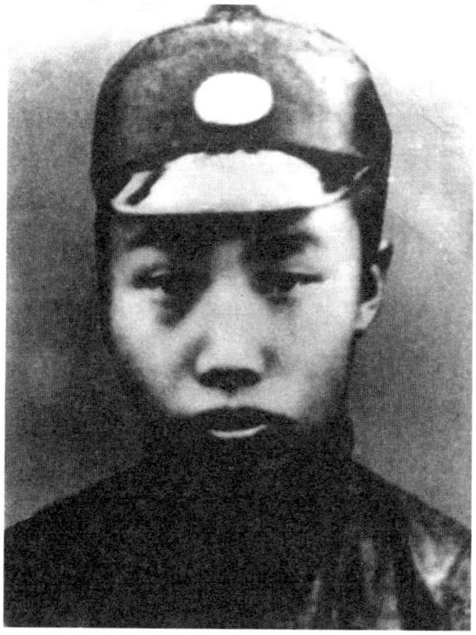
▲ 在永平府中学堂读书时的李大钊

永平府学堂内设有藏书室，李大钊和一些同学经常在课余时间去那里阅览一些图书、报刊。当时，永平府中学堂的藏书室藏有多少书刊，藏有哪些书刊，已很难弄清了，但有一些介绍西方科学文化知识和情况的书刊，从当时学堂开设的课程看，是基本可以肯定的。只是，有也可能为数不多；不过，只要是有，就可以满足李大钊的阅读需要了。和李大钊一起考入永平府中学堂的同乡同学韩湘亭，在新中国成立后为李大钊拟传时，曾

[1] 当为陈炽行文的语气。

云李大钊在“受课之余，最喜康梁文字，手把一编，日无暇息”[1]。韩湘亭的回忆，说明李大钊在永平府中学堂读书时，读到了康有为、梁启超的一些文章，详细研究了维新派的思想，但他当时“日无暇息”阅读的，绝非仅此“一编”，极力想学的当主要是他在《我的回忆》中所说的“启蒙科学”，即他原来没有接触多少的从西方传来的“新学”，再有就是英语等新的课程。之所以如此，是因李大钊极想在“新式学堂”补充自己的知识缺陷，找到一把认识多灾多难的国家和民族命运根源的新的钥匙，从而不虚度在永平府中学堂所得获的珍贵的学习光阴。

李大钊在永平府中学堂学习了两年时间，到1907年夏天，他就不再满足古城卢龙提供给他的学习环境，寻找新的学习场所去了。

---

[1] 韩湘亭主笔重修的《乐亭县志》稿补录的《李大钊传》语。

赴天津投考新式高等学堂

转眼之间，两年的时光过去了，李大钊成为一个18岁的青年。

在1907年（清光绪三十三年）暑假到来时，李大钊决定结束在永平府中学堂的求学生活，到天津去投考新的学堂。

这一年，正在加紧建设的关内外铁路改称京奉铁路（北京至沈阳）关内段已经通车，坐火车去天津比以往更加便利。只是，卢龙与乐亭一样，不在铁路线上，要乘火车得先去在卢龙城南偏西18.5公里处的滦州车站。滦州车站在东临滦河的滦州城北2.5公里处，紧靠着如屏似障、并不算太高的横山；车站东边不远，就是中国著名的铁路工程师詹天佑由美国留学归国后初试锋芒，大显身手，1894年主持修建的滦河铁路大桥。由卢龙城去滦州车站，有水、旱两路，均“四十里”。旱路主要是崎岖不易行的山路，水路则比较便捷，不过，这一段河流“两岸万山重叠，暗崖很多，行舟最要留神”，好就好在沿途的“景致绝美”[1]。

李大钊决定坐火车去天津，先取道水路去滦州车站。准备和李大钊一起到天津投考新的学堂的，还有三个与李大钊比较要好的同乡同学。在学堂快

[1] 李大钊：《五峰游记》，《李大钊全集》第3卷第311页。

放暑假的时候，他们四个人一同告别了老师和同学，结伴在离校园不远的西门外古漕运码头，搭乘一条小船，顺青龙河而下，踏上了远行的路程。

卢龙城离青龙河汇入滦河处不远。他们坐在小船上，在比较平缓的青龙河上漂行有八九里，就进入了永平府境内也是直隶省东部地区的第一大河——滦河。两河相汇以后，水流显得异常湍急，而河的两侧，自夷齐庙那里始，几乎山连着山，峰叠着峰，似都在争着抢着向滦河被挤得颇显狭窄的河道奔来。他们坐在船上，忘情地观赏着两岸的绝壁断崖和远山近水所展现的绝美的景致，而船公却在小心翼翼地把着舵，躲着一个又一个藏在水中的暗礁。经船公指点，李大钊和他的三个同学才知这一段水路是滦河上最难行走的险道，稍不小心，就有触礁翻船的危险。在小船避开一个个暗崖时，有的同学身上不由自主地冒出了冷汗，而李大钊却几乎没有什么畏惧的感觉。他觉得自己在“极其险峻”，也“很逼狭”的“艰难险阻的境界”，正在领略着“奇趣横生”的“一种奇绝壮绝的景致”，“感得一种冒险的美趣”；而“这种壮美的趣味，是非有雄健的精神，不能够感觉到的”[1]。他颇为自己在结束两载的中学生活时，能在自己家乡的父老乡亲所称的“母亲河”上，获得这样一种冒险的美趣而惬意，感受到这样一种雄健的精神而振奋。16年以后，他在中国革命形势发生重大变化的关键时刻，在写作抒发一种激昂、壮烈情怀的随笔《艰难的国运与雄健的国民》时，最先忆起的就是他告别卢龙时在这里的滦河的急流险滩上感受到的一种“壮美的趣味”；当然，那时他已越海去过日本，并有了在长江上乘船的体味，但后来的行舟，尽管路程较长，终没有年轻时第一次在滦河上感受到的“冒险的美趣”刻骨铭心。

李大钊和他的三个同学，在“轻舟已过万重山”之后，在滦河铁路大桥北边不远的地方——横山东北麓为乾隆皇帝修建的行宫下面的一个码头上下了船。登岸后，他们到建在码头近前的滦州车站，乘上了开往天津的火车。

---

[1] 李大钊：《艰难的国运与雄健的国民》，《李大钊全集》第4卷第312页。

这是李大钊平生第一次乘坐火车，也是他自求学以来自己决定出一次远门。

按照当时学堂的规定，李大钊他们这一班学员在这一年就可毕业，只要成绩合格，则可升入在直隶省城保定开办的高等学堂的预备班，进入直隶省高等学堂深造。那么，李大钊为何不等中学毕业，与诸多同学一起升入高等学堂，就非要与几个同学结伴，到天津这样一个大都市去投考新的学堂呢？时隔20年，李大钊在狱中追忆这段经历时，谈及自己当时的思想。在《狱中自述》初稿中，他这样写道："钊感于国势之陵夷不振，颇起深研政治以期挽救民族之思想，遂与二三同学，乘暑假之便，赴天津投考学校。"后来，在写第二稿时，他将"颇起深研政治以期挽救民族之思想"这一句，改为"慨然起深研政治以期挽救民族、振奋国群之思想"；最后，在定稿时，又改为："钊感于国势之危迫，急思深研政理，求得挽救民族、振奋国群之良策，乃赴天津投考北洋法政专门学校。"

李大钊在《狱中自述》中的回忆表明，他在1907年夏天之所以提前结束在永平府中学堂的求学生活，执意到天津这个比较开放的都市去寻求新的学习天地，主要是因"感于国势之陵夷不振（之危迫）"，"颇起（慨然起）深研政治以期挽救民族、振奋国群之思想"，"急思深研政理，求得挽救民族、振奋国群之良策"。应当说，这是李大钊"在永读书二载"极其贵重的思想结晶，是他"自束发读书，即矢志努力于民族解放之事业"，向走向革命的道路上迈出了很关键的一步。18岁的李大钊，已经把国家振兴、民族解放的重任置于自己年轻的肩膀上。

李大钊的这一思想，是怎样在古城卢龙那座藏在"龙厅"后面的校园里产生的呢？他当时留有哪些思想轨迹呢？这似乎还应从他当时在永平府中学读书时感受的"常与其生以莫大之影响"的环境谈起。

不可否认的是，卢龙比起乐亭来，更能让思想正在走向成熟、血气方刚的李大钊强烈地"感于国势之陵夷不振"，"感于国势之危迫"。

李大钊从偏于一隅的海边家乡来到卢龙求学，除在古城内外感受到了一种浓郁的亘古气息，给他感触最深的，当是一种长期遭受帝国主义侵略势力的压迫与欺凌的屈辱氛围。就在李大钊考入永平府中学堂这一年，在卢龙城中的最高处——平山顶端的永平府大堂东面居高临下的山冈上，建起了一座占地面积广阔、主楼高挺硕大、尖顶有四五层楼高的天主教堂。这座教堂极像欧洲中世纪封建贵族的古城堡插在平山的最显要处，里面筑有地窖、地道，备有武器，里里外外戒备森严，虎视眈眈地俯压着卢龙全城。这是中国人民遭受帝国主义侵略与压迫的象征，是压在中国人民，特别是卢龙和永平府地区的人民头上的一块屈辱的大石。李大钊和他的同学们站在这样一座明显以客欺主的教堂前面，无不感到作为一个中国人的屈辱、压抑。而这是李大钊在乐亭乡间求学时，所根本不能强烈而直接地感受到的。

李大钊两次参加科举考试，都是在整个国家与民族遭受了一场最大的劫难之后。

永平府一带是帝国主义侵略中国的重点区域之一。早在第一次鸦片战争爆发时，帝国主义侵略者就开始窥探这片与中国首都北京唇齿相依的土地。1840 年（清道光二十年）秋天，英国军舰从天津的白河口窜到这一带沿海，在距李大钊的家乡大黑坨村很近的狼窝口登了陆[1]；当时，清军在滦河入海口根本没有设防，英国士兵在狼窝口几乎如入无人之境。英国军舰离开以后，清军才匆匆在狼窝口一带设立海防，在距大黑坨村不远的地方修筑了两座炮台。第一次鸦片战争结束以后，中国成了西方冒险家的乐园，随英国侵

[1] 据民国二十二年（1933 年）版《昌黎县志·地理志》：“……道光二十二年，忽有夷船入狼窝，政府大震，南海遂设立武汛，置兵百名并千把、外委等官于各口，且于草料庄置炮台两处。”据查阅故宫博物院所藏僧格林沁等人的奏折，及英国人宾汉《英军在华作战记》，“道光二十二年”系“道光二十年”之误。即清道光二十年（1840 年），英国军舰在自白河沿渤海向东骚扰时，曾到达当时的滦河入海口——狼窝口（并曾窜到山海关的老龙头海面）。详见《昌黎县志》第 59、291 页（河北人民出版社 1985 年版）有关记述。

略军接踵而至的法国、荷兰等国的天主教传教士，潜入永平府境内，以比较偏僻的迁安县建昌营镇为基地，向卢龙、昌黎、抚宁、临榆一带秘密发展教会势力，进行文化渗透和精神浸染。第二次鸦片战争期间，英法侵略军在1859年（清咸丰九年）再度进攻天津大沽口时，被清军打败，其中有3艘军舰逃到李大钊家乡附近的沿海地区，先后在臭水沟、清河口放下小舟，企图登岸寻找给养，均被严阵以待的清军和当地的百姓赶下海去。后来，英法联军攻进北京城，火烧圆明园，逼迫清朝政府开放了天津等10个口岸，并允许外国公使进驻北京，允许外国传教士深入内地传教。此后，永平府一带和全国不少地方一样，变成深受帝国主义侵略势力危害的地区。天津口岸开放以后，关税低廉的“洋货”和鸦片等毒品，大批涌入永平府各地，致使本地的传统农村家庭副业遭到沉重打击，人民的生活雪上加霜，社会生活也发生了很大变化。外国传教士的活动变得有恃无恐，他们把天主教堂公然建到了卢龙城里，并在滦州和昌黎、临榆等县相继建起天主教堂和基督教堂，一些教民也像从西方来的传教士一样开始为非作歹，欺压地方百姓。时至19世纪末，义和团运动爆发，永平府地区的人民忍无可忍，纷纷设坛建立义和团，投入席卷京津地区的反帝爱国斗争。1900年6月27日（清光绪二十六年六月初一），卢龙城里城外建立的两支义和团队伍联合攻打建在卢龙城里的天主教堂，把象征帝国主义侵略势力的天主教堂一举焚毁；在此前后，滦州、临榆、昌黎等地的天主教堂、基督教堂均被义和团捣毁，外国传教士在北戴河海滨建的别墅也被

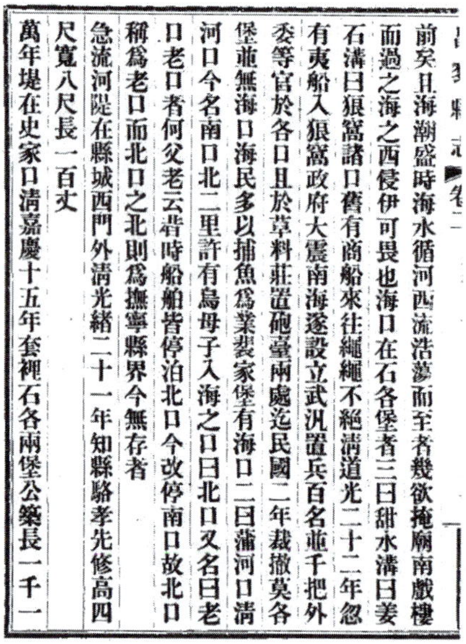
前矣且海潮盛時海水循河西流浩蕩而至者幾欲掩廟南戲樓而過之海之西侵伊可畏也海口在石各堡者三曰甜水溝曰姜石溝曰狼窩諸口舊有商船來往繩繩不絕清道光二十二年忽有夷船入狼窩政府大震南海遂設立武汛置兵百名並千把外委等官於各口且於草料莊置砲臺兩處迄民國二年裁撤莫各堡並無海口海民多以捕魚爲業裴家堡有海口二曰蒲河口清河口今名南口北二里許有烏母子入海之口曰北口又名曰老口老口者何父老云昔時船舶皆停泊北口今改停南口故北口稱爲老口而北口之北則爲撫寧縣界今無存者
急流河隄在縣城西門外清光緒二十一年知縣駱孝先修高四尺寬八尺長一百丈
萬年堤在史家口清嘉慶十五年套裡石各兩堡公築長一千一

▲ 民国版《昌黎县志》有关英国军舰入侵狼窝口的记载

义和团烧毁不少。同年8月，八国联军侵占北京，继而四处出兵，以清剿义和团的名义疯狂侵略京津周围的军事要地。到9月下旬，沙俄侵略军顺着铁路线相继占领唐山、滦州、昌黎，直扑山海关；而英法等国的侵略军也不甘示弱，从海上乘坐军舰抢占山海关、秦皇岛等军事要塞和港口，与俄国侵略军一起到处烧杀抢掠，无恶不作。这一年的10月7日（清光绪二十六年闰八月十四），天主教的一个神父从滦州带领俄军蹿到卢龙城，放火烧毁东门城楼和城中的钟楼，挨家挨户进行搜捕，疯狂地报复火烧教堂的人们。后来，法国、意大利和日本的侵略军也开进卢龙县境，追杀义和团，进行骚扰、破坏。当时，永平府境内的铁路沿线，几乎全成了侵略强盗横行霸道的世界。英国侵略军在安山车站附近的蛤泊集市，一下就枪杀了70多名中国无辜的平民百姓。第二年9月，丧权辱国的《辛丑条约》签订，北京至山海关铁路沿线的12个战略要地，被允许英、法、俄、美、日等帝国主义国家的军队长期驻防，其中永平府就被占有唐山、滦州、昌黎、北戴河、秦皇岛、山海关等6个铁路沿线的地方，而属山海关屯兵最多，沿长城建有不少军营。《辛丑条约》签订以后，卷土重来的外国教会势力，把京东的天主教主教区设在了永平府城，当时，帝国主义侵略者仅向卢龙一地索要的教会赔款就达白银34600两。到1905年，天主教会占据平山东半部的高岗，修筑了遮蔽永平府衙的京东最大，也最威风的教堂。这座教堂，颇有欺辱中国当地政府、凌辱当地百姓的味道。

在八国联军入侵中国时，由于乐亭县偏离铁路交通要道，没有建立义和团，基本上没有遭受侵略军的侵扰，但侵略军在永平府铁路沿线和永平府首城卢龙等地犯下的滔天罪行，也极大地震撼了生活在那里的人们，在当地民众心中引起了极大的恐慌。特别是《辛丑条约》签订以后，乐亭人与全国大多数地区的人们一样，心情也变得格外沉重。据说，李大钊的祖父李如珍拥有的“从九品”官衔，有到县城参加重要会议的待遇，《辛丑条约》签订以后，老人曾到乐亭县城参加一个传达《辛丑条约》签订情况的会议，回来就跟村里人一再说：“坏了，外国人让咱四万万五千万中国人每人赔一两白银。这些银子堆在一块，不得像昌黎山一样高呀！”[1]

发生在滦州、昌黎，以至卢龙和临榆等地的反帝爱国斗争，特别是八国联军在天津、北京和乐亭附近的铁路沿线，以及卢龙等地制造的侵略暴行，对李大钊的思想产生了深深的感染与刺激，促使他到天津考学的“国势之危迫”“国势之陵夷不振”的思想，很可能从那时就开始产生了，而这种思想日益强烈起来，当在他到永平府中学堂上学以后。高压在平山顶上的利用“庚子赔款”修筑的天主教大教堂，就是李大钊在卢龙求学时一个几乎天天可“读”的活生生的教材。望着那座淫威味儿十足的大教堂，哪一个有血性的中国人不愤慨至极，悲痛至极呢？何况，走进卢龙城一心求学的李大钊，正在血气方刚的年龄，周身的热血极易沸腾呢！

多年来，人们谈到李大钊在乐亭县井家坨宋家学馆从师黄宝琳读书时，总要讲述这样一个故事：在李大钊 14 岁那一年的腊月，同学们在课余时间一起谈起清朝政府要实行的“新政”时，黄宝琳借题介绍了太平天国推行“新政”的情况，引起了李大钊极大的兴趣。对李大钊当时的反应，有种种说法，有人说李大钊当即表示：“我长大就效法洪秀全。”[2]也有人说李大钊曾坚定地表示：“我长大了一定要学洪秀全，推翻清朝皇帝！”[3]黄宝琳是在 1938 年去世的，生前讲过当李大钊的老师的情况，当确定无疑；从他生前曾给自己的子女讲过洪秀全、李自成等人的事迹看，他在宋家学馆介绍过太平天国的有关情况，也是可能的。问题在于，李大钊在 14 岁时，是否就萌发了“长大就效法洪秀全”，甚至“长大了一定要学洪秀全，推翻清朝皇帝”的思想。不可否认，这些话都有“升华”和“神化”当时李大钊的思想的痕

---

[1] 2007 年 9 月 13 日，笔者在乐亭县大黑坨村李大钊纪念馆访问刘荆山记录。“昌黎山”，指位于昌黎县城北的碣石山，乐亭人一般都称碣石山为“昌黎山”。

[2] 刘荆山：《李大钊与私塾老师》，原载《乐亭文史》第 2 辑，见《李大钊史事综录》第 20 页。

[3] 何宗禹：《我也要当洪秀全》，《李大钊人格风范》，红旗出版社 1999 年版，第 76 页。

迹，特别是“推翻清朝皇帝”的思想，李大钊在当时是还不可能产生的[1]。真实的情况可能是，李大钊当时从见多识广的黄宝琳口中，知道了一直被长期污称为“长毛”的太平天国农民革命军的一些主张，并且对太平天国的一些真实情况发生了浓郁的兴趣，为自己当时尚比较幼稚的思想植入了“矢志努力于民族解放之事业”的根芽；而这种“思想”的根芽，是与他当时就已经产生的“国势之危迫”“国势之陵夷不振”的认识，基本合拍的。

与李大钊同到永平府中学堂读书的学员，从当时留下的《永平府中学堂官师学生合影》看，不到50人。这些同学来自永平府的各个州县，大多为在府试中过关的童生，也有从当时永平府办的师范学堂转过来的考生。在新结识的同学中，李大钊觉得与自己最情投意合的，是来自卢龙县蒋家庄（今属滦县）的蒋卫平。蒋卫平，名文庆，又名凤鸣，号慕谭，生于清光绪八年腊月十二（1883年1月20日）。由于年长于李大钊，蒋卫平的思想比李大钊的思想成熟得早，也成熟得多。在甲午之战后，他较早接受了戊戌变法的思想影响，极羡慕在戊戌变法失败后英勇就义的谭嗣同，自号“慕谭”。“庚子事变”之后，他的思想更加激进，开始准备为救国救民献身，急欲多学一些新的文化知识。到1905年春天，多年一边任教、一边自学的蒋卫平，考入了新成立的永平府师范学堂。入学不久，他就感到学堂的风气比较迂阔腐败，便于同年秋天转进新改建的永平府中学堂，得以与李大钊成为同学。李大钊与他结识后，很快就成了几乎无话不谈的挚交。李大钊从蒋卫平那里了解到不少他在家乡苦读时没能了解到的情况，获得了不少对国家形势和民族命运的真知灼见；同时，他也深深地受到了蒋卫平壮怀激烈、精忠报国的思想情绪的感染。他深为自己一迈进永平府中学堂的校门，就能结识蒋卫平这样的大龄同学而庆幸，觉得自己也应像蒋卫平那样，开阔自己的视野，努力为变革社会，改变国家和民族的命运，多学一些新的文化知识，多练一些投

[1] 近几年有的学者认为李大钊大约在十二三岁，至多十四五岁就形成了“反满”思想，缺乏依据。

身社会改造斗争的本事。遗憾的是，他与蒋卫平同窗共学的时间并不很长，也就两三个月的时间。那一年冬天，蒋卫平得知保定陆军速成中学堂招生的消息，毅然决定中止在永平府中学堂刚刚开始的学业，投笔从戎，寻找新的救国道路。他在古城与李大钊依依惜别，去了保定。而据李大钊后来得知的消息，蒋卫平在保定陆军速成中学堂也没有学习多长时间，入学不久，就以痛骂慈禧太后祸国殃民，组织同学抗议美国政府单方面续订华工条约、肆意欺辱赴美华人，险些被捕入狱。离开保定后，他化名“蒋大同”，只身流亡东北，到辽东半岛从事平民教育、启发民智等工作，与李大钊断了音信。李大钊不想在旧书院改造的学堂里按部就班地读书了，极想像蒋卫平那样，到天津那样的大都市去闯新的世界，去“深研政理，求得挽救民族、振奋国群之良策”。

▲ 李大钊在卢龙结交的同窗好友蒋卫平

李大钊在赴天津考学时，已经无法再与自己的祖父李如珍商量了。老人已在他到永平府中学堂就读以后，走完了自己的生命路程。这是李大钊到永平府中学堂上学后遇到的最悲痛的一件事情。

李如珍是在1906年初秋时节病逝的。当时，学堂刚刚开学，李大钊收到告知祖父病危的家信，急急从卢龙赶回到家里。据说，他情知这个世界留给祖父的时间不多了，“一进庄头就哭，一直哭到家里”，紧接又一连“几夜守着老爷爷不睡”。而李如珍在临死时，唯一惦念的就是李大钊的学业，一再叮嘱李大钊，在他死了以后“千万不要大发送”，要把省下的钱留着给他“念书”，并叮嘱李大钊：“你一定要好好念书，千万不要把书扔掉！”[1]

李如珍去世时，虚岁正好80岁，丧事算作“喜丧”。祖父溘然辞世，李大钊哭得死去活来。据说，在为祖父送葬时，他饱蘸热泪，亲笔写了一篇长长的祭文。他把祖父安葬在了李家新坟，那是他的亲生祖父李如珠去世那年李如珍亲自辟立的，整个葬礼异常隆重。只是，李如珍留下了不搞“大发送”的遗嘱，而李大钊的三姑——“老捡姑子”说什么也不干。据李星华在《回忆我的父亲李大钊》一书中介绍，她当时串通了一个本家哥哥，在家里大闹了一场，说自己的父亲是“绝户”，就得“大发送”，一时恨不得把娘家剩余的财产全部“踢荡”干净才算罢休。

把祖父李如珍安葬以后，家中的财产几乎耗去过半，幸得贤惠的妻子赵纫兰知情达理，同他患难与共，与娘家人一起帮助李大钊重整家业，勤俭度日，才使他又能返回永平府安心读书。

祖父李如珍去世后，李大钊失去了依靠，凡事都得自己拿主意，自己做主了。而这时的李大钊，思想、性格均已趋于成熟，特别是对于自己今后要走的人生道路，完全有了自己的主见。尽管如此，在到天津考学时，他还是给伯父李任元写了一封信，谈了自己的想法与打算。李任元借用李大钊家前院东厢房开设私塾，以教书为业，见弟弟遗留的儿子度过了种种人生难关，终于长大成人，可以展翅高飞了，非常高兴。他在回信中，热情地鼓励李大

[1] 见李星华《回忆我的父亲李大钊》第25页。李如珍的去世时间无确切记载。李大钊在《狱中自述》初稿中说他去永平府中学堂读书，“其时祖母去世，祖父年逾八旬，只赖内人李赵氏在家服侍。不久，祖父弃世”。李星华在《回忆我的父亲李大钊》一书中说：“父亲上永平府中学的第二年，老爷爷就去世了。”并说李大钊收到告知祖父病重的家信，由卢龙赶回家时“正是八、九月间，天下着连阴雨”，李如珍在临死前叮嘱李大钊说：“今年是伏吊，明年不收麦子。咱家有一块托盆地，秋上你在那里种上麦子，明年靠住能丰收！”两相印证，李如珍去世的时间当为1906年9月上旬。有些论著说李如珍去世于1907年，即李大钊到天津考学那年，不确。李如珍若在1907年去世，李大钊在《狱中自述》中不可能说他到永平府中学读书后，“不久，祖父弃世”。

钊说："你要上山就要上高山，你要游水就要游大海……"[1] 他衷心希望自己苦命的侄儿到更加广阔的天地去做一番大事业，成为李家最有出息的人，成为大黑坨村最有出息的人。

李大钊与他的三个同学到达天津后，就开始了解各个学堂招生的详细情况，选择要考的学堂，以决定自己今后的学习命运。

当时在天津考学的情况，李大钊在《狱中自述》的初稿和第二稿中追述得比较清楚："其时有三种学校正在招考：一系北洋军医学校；一系长芦银行专修所；一系北洋法政专门学校。军医非我所喜，故未投考。银行专修所我亦被考取，但理财致个人之富，亦殊违我素志，故皆决然弃之"，"乃决心投考法政专门学校，幸被录取"。[2] 学医非素志，金融无兴趣，所以当时他最想考的是北洋法政专门学堂。[3] 到那里，可以"深研政理"，可以为"求得挽救民族、振奋国群之良策"而学习，最符合自己的"素志"。他最担心的，是自己考不上这所新式的学堂。"幸被录取"——不然，他真不知自己是不是违背自己的"素志"，先到长芦中学堂银行专修所去学习，还是返回卢龙，再作另外的打算了。

与李大钊一起到天津考学的三个同学，都很看重他的志向与选择，最后大都选择了北洋法政专门学校。

由天津考学归来，他们几个人都分外高兴，在昌黎火车站下车后，一同结伴冒着小雨，到昌黎县城北云雾缭绕的碣石山中游览了一番，满足了多年久蓄在心的一个愿望。

李大钊自幼就非常神往在大黑坨村头就可以朝夕遥望的碣石山群峰，总想有一天登上古老而神奇的碣石山绝顶，立足其上，俯首回望家乡绿野茵茵的一

---

[1] 李星华：《回忆我的父亲李大钊》第 26 页。

[2] 李大钊：《狱中自述》，《李大钊全集》第 4 卷第 714 页。

[3] 北洋法政专门学堂，1906 年直隶总督兼北洋大臣袁世凯奏办，1907 年 4 月建成，同年 6 月开始招生。1911 年更名为北洋法政专门学校。

马平川，尽情地俯瞰一代枭雄曹操在《碣石篇·观沧海》诗中所描绘的“水何澹澹，山岛竦峙”的大海的万千风光。他到卢龙上学后，在自己的家乡难得一登的山峰对他不再神秘无比，但卢龙城周围的山峦都比较低矮，怎么也无法取替他小时候就常常望个如醉如痴的碣石山那样的高峰的地位。从天津考学归来，他力主不再在滦州车站下车，而借机到昌黎去登登碣石山，以了却自己多年的心愿。可惜，这一天，他们在昌黎下火车后，天公并不作美，恰赶上一个阴雨天气，只好放弃登上碣石山主峰仙台顶“一览众山小”的打算，在当地人的指点下，冒雨去了一趟在仙台顶东边的五峰山。没想到的是，他们竟然在那里的半山腰坝台上修筑的韩昌黎祠[1]找到了一个神美境界。

▲ 李大钊童年“尤为神往”的碣石山群峰

关于第一次游览碣石山，特别是五峰山韩昌黎祠的情景，李大钊在1913年秋天写的《游碣石山杂记》中，记述得清清晰晰：

[1] 韩昌黎祠，又名韩文公祠，为纪念在宋朝时被封为“昌黎伯”的唐朝著名文学家、思想家韩愈而建立的祠堂。韩愈为河南孟州人，以古昌黎（今辽宁省义县）为郡望，今昌黎（得名于金大定二十九年，即1189年）于元朝后期在县城建有一座韩文公祠，至明朝崇祯十四年（1641年），驻守山海关的山石道范志完以五峰山“天成文笔峰”，在半山腰坝台上又主持修建一座韩文公祠。李大钊第一次游览碣石山，登临的为五峰山韩文公祠。后来，五峰山韩文公祠成为他游览、休憩和从事重要革命活动及躲避北洋军阀政府缉捕之地。

予家渤海之滨，北望辄见碣石，高峰隐峙天际，盖相越仅八十里许。予性乐山，遇崇丘峻岭，每流连弗忍去。而对童年昕夕遥见之碣石，尤为神往。曩者与二三友辈归自津门，卸装昌黎，游兴勃发，时适溽夏，虽盛炎不以尼斯志，相率竟至西五峰山韩文公祠一憩。是日零雨不止，山中浓雾荡胸，途次所经半石径，崎岖不易行，惟奇花异卉，铺地参天，骤见惊为天外桃源，故不以为苦。犹忆五峰前马家山湾，树林蓊郁接云际，层层碧叶，青透重霄，虽暴雨行其下不知也。初入山，不识路径，牧童樵子，又以雨不出，陟一峰巅，徘徊不知何往，乃于无意中大呼："何处为五峰？"而云树缥渺间，竟有声应者曰："此处即是五峰。"遂欣然往，相讶为人间奇境。至则守祠人欢迎于门外。延入祠，则用松枝烹茶，更为煮米粥以进，食之别有清味，大异人间烟火气。守祠者刘姓。此为予与碣石山初度之缘，生平此游最乐，故今犹忆之。[1]

李大钊没有想到，他与碣石山结下的"初度之缘"，会是这么动人心弦、引人入胜。多年神往，一朝成行，竟然一下欣逢如此神美的意境，这使得碣石山的深山古祠所蕴藏的美几乎在顷刻之间就摄住了他的全部魂魄，给他留下了终生不可磨灭的深刻印象。此后，尽管他一步步远离了家乡，却与这一离家乡不算很远的"人间奇境"结下了不解之缘。到天津上学，走上新的征程以后，只要一有机会，他就到这里游览、山居，并在他人生最重要的阶段，几度到这里度假、避难，吟诗著文，进行马克

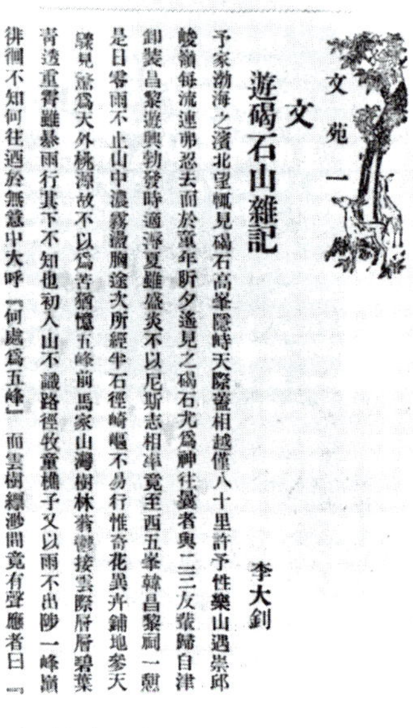
文苑 一

文

遊碣石山雜記

李大釗

予家渤海之濱北望輒見碣石高峯隱峙天際蓋相越僅八十里許予性樂山遇崇邱峻嶺每流連弗忍去而於童年昕夕遙見之碣石尤爲神往曩者與二三友輩歸自津卸裝昌黎遊興勃發時適溽夏雖盛炎不以尼斯志相率竟至西五峯韓昌黎祠一憩是日零雨不止山中濃霧盪胸途次所經半石徑崎嶇不易行惟奇花異卉鋪地參天驟見詫爲天外桃源故不以爲苦猶憶五峯前馬家山灣樹林蓊鬱接雲際層層碧葉青透重霄雖暴雨行其下不知也初入山不識路徑牧童樵子又以雨不出陟一峰巔徘徊不知何往迺於無意中大呼「何處爲五峰」而雲樹縹渺間竟有聲應者曰「

遊碣石山雜記 一

▲ 李大钊在《言治》月刊发表的《游碣石山杂记》

[1] 《李大钊全集》第1卷第653～654页。文中所说"峰巅"，据实地勘察，当指五峰山前的界石岭上的一道山梁，山道隐于其东北石崖之下，不易查找。

思主义在中国传播的拓荒、播种等重要工作，以致使这里几乎成了他的“第二故乡”。

与碣石山结下“初度之缘”，是李大钊到天津去考学的意外收获。

1907 年秋天，李大钊告别了家乡，去天津开始了新的学习生活，掀开了自己人生道路上的新的一页。

第三章

津门深造翩然起

悄然“感慨韶华似水流”

1907 年的初秋时节，李大钊乘坐火车，再赴天津，在北洋法政专门学校开始了新的学习生活。

天津自古因漕运而兴起，明永乐二年十一月二十一日（1404 年 12 月 23 日）正式筑城设卫，得称“天津卫”。自第二次鸦片战争结束以后，天津于 1860 年（清咸丰十年）成为通商口岸，并由此逐渐成为中国北方开放的前沿和近代中国洋务运动兴起的基地。由天津开始的军事近代化，以及铁路、电报、电话、邮政、采矿、近代教育、司法等方面的建设，均开中国之先河。天津还是京畿重地，直隶总督署衙门即设于此（另一处是保定），按清政府规定，总督每年要从保定“移节”此地半年。晚清三大重臣曾国藩、李鸿章、袁世凯都曾任直隶总督，后两位还兼任北洋大臣，愈使天津的地位重要。到清朝末年，经过 40 多年的建设，天津已经成为中国第二大工商业城市和北方最大的金融商贸中心，是李大钊进一步求学的理想之地。

北洋法政专门学堂当时刚刚建成不到半年。这座新兴的校园，坐落在天津城之北的新开河北岸堤头村境内，在新开河的河坝之下，如今为天津市河北区志成道 33 号大院。那里，距离新开河火车站很近，李大钊和他的同乡学友就在新开河火车站上下火车。

新开河火车站建于1902年，乃直隶总督兼北洋大臣袁世凯督建。当时，北洋通商大臣衙门设在天津海河北岸的金钢桥口，袁世凯在札饬天津道另修车站时，指定由金钢桥起往北开一条直线，径抵铁道，限当年竣工。这条新开辟的直线即“大经路”（今称中山路）。新修成的车站叫“天津新站”，又以在新开河附近，俗称“新开河车站”。新开河车站的修建和大经路的开辟，带动了天津古城北部的发展，李大钊来到北洋法政专门学堂读书时，新开河车站附近已经初见繁荣景象。

北洋法政专门学堂也是袁世凯奏办的。1906年（清光绪三十二年）夏天，直隶总督兼北洋大臣袁世凯在听取赴日本考察的阎凤阁（后任直隶省议会议长）、梁志宸（后任直隶省议会副议长）等人的建议之后，决定仿照日本法政学堂，奏请朝廷批准在天津创办“北洋法政学堂”。到是年岁末，天津北洋法政专门学堂正式成立，袁世凯委任留学日本东京中央大学的法学士黎渊为监督（校长）。

▲ 李大钊在天津苦读六载的北洋法政专门学校校舍旧照

北洋法政专门学堂建成于1907年4月，校舍为中西合壁式建筑，比较新颖、漂亮。同年7月学校开始招生。据天津《大公报》1907年6月27日至7月23日刊登的《北洋法政专门学堂广告》介绍，学校“蒙北洋大臣袁立案创办”，“分专门、简易两科”，“简易科又分绅、职两班”[1]。《北洋法政专门学堂广告》宣告：“现在学堂业经落成，除绅班经藩台按属

[1] 转引自《李大钊史事综录》第32页。

考定，现正咨请札饬考取各绅赴津报到外，所有专门科学额二百名，简易科职班一百名，应先期招考。为此，今将本堂章程撮要广告：凡有志入学者，务于六月初一日起十五日止，先行遵章报名，听候定期招考，过期不收，切勿观望为幸。”根据学校的章程，学校的办学宗旨是：“专科以造就法政通才为主，简易科以养成审判人员及律师与地方自治人员为主”。当时，招考的学员有两种：一是学习6年的“以造就法政通才为主”，“照分科大学堂或高等学堂奖给出身”的专科学生；一是“一年零六个月卒业，发给凭照，禀请北洋大臣分别奖励”的简易科学生。[1] 显然，李大钊报考的是需要加考笔算与外语的专科学生。

另外，从天津《大公报》1907年8月7日至16日刊登的《北洋法政专门学堂紧急广告》看，学校的招生考试是在8月13日至15日（农历七月初五至初七）举行的，其中8月13日、15日考试报考专科的学生，8月14日考试报考简易科职班的学生。前述广告规定：“凡报名投考诸君，望各按定期于是日午前七点钟，各穿常服，携带笔墨，并自带食物，齐集本堂，听候点名，领卷入场，限于午后五点钟交卷。”[2] 也就是说，李大钊分别于8月13日、15日到北洋法政专门学堂参加了专科生的入学考试，8月13日考的是“专门科国文”，8月15日考的是“专门科外国文及算学”[3]。尽管入学考试很像以往的科举考试，李大钊却均能坦然处之。显然，这得益于他在永平府中学堂两年的学习生活。

据《直隶法政专门学校十八周年纪念特刊》所载《北洋法政专门学校略史》记述，北洋法政专门学堂是在清光绪三十三年“七月初十日，行开学礼”，“二十五日开课”[4] 的，即在举行招生考试三天后，即于1907年8月18日完成录取，举行了开学典礼，到9月2日正式开始上课。学校准许新录

---

[1] 转引自《李大钊史事综录》第32～34页。

[2] 转引自《李大钊史事综录》第34页。

[3] 《北洋法政专门学堂定期考试广告》，转引自《李大钊史事综录》第35页。

[4] 转引自《李大钊史事综录》第29页。

取的考生“请假措资”，当年9月6日天津《大公报》刊载的《北洋法政专门学堂催录取各生入堂广告》中云：“本堂考定职班、预科学生，前有请假措资者，均经批准限于本月二十九日一体入堂。预科已开课五日，职班亦准初二日开课。而到堂销假者，尚属寥寥。兹限至八月初十日为止，过期不来，即传预取生预补，幸勿自误，切切。”[1] 从中可知，学校限新生“一体入堂”的时间是农历七月二十九日，即公历9月6日。由此不难断定，李大钊在参加开学典礼之后，即“请假措资”，离开天津，返回了家乡，在9月6日以前又回到天津，开始了在北洋法政专门学堂的学习生活。由此也可以推断，李大钊与一同去天津考学的那“二三友辈归自津门，卸装昌黎”，第一次登临五峰山，是在1907年8月19日或20日，8月10日参加开学典礼当晚乘坐京奉夜车离开天津，到昌黎时正是19日的凌晨。那一年的农历立秋是8月9日，处暑是8月24日。8月19日或20日，虽然已是夏末，但还没有出伏，尚在炎热的三伏天之中，堪称“时适溽夏”[2]，而若是转年在学校放暑假时由天津归来，是无以云“时适溽夏”的。

与在永平府中学堂相比，北洋法政专门学堂的费用明显高了一些，每月学费3元，膳费5元，另外还有体育课和做操时用的统一服装和纸笔及其他零用钱均需自备，算起来每年大致需要花费100元以上。是时，李大钊的祖父李如珍去世已有一年，家产业已损失过半，幸亏有妻子赵纫兰想方设法，典当挪借，方使李大钊免去了学费与膳费等难以为继的后顾之忧。

李大钊初入北洋法政专门学堂学习的情况，基本上没有留下什么史料。唯一可以探测他入学初期思想的，是他在1908年秋冬季节写的《登楼杂感》。

《登楼杂感》由两首七言律诗组成，其一为：“感慨韶华似水流，湖山对我不胜愁。惊闻北塞驰胡马，空著南冠泣楚囚。家国十年多隐恨，英雄千载几荒邱。海天寥落闲云去，泪洒西风独倚楼。”其二为：“荆天棘地寄蜉

---

[1] 转引自《李大钊史事综录》第34页。

[2] 《李大钊全集》第1卷第653页。

蝣，青鬓无端欲白头。拊髀未提三尺剑，逃形思放五湖舟。久居燕市伤屠狗，数觅郑商学贩牛。一事无成嗟半老，沉沉梦里度春秋。”[1]

▲ 李大钊(二排左四)与在北洋法政专门学校共同求学的直隶籍同学合影

悉心品读这些悲中有壮的诗句，不难看出，流露笔端的皆为对充满悲剧色彩的时局的哀叹，以及对自己年届韶华之龄却不能为国赴难的忧伤，颇有唐代陈子昂《登幽州台歌》诗风骨。而这正是他当时矛盾、痛苦的心境的真实写照。

李大钊进入北洋法政专门学堂，适应新的学习生活环境以后，渐渐发现自己寄予厚望的北洋法政专门学堂，并非他原来想象的“深研政理，求得挽救民族、振奋国群之良策”的理想去处，而是为北洋势力培养新式官吏的地方，这使他有了失落的感觉。而“国势”却没有多少好转的迹象，仍令人感到分外“危迫”。在这种情况下，他“惊闻北塞驰胡马，空著南冠泣楚囚”，怎能不“感慨韶华似水流，湖山对我不胜愁”，叹息“一事无成嗟半老，沉沉梦里度春秋”呢？难能可贵的是，他并未因此而绝望，尽管“海天

[1] 《李大钊全集》第1卷第623～624页。

寥落闲云去，泪洒西风独倚楼”，时刻萦绕于他心中的依旧是“家国十年多隐恨，英雄千载几荒邱”。作为一个生长在自古多“感慨悲歌之士”[1]的燕赵大地的热血男儿，“久居燕市伤屠狗，数觅郑商学贩牛”两句，表明了他想要像春秋时期贩牛的商人弦高智退秦师、像战国时期曾以屠狗为生的荆轲勇刺秦王一样，为国家做一番轰轰烈烈的伟大事业，并盼望自己有所作为的一天早日到来。诗题所云的“登楼”，非指津门哪一座名楼高阁，而就是他所就寝和读书的校园那座西式二层小楼。

▲ 李大钊吟咏《登楼杂感》的“筑声剑影楼”(左侧为李大钊写的说明)

大约就在吟出《登楼杂感》之际，李大钊为自己的学斋起了个名字，叫“筑声剑影楼”。“筑声”，典出战国时燕国的义士高渐离，其曾用击筑发出的悲壮声乐，激励流落燕市的挚友荆轲不要忧伤，而在荆轲告别易水去行刺秦王时又为其壮行，最终自己也因用筑击杀秦王而献身；“剑影”，喻的显然是“壮士一去不复还”的荆轲刺杀秦王的短匕刃光了。从李大钊把斋名定为“筑声剑影楼”看，他在吟出《登楼杂感》时，业已壮怀激烈，把韩愈赞

[1] 源出韩愈《送董邵南序》开篇第一句：“燕赵古称多感慨悲歌之士。”其中的“感慨”，后人改为“慷慨”，如明人沈榜《宛署杂记·民风》：“燕赵多慷慨悲歌之士。”

叹的“感慨悲歌之士”荆轲和高渐离等人视为自己极想效仿的英雄豪杰了。

细析《登楼杂感》，不难得知，李大钊吟诗的引发点是“惊闻北塞驰胡马”。那么，他何以“惊闻北塞驰胡马”呢？这与当时他有一个像荆轲、高渐离那样义烈无比的挚友在“北塞”有密切关系。这个人就是蒋卫平。蒋卫平与李大钊在永平府中学堂结为至交仅仅数月，就赴保定投考陆军速成中学去了。他在陆军速成中学领头大闹学潮之后，不得不流亡东北从事平民教育工作。1907 年春天，蒋卫平秘密加入中国同盟会，开始到东北的边境地区和蒙古等地推销进步书刊，宣传民族民主革命思想。他在“北塞”发现沙皇俄国正在加紧蚕食我国领土，便投入捍卫东北边境的斗争。在考察黑龙江边界地区、绘制边境山川走势图时，他被沙俄警察发现，关进西伯利亚监狱，直至 1908 年 9 月才被释放。李大钊极可能是在接到出狱归国的蒋卫平来信，“惊闻北塞驰胡马”之后，心神难宁，吟出《登楼杂感》的。那时，蒋卫平正在为拯救国家和民族的悲惨命运，保卫祖国的神圣疆土奋不顾身，出生入死，而他却仍在津门校园安分守己地读书，这怎会不令他感慨万千，自哀自叹，“感慨韶华似水流”呢？

大约也是在这个时候，或稍晚一些时候，李大钊将自己的原名“李耆年”改成了“李钊”，除登录学籍以外使用。《说文》：“钊，刓也。”“钊”，为会意字，从刀从金，表示用刀削金属。其字有多解，一是磨损、削损（取本义）；一是弩牙，或谓弩机（《广韵·宵韵》：“钊，弩牙。”《集韵·萧韵》：“钊，弩机。”）；一是劝勉、勉励（《尔雅·释诂上》：“钊，勉也。”《方言》卷一：“钊，勉也。”郭璞注：“相劝勉也。”明宋濂《补雩坛祝舞歌辞》：“门沆砀，驾以猋。俯下士，无不钊。”）；一是见（《尔雅·释诂下》：“钊，见也。”）；一是远（《方言》卷七：“钊，远也。燕之北郊曰钊，东齐曰超。”）。李大钊在为自己取新的名字时，选择以往人们起名时常选择的“钊”字，究竟取何字义，是寓刀削之坚韧、弩牙之锋利，还是劝勉、勉励，乃至“见”“远”，他本人并未留下任何解释的话语和文字，我们只能猜度，当或取其一二，或是兼而有之。

《岁晚寄友》的吟咏

无独有偶，目前保留下来的李大钊早期诗作，几乎均与蒋卫平有关。时隔一载，李大钊于1909年冬天又在北洋法政专门学堂吟出两首五言律诗："江山依旧是，风景已全非。九世仇堪报，十年愿未违。辽宫昔时燕，今向汉家飞。岁晚军书急，行人归未归？""几载不相见，沧桑又一时。廿年余壮志，千里寄新诗。慷慨思投笔，艰难未去师。何当驱漠北，遍树汉家旗。"[1]

这两首五言律诗，李大钊将之题为《岁晚寄友》，明显是寄给分别数载的蒋卫平的，字里行间饱含的是异常思念与惦记挚友之情。

李大钊的旧体诗尝试之作《登楼杂感》，发表于1913年9月1日出版的《言治》月刊第1年第4期时，注明吟于"戊申"（即清光绪三十四年，1908年），写作时间没有任何疑义。而《岁晚寄友》在1913年4月1日出版的《言治》月刊第1年第1期（即创刊号）发表时，未注明写作时间。多年来，研究李大钊的一些学者或疑其写于辛亥革命爆发以后，或疑写于1911年岁尾，或疑1912年年末；而人民出版社1999年版《李大钊文集》的编者据诗

[1] 《李大钊全集》第1卷第572～573页。

中有“几载不相见，沧桑又一时。 廿年余壮志，千里寄新诗”句，认为当值李大钊20岁时，即1909年“岁晚”写给“几载不相见”又在“千里”之外的蒋卫平的；人民出版社2006年版《李大钊全集》依然持同样看法[1]。 从各种情况分析，这种看法是比较确切的，《岁晚寄友》当系李大钊于1909年12月或1910年1月，即农历己酉冬月或是腊月在北洋法政专门学校校园所吟。

蒋卫平比李大钊年长六七岁，是李大钊青年时代的一个极其重要的朋友，也是对他的早期思想产生很大感染与影响的革命志士和爱国英雄。 如前所述，蒋卫平自秘密离开保定陆军速成学堂，到东北去投奔盛京将军赵尔巽之后，化名“大同”，改字“健”，在边境地区活动时，他自觉地肩负起考察东北边境情况，防备沙俄蚕食东北边境地区领土的重任。 为适应与沙俄斗争的需要，他潜心学习俄语，掌握了俄语对话的技巧。 他在到达齐齐哈尔时，结识了知府宋小濂。 宋小濂对他的学识和才干非常赏识，想请他在府衙任职，被他婉言谢绝。 为抵御沙俄侵略，他决心全面考察黑龙江边界，绘出边界地区的山川地势走向图。 到黑河考察时，他发现有一个金矿的沙俄老板苛刻虐待中国矿工，便挺身而出，同沙俄矿主展开了说理斗争。 为此，黑河一带的人们都很敬佩他，称他“关外大侠”。 时隔不久，蒋卫平在进行边境考察时，被沙俄警察疑为日本间谍，投放到西伯利亚的监狱。 在监狱中，他向一道被关押的中国同胞讲解国事，抨击腐朽的清朝皇廷，宣传孙中山的革命主张，并揭露沙皇的侵略野心；同时，还用俄语向被关押的俄国政治犯介绍中国的文化和历史，为此深得俄国政治犯的尊敬，被称为“东方圣人”。1908年9月，蒋卫平获释出狱。 大约在此时，他与李大钊恢复了中断相当一段时间的通信联系，告知被沙俄警察投到西伯利亚监狱的情景及东北边境地区频频报危的紧急态势，这才有了时在津门读书的李大钊“惊闻北塞驰胡马”，继而有两首《登楼杂感》的咏叹。 蒋卫平获释不久，即到达长春，拟

[1] 《李大钊文集》第5卷，人民出版社1999年版，第439～400页；《李大钊全集》第5卷，人民出版社2006年版，第235～236页。

创办一份鼓吹捍卫国权思想和宣传抗击俄、日等国侵吞东北领土主张的报纸。1908 年 11 月，蒋卫平与徐竹平等人拟定《试办〈长春日报〉宣言及简章》，并向吉林西路道台陈希贤递交了《呈请办报立案书》。时隔不久，他又以《长春日报》发起人的名义，亲自上书陈希贤，详细陈述《长春日报》急宜出版的理由。经过不懈努力，《长春日报》终得在 1909 年 4 月 3 日正式创刊。《长春日报》创刊后，旗帜鲜明地反对帝国主义，特别是沙俄的侵略，同时还明里暗里同情和支持反清斗争，抨击清政府搞的所谓立宪，称中国同盟会为“清国革命党”，称孙中山为“清国革命领袖”，称中国同盟会领导的起义军为“革命军”等。没有多久，报纸仅仅存在一个多月，就因日、俄两国驻长领事出面干涉以及经费困难等原因被迫停刊。据 2005 年第 3 期《北方民族》刊载的张文彬《熊成基在吉林》一文介绍，就在这一期间，革命义士熊成基从日本东京来到“同盟会设在东三省的秘密联络点”——长春日报社，同蒋卫平、商震等秘密“商定革命进行方略”，“密谋在蜂蜜山从事于开垦，以便存粮购械，并联结新旧军人及马胡子伺机起义”，计划在长春、哈尔滨一带起事反清。

比起蒋卫平来，熊成基已经是当时一个响当当的革命义士了。他生于 1887 年，从小随父母在安徽芜湖长大。幼年读私塾，稍长学医，后立志学军，到安庆进入安徽武备练军学堂学习。被征入江宁新军，又到炮兵速成学堂将校科学习；复转安庆新军，任炮兵营军官。1908 年 11 月 19 日，安庆新军中的革命党人趁南方各镇新军在太湖举行会操、光绪皇帝和慈禧太后相继去世之机，举行紧急会议，决定当晚起义，公推熊成基为安庆军总司令。起义失败。熊成基辗转逃到日本，旋即加入中国同盟会，改名龙潜，在异国他乡开始了新的革命生涯。

1909 年 3 月，熊成基经黄兴指派，化名张建勋，经沈阳到长春，联络新军第三镇所属官兵起义。当时，他经人介绍认识了同盟会会员蒋卫平。当时，蒋卫平获知来者就是在几个月前领导安庆起义的大名鼎鼎的铁血英雄熊成基时，自然应敬佩有加，当与熊成基一见如故，旋即结为肝胆相照的革命战友。

蒋卫平和熊成基，与商震、徐于、徐竹平等同盟会战友在长春秘密举行会议，主要是如何通过开展各种工作，寻找和建立各种关系，策动新军第三镇中的革命官兵伺机举行反清起义，开展矢志推翻清朝统治的武装斗争；其中，也包括在比较边远的兴凯湖一带的蜂蜜山，建立坚持军事斗争的基地或曰根据地的大致意向。而这需要一大笔活动经费，但是新创办的《长春日报》并没有像预期的那样很快赢利，而且还出现了经费困难的问题。于是熊成基多次往来于长春和哈尔滨之间。在此期间，蒋卫平于11月底返回长春，开始与熊成基、商震、徐竹平等按照“进行方略”，“运动军界反清”，策动新军第三镇的官兵举行反清起义，并准备刺杀途经哈尔滨的清廷海军大臣载洵，制造混乱，借机起事（是年10月26日朝鲜爱国志士安重根在哈尔滨车站击毙日本前朝鲜统监伊藤博文，影响很大）。不料，时至清宣统元年十二月十八日（1909年1月28日），就在熊成基由长春潜伏到哈尔滨，准备对出国考察的清朝政府海军大臣载洵实施刺杀时，载洵等人取道俄国西伯利亚铁路回国，途经哈尔滨车站并未出站，仅在车站停留一个小时就乘车南下了。载洵等人之所以没有出站，与当时社会上出现熊成基已经来到东北，要在哈尔滨车站谋刺载洵的传闻有关。当时，东北地方官员惊恐万状，张贴重赏告示，悬赏和搜查熊成基等革命党人。宣统元年十二月二十日（1909年1月30日），熊成基被出卖，真实身份和潜藏地点暴露，吉林巡抚陈昭常派人在哈尔滨秦家岗下坎宾如栈“拿获剪短发穿洋装青年一人”[1]，将熊成基一举抓获，并于次日押往长春监狱，旋被杀害。熊成基被捕就义时，蒋卫平正在家乡一带进行反清活动，后也被清廷通缉。

由此看来，李大钊在清朝宣统元年“岁晚”时节，在天津北洋法政专门学堂的“筑声剑影楼”吟出敬佩蒋卫平的革命活动，担忧蒋卫平的安危，抒发自己对很可能出现的促使时局发生巨大变化的“一触即发”的军事斗争形

[1] 眭去章：《中华民国开国记》，台北大中国图书公司1968年版，第489页。

势的思绪的《岁晚寄友》一诗，是完全有可能的。

李大钊的《岁晚寄友》，当写于熊成基在哈尔滨被捕、蒋卫平等受到通缉之前，即蒋卫平等人在熊成基的领导和组织下，正在加紧发动反清武装斗争之际。从“江山依旧是，风景已全非。九世仇堪报，十年愿未违”等诗句看，李大钊是知道蒋卫平正在从事反清武装起义斗争的；所谓“岁晚军书急，行人归未归”，很显然，是李大钊接到蒋卫平急急寄来的“军书”后，既为蒋卫平投身反清斗争而高兴，又为身处险境的蒋卫平担忧。而“廿年余壮志，千里寄新诗。慷慨思投笔，艰难未去师”，则是在抒发自己恨不能在此时此刻与蒋卫平等人并肩战斗的心迹的，字里行间饱含的是异常思念与惦记挚友之情。

自叹“我入平山迟一步”

李大钊给蒋卫平寄出《岁晚寄友》不久，即与蒋卫平失去了联系。

当时正在榆关（今山海关）的蒋卫平听到消息后亡命潜逃，最终化装逃往黑河。他在黑河恰遇宋小濂升任黑河道尹，并任勘界专员。当时，宋小濂正为沙俄企图侵吞我国的四十八旗屯事件同俄方交涉，见到蒋卫平到来，立刻请他协助工作。为了捍卫北疆领土免遭沙俄侵略，蒋卫平不顾自身安危，化名蒋俊，充差瑷珲巡营巡官，义不容辞地担起与俄方直接交涉的重任。在他越过黑龙江时，沙俄将他无理扣押，又投进监狱。后经宋小濂派人交涉，俄方佯允释放，但他们深知蒋卫平有胆有识，一心想把蒋卫平害死。1910 年 8 月 5 日，俄兵护送蒋卫平过江，当蒋卫平上船时，一个俄兵在其身后突然开枪，将他打倒在地，蒋几乎坠入江中。蒋卫平临危不惧，中弹后仍怒斥俄军：“杀我一人，勿累舟子！”俄兵又用刀砍他，致使他连中数刀而亡。俄兵将他的遗体拖入浮厝所。后经蒋卫平的生前好友、同盟会会员陈明侯同俄边界官员谈判，才把他的尸体要回，暂时埋葬于黑龙江畔。蒋卫平牺牲时，年仅 27 岁。后来，陈明侯为缅怀蒋卫平的壮烈功绩，在离蒋卫平的家乡蒋家庄不远的横山东麓偏凉汀行宫南面为蒋卫平修一石碑，上刻《吊蒋慕谭》诗：“滦水流潺潺，英雄去不还。龙沙埋白骨，风雨哭阴山。”[1]

蒋卫平血洒黑龙江的时间是1910年盛夏，但山河阻隔，音信迟缓，在李大钊辗转获悉他舍身报国的噩耗时，已是转年的“岁晚”了。这时，武昌起义已经爆发，李大钊和蒋卫平的家乡一带也接连爆发了震撼全国的滦州兵谏和滦州起义，李大钊异常敬重的老师白雅雨亦在滦州起义失败时壮烈牺牲。在这样的时刻，李大钊得知久无音信的蒋卫平早在上一年的一个夏日就惨死在沙俄侵略者的刀枪之下，痛哭失声，悲伤欲绝，在“筑声剑影楼”一连吟出两首《哭蒋卫平》：“国殇满地都堪哭，泪眼乾坤涕未收。半世英灵沉漠北，经年骸骨冷江头。辽东化鹤归来日，燕市屠牛漂泊秋。万里招魂竟何处？断肠风雨上高楼。”“龙沙旧是伤心地，凭吊经秋只劫灰。我入平山迟一步，君征绝塞未曾回。玉门魂返关山黑，华表人归猿鹤哀。千载胥灵应有恨，不教胡马渡江来。”[2] 接着，他望着蒋卫平的遗像，又情不自禁地咏出五律《题蒋卫平遗像》：“斯人气尚雄，江流自千古。碧血几春花，零泪一抔土。不闻叱咤声，但听呜咽水。夜夜空江头，似有蛟龙起。”[3] 这三首诗，均是李大钊于辛亥年岁晚写给蒋卫平的，只是，这时蒋卫平已经为国捐躯一年零几个月了。值得指出的是，李大钊在《哭蒋卫平》一诗中所说“我入平山迟一步”，极可能指的是他想去参加辛亥滦州起义，却“迟”行了“一步”，即不待动身，或刚动身，辛亥滦州起义就已经以失败告终了。“平山”，系永平府衙门所坐落的卢龙县城西北的平顶山丘之名称，此处当借喻滦州。

按照《北洋法政专门学堂广告》的宣示，“入专门科者先习预科三年，卒业后升入正科。正科分法律、政治两门，由学生随意选学”，“专门科中预科、正科各三年，计六年卒业”，在1910年8月5日蒋卫平壮烈牺牲于黑龙江上之际，李大钊刚刚结束“预科三年”的学习生活，即将升入正科，开始又一

---

[1] 赵庆江：《黑水英魂》，《滦县文史》第1辑。

[2] 《李大钊全集》第1卷第625～626页。

[3] 《李大钊全集》第1卷第605页。

个“三年”的学习生活。根据各方面情况分析，李大钊“选学”的正科是“政治”。当时，作为中国第一所正式的法政专门学校，北洋法政专门学堂设置比较正规，课程比照京师大学堂，既有《大清会典》《大清律例》等清代法律典章的内容，又开设有政治学、政治学史、经济学史、比较宪法、比较行政法、地方自治论、中国法制史、选举制论、警察学、商业通论、民法要义、外交通义、外国贸易论、刑法总论、财政学、经济学原理、应用经济学、货币论、银行论、外交史、最近世界政治史、社会学、中外通商史、国际公法、国际私法统计学等近现代社会科学学科[1]。外语教学所占比重也比较大，第一外语是日语，每周授课 12 学时；第二外语任选英语、法语和德语，第一年每周授课 6 学时，第三年递增至 10 学时。外语的学时，按每周 18 个学时计算，占到了每周 36 学时的一半，比较突出。同时学校还规定，所聘请的外籍教员（主要是日本籍教员）授课，“无论正科预科……一概不用通译，使学生直接听讲，以节钟点而收实益”[2]。这就迫使学生不得不全力学习外语，特别是日语。李大钊也把主要精力集中在日常课程的学习上，特别是日语与英语，还有众多专业课程，以取得比较优异的成绩，完成学业。

就在李大钊由预科顺利地升入正科之际，他受到了时潮的强烈影响，参加了北洋法政专门学堂和天津诸多大中学校学生举行的国会请愿运动。

世界进入 20 世纪以后，清政府迫于形势，决定效仿日本走“变法维新”之路，艰难地开始了各项改革。1905 年 7 月，清政府发布上谕，派载泽、戴鸿慈、徐世昌、端方等随带人员，分赴东西洋各国考求一切政治，以期择善

---

[1] 乐亭县李大钊纪念馆陈列有李大钊批注的《预科法学通论讲义》（又名《法学通论》）和《正科刑法讲义》（又名《刑法讲义》，原文均为日文，原藏大黑坨李大钊故居纪念馆），分别系李大钊在北洋法政专门学堂第三学年和读正科时第一学年所用教材。李大钊在阅读、使用二书时，分别用中文、日文以及在个别处用英文作大量批注，并有圈点或画线。（见《李大钊全集》第 1 卷《〈法学通论〉批注》和《〈刑法讲义〉批注》）

[2] 《北洋公牍类纂》卷三，《吏治》第 38 页。

▲在天津北洋法政专门学校读书时的李大钊

而从。1906 年 8 月，出洋考察大臣代表载泽上奏《奏请以五年为期改行立宪政体折》，慈禧太后于 9 月 1 日下达《宣示预备立宪谕》，宣布预备立宪。到 1907 年，清政府提出要在中央筹设资政院，在各省筹设咨议局。在这种形势下，张謇、汤寿潜等人在上海成立预备立宪公会，之后各地立宪公会纷纷建立，主张立宪的政治团体陆续发表宣言，鼓吹尽快实行君主立宪；同时，各地发起国会请愿运动，提出速开国会、颁布宪法、缩短预备立宪期限等诉求。1908 年，清政府颁布《钦定宪法大纲》，规定大清帝国万世一系，同时宣布“十年后实行立宪”。1909 年，各省咨议局进行选举。

李大钊进入北洋法政专门学堂时，立宪思潮处于正在发展阶段。当时，直隶总督兼北洋大臣袁世凯在天津府试办地方自治，并准备以天津为样板，在三年之内将地方自治推广于直隶全省。袁世凯的做法，在直隶省和全国不少地方形成很大影响，促进了立宪思潮的发展。尽管他在 1908 年 11 月光绪皇帝和慈禧太后相继驾崩不久，即被摄政王载沣削去权力，不得不回河南项城老家“养疴”，但其影响依然在天津等地存在。

1910 年，立宪派分别于 1 月和 6 月进行的两次召集国会的请愿都被驳回，直隶省咨议局的代表与其他十余省咨议局议员代表共同发起第三次要求清政府提前召集国会的请愿活动。清政府迫于压力，答应缩短原定 9 年的预备立宪期，于宣统五年（1913 年）召集国会。清政府的决定与请愿团提出的在第二年即宣统三年（1911 年）召集国会的要求仍有距离，一些省的代表准备发起第四次请愿。这一年 12 月，东三省士绅和民众组成的第四次请愿赴京代表团，路过天津时求援，受到热烈欢迎。天津学生当即组织“帝国学生同志会”“全国学界请愿同志会”等团体，发动各校学生投入请愿运动，形成了一次规模较大的学潮。

对于当时天津学生，特别是北洋法政专门学堂的学生参加国会请愿运动学潮的有关情况，当年李大钊的北洋法政专门学堂同学刘寿山在1964年1月10日写有《天津请开国会风潮追忆》，进行了详细介绍，其中还有李大钊当时的行迹：

> 前清宣统二年冬，爱国人士见朝政日非，列强瓜分中国之声甚嚣尘上，怵于神州沦丧，皆为隐忧。先由天津大中学生秘密会议，寻找途径，佥认为立宪开国会，可以监督政府改善政治，以救沦亡，遂于十二月间，天津各校学生均在本堂大讲堂开会，议定办法，推举代表。天津北洋法政专门学堂推定白见五（后改名坚武）、李钊（后改名大钊）、胡宪、徐铮、蓝鸿翥等八人为代表，笔者与李青峰等四人为记录，并由发起人讲解请愿之意义及目的，慷慨激昂，同学均受莫大感动，踊跃签名。……议定翌日清晨，亦河北各学堂，均到天津公园会齐，整队游行。路线由天津公园出发，经过大胡同、东马路至南马路广东会馆，与天津全市学生会齐，开会商定办法。……抵督署时已下午两点多钟。由东辕门排队而进。督署大门紧闭，代表们上前叫门，迄无人应，学生等席地而坐，同声高喊口号，呼声震天。约经过两小时大门开了 。一军官领数十名卫兵，站在门前，让代表说话。当由温君上前说明来意，该军官说：“请众位安静略等，本人即刻回禀大帅，听候指示。”仍将大门关闭。约一小时大门又开，有一蓝顶文官，并十余名卫兵站立门前，向代表说：“大帅吩咐，代表人见，每学堂学生代表只许一人。由总代表率领入见，诸位先生安静听候，勿得喧哗。”由温君率领各学堂学生代表入内，见督署大门内甬道两旁，多由军队持枪带刀排成一条兵巷，大门未关。又约一小时，见各代表满面春风，仍由该文官送出，站在大门台阶，向学生宣布说：“晋见大帅颇表同情，并夸奖全体学生爱国热忱，又嘱向刺血学生慰问，允许及时代为电奏。我们可以先行回学堂，听候上谕。”各学生遂整队回堂。途中纷纷议论，陈夔龙怎么忽然变成好人，他若支持此次请愿，可能达到目的。独李钊先是默然不语，继而愤然说：“他们哪有好心，还能办出人

的事吗？准备上当吧！”有人反驳说：“你就是过激派。”学生们整天未吃未喝，饥疲交迫，只得回校静候。……[1]

从刘寿山写的这篇回忆文章中，可知当年天津学生发起第四次国会请愿运动时，李大钊是置身其中、参与始终的。而且，他还被推举为北洋法政专门学堂的8 个学生代表之一。学生请愿游行发生在 1910 年 12 月 20 日。当天下午，请愿归来，李大钊发表了对直隶总督陈夔龙表示不予信任的见解，表明他的头脑是比较清醒的，但被有的同学说成是“过激派”。

对于那次请愿的情景，李大钊本人在 1923 年 12 月 30 日参加直隶法政专门学校 18 周年纪念日庆祝会发表讲演时也进行了回忆。他说：

时当宣统二年，日本要强迫攫取安奉铁路，东省代表来津求援，天津学生在东马路开会欢迎，共举温世霖为会长。本校同学立宪、革命两派，立宪派公开运动，革命派秘密运动。同学多数属于立宪派，少数属于革命派，于永滋、王德斋两位先生是革命派中心人物。立宪派打算全体往北京请愿，要求政府开国会。本校同学在东大讲堂（现改图书馆）开会，同学秦广礼断指写血书，激扬民气。同学孙可君断肘，大家非常激烈。孙君断肘之后，全身为血所染，许多同学鼓掌叫唤，都以泪相见。此时同学只以血泪相见，李监督、邓和甫都劝大家不必自杀，可以积极想法就是了。那种悲惨激昂的光景，我终身不能忘！大家闹了一天，夜间开会，相约明天黎明整队到广东会馆开会，作请愿的运动。过河的时候，碰见李监督，李监督善言相劝，教大家回校再商议，学生不肯。平时学生对监督谈话时非常客气，这时候也不客气了。一直到了广东会馆，商议上府院请愿。全天津学校的校长及提学司也都来到广东会馆，劝阻大家不要走，大家不听，把诸位校长及提学司围在中间。这时候的群众心理，那里还可以理喻？若工夫一大必有不测。李监督为人聪慧机警，见这般光景，实有不了

[1] 刘寿山：《天津请开国会风潮追忆》，见《李大钊史事综录》第 41 ~ 44 页。

之势,他就站在台上,对众嚷道:“你们要请愿,我们帮着你们。”众鼓掌。“大家出发的时候,必须有秩序。”众鼓掌。“我们要先走一步。”众鼓掌。于是,各位校长及提学司得免于难。大家全体出发,电车也停了,到了府院衙门前都坐下,要求立时给北京打电报,使其立宪开国会,还要立时等回电。又整队往省议会去请愿,在道上碰见道台坐着马车,大家把道台打了个不亦乐乎,马车也碎了。后来同学劝止,才把道台放走,逃了一条命!这是大众的狂热,于事业上没有多大效果,但当这时候也没法劝止,后来学生各归本校。

风潮闹完之后,当局方面以为风潮起的原因,都因为会长的鼓动,于是把温世霖放逐到新疆去,学校方面提倡提前放假。当时大家没有出息,见学校里提前放假,都归家去了!像这狂热的政治运动,不一时就消灭。这次风潮的结果,大家把温世霖先生送到新疆,谁也不闻不问了![1]

一句“那种悲惨激昂的光景,我终身不能忘”,道出了李大钊自己当年参加国会请愿运动的心境与情景。显然,在接受现代政治运动的洗礼时,他尽管没有像同学秦广礼那样断指写血书,也没有像同学孙可那样断肘,但与他们的心却是一脉相通的。他是全身心地投入到整个运动之中的。

天津学生的国会请愿运动以失败告终以后,学校又恢复了原来的教学秩序。1911 年 5 月 8 日,清政府废除军机处,发布内阁官制与任命总理、诸大臣,而新的内阁成员名单超过半数为清宗室(皇族)与满人,被人们讥嘲为“皇族内阁”。立宪派和社会舆论对此多感失望,甚至不满,认为清政府实无诚意推行宪政,乃逐渐同情和倾向革命事业。到 1911 年 10 月 10 日,武昌起义爆发,北京、天津、保定等地的革命者相继组织共和会、铁血团、克复学会等革命团体,继而成立北方革命协会,联系和策动驻滦州的新军第二十镇部分官兵举行武装起义。1911 年 12 月 31 日,辛亥滦州起义在北京和天津附近地区爆发,并于 1912 年 1 月 3 日在滦州成立了北方革命军政府,推举带

[1] 李大钊:《十八年来之回顾》,《李大钊全集》第 4 卷第 321 ~ 322 页。

头起义的新军第二十镇第七十九标二营营长王金铭为北方革命政府大都督，推举又一起义领导人、新军第二十镇第七十九标一营营长施从云为北方革命军总司令，推举由天津去滦州策动起义的北洋法政专门学校地理教师、天津共和会会长白雅雨任北方革命军政府参谋部长。清政府见自己的后院起火，立即派曹锟率新军第三镇会同镇守通永镇的王怀庆前往进剿，起义军进行了英勇抵抗，但终因寡不敌众，遭到失败，王金铭、施从云等惨遭杀害，白雅雨也在古冶车站壮烈牺牲。时隔12年，李大钊在直隶法政专门学校18周年纪念日庆祝会发表讲演时，深情地回忆说："同学奔走革命的，白雅雨、于永滋往滦州，王德斋往徐州。白先生平时很古板的，这时也作革命的运动。滦州革命失败，同学以为白、于二先生不免丁难，噩耗传来，人家悲伤得很！后来才知道白先生确乎身殉于难，于先生幸免。给白先生开追悼会，就在这个礼堂上。那追悼白先生挽联的字句，今天我来在这礼堂上，还仿佛有人念给我听！"[1]

作为北洋法政专门学校同情或曰心向革命派的学生，李大钊当时是否参加了策应辛亥滦州起义的革命活动，即有否参加辛亥革命的具体行动，多年来史学界存有不同的见解[2]。从实际情况看，李大钊在北洋法政专门学校的地理课老师白雅雨是同盟会会员，武昌起义爆发后，他就和中国地学会创始人张相文等立即响应，共谋策应，在进步学生中组织了天津共和会。据滦

[1] 李大钊：《十八年来之回顾》，《李大钊全集》第4卷第322～323页。

[2] 朱成甲认为，高一涵在《李大钊同志略传》的叙述仅有"辛亥革命，守常奔走之力亦极多"一语，而曾经和李大钊一起并肩战斗，与李大钊生前关系相当密切的于树德，在晚年写的《回忆滦州起义与共和会》（文史出版社1981年版《回忆辛亥革命》），在记述天津"克复学会"和"共和会"的组织情况时，列举的成员是没有李大钊的，若是参加断不会忘记介绍。他认为："李大钊和辛亥革命的关系，直到目前还材料甚少。至于在行动方面，可以说还没有任何具体的直接的材料。""从现有的材料看，李大钊对于辛亥革命是热烈拥护的，但是，他却并未直接参加这场革命的实际斗争。"

州起义的参加者、李大钊在北洋法政专门学堂读书的附中[1]同学凌钺在《辛亥滦州起义记》[2]中回忆，李大钊也参加了这一组织。凌钺在辛亥滦州起义爆发时被推举为北方革命军政府外交部长，他回忆说：滦州起义失败后，"会中同志如马浩、汪瀛、李大钊、徐铮、凤文琪等数十余人，或愤恨而悲痛失声，或疾首痛心而莫知所措，或骚首问天愤不欲生，或疑信参半化装至唐山、开平、古冶等地密探真相，悲歌慷慨，惨极一时"。他的回忆似乎可以说明，李大钊在辛亥革命爆发后，没有袖手旁观，而是投身到革命斗争的洪流中去了[3]。他参加了天津共和会，参与了策划滦州起义的行动。他可能是当时革命斗争的积极参加者，至少在宣传革命和秘密联络等方面，曾发挥一定的战斗作用。后来，不知由于什么原因，他没能同白雅雨等赴滦州直接参加起义行动。对此，他事后追悔莫及。这从"我入平山迟一步"这句诗中可以窥测体味。起义失败后，他很可能回到家乡一带密探了事实真相，凭吊了起义志士洒血捐躯的战场。可惜，李大钊在这方面没有留下任何文字记载，仅在《哭蒋卫平》诗中透了一句。大概他是觉得比起白雅雨等烈士来，自己没做出什么豪举，不值得一书，留下的仅仅是一句深深的自叹吧！

---

[1] 北洋法政专门学堂于1909年（清宣统元年）设别科，定3年毕业，并添设中学，定5年毕业。

[2] 见台北正中书局出版的《中华民国开国五十年文献汇编》。

[3] 凌钺在《辛亥滦州起义记》中谈到北方共和会组织的建立时，说是由他和"王法勤、李大钊、张良坤、汪浪、胡宪、于树德等密约至日租界荣华里开会"决议的。而在台湾出版的《中华民国开国五十年文献汇编》中，还选有吴守正著《滦州起义》、南琴轩著《辛亥滦州起义》和乙巳俱乐部编《辛亥滦州光复概要》等，都列有共和会会员，却都没有提到李大钊。另外，胡鄂公（湖北军政府派来天津联系北方革命代表）在《辛亥革命北方实录》中，记载了北方许多革命团体的参加人员，也没有列李大钊。特别是当时的共和会会员于树德所写的《回忆滦州起义与共和会》，比较具体地介绍了共和会的情况和参加人员，而不曾提到后来与其关系极为密切的李大钊。如果李大钊确实参加了共和会，于树德是绝不会忘记或漏掉的。凌钺有关李大钊参加共和会的回忆存疑，主要在此。

另外，在北洋法政专门学堂与李大钊关系极其密切的白坚武，在其于1915年12月23日开始记日记时，补记他在1911年辛亥革命爆发后的经历，云其曾经“奔走于秘密团体者再”[1]；就李大钊与他在北洋法政专门学校读书时形影不离、无话不谈的关系，足可推知李大钊当时也应参加了“秘密团体”，亦一再“奔走于秘密团体”。

对发生在家乡一带的辛亥滦州革命，李大钊事后多年惓惓不已，对白雅雨和起义的其他领袖人物常常流露出深切的缅怀之情。1917年5月6日，他在记述由北京旋里一行的《旅行日记》中写道：“……天将破晓，过雷庄，猛忆此为辛亥滦州革命失败之地，白亚雨先生、王金铭、施从云二队官及其他诸烈士，均于此地就义焉。余推窗北望，俱见丘山起伏，晓雾迷蒙，山田叠翠，状若缀锦，更无何等遗迹之可凭吊者。他日崇德纪功，应于此处建一祠宇，或数铜像，以表彰之。”[2]一番话说得情真意切，足可见当初他与这次起义的亲密关系。1919年夏天，他又在《五峰游记》中写道：“我们那晚八时顷，由京奉线出发，次日早晨曙光刚发的时候，到滦州车站。此地是辛亥年张绍曾将军督率第二十镇停军不发，拿十九信条要挟清廷的地方。后来到底有一标在此起义，以众多不敌失败，营长施从云、王金铭，参谋长白亚雨等殉难。这是历史上的纪念地。”[3]后来，他还向滦州起义失败后幸存下来的冯玉祥将军建议，为滦州起义牺牲的先烈塑铜像。冯玉祥将军记住了李大钊的话，于1924年在北京发动兵变后，在中央公园（今中山公园）为施从云、王金铭等塑造了铜像。1932年至1935年，冯玉祥在泰山普照寺居住时，又在普照寺旁修筑了纪念辛亥滦州革命就义烈士的祠堂。1936年，他还在北京海淀区温泉南面山坡上修筑了辛亥滦州革命纪念塔。塑铜像是李大钊在世时的事，建祠堂、修纪念塔是李大钊牺牲后的事，冯玉祥帮助李大钊了却了这一铭刻在心的夙愿，这应该算作辛亥革命史上的一桩美谈。

---

[1] 《白坚武日记》第1册第4页，江苏古籍出版社1992年版。

[2] 《李大钊全集》第2卷第701页。“白亚雨”，即白雅雨。

[3] 《李大钊全集》第3卷第311页。

临近毕业“翩然起众人中”

李大钊在同期考入北洋法政专门学堂的同学中脱颖而出，是在他上正科以后，特别是最后的一个学年。当时，他以能妙手著文翩然而起众人之中，成为全校有名的写作能手,更突出的是他的思想和见识不同凡响，卓尔不群。

在1910年12月参加天津学生国会请愿运动时，李大钊即被北洋法政专门学堂的同学们推选为8个学生代表之一。这足以表明，他在升入正科以后，就已在同学中崭露头角，有了一定的威信和声望。

1911年冬天，武昌起义爆发以后，形势变化很快。面对全国不少省和州县响应起义或宣布独立的紧迫形势，清政府不得不召请袁世凯复任，命其统兵到武汉镇压起义军，继而任命其为新改组的内阁总理大臣，并下《罪己诏》，公布《宪法重大信条十九条》，以平复民心。袁世凯见清王朝气数已尽，在镇压革命党起义的同时与之谈判，既图降服革命者，又望保留革命的声势以迫使清廷就范。1912年1月1日，就在辛亥滦州起义爆发的第二天，中华民国临时政府在南京成立，临时大总统孙中山答应只要袁世凯赞成共和，迫使清室退位，就拥立他为中华民国大总统。1912年2月12日，清室接受南京临时政府提出的“优待条例”，宣布退位。2月15日，经孙中山推荐，中华民国政府临时参议院选举袁世凯为临时大总统。3月10日，袁世凯在北京举行就职仪式。至此，辛亥革命以推翻清王朝的统治、建立中华民国政府而告一段落。

李大钊在北洋法政专门学校读书的后期，赶上辛亥革命的爆发，亲眼见证了清王朝的灭亡和中华民国的成立，他的心情是快慰的，也是振奋的。清帝宣布退位以后，北洋法政专门学校在本校大礼堂里举行白雅雨先生追悼会，深切缅怀了这位在清王朝苟延残喘时壮烈牺牲的革命英雄。

新的民国替代旧的王朝，李大钊感到中华民族有了复兴希望，他开始密切地关注中华民国成立以后百废待兴的革命形势和时局新的变化，极想用自己学得的政法知识和研究政理的初步心得，为建立和巩固新兴的共和制度呐喊助威，献计献策。

但是随着新的共和制度的实施，时局变得越来越扑朔迷离，新的共和制度并没有给中国带来新气象。1912年6月，李大钊写出平生第一篇时论文章《隐忧篇》，表达了自己对整个时局的隐隐担忧。

《隐忧篇》为目前能够找到的李大钊所有文章中写作时间最早的一篇政论文章，堪称其探身政界论坛的试笔之作。在举国欢庆中华民国诞生，新的共和制度建立之际，李大钊敏锐地感觉到时局的忧患之处，有“边患”“兵忧”“财困”“食艰”“业敝”“才难”等诸多方面的困境，特别是有“党私”“省私”“匪氛”等三大困局，不着手解决，势必“牵滞民国建设之进行”。为此，他殷切期望“当世贤豪”能够提出尽快解决的措施。《隐忧篇》不足1500字，却内容翔实，问题提得相当尖锐，概述得也比较得当，并能切中时弊。这表现了他在新的“改朝换代”到来之际，心中充满的是忧国忧民的思想，以及能够放眼全国、纵观全局的政治胸襟，勇于站在时代最前列的胆识和气魄。

李大钊写出《隐忧篇》时，尚未找到发表他的文章的园地，文章只能在同学之间传阅、讨论。不过，这种状况，没用几个月，就开始得到改变。

1912年9、10月间，在李大钊在北洋法政专门学校读书的最后一个学年开始之际，一些正科学生发起成立了一个学术团体——北洋法政学会[1]，李大钊就是这个学会的发起人之一。北洋法政学会成立后，参加的人很多，最多时达到250余人（其中也包括附中的一些学生）。学会设立评议、调查、编辑、庶务4个部，其中编辑部人数最多，达52人。李大钊因文章写得出众，与同班同学郁嶷一道被推举为编辑部部长（一说主任），共同负责筹备创办学会刊物《言治》。

李大钊出任北洋法政学会编辑部部长以后，读到日本学者中岛端新出版的《支那分割之运命》，立即着手组织一些同学编辑出版了《〈支那分割之运命〉驳议》。中岛端的《支那分割之运命》一书对中国“朝野上下，政务之巨，里巷之琐，历低靡遗，辄愤恨眦裂”。[2] 李大钊负责该书的翻译、驳议和出版、发行事宜，同时也是主要的撰稿人员。《〈支那分割之运命〉驳议》一书除了对中岛端的原文进行翻译外，还着力对其书作出有力批驳。“驳议”的主要形式是在译文中附加按语“译者曰”和“眉批”，合计共作按语59段，眉批184处。《驳议》对遭到中岛端“信口雌黄，横施诋毁”的“民国开幕英雄”袁世凯，辩解再三，讴歌尽至，称袁世凯是“不动声色，除旧布新，定国事于至危极险之顷”，“合南北而一之，融五族而共进于共和之域”的“大政治家”“大经世家”，“其浩然之气、真挚之诚、高洁之怀、

[1] 关于北洋法政学会成立的时间，迄今尚未发现准确的记载。《李大钊年谱长编》主编朱文通认为，朱成甲“1913年春季成立”（见《李大钊早期思想与近代中国》第216页，人民出版社1999年版）的说法有误。其一，1913年5月出版的《言治》第2期所载北洋法政学会会员名单和特别捐名单有“以上第一年入会者”“以上第二年入会者”和“以上第一年捐入者”“以上第二年捐入者”之别，可见北洋法政学会应该成立于1912年。其二，1912年12月出版的《〈支那分割之运命〉驳议》书前有以“北洋法政学会”的“译序”，所标时间是“大中华民国元年十一月”，而《支那分割之运命》是1912年10月才在东京出版的，由此不难发现北洋法政学会至少应该成立于1912年10月，其成立时间或可认定为1912年9月。

[2] 《李大钊全集》第1卷第261页。

缠绵悱恻之心，可敬，可钦，可歌，可泣，与日月争光可也。”[1] 这足以说明，李大钊在这个时候，对袁世凯是由衷敬佩和拥护的。之所以如此，皆因袁是中华民国任命的合法临时大总统，其当时的表现与中华民国《临时约法》是一致的，其独裁以至称帝的政治野心尚未暴露。而且，朝野上下对袁的认识都是如此。但后来，袁世凯倒行逆施，由独裁而称帝，李大钊对他的认识也就有了根本的不同。《〈支那分割之运命〉驳议》所加“译者曰”和“眉批”，不一定全部出自李大钊之笔，但表达的是他当时对时局的主要看法与情感，当是确定无疑的[2]。

在编译《〈支那分割之运命〉驳议》前后，李大钊还主持编译了俄国学者阿·马·波兹德涅耶夫编写的《蒙古与蒙古人》一书。后来，李大钊在写《蒙古丛书第一种〈蒙古与蒙古人〉》的发行广告时，云：“呜呼痛哉！吾圉不固，强邻生心，辽东之城郭半非，塞外之藩屏尽撤。今也恰克图会议之结果，既丧北边之利权，胶州湾攻战之余波，又失东蒙之锁钥。一寸江山，皆吾祖若宗殚思瘁力之所致，子孙视之曾不稍吝，拱手以断送之。起视世人，掷头颅流脑血，以入龙骧虎斗之场者，又莫不以攘夺土地而始然。国人懵懵，以当撼天卷地之潮流，其有幸乎！俄国蒙古文学博士蒙古侦探员婆兹德奈夜夫[3] 著《蒙古及蒙古人》一书，举凡蒙古山川道途之险易，天产物质之情况，生活之状态，社会之组织，政治经济之真象，风俗习惯之由来，及

---

[1] 《〈支那分割之运命〉驳议》“译者曰”语，《李大钊全集》第1卷第281页、293页~294页。

[2] 朱文通《李大钊社会主义思想发展历程新探》（《河北学刊》2007年第1期）认为，《〈支那分割之运命〉驳议》一书的翻译、驳议和出版、发行，都是在李大钊主持下进行的；另外，《〈支那分割之运命〉驳议》一书中的信息，还可以证明翻译和“驳议”应该全部出自李大钊的手笔。在全书的末尾，也就是最后一条“驳议”中，有“今余译此书至《日本国民之觉悟》章”（即全书的最后一章）一语，可以说是在毫不含糊地告诉人们，全书是李大钊一个人翻译的。这一见解亦不无道理。

[3] 即阿·马·波兹德涅耶夫。

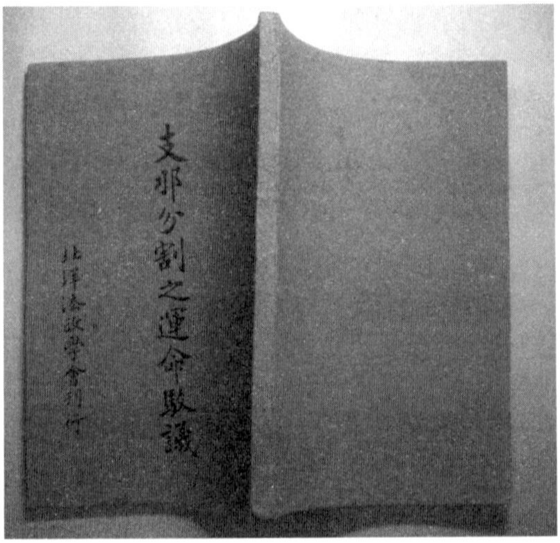

▲《〈支那分割之运命〉驳议》书影

其对宗国之感情，与俄人之关系，纤悉靡遗。”[1] 他认为，《〈支那分割之命运〉驳议》和《蒙古与蒙古人》等书都是“关系时局之著述”，敲响的是“振起国民之警钟”，体现的是“还我河山之大愿”[2]。

为了创办《言治》月刊，李大钊与同学白坚武于1912年12月去了一趟北京。这当是他平生第一次去京城，可惜，当时的情景已经很难追述了。

李大钊这次专程去北京，主要是去找政界要人孙洪伊。

孙洪伊原名孙洪仪，为避宣统帝溥仪名讳而改名,1872年出生于天津北仓村的一个富户人家，自幼饱学经史典籍，考中了清末最后一榜秀才。在天津历经“庚子之变”后，孙洪伊深深感到清政府的腐败统治已达极点，必须进行政治改革。他与天津社会活动人士温世霖合办普育女学、民新学堂，又自办四成小学、北仓小学，并与其妹夫罗云章创办电报学校，逐渐成为天津社会的知名人士。1907年，他被选为天津县议会议员，转年9月又被选为直隶省咨议局议员。自此，他发起和参加了三次速开国会请愿运动，并三次领衔到北京上书请愿，从而成为全国立宪派的著名领导者。后来，他当选宪友会干事，并秘密参加中国同盟会。武昌起义爆发后，孙洪伊分别发函各省咨议局，督促支援武昌首义军。不久，上海起义，陈其美为沪督，孙洪伊应召赴上海，与陈其美、宋教仁、柏烈武等决定，继续以同盟会、同志会、宪友会和

[1] 李大钊：《启事三则》，《李大钊全集》第2卷第295~296页。

[2] 李大钊：《启事三则》，《李大钊全集》第2卷第294页。

咨议局以及个人名义，分电或派人赴各省督促从速起义，以支援并扩大武昌起义的成果。1912 年 8 月 25 日，中国国民党成立，孙洪伊加入国民党，被推选为评议员。

李大钊能够与孙洪伊结识，主要是因孙洪伊作为北洋法政专门学校的捐资者，是学校的董事之一，同时又是立宪派的著名领袖，而且他对天津学生发起的第四次速开国会请愿运动非常关注。据 1909 年 10 月 27 日的《大公报》发表的《造福民生》介绍，孙洪伊和王法勤、张铭勋、高俊浵等直隶省咨议局议员在天津发起成立直隶实业研究会时，李大钊作为青年学生，也参与其中，被任命为书记员[1]。这是李大钊平生参加的第一个社会团体。那个时候，李大钊与白坚武在北洋法政专门学堂被称为“法政二杰”，由此而得到孙洪伊的关注与赏识。

这一年冬天，李大钊与白坚武到北京与孙洪伊商议创办《言治》月刊的有关事宜，得到了孙洪伊的大力支持。

从北京拜访孙洪伊归来，李大钊开始与同任北洋法政学会编辑部部长的郁嶷，组织参加编辑部的同学抓紧筹办《言治》月刊。经过几个月的努力，《言治》月刊终于在 1913 年 4 月上旬的春暖花开时节正式创刊（标明的出版日期为 1913 年 4 月 1 日，实际印刷日期稍晚）。

在《言治》月刊的创刊号上，李大钊以“李钊”为署名，在“通论”栏目发表了新的政论文章《大哀篇》，这是他继《隐忧篇》之后，写出的又一篇政论文章，在他的早期政论文章中占有较重要的地位。李大钊在《大哀篇》中，深深为人民大众所遭受的痛苦命运而悲哀，字里行间充满了忧国忧民的耿耿之情。文章一开笔，他就痛心疾首地大声呐喊：

嗟呼！斯民何辜！天胡厄之数千年而至今犹未苏也！暴秦以降，民贼迭

[1] 《李大钊年谱长编》，中国社会科学出版社 2009 年版，第 125 页。

起，虐焰日腾，陵轧黔首，残毁学术，范于一尊，护持元恶，抑塞士气，摧折人权，莫敢谁何！口谤腹诽，诛夷立至，侧身天地，荆棘如林，以暴易暴，传袭至今。噫嘻！悲哉！此君祸也，吾言之有余痛矣。然自满清之季，仁人义士，痛吾民之憔悴于异族专制之下，相率奔驰，昭揭真理之帜，以号召俦类，言之者瘏口哓音，行之者断头绝脰，掷无量之头颅、骸骨、心思、脑血，夙兴夜寐，无时不与此贼民之徒，相激战于黯黯冤愁之天地中，以获今日之所谓共和者又何如也？吾殉国成仁杀身救民之先烈，所以舍生命以赴之者，亦曰："是固为斯民易共和幸福也。"吾民感先烈之义，诚铭骨镌心，志兹硕德，亦欣欣以祝之曰："是固为吾民易共和幸福也。"而骄横豪暴之流，乃拾先烈之血零肉屑，涂饰其面，傲岸自雄，不可一世，且悍然号于众曰："吾固为尔民造共和幸福也。"呜呼！吾先烈死矣！豪暴者亦得扬眉吐气，击柱论功于烂然国徽下矣。共和自共和，幸福何有于吾民也！[1]

"共和自共和，幸福何有于吾民也！"这无疑是对中华民国成立以降，并没有给人民大众带来任何幸福的控告，也是对"骄横豪暴之流"胡乱作为的警告。这篇文章的写出，表现出李大钊在观察时局和国事时，主要的出发点是民生之状况，特别是民生之感受。这正是他初出茅庐时写的政论文章的与众不同之处。

也许正因处于此种心境，他在这期《言治》月刊发表了《更名龟年小启》：

启者：鲰生本性，最患同人，浊世失名，未尝还我。落花时节，悟沦落之前身；过眼云烟，迷英雄之本色。青衫诗客，谁是少陵？白发宫人，莫话天宝。渺知音之不作，羌盛世其难期。暴君歇而暴民兴，天祸殷而人祸极。嗟虖！江天一碧，依然崔九堂前；尘世几更，犹是岐王宅里。江南莫望江北，今龟何如

[1] 《李大钊全集》第1卷第550～551页。

古龟。而今而后，化猿化鹤，尚不可知，则呼马呼牛，亦惟漫应而已！”[1]

从这篇短文的用语看，他似乎是要就此消沉于历史岁月之中的风花雪月，实则，他表达的是对“暴君歇而暴民兴，天祸殷而人祸极”的社会现状的激愤至极[2]。

由李大钊和郁嶷共同主编的《言治》月刊，总共出版了6期，出版到标明1913年11月1日编印的第6期[3]而止。在办刊期间，李大钊精力充沛，思路敏捷，写作勤奋，计发表有34篇（首）诗文。他除了在《言治》月刊的创刊号发表《大哀篇》《“弹劾”用语之解纷》等文章外，还相继发表有《隐忧篇》和《杂论暗杀与群德》《裁都督横议》《论民权之旁落》《原杀》《论官僚主义》《一院制与二院制》《政客之趣味》《是非篇》《论宪法公布权当属宪法会议》《法律颁行程序与元首》等一系列对时局发表的见解文章。在这些文章中，他主要表达的是强烈的忧患意识，以及深蕴其中的忧国忧民之情。出于维护新建立的中央政权和统治秩序的考虑，他力陈直言，批评“争意见不争政见”，拥护中央政府裁去主张地方分权的“都督”，认为应当切实施行“中央集权”，反对任何人随意搞“弹劾”，极力主张“一院制”，同时也反对国民党人搞所谓的“二次革命”，等等。他当时的主要思想倾向，是从维护民主共和和中央统一的立场出发，拥护袁世凯政府采取的主要施政措施和治国方略，拥护袁世凯作为“中央统一”的象征，正式当选中华民国大总统；尽管他也对袁世凯当时的一些做法采取了批评的态度，但他没有也

---

[1] 《李大钊全集》第1卷第571页。

[2] 实际上，“李龟年”之名，李大钊仅用过一次，即发表在1913年7月15日第4期《公论》半月刊上的《吊圆明园故址》诗。目前仅知白坚武在1913年9月1日《言治》第4期发表的《赠友》诗，有题赠“李龟年”，并附加“严明”二字（疑为李大钊欲改名“李龟年”时所用的字或号）。另外，郁嶷在同期《言治》月刊发表有《送李龟年游学日本序》。

[3] 这期《言治》月刊的编印日期实际已到1914年开春。

似乎不可能超越自己那时在北洋法政专门学校所受到的思想影响，无法迅速摆脱北洋法政学会所隶属的“北洋”派的根深蒂固的思想禁锢。

难能可贵的是，李大钊是有着思想主见的人。中华民国建立以后，他对辛亥革命后的中国政治局势的观察与思考并没有仅限于“北洋”这个圈子。1912 年冬天，他在参加北洋法政学会之后，又在校外参加了以“在不妨害国家存在范围内，鼓吹纯粹的共产社会主义”为宗旨的中国社会党，并出任了中国社会党天津支部的总务干事。1913 年 6 月，李大钊由北洋法政专门学校毕业。在毕业后去北京办《法言报》期间，他与中国社会党北京总部发生了比较密切的联系和接触，结识了一些主要的社会党人（其中不乏老同盟会会员），并在中国社会党北京总部有密切关系的《公论》杂志第 4 期（1913 年 7 月 15 日出版）发表了自己在京城吟出的感怀诗作《吊圆明园故址》。同时，他还通过孙洪伊结识了袁世凯执政圈子中的重要人物——时任众议院院长的汤化龙。汤化龙和孙洪伊对李大钊的文才和学识都比较赏识，决定共同资助他到日本留学，以归而重用。而李大钊本人是很愿意到日本去留学深造的。为此，郁嶷特意在 1913 年 9 月 1 日出版的第 4 期《言治》月刊发表了《送李龟年游学日本序》，盛赞李大钊的处事为人表现的与众不同之处。

郁嶷，原名祖述，字宪章，湖南省桑植县人，1890 年生于一个行商人家。1907 年春天，考入天津北洋法政专门学堂。郁嶷像李大钊一样，文字功底厚实，学习刻苦，善于将所思所想用笔墨表述，因此逐渐和李大钊一起以能文善写在同学们中间出名。郁嶷秉性狷介，在同届同学中他极钦佩李大钊，在毕业前夕与李大钊结成了文字密交。1913 年 8 月，郁嶷得知李大钊即将到日本留学，写出了《送李龟年游学日本序》。

▲李大钊在天津读书时的同窗好友郁嶷

郁嶷的《送李龟年游学日本序》，言简意赅，用比较精练的语言勾画出了李大钊的为人和在学校的影响,是对年轻求学时的李大钊的真实记述。从文章中可知,在即将走出北洋法政专门学校校门之际,李大钊“朴素其貌,嶷嶷其德”,身上充满“侠义之气,卓拔之识”,在创办《言治》月刊的过程中“翩然起众人中”。其“学之充,文之豪放,感慨淋漓,明可薄汉霄,幽可泣鬼神,坚以铄金石,悲歌激昂,摧山岳而震鲲鹏”。特别是,“同人之文,多拘挛法理糟粕之学”,而李大钊“则振翰荦荦,发为感慨悲歌之篇,其造意树义,一以民生为念,阐扬先哲贻德为及急”,从而使“览者感发兴起,颂声交至”。这表明,历经在北洋法政专门学校的六载学习时光,李大钊的思想已经基本走向成熟,不仅以“学之充,文之豪放”出名,而且有着极其难得的“侠义之气,卓拔之识”,体现了“古称多感慨悲歌之士”的燕赵遗风。[1]

由此,李大钊从燕赵大地走出,开始了新的更加壮丽的人生历程。

[1] 《李大钊史事综录》第51~52页。

组建中国社会党天津支部

1913 年 6 月，李大钊走出北洋法政专门学校的大门。刚刚毕业不久，他即受几个同学邀请，到北京共同编辑《法言报》，在北京生活、工作了两三个月的时间。在北京逗留期间，他一度认同中国社会党的纲领，并加入中国社会党。

对于李大钊在即将走出北洋法政专门学校之际参加中国社会党，并曾出任中国社会党天津支部负责人的经历，当年参加中国社会党活动的当事人多有回忆。

张次溪的《陈翼龙先生事迹汇辑》辑有李大钊的同乡曹百善[1]的回忆："李大钊先生加入中国社会党北京总部，是在 1912 年的冬天。他从天津来找我，说是应孙洪伊之约，要和白坚武筹办《言治》月刊。当时经我介绍与陈翼龙先生相见，畅谈以后，意见极恰，遂入党。当 1913 年春天天津成立支部时，不料天津警察厅忽来阻止，说是奉冯国璋的命令。李大钊先生急返京，

[1] 曹百善，号孝先，乐亭县汀流河镇边流河曹庄人，中国社会党北京总部党员，北京平民学校办事人。据说，李大钊后来到北京办《法言报》，因他的关系，即住在北京平民学校。

商量对策，托吴敬恒去向赵秉钧去说明，而后才得成立。”“中国社会党北京总部，是1912年秋冬之间成立的。第二年春在天津成立支部，推李大钊、郭须静主持。”[1] 曹绥之[2]、曹嘉荫撰文《中国社会党兴灭简记》，云：“一二年冬，由曹孝先同志介绍李大钊同志与陈翼龙同志会面。畅谈终夜……遂毅然加入本党。是年年底，陈翼龙同志及嘉荫赴津组织支部。直隶警务处处长兼天津警察厅厅长杨以德，对本党亦极力阻挠。经过种种波折，始获成立。地址在东马路崇仁宫。旋推举李大钊同志赴津担任总务干事，发展党务。”[3] 顾颉刚[4]、曹绥之、曹嘉荫在《中国社会党和陈翼龙的死》一文中亦回忆道：“1912年冬天，由曹孝先介绍李大钊与陈翼龙会面，畅谈终夜。李大钊对陈翼龙的艰苦奋斗精神深深佩服，当即宣誓入党。”“当时天津支部成立，推举李大钊担任总务干事。华林在天津某报工作，也参加了，他写了《新世潮》一本小册子做宣传。”[5] 这些回忆文章均写于新中国国成立初期，可信程度较高[6]。他们的回忆话语小有不同，但均认定，李大钊于1912年冬在北京与中国社会党北京总部负责人陈翼龙结识后，加入了中国社会党，又于1913年春在中国社会党天津支部成立时出任了天津支部负责人。此外，张次溪在编纂《李大钊先生传》时，基本采纳曹百善等人的说法，记述李大钊加入了中国社会党：“先生在北洋法政学堂毕业后，和郭须静、孙丹林等创办《政言报》。那时正值满清末年，陈翼龙和曹孝先等，在

[1] 《文史资料选辑》第75辑，中华书局1981年版，第47页。

[2] 曹绥之，中国社会党北京总部党员，北京平民学校办事人，曾写有《旧京交通面面观》。

[3] 北京市档案馆抄件，刘民山：《李大钊与天津》，天津社会科学院出版社1989年版，第265页。

[4] 顾颉刚（1893～1980）在年轻时曾加入中国社会党，他的有关李大钊参加中国社会党的回忆比较可信。

[5] 《辛亥革命回忆录》（六），文史资料出版社1963年版，第502页。

[6] 多年来，也有一些学者认为，只凭这些回忆文章，未找到相关档案资料，尚不能确认李大钊参加了中国社会党及其活动。

北京组织了社会党，地址在宣武门外南横街。（陈翼龙的住房门上，贴着活死人的条子。）先生也有志于改造社会，志同道合，因与合作，先生就担任天津社会党支部任务……”[1]

中国社会党于1911年11月5日成立于上海，主要创建人为江亢虎。中国社会党初名“中国社会民主党”，著名的无政府主义宣传家张继加盟后，方定名“中国社会党”。一些资料显示，中国社会党是辛亥革命期间出现的一个在思想上和组织上都十分复杂的团体，但从总体上看，它基本上是世界上风行很长历史时期的无政府主义思潮在中国的反映，是无政府主义思潮传到中国的产物。辛亥革命前后曾在袁世凯麾下任北洋编译局总办、《北洋官报》总纂，又出任过刑部主事和京师大学堂日文教习的江亢虎成为在海内外颇有影响的无政府主义思想的狂热鼓吹者。江亢虎于1910年游历了日、俄和欧洲等国，回国后“倡导社会主义”。1911年7月10日，他在上海张园发起成立“社会主义研究会”，宣布要以“研究广义的社会主义”为宗旨，“介绍西来之学说，发挥古人之思想，交通近世之言论，一切公平的眼光，论理学的论法出之”。11月5日，江亢虎以社会主义研究会发起人名义召集特别会议，提议将该会改组为社会党，提议获全场一致通过，中国社会党上海本部从此宣告成立，江亢虎为本部部长。

1912年夏，江亢虎带着社会党的另一主要成员——活动部的负责人陈翼龙由上海北上，到北方各地发展基层组织，在北京建立了中国社会党北京总部。江亢虎离开北京后，留下陈翼龙负责北京及北方地区的组织工作和活动。陈翼龙出任北京总部的总务干事以后，克服种种困难，积极开展各种活动，一时显得异常活跃。陈翼龙的这些有声有色、颇有新鲜味道的活动，引起了李大钊的注意，李大钊逐渐产生了同陈翼龙一见的渴望。1912年冬天，李大钊与白坚武去北京找孙洪伊，同陈翼龙会面。李大钊为陈翼龙的“纯粹

[1] 张次溪《李大钊先生传》，北京宣文书店1951年版，第3页。其中“《政言报》”当为“《法言报》”之误，“正值满清末年”应是“正值民国初年”。

的共产社会主义”思想主张和艰苦奋斗的精神所吸引，遂决定加入中国社会党，表示愿与陈翼龙等社会党人一起为开展有益于改善平民思想和生活状况的活动而工作。至此，李大钊成为陈翼龙到北京后直接发展的天津的中国社会党党员。

陈翼龙在发展李大钊入党以后，于1912年岁末带曹嘉荫赴天津，找李大钊等人联系，准备重新建立中国社会党天津支部。1913年1月26日，中国社会党天津支部拟在李公祠召开成立大会，遭到了天津警察当局的横加阻拦，所持理由依然如故。事发后，得到李大钊的进京报告，陈翼龙立即上呈内务部，陈述组建社会党组织的种种理由，要求政府不得干涉中国社会党天津支部成立，并决定大会改期在2月2日举行。2月2日，天津支部大会重新举行，选举李大钊为总务干事，郭须静等为干事。事务所定在东马路崇仁宫内。在召开成立大会之前，李大钊等人印发了中国社会党天津支部成立大会传单。在传单中，他们宣告“本党宗旨在不妨害国家存在范围内，鼓吹纯粹的共产社会主义，所以谋生产制度之改革，促共和政治之进行也”，指出“天津……宜为社会主义发育昌明之地”，要求“旧日由津入籍者”的党员迅速换领证书，“有志入党者……可随时到所签名入党”，并表示，开成立大会时，“请社会主义大家诸君莅场演说”[1]。但是，天津支部虽然强行成立了，直隶总督和天津巡警道仍不予以承认。4月21日，中国社会党天津支部召开例行的党员会议，天津巡警道派巡警到会场，强行禁令开会，强迫取消社会党的名义，并欲拿办天津支部的执事人员。李大钊等天津社会党人的活动受到了严重威胁，陈翼龙当仁不让，连续以中国社会党代表的名义向内务部发出责问。他在第一次致函内务部时，义正词严地表示：“……如欲将人道、公理、民权、法律一概灭绝，则吾党人皆当处以极刑，即四兆兆国民一律坑之，为何不可？且组织津支部者为仆，今欲拿办亦请从速，但不得舍

[1] 《中国社会党传单》，《李大钊史事综录》第59～60页。

仆而妄拿我党人也。刀俎鼎镬，仆不知惧也。祁速判决，莫作此鬼蜮伎俩，以玩弄我光明磊落、天良不昧之社会党人，是幸。”[1] 陈翼龙的这种不惧生死、勇担责任的大无畏精神，对初踏社会之门的李大钊无疑是有着极大的感染力和感召力的。

[1] 《陈翼龙为中国社会党天津支部开会遭警厅强迫解散提出质问函》，见刘民山《李大钊与天津》第 274 页。

净土社会的生活与现实

1913 年 6 月，李大钊结束了在北洋法政专门学校 6 年的求学生活。为了更好地宣传法制立国，他应友人之约，到北京去办《法言报》。

目前，有关李大钊去北京办《法言报》的史料留下的极少，而且当时出版的《法言报》也没有找到[1]。对于去北京办《法言报》之事，李大钊在英文作文《我的自传》专门提到一句，说自北洋法政专门学校"毕业后，我的同学们约我到北京同他们一起办报几个月"[2]。另外，郁嶷在《送李龟年游学日本序》中也有明确记述，说《言治》月刊创刊以后，李大钊"又以杂志月初一册，为效绝缓，乃徇凤予袭明之约，联襼京华，主持《法言报》"[3]。郁嶷的记述说明，李大钊是应同学"凤予"和"袭明"的约定到北京主持办《法言

[1] 日本研究李大钊的学者、国立信州大学教授后藤延子认为，《法言报》当为中国社会党系统的报纸。见后藤延子《李大钊与中国社会党——围绕是否加入的问题》，其文刊于 1997 年 2 月出版的《信州大学人文学部人文科学论集》第 31 号，山东滨州学院魏淑丽译、李继华编校有辑入中共一大纪念馆编《上海革命史资料与研究》2011 年卷的翻译文章。

[2] 《李大钊全集》第 2 卷第 322 页。

[3] 《李大钊史事综录》第 52 页。

报》的，李大钊当为《法言报》的主编。可惜，当年出版的《法言报》已经很难找到，若能找到，其中肯定会有李大钊发表的一些文章。另外，关于“凤予”“袭明”的资料，仅知当年北洋法政学会第二期的职员名单中，调查部的部长是凤文琪，同时也是编辑部的部员，“凤予”可能为凤文琪的字号或别称。

创办《言治》月刊，是李大钊平生第一次参与创办杂志，而“徇凤予袭明之约，联襟京华，主持《法言报》”，则是李大钊平生第一次参与创办报纸。在短短的几个月时间内，李大钊在走出北洋法政专门学校前后，接连主编一份刊物与一份报纸，对他来说，无疑是一次极大的锻炼。

但是《法言报》很快就停刊了，郎伦友编著的《中国新闻事业编年纪事》记有1913年7月“李大钊继任北京《法言报》主编”，“8月6日，北京《法言报》被迫停刊”[1]。这一记载正确无疑的话，李大钊当是《法言报》的继任主编，《法言报》是当年的8月6日停刊的。

《法言报》的停刊，与当时发生的“癸丑报灾”有关。中华民国成立以后，袁世凯表面尊崇民主，对报界予以尊重。1912年，全国的报馆迅速发展到500多家，而北京就占到五分之一。当时，国民党革命派系统办有许多报纸，进步党系统也办有不少报纸，一些较小的党派和政治团体也都有自己的机关报。到1913年“二次革命”爆发前后，袁世凯政府开始对新闻加紧钳制，特别是在“二次革命”失败以后，袁世凯乘着军事上的胜利，对国民党报刊及其他异己报刊进行大规模的镇压。1913年10月，袁世凯当选大总统，制定了一个控制报纸的法律，到处查封报馆，迫害报人，很多报纸被定为“逆报”而查封或禁销。经过1913年下半年对新闻媒体的高压控制，北京的报刊仅剩20家，全国报纸只剩下139家。期间，大批报人受到迫害，新闻记者至少有24人被杀，60人被捕入狱。这就是中国近代新闻史上有名的

[1] 转引自李权兴《李大钊任职〈法言报〉遭遇“癸丑报灾”》，共识网：http://new.21ccom.net/plus/view.php? aid=15528

“癸丑报灾”（1913 年为农历癸丑年）。在这样的历史背景下，由李大钊主编的《法言报》被迫停刊，并不奇怪。

到北京去办《法言报》，是李大钊走出北洋法政专门学校，步入社会之后迈出的就职第一步，但仅仅在两三个月的时间，就蒙受如此重大的挫折，不能不给他的思想以深深的震撼与刺激。他不由得对袁世凯的“依法治国”产生了一个不小的疑问。

值得注意的是，李大钊在到北京主编《法言报》期间，正是他对中国社会党人从事的“试行社会主义”活动密切关注的时期。

当时中国社会党在天津的活动，由于警察紧盯不放，已经无法开展。到北京后，李大钊抽暇参加或是了解了中国社会党北京总部的一些活动，并与陈翼龙等在京的社会党人加强了联系。这时，宋教仁被袁世凯政府刺杀以后，“二次革命”正处于一触即发阶段，李大钊对时局的见解尽管与陈翼龙等人有着很大的不同，但这并没有妨碍他与一些北京的社会党人密切交往。当时，李大钊与温雄飞等人进行了接触。温雄飞是老同盟会会员，曾先后在美国旧金山、檀香山编辑鼓吹民主革命的《美洲少年》《自由新报》，并于 1913 年 6 月在北京创办《公论》半月刊后，对中国社会党北京总部的活动进行了大量宣传。李大钊在 1913 年 7 月 15 日第 4 期《公论》半月刊[1]，以“李龟年”之名，发表了自己在京城写的感怀诗《吊圆明园故址》。

“圆明两度昆明劫，鹤化千年未忍归。一曲悲笳吹不尽，残灰犹共晚烟飞。”“玉阙琼楼委碧埃，兽蹄鸟迹走荒苔。残碑没尽宫人老，空向蒿莱拨劫灰。”由两首七绝组成的《吊圆明园故址》，是李大钊在“夕阳影里，笳鼓声中，同友人陟高冈，望圆明园故址，只余破壁颓垣，残峙于荒烟蔓草间，欷歔凭吊”而发出的“感慨”之声[2]，袭满他的整个心境的完全是一种异常

[1] 《公论》半月刊的编辑为刘小云，发行人为刘晦君。1913 年 7 月 15 日出版第 4 期后停刊。

[2] 《李大钊全集》第 1 卷第 665 页。

悲凉、愤恨的感受。同一时期，李大钊还同友人一道游览了玉泉山。当时，他吟有一首七绝《咏玉泉》："殿阁嵯峨接帝京，阿房当日苦经营。只今犹听宫墙水，耗尽民膏是此声。"[1]表达的同样是悲愤之音。

按理说，李大钊这次在北京逗留期间，凭吊了圆明园故址，激发的当是高度的爱国主义激情和冲天一啸的革命斗志，他是不应当产生"非常羡慕一种适于出世思想的净土社会生活"的遁世思想的。其实，从李大钊当时的思想状况分析，他的"非常羡慕一种适于出世思想的净土社会生活"，主要当是为陈翼龙等人所深信不疑的"纯粹的共产社会主义"生活图景所吸引，并为陈翼龙等人"试行社会主义"的举动所感奋。如前所述，陈翼龙到北京后积极开展发展组织的各项活动，这些活动，李大钊看在眼里，记在心里，强烈地感受到有一种不同于世的新的属于"平民"的社会生活在向他呼唤，他几乎忘掉自己正跻身饱经内忧外患磨难的往昔帝都。他很想了解社会党人创造的新的生活方式，也很想融入这种他认为的"适于出世思想的净土社会生活"，靠"自谋幸福"而去"改良社会"的举动。

"非常羡慕一种适于出世思想的净土社会生活"，是符合当时的李大钊思想发展脉络的。中华民国建立以后，国内政治局势出现了异常混乱的局面，各种思想也异常活跃。1912 年 6 月，李大钊写出《隐忧篇》，表达了自己对"党私""省私""匪氛"等妨害"统一政府"的"潜伏"的"隐忧"的深深担心。但在实现共和后，中国能否建立一个以法制为本的政府，人民能否过上安定而幸福的生活，对于他——一个即将结束法政学校的学习生活的学生来说，尚有茫然之处。而中国社会党人声明"在不妨害国家存立范围内主张纯粹社会主义"，既无"党私""省私"，又与"匪氛"大相径庭，他们的一些"社会革命"实践与孙中山先生的"建国"思想合拍，这打开了李大钊另一方面的思路，也引起了李大钊某种程度的兴趣。而李大钊在北洋法政专门学校，是无法过多地接触这些"社会主义"的宣传资料的，只能在报刊

[1] 《李大钊全集》第 1 卷第 662 页。

上寻觅一些这方面的信息。天津的社会党人无所作为，北京的社会党人却为改善平民百姓的思想和生活状况做了一些有声有色的工作。这在无形中把“一以民生为念”的李大钊探寻的目光吸引到了北京，吸引到了中国社会党北京总部总务干事陈翼龙的身上。否则，他在1912年冬天去北京时，绝不会设法同陈翼龙见面并深谈的。正因与陈翼龙有了“畅谈终夜”，他由关注社会党的主张与活动，到走近社会党人，并成为一个社会党人，同意出任天津支部的负责人，准备在津门试行“社会主义”。与陈翼龙结交后，李大钊开始有机会大量接触由张继、刘师复、李石曾等人“转贩于国人”的“各国社会主义、无政府主义之思想”，进而“非常羡慕一种适于出世思想的净土社会生活”，受到了名为“纯粹的社会主义”、实为无政府主义思想的深深浸染。李大钊在《我的自传》中说是在北京逗留期间才产生这种思想的，表明他在1913年夏天到北京后，同在北京活动的社会党人进行了比较密切的交往，比较深入地了解了陈翼龙等社会党人的思想和开展的一些工作，对理想中的“纯粹的共产社会主义”生活达到了“非常羡慕”的程度。

“非常羡慕一种适于出世思想的净土社会生活”，一语就道出了他当时的心境，心中的隐秘。因此，不能否认，中国社会党在留学日本之前的李大钊思想中，留下了比较深的印痕。他接触后来为之奋斗终生、洒血捐躯的“共产主义”“社会主义”概念，正是自此始，尽管这些概念在当时尚很模糊，也不确切。由此也可以认定，美国学者莫里斯·迈斯纳在《李大钊与中国马克思主义的起源》一书中说李大钊在民国初年并没有接近那一时期中国最基本的政治潮流——无政府主义运动，是不确切的。事实是，李大钊在没有走出北洋法政专门学校校门时，就接近了这一政治潮流，并身临其中。当然，他并没因此成为一个无政府主义者，而是由此初步感受社会主义思想的魅力，开始接触社会主义思潮，为他到日本进一步接触社会主义思潮打下了基础。

世事难料。李大钊“非常羡慕一种适于出世思想的净土社会生活”的思想刚刚萌生，就面临着无情的破灭。

1913 年 7 月 23 日，陈翼龙刚刚从上海回到北京，就被京师警察所侦缉队逮捕，继而被送到军政执法总处毒刑审讯，判处死刑。这一年 8 月 6 日，即《法言报》被迫停刊的那一天清晨，陈翼龙被枪杀于宣武门外一块荒野上[1]。陈翼龙之死，并非源于社会党在北京的活动，主要是因他参与了“二次革命”，为袁世凯政府所不容。旋即，社会党北京总部和天津支部及各地的组织机构均被取缔。天津支部虽然已经停止活动，但仍受到牵连，李大钊不得不离开北京，回到家乡避居。对此，曹百善曾回忆：“陈翼龙先生惨死后，万国社会党中国总部和天津支部被封，我也走了，李大钊先生也避到乐亭县的祥云岛。当他出走时，约郭须静随后也到祥云岛去暂住一时。”他的这一回忆，具有充足的可信性。陈翼龙因参与“二次革命”而被捕，继而被处死，殃及整个社会党，李大钊作为社会党天津支部的主要执事，在事发后很难不避风躲险。但在当时的情况下，他已不便再滞留北京，也不便去天津或在天津躲避，唯一的选择是远离都市，隐居乡间，返回自己的家乡。

陈翼龙的死，给李大钊留下了很深的印象。陈翼龙是继李大钊在中学同学蒋卫平、津门老师白雅雨先后壮烈牺牲后，失去的又一个慷慨悲歌之友。陈翼龙的思想与精神，在短短的七八个月时间里，给了他很深的感染和影响；陈翼龙的英勇就义，又使他深深地感觉到了革命事业的艰辛、险难，一种不怕刀俎鼎镬的大无畏精神的可贵。

李大钊亲身参加的社会党遭到镇压的厄运，使他不能不对袁世凯排斥一切异党的行径产生疑惑。他的竭诚拥护“民国开幕英雄”袁世凯的思想开始出现明显的转弯，在这一年 9 月 1 日出版的第 4 期《言治》月刊发表的《是非篇》等文章中，他开始哀叹“莽莽神州，至竟无一完人”了。

应当一提的是，李大钊大约是在北京逗留期间，将自己使用了几年的姓名“李钊”改为了“李大钊”，表字“寿昌”也改为了“守常”。加一

[1] 若《法言报》果真像后藤延子认定的为中国社会党系统的报纸，停刊当与陈翼龙被害直接有关。

“大”字，可能是嫌“李钊”之名，不够大气；“守常”，表示一种永恒之志，不可轻易而移也。自此，他开始以“李大钊”之名和“守常”之字行世，再也没有更改过，而且除非必要，极少再用原名原字。

几年后，他终于以“李大钊”“守常”名、字并用，写下了能体现自己终生追求的那副对联：

铁肩担道义
妙手著文章

在《言治》月刊第6期（标明1913年11月1日出版，实际到转年开春出版）上，李大钊发表了平生写的第一篇游记《游碣石山杂记》。

《游碣石山杂记》是李大钊首游和再游昌黎城北的碣石山的真实记录。整篇文章写得自然、贴切，神采飞扬。特别是，他用非常简洁、明快的笔触追述了第一次进山游览的近乎神奇的际遇。

李大钊与郭须静是在1913年9月上旬结伴再游碣石山的。他之所以得闲到昌黎山中住一些时日，主要是因众议院议长汤化龙决定资助他到日本留学，消息传来，正在家乡避居的李大钊决定邀请郭须静一起到碣石山中小住，以壮别祖国秀美的河山。

▲清朝末期的昌黎县城与城北的碣石山（美国人迈耶摄于1905年10月11日）

李大钊与郭须静是从大黑坨村乘坐马车或是步行80余里到达昌黎城北的碣石山的。同第一次游览碣石山时一样，他们径直上了位于碣石山主峰仙台顶东边的五峰山，住在了半山腰坝台上的韩文公祠。韩文公祠在正殿东边辟有专门接待游人的客厅，备有行李，可供游人留宿；守祠人刘克顺与老伴居住在韩文公祠正殿西边的两间耳房，可供客居的游人饭食。其地山清水秀，清静幽雅，草木茂盛，花果飘香，是一个山居的绝美去处。

正因李大钊心中怀有对祖国山河的惜别之情，他的整个游览活动是从容不迫、意趣横生的，这在《游碣石山杂记》中得到了淋漓尽致的体现。

> 五峰在昌黎城北十二里，仙人顶迤东，群山矗立，峻岭亘天，怪石高撑云际，五峰环峙，势若列屏，自东向北西历数：曰望海，曰锦绣，曰平斗，最高曰飞来，曰挂月[1]。昌黎祠在山腹，建自有明崇祯年间，本圆通寺旧址，积石叠起，扩其地基，敷筑庭宇，盛植花木，于虚无缥缈间，万树森森，拥空中楼阁。凭垣一跳，东南天海一碧，茫无涯际。俯视人寰，炊烟树影，渺然微矣。[2]

在写《游碣石山杂记》时，李大钊用比较简洁的话语记述了五峰山的山光水色和韩文公祠的奇景妙境。接着，他又追述了这一带的历史岁月，他觉得，被祭祀在韩文公祠正殿的文臣武将，在明朝亡国之际，“相率隐避，空山歌哭，借保明室衣冠”，“亦不失为明季之伤心人也”。

在五峰山韩文公祠庙台西南的挂月峰下峭壁开辟的“范公洞”，供奉有石像的明末抗清将领范志完，李大钊见到韩文公祠墙壁镶嵌着他书写的《游水岩歌》石碑后，颇感兴趣，特意将其抄录于《游碣石山杂记》之中。

在记述韩文公祠的奇妙之处之后，他又记述了五峰山附近的景色与碣石山中的其他名胜古迹，以及自己在山中的游历与感叹：

---

[1] 五峰山的 5 个山峰名称与佛教名山五台山类似，最高峰为飞来峰，海拔 507 米。

[2] 《李大钊全集》第 1 卷第 654 页。

▲民国年间的昌黎五峰山韩文公祠景色

自文公祠东绕，出望海峰，下坡沿岭东走，为东五峰[1]。山村四五家，果树环绕，不见屋瓦。山犬不惯见人，辄狺狺狂吠，逐白云出。时值秋梨正熟，与园主话片刻，竟由树摘数十枚赠焉，坚不受价。此种人惟于山陬间尚能遇之，久居都市者乌肯为此。予等坐石上濯足毕，乃踉跄寻故路。途次摘采山花，兼拾松子，不知夕阳已下西岭。倦游归去，长歌采薇，悄然有慕古之思矣……

李大钊在五峰山韩文公祠客居期间还给同窗好友郁嶷写了一封信：

入山以来，晨莫呼吸烟霞，日必攀松披榛，寻登绝巘，白云从足下飞去飞来。梨园正值果熟，一枝低压，盈千累百，所至憩息，园主辄赠十数颗，坐石磴食之。泉自高山流下，激动碎石，声响清越，举手仰吸，翛然有羽化登仙之慨矣。深泉濯足，长歌采薇，回山去也。此中佳趣正多，不敢向人间泄漏，恐山灵见怪，且惧兄等羡煞也。名山挚友，不得作一时胜游，孤灯石室，颇有所忆，成长歌一

[1] 五峰山分为东、西两个五峰，文中所述均为西五峰山，简称“五峰”；东五峰山在西五峰山之东，山下有村落，称“五峰山村”。彼此颠连的两座五峰山均列入“昌黎十景”，一名“西嶂排青”，一名“东峰耸翠”。

首，盖怀兄及天问兄也。诗肃天问函中，余不白。[1]

这封短信写得妙语连珠，出神入化，把他当时陶醉在昌黎山光水色之中的痴迷心境披露无遗。

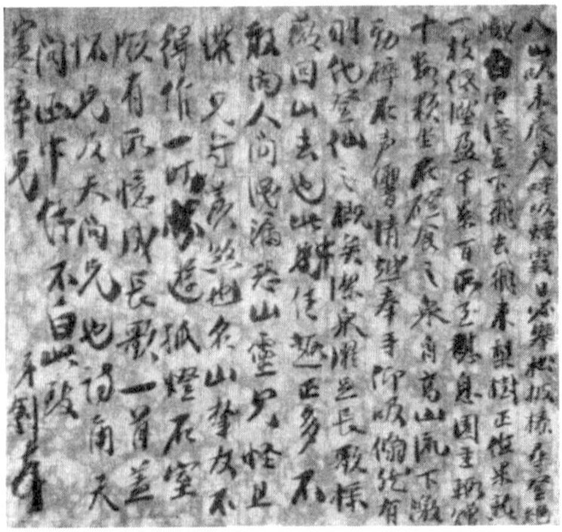

▲ 李大钊于1913年9月在昌黎五峰山写给郁嶷的信札

李大钊这封致郁嶷信写于《游碣石山杂记》之前，当为李大钊写的第一则游山札记。从信中可知，李大钊同时还给白坚武（即“天问”）修书一封，并为两人作长诗一首，可惜这首长诗未保留下来，今人已经无缘读到了。

值得注意的是，李大钊在写《游碣石山杂记》时，又隐约透漏了他一两个月以前逗留

[1] 李大钊：《致郁宪章》，《李大钊全集》第1卷第627页。据李大钊长子李葆华介绍，此信原件是新中国成立之初郁嶷的女儿在北京找到他时拿出来的。此信公开发表，是在1959年春天。当时，李大钊的长婿贾芝应约为人民文学出版社主编《李大钊诗文选集》，将此信辑入全书的第三辑“散文、游记”部分，在发表信的原稿照片时，贾芝编写有说明：“1919年夏天，李大钊同志从昌黎五峰山寄给郁嶷信的原稿”。人民出版社1984年版《李大钊文集》基本因袭贾芝说法，在题注中云：“疑写于1919年初秋。”从目前发现的一些史料分析，这封信写于1913年9月李大钊于昌黎五峰山韩文公祠山居之际而无疑。信中所云“梨树正值果熟，一枝低压，盈千累百，所至憩息，园主辄赠十数颗，坐石蹬食之”和“深泉濯足，长歌采薇，回山去也”等描述，与《游碣石山杂记》所记“时值秋梨正熟，与园主话片刻，竟由树摘数十枚赠焉，坚不受价，此种人惟于山陬间尚能遇之，久居都市者乌肯为此。予等坐石上濯足毕，乃踉跄寻故路”的一段话，用语与口气基本一致。

北京时，产生的“非常羡慕一种适于出世思想的净土社会生活”的思想活动。如他写道：“桃源山今主为浙江陈氏，现在燕京，供职督府。闻以东钱四万串购得之。……余居山中，每入城，过陈家山（陈氏改为陈家山），辄羡叹不置。盖吾侪野人，久怀厌倦风尘之思，曩尝与同志抱买山之愿，而苦于无钱。噫！安得黄金三万两，买尽香山净土，为朋辈招隐之所。斯则吾与青山之缘遇何如，且当于吾与黄金之缘遇何如卜之矣！”初读这段文字，很可能以为他是在发“隐士”之慨，若联想他是为“逃”社会党之“难”而得以到碣石山中客居的，则不难得知，其所云的“同志”“朋辈”，非北洋法政专门学校的同学，而是他所认识和结交的中国社会党人。

在李大钊与郭须静一同到昌黎五峰山韩文公祠览幽览胜的十来天时间里，发生了日本驻屯军在昌黎车站枪杀5名铁路警察的惨案。

昌黎车站惨案发生于1913年9月11日晚上。是晚九点半，中国铁路巡警杨桐秋正在昌黎车站附近值勤，忽然发现驻扎昌黎车站的日本守备队士兵正在卖果人的筐内抢食鲜果。卖果人往回抢夺，杨桐秋怕日本兵殴打卖果人，便令卖果人不要再夺。而日本兵因此竟怀疑杨桐秋袒护卖果人，随即用枪把殴打杨桐秋，另一日兵也来帮凶。杨桐秋急忙吹笛求援，并跑回了昌黎车站警察局。他同迎接他的巡长刘长忠等人回到局里不久，日本驻屯军就在其队官佐野哲太郎的率领下把警察局包围了。佐野哲太郎用战刀刺杀刘长忠后，令日本兵向里面连开排枪。当场，又杀死了巡警王学儒、刘金铭、杨桐秋，另外一名巡警刘秉俊身负重伤，第二天早晨死在了医院。日本驻屯军杀死5名中国铁路警察后，又胁迫昌黎县知事王芝田在歪曲事实真相的文稿上签字，“种种强暴挟制情形不堪言状，枪逼至四小时之久”（民国版《昌黎县志》语）。

日本侵略者这一暴行激起了全国人民的公愤。昌黎各界人民为死难烈士举行了追悼会，并为死难者家属募捐抚恤。上海、武汉、广州等地纷纷抵制日货，表示抗议。全国商会联合会在天津召开各界代表会议，声援昌黎人民的斗争。在这种形势下，袁世凯政府却抱着亲日媚外的态度，密电各省军阀制止群众运动。事件的处理拖至第二年春天，以日本驻华公使答应惩凶谢罪，赔款 26000 元告终。

李大钊是在中途返回家乡一趟，回到昌黎县城得知惨案发生的。当时，他与郭须静找到时在昌黎县城成美学馆任教的中学同窗好友刘允之后，拿到北京一位友人请其“西上”的来信，急急回了一趟大黑坨。从大黑坨回来，他与郭须静在成美学馆副校长杜瀛州家住两日。这期间，他与郭须静、刘允之等共同去昌黎城北地藏寺，凭吊了死难的 5 名中国铁路警察，并对着古老而神奇的碣石山盟誓：与侵略者不共戴天，有如碣石。昌黎车站惨案的发生，给了李大钊的思想以深深的刺激。就连他心目中的“桃源”——碣石山下的花果之乡昌黎都变成了“国仇纪念地”，祖国山河再多，哪里还有“香山净土”呢？作为一个“伤心之士”，应摆脱一切思想杂念，尽快去尽匹夫之责，血洗“此弥天之耻辱”。他猛醒，感奋，很快就摈弃了在北京产生的那种不切合实际的思想和愿望，发下与侵略者不共戴天的誓言，踏上了东渡日本寻求救国救民真理的航程。

第四章

负笈东瀛写青春

进入早稻田大学

李大钊是在1913年冬季由天津港乘坐轮船，东渡日本留学的。

对此，李大钊在到达日本东京后为夏勤翻译的英语文章《自然律与衡平律》作“识”时曾经提及：“吾友夏子竞氏，青年锐志，奋学不懈。去岁初秋航海来江户（笔者注：即东京），余亦与泽民、凝修相继至。残冬风雪，海外相逢，感朋友之私，则相与欣喜；谈祖国政俗之衰，则相与唏嘘感慨。至若居诸共勉，昕夕相聚以励于学，则尤觉吾道不孤，未意零丁异域，而犹有曩者寒窗铁砚之乐也。”[1] 另外，李大钊在1914年8月10日出版的《甲寅》杂志第1卷第3号发表的《物价与货币购买力》（致《甲寅》杂志记者）亦云：“残冬风雪，乃从二三朋辈，东来瀛岛。”

当时，从天津乘坐轮船到日本神户需要一些时日，而从神户乘坐火车至东京又需一天。这是一次比较漫长的海上航行，也是李大钊平生第一次航行

[1] 《李大钊全集》第1卷第600页。此“识”发表于1913年11月1日出版的《言治》月刊，但并非写于1913年11月以前。从云夏勤（即夏子竞）“去岁初秋航海来江户”看，明显是写于1914年早春时节。又从李大钊自云“余亦与泽民、凝修相继至”看，李大钊等人到达日本东京的时间当在1913年11、12月间。

海上。由天津乘船去日本，出渤海海峡，自然要进入黄海，经过黄海的时候，李大钊凭吊了甲午海战的战场。后来，他在写《警告全国同胞书》时，回忆了当时船过黄海的情景："曩者去国，航海东来，落日狂涛，一碧万顷，过黄海，望三韩故墟，追寻甲午覆师之陈迹，渺不可睹。但闻怒潮哀咽，海水东流，若有殉国亡灵凄凄埋恨于其间者。"[1] 悲愤之情，溢于字里行间。

与李大钊一同乘船去日本留学的同学是张润之与李培基。他俩和李大钊一样，都是直隶省人，只是皆为冀中偏南人氏，与李大钊同庚的张润之是武强县小范镇人，比李大钊年长两岁的李培基是衡水县人。两人中，张润之与李大钊走得最近。张润之是李大钊在北洋法政专门学校读书期间结交的最好的同窗学友之一。毕业时，他们两人与白坚武因学业突出，又结交甚密，被不少人称作"北洋三杰"。1912 年秋冬时节，李大钊与同学发起成立北洋法政学会，共同翻译和批驳日本学者中岛端的《支那分割之运命》一书，张润之也是积极参加者之一。在北洋法政学会，李大钊与郁嶷同任编辑部部长，负责创办和主编《言治》月刊，张润之是调查部的部员。1913 年 6 月，李大钊应邀到北京去创办《法言报》；白坚武去南方投奔军旅，充任时任江淮宣抚使兼北洋军第二军军长的冯国璋的秘书[2]；张润之也离开津门去北京寻找新的前途。在北京，他和李大钊一起，通过孙洪伊的关系，结识了进步党的首要人物、众议院议长汤化龙。汤化龙对李大钊非常器重，决定出资送李大钊到日本留学，而经李大钊推荐，张润之和李培基，还有霍例白，也同时获得这一资助，得到了归而重用的承诺。当时，白坚武只到军中去了两个月又回天津,张、李与白在天津依依惜别，结伴东渡日本。从此，"北洋三杰"有两人留学日本，一人留在国内。

---

[1] 《李大钊全集》第 2 卷第 331 页。

[2] 李大钊在 1913 年夏天曾写有七律《南天动乱，适将去国，忆天问军中》："班生此去意何云，破碎神州日已曛。去国徒深屈子恨，清氛空说岳家军。风尘河北音书断，戎马江南羽檄纷。无限伤心劫后话，连天烽火独思君。""天问"即白坚武，当时他正跟随冯国璋去南方镇压国民党人发动的"二次革命"。

汤化龙1874年出生于湖北蕲水（今浠水），光绪进士，1909年当选湖北咨议局议长，是著名的立宪派人士。1912年元旦，中华民国南京临时政府成立，委以法制局副总裁，他辞而不就，与立宪派诸要人在上海发起“共和建设讨论会”。1912年4月，当选临时参议院副议长。同年5月，加入共和党；10月，组织民主党，任干事长。1913年，当选众议院议长，又与梁启超合组进步党。

汤化龙当是在被推选为众议院议长前后，与李大钊认识的。当时，孙洪伊鉴于李大钊学识超群、文笔出众，将其介绍给汤化龙。据李金河编著的《中国政党政治研究（1905—1949）》记述：“汤化龙初任众议院议长时，惊服李大钊才华，委为众议院秘书，兼民主党的机关报《天民报》主笔。”[1]也就是说，李大钊在主持《法言报》的编辑工作时，可能曾经出任民主党的机关报《天民报》的主笔，并曾被汤化龙聘为众议院的秘书[2]。通过交往，李大钊和汤化龙接触的机会逐渐增多。而这时，李大钊在北洋法政专门学校毕业后，打算赴日本深造，囿于家境需要资助。汤化龙为了选拔一批青年政治家，和他一道承担改造民国的重任，十分重视对青年学生的培养与扶植。他常言：“革新精神之所寄，除青年学生以外，更无可属之人。理想中之学生，必有轰动一时足当国民铸金之祀者。此理想实现之迟早，以学生之奋斗努力，占社会中坚地位实现之迟早为衡。”[3]汤化龙通过对李大钊的考察，认定他是一个可用之才，决定用进步党的费用——《天民报》的公积金资助李大钊等人赴日求学，以归国重用。李仲公回忆，1913年夏天，作为进步党的党魁，汤化龙在决定“用党费选送一批青壮年同志到日本留学，培养和充实集团的后备力量”时，挑中者有9人，其中“刘道铿、陈博生，是刘崇佑和

[1] 李金河：《中国政党政治研究（1905—1949）》，中央编译出版社2007年版，第383页。

[2] 卢蔚乾：《记汤化龙二三事》，《湖北文史资料》第8辑，湖北人民出版社1984年版，第148页。

[3] 李仲公：《护国之役时的汤化龙及其集团》，《湖北文史资料》第8辑第112页。

林长民介绍的，李大钊、李其荃，是孙洪伊介绍又以文字受汤知遇的，张梓芳（即张必果），是蒲殿俊介绍的；霍例白、张润之、李凝修，是李大钊介绍的；南庶熙，是汤提出的”[1]。当时，决定“每人每年的补助费是三百元”。由此可知，在汤化龙心目中，李大钊是一个十分令人中意、值得信赖的人选，他不仅决定资助李大钊，还决定资助李大钊介绍的霍例白、张润之、李培基到日本留学。这当是1913年7月或8月的事情。据说，汤化龙在李大钊等人临行前，特意设宴为他们送行，并说：“张之洞在湖北倡办学堂、遣送留学生出国学习，但不许学生学哲学，用意是重在实学、不务空谈。这实则是舍本逐末，导致无法洗刷政界种种恶习、转移风气。”[2]他殷切希望李大钊等人注重学习哲学，以求将来能从根本上医治国家痼疾。不仅如此，1914年下半年，汤化龙将两个未成年的孩子汤佩松、汤佩琳送到日本，由夫人陪伴他们到那里求学，“思忖在东京委托一位忠厚可信的人来关照他俩的生活和学习”[3]时，也选中了李大钊。后来，李大钊没有辜负他的寄托，在东京对汤佩松的英语学习进行了严加管教[4]。

李大钊与张润之、李培基到达东京后，住在了牛込区下户塚町520号留日中华基督教青年会馆。

中华基督教青年会馆位于早稻田大学西南方1里多的一个地方。这所会馆始建于1906年。在那之前，留日中国学生居住的清国留学生会馆，是坐落在东京坂上的一所日本人住宅。1905年，为抗议日本政府颁布的《清国留

[1] 李仲公：《护国之役时的汤化龙及其集团》，《湖北文史资料》第8辑第112页。

[2] 胡诚、吕艺林：《浠水：文脉传承“记者县”》，2007年11年20日《楚天金报》。

[3] 李仲公：《护国之役时的汤化龙及其集团》，《湖北文史资料》第8辑第112页。

[4] 后来成为著名植物生理学家、中国科学院院士的汤佩松于1987年8月21日回忆说：“我到东京后，经常去找李大钊，并于每星期六下午到中华基督教青年会馆去学习英语。每到这一天，李大钊总是站在操场等着我，远远便可以看到他。我每次去找他，都要检查我的学习，当发现我学习不认真时，对我批评很严厉。”（见《李大钊史事综录》第98页）

学生取缔规则》，留日学生决定一致归国，并在上海创办了中国公学。因此，旧的会馆逐渐冷落，后来不得不将房子归还给主人。中华基督教青年会馆是英美等国为打破日本对中国留学生教育的垄断，抓住日本取缔中国留学生事件的时机，通过上海基督教青年会兴建的。这是一幢三层楼房的欧洲风格建筑，二、三层是宿舍，一层是教室、食堂、书亭、小卖部等。食堂对中国留学生的各种集会和文化娱乐活动提供一定补助，馒头、米饭等主食可以不受限制食用。商店出售新出版的中文书报、生活用品，并提供服装缝补服务等。此外，这里有基督教会牧师开设的英语补习课和圣经课等。

▲1914 年李大钊（前排右一）与直隶同乡在日本的合影

李大钊和张润之、李培基在中华基督教青年会馆住下以后，很快就适应了这里的生活环境。为了进一步学习英语，他参加了基督教会牧师开设的英语补习课。当年的美国英语教师卡瓦·阿瑟·鲁宾逊保留了一份李大钊的英语作文《我的自传》，就是一个有力的见证。

李大钊刚到日本时，人地两生，对周围的环境不熟悉，外出亦不便，堪称“问难无地，索居寡欢”[1]。幸得，他是与直隶同乡张润之、李培基结伴

[1] 李大钊《物价与货币购买力》（致《甲寅》杂志记者）语，《李大钊全集》第 1 卷第 672 页。

而来的，遇事有个商量，并不显得过分孤单。当时，他在东京唯一能找到的一个熟人，是正在攻读法学博士学位的日本学子今井嘉幸。今井嘉幸是李大钊在天津北洋法政专门学校读书时的老师。他在北洋法政专门学校建立一年后，从东京应聘到天津出任这个学校的外籍教师，执教日语和法学理论课程，直至把李大钊他们这批学生送出校门，才返回日本继续攻读自己的学位。他是一个比较正直的学者。在中国任教期间，他悉心研究国际法，确认外国列强在中国享有的领事裁判权是强权政治的表现，应当撤销。而且，他做了一些调查研究，积累不少素材，准备编写一本专论中国国际法的著作。为此，他还曾对李大钊等人说："吾积稿累案，暇当贡之诸君。"对北洋法政学会的成立，他异常赞成，和另一个日籍教师大石定吉一起成为北洋法政学会的"名誉赞成员"，并慷慨解囊，捐款20元大洋，系"名誉赞成员"捐助最多者。不仅如此，他还把自己写的论文《论撤去领事裁判权》交由《言治》月刊发表（刊第2期）。今井嘉幸对中国的政局比较关注。中华民国建立伊始，他曾写出民国建国策，"以非卖品之小册"，"遍送"当时的中国"政治舆论之中枢人物"，并因此与孙中山先生结识，成为好友。在回国之前，他还为研究中国的政局，"慨然投笔，束装南下"[1]，专门考察了袁世凯政府镇压"二次革命"的情况。李大钊与张润之到达东京后，最想看望的就是今井嘉幸先生。他俩是在1914年春天到来之际找到今井嘉幸的。当时，正值今井嘉幸的博士论文即将付印，他异常忙碌。师生相见，虽交谈匆匆，却分外亲切。

今井嘉幸获法学博士学位后，"杜门绝世，不与风云之世来往相接，专意以成前日未竟之业"，"纂辑其说"[2]，大约在1915年1、2月间写出了《中国国际法论》第1卷。李大钊和张润之前去拜望，得知今井嘉幸先生费尽心血撰写的书稿首卷告成，分外高兴，请求今井嘉幸先生把书稿翻译成中

[1] 李大钊：《〈中国国际法论〉译叙》，《李大钊全集》第2卷第3页。
[2] 李大钊：《〈中国国际法论〉译叙》，《李大钊全集》第2卷第4页。

文的工作交由他俩承担，今井嘉幸欣然应允。《中国国际法论》拟写三卷，首卷分五编：第一编为《沿革论》，第二编为《外国裁判权之性质及范围》，第三编为《外国行政地域论》，第四编为《外国裁判制度之内容》，第五编为《裁判上之国际交涉》。从拿到书稿的那一天起，李大钊就和张泽民利用寒假和开学后的课余时间，深研日语，分工协作，进行紧张的翻译工作。到1915年4月，书稿基本译毕。李大钊乘兴写就译本叙，尽道前因后情，表述自己的“无涯之感慨”。他在叙言中着重指出：“是书详于外力侵入中国之迹，且足为吾国将来撤去外国裁判权，收回外国行政地域之考镜。”此外，他还对今井嘉幸先生在“亚人相煎之际”（指日本政府正在加紧威逼中国袁世凯政府接受遭到中国人民强烈反对的“二十一条”）能够“念同根之痛”，表示崇敬和感慨，并对张润之的精诚合作加以说明：“爰从同学张君，并力迻译，即付剞劂，蕲贡关心国际关系者之一助。”[1] 他俩合译的今井嘉幸的这本书，经由今井嘉幸联系，交由东京健行社在是年4月（一说7月）出版，汤化龙特意为之作叙。

▲ 李大钊(前排左三)在早稻田大学与教员和同学的合影

[1] 李大钊：《〈中国国际法论〉译叙》，《李大钊全集》第2卷第4页。

李大钊与张润之等到日本东京留学，上的是早稻田大学。

作为日本一个著名的私立学府，早稻田大学很注意招收中国留学生，成为中国留学生最集中的一所学校。据统计，早稻田大学自1905年开设中国留学生部，至1910年先后有4000名中国学生在这里毕业。

早稻田大学的入学资格相当严格。按照规定，中学毕业生被录取后，必须经过一年半的高等预科，再经考试合格才能进入大学本科学习。而李大钊的北洋法政专门学校政治经济本科卒业的这一学历，被早稻田大学承认为入学前的高等预科同等学力，不经考试即可直接进入大学本科学习。这也使得李大钊在进入早稻田大学政治本科学习之前，能有不少空闲的时光。

在初到东京的日子里，李大钊依然密切关注国内的政治形势的发展变化。他尽可能寻找国内出版的报刊阅读，也关心有志之士在日本创办的杂志出版的情况。一天，他发现了章士钊到东京之后创办的《甲寅》杂志[1]，异常欣喜。于是，他试着将自己新写的一篇题为《风俗》的文章寄给了章士钊，没想到，一下同章士钊结成了知交。

▲ 李大钊在日本结识的章士钊

章士钊，1881年出生于湖南善化（今长沙市）。1913年3月，袁世凯主使刺杀宋教仁反嫁祸于黄兴，章由此看出袁世凯之险恶，乘隙由北京逃往上海，拜晤孙中山、黄兴，加入了反袁的斗争行列，并草拟了《二次革命宣言》。同年7月，被孙中山任命为讨袁军秘书长。“二次革命”失败后，不得不亡命日本。到东京后，章士钊决定创办一个“以条陈时弊，朴实说理为主旨”，“一面为社会写实，一面为社会陈情”[2]的刊物，遂于1914年5月

[1] 《甲寅》杂志主要由胡汉民发起创办，章士钊任主编。

[2] 《本志宣告》，《甲寅》月刊第1卷第1号，1914年5月5日于日本出版。

在东京创办了《甲寅》杂志。他在第1卷第1号《甲寅》月刊发表《政本》一文，重申了自己的两党制主张，提出执政党应借反对党之刺激而维持其进步的观点……

对于章士钊，李大钊是异常景仰的。章士钊在国内主编的《独立周报》是他比较爱读的报纸[1]，他曾经一度担任《独立周报》在天津的“代派”人[2]。对于章士钊当时发表的不少政治见解，他也是很感兴趣的，曾有不同程度的共鸣。当然，对章士钊在宋教仁案发生后义无反顾地参加反对袁世凯的斗争，积极投身“二次革命”，他并不那么理解，但这并不妨碍他想接触章士钊的思想，特别是政论主张。不然，他可能不会对《甲寅》杂志发生浓郁兴趣。还有就是，随着国内局势的不断变化，李大钊已经对他曾经仰慕的中华民国“开幕英雄”袁世凯的所作所为持有严重的怀疑态度，对国民党人进行的“二次革命”也有一定程度的理解了。

对于与李大钊结交的情况，章士钊在新中国成立之初为张次溪出版的《李大钊先生传》作序[3]时，专门进行了回忆：

> 余之知守常也，初不经介绍，亦不闻有人游扬，余心目中并无此人迹象。一九一四年，余创刊《甲寅》于日本东京，图以文字与天下贤豪相接，从邮件中

---

[1] 李大钊在《物价与货币购买力》（致《甲寅》杂志记者）一文说：“仆向者喜读《独立周报》，因于足下及率群先生，敬慕之情，兼乎师友。去岁南中再乱，《周报》忽焉不赓，政俗靡敝，讹言繁兴，不得谠论以匡正之者数月；而戎马江南，音书隔绝，即私人问学之通讯，不得诸先生教导之者亦复数月；中情郁悒，莫可申诉。残冬风雪，迺从二三朋辈，东来瀛岛，问难无地，索居寡欢，偶于书廛，得《雅言》读之，知为率群先生所作，则喜。继得《甲寅》出版之告，知为足下所作，则更喜，喜今后有质疑匡谬之所也。”

[2] 第3～33期《独立周报》的“外埠各代派处”刊有“天津 李钊”或“天津政法学校 李钊”字样，表明李大钊曾做《独立周报》在天津的代售工作。

[3] 原文辑入《回忆李大钊》（人民出版社1980年版）一书时有删节，编者加有标题《我所知道的守常》。

突接论文一首，余读之，惊其温文醇懿，神似欧公，察其自署，则赫然李守常也。余既不识其人，朋游中亦无知者，不获已，巽言复之，请其来见。翌日，守常果至，于是在小石川林町一斗室中，吾二人交谊，以士相见之礼意而开始，以迄守常见危致命于北京，亘十有四年，从无间断。两人政见，初若相合，卒乃相去弥远，而从不以公害私，始终情同昆季，递晚尤笃。盖守常乃一刚毅木讷人也，其生平才不如识，识不如德。在东京，余曾戏问焉，曰："守常者为君名乎字乎？"曰："字耳。""然则文稿中君何不署名？"君怃然为间曰："投文于《甲寅》，吾何敢与先生同名？！"吾因知守常之本名为大钊，执手绳其过迂，一笑而罢。[1]

李大钊的《风俗》，发表在1914年8月10日出版的《甲寅》杂志第1卷第3号"政论"栏目。在同一期《甲寅》杂志上，章士钊还在"通信"专栏编发了李大钊的《物价与货币购买力》一文。章士钊在同期刊物一连为李大钊编发了两篇文章，足见对其文之喜爱。

时隔3个月，章士钊又在1914年11月10日脱期出版的《甲寅》杂志第1卷第4号上编发了李大钊写的《国情》，并特意写出"编者识"，云："按此篇著社已久，前期幅满，为手民仓卒抽出，未及排入，深以为歉。然文中所含真理，历久不渝，且古氏之论，恶果甚深，正赖有人随时匡救。作者或不以出版之迟为意也。"[2]

章士钊主办的《甲寅》杂志，甫一创刊，就编发了李大钊的两篇文章，紧接着又编发一篇。这告诉人们：李大钊的政论文章已经进入成熟阶段；同时，章士钊对李大钊的为人为文都给予了高度评价。

在《甲寅》杂志发表《国情》之前，李大钊在1914年11月1日出版的进步党机关刊物《中华》杂志发表了论文《政治对抗力之养成》。《风俗》《国情》和《政治对抗力之养成》等文章，都是李大钊在准备进入早稻田大学

---

[1] 《回忆李大钊》第144页。

[2] 《李大钊全集》第1卷第688页。

▲ 李大钊留学日本时的留影

期间写出的，反映了他在这一时期的主要思想及对一些问题的思索。《风俗》是论述一个群体的精神与素质的，并阐述了领袖人物在群众中的地位与作用，以及领袖与群众之间互为因果的关系，要求大家都应做到“国一日未亡，责一日未卸，我尽我责”[1]。《国情》主要批驳的是袁世凯雇用的日本人有贺长雄、美国人古德诺妄论中国国情的言论，认为他们的言论皆为“逆乎国情之论”[2]。这篇文章，实际是隐约批评袁世凯倒行逆施的行径。《政治对抗力之养成》是一篇“阐明政理”的文章，企图以改良主义色彩极浓的“政治对抗力之养成”，为国民寻求一个良好的政治制度，反映了他忧国忧民的思想和试图为百姓寻求和平的幸福生活的一种政治抱负。

通过《甲寅》杂志与章士钊结识，令李大钊喜出望外；更令他喜出望外的是，通过章士钊，他在《甲寅》杂志社与陈独秀相知相识[3]。

陈独秀1879年出生在安徽省怀宁十里铺村（今属安庆市）。1897年，入杭州中西求是书院学习。1901年，因进行反清宣传活动，受到清政府通

[1] 《李大钊全集》第1卷第671页。

[2] 《李大钊全集》第1卷第690页。

[3] 李大钊在日本留学期间通过章士钊与陈独秀相知相识，尚无具体记述，系据当时的情况推断，已被学术界广泛采纳。对此，朱志敏在著《李大钊传》时提出质疑，主要是觉得无直接证据。

缉，从安庆逃亡日本，入东京高等师范学校速成科学习。1903年7月，由日本回国后，在上海协助章士钊主编《国民日报》。1904年年初，又到芜湖创办《安徽俗话报》，宣传革命思想。1907年，再到日本留学，入东京正则英语学校，后转入早稻田大学学习。1909年冬天，回国到浙江陆军学堂任教。武昌起义爆发后，曾出任安徽省都督府秘书长。1913年夏天，参加“二次革命”，失败后被捕入狱；出狱后，于1914年7月由上海又到日本，在东京雅典娜法语学校攻读法语，并帮助章士钊编辑《甲寅》杂志。

在《甲寅》杂志第1卷第4号上，陈独秀首次采用“独秀”这一署名，发表了《爱国心与自觉心》一文。在文章中，他认为西方人所讲的爱国与中国人所谓的“忠君爱国之说”，“名同而实不同”。欧美人视国家为“国人共谋安宁幸福之团体”，而中国人则把国家视为“凡百施政，皆以谋一姓之兴亡，非计及国民之忧乐”的家天下。对于中国人来说，应首先明确“爱国心”与“自觉心”的统一：“爱国心，情之属也。自觉心，智之属也。爱国者何？爱其为保障吾人权利谋益吾人幸福之团体也。自觉者何？觉其国家之目的与情势也。是故不知国家之目的而爱之则罔，不知国家之情势而爱之则殆，其蔽一也。”据此，陈独秀指出：“国家者，保障人民之权利，谋益人民之幸福者也。不此之务，其国也存之无所荣，亡之无所惜。”显然，陈独秀对“爱国”这一定义有着自己的理解，颇有明末顾炎武的遗风，论证也比较雄辩，但言辞有些偏激。

李大钊读到这篇文章以后，写出致《甲寅》杂志记者的通信《厌世心与自觉心》（载1915年8月10日出版的《甲寅》杂志第1卷第8号），对陈独秀文章表达的观点进行了商榷与探讨。在此文中李大钊指出，“盖其文中，厌世之辞，嫌其泰多；自觉之义，嫌其泰少”，认为所谓的“自觉之义”，“即在改进立国之精神，求一可爱之国家而爱之，不宜因其国家之不足爱，遂致断念于国家而不爱，更不宜以吾民从未享有可爱之国家，遂乃自暴自弃，以侪于无国之民，自居为无建可爱之国之能力者也”。他鼓励国人，“中国至于今日，诚已濒于绝境，但一息尚存，断不许吾人以绝望自灰”。

继而，又提出了国民的责任：“一面宜自觉近世国家之真意义，而改进其本质，使之确足福民而不损民。民之于国，斯为甘心之爱，不为违情之爱。”应该说，李大钊虽是在与陈独秀商榷，但其表达的爱国志向是一致的。这是中国共产党两位创始人的第一次文字之交。后来，两人相聚于北大，风云际会，成就了一番开天辟地的大业。

在进入早稻田大学读书前后，李大钊同章士钊、陈独秀等国内著名的革命党人从神交、文交再到至交，这是他来日本之前根本没有想到的。这对他以后人生道路的选择产生了重要的影响。

1914 年 9 月 8 日，大正三至四年度的新学年开始。李大钊进入早稻田大学大学部政治经济科学习，学号编为第 84 号。

关于李大钊在早稻田大学大学部政治经济科学习的情况，留下的史料极少，幸好早稻田大学至今还保留着李大钊的学籍表，可以从中了解他当时注册和学习的情形。

李大钊的学籍表上登记的出生年月为“光绪十七年十月六日”。显然，这是他把自己的生年有意少报两岁。原籍写的是中国直隶省乐亭县，现住所填的是中华基督教青年会馆。保证人言微。言微是当时中国驻日公使馆监督。

1915 年（大正四年）7 月 5 日，李大钊在早稻田大学修完第一学年的课程。“早稻田大学进级成绩表”载入了他第一学年必修 11 门课程的考试成绩，其中国家学原理 77 分、帝国宪法 75 分、经济学原理 85 分、经济学原理（财政）65 分、近代政治史 70 分、民法要论 60 分、刑法要论 55 分、政治经济学原著研究 40 分、古典经济学原著研究 87 分、英文练习 66 分、论文 56 分。总计 766 分，平均 66.90 分，名次为第 40 位（同年级 106 人），评定为丙。此外，尚有哲学、明治史和第二外语等选修课，未考试。

第二学年，李大钊在早稻田大学上有 16 门必修课、6 门选修课。必修课有国法学、行政法泛论、政治学史、财政学、货币与信用论、工业政策、农业政策、社会政策、经济史、最近政治史、文明史、民法要论、统计学、政治经济学和古典政治经济学原著研究、格廷库斯社会学基础等。选修课有经济学原理（补讲）、经济财政、都市问题、保险政策、第二外语和特别讲义等。

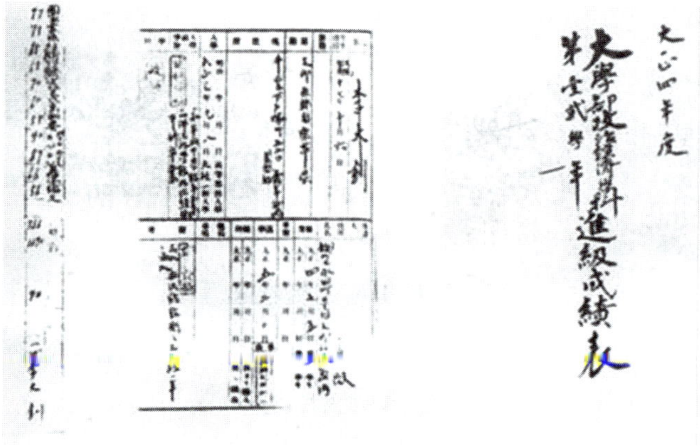

▲ 李大钊在早稻田大学学习时的“进级成绩表”

在早稻田大学，李大钊接触了很多老师，其中安部矶雄对他的影响较大。安部矶雄是日本著名的社会主义者，曾经和片山潜、幸德秋水等创建日本社会民主党。1914 年至 1916 年，安部矶雄在早稻田大学讲授“都市问题”和“社会政策”等课程，李大钊选修了“都市问题”等课程。对此，早稻田大学在纪念建校 100 周年时出版的《早稻田大学百年史》中这样写道：“李大钊曾在大学部政治经济学科学习，深受安部矶雄经济学的影响……”[1] 1918 年，李大钊自己也曾回忆说：“在东京，我同安部矶雄接触中受到他的影响。”[2]

[1] 《李大钊同志在日本留学的日子》，载 1982 年 6 月 28 日《北京日报》。

[2] ［日］森正夫（早稻田之森）：《李大钊》，译文见 1987 年第 1 期《齐鲁学刊》刊发的《李大钊在早稻田大学》。

义无反顾投身留日学生爱国运动

李大钊在早稻田大学读书的第一个学期刚刚结束时，就赶上了中国反对日本政府提出的“二十一条”斗争风潮爆发。

1914 年 7 月，第一次世界大战爆发。日本于 8 月 23 日对德国宣战，出兵占领了德国在中国的势力范围——山东半岛。11 月 18 日，中国政府向日本政府提出日军从中国撤军的要求。第二年 1 月 7 日，中国政府再次向日本政府提出撤军要求，而日军却迟迟不肯撤出，企图借机从中国攫取巨大利益。

1915 年 1 月 18 日，日本驻中国公使日置益与袁世凯直接密谈。在密谈中，日置益向袁世凯直接递交了包括五项共二十一条内容的处理山东及其他问题的意见书，即所谓“二十一条”，并要求中国绝对保密。“二十一条”的主要内容是：中国政府承认日本接收德国在山东享有的一切权益；日本在中国的“南满”和“蒙古东部”享有特殊权利；汉冶萍公司由中日合办；由中国方面答应所有中国沿海港湾和岛屿概不让与或租于他国；中国政府须聘任日本人担任政治、财政、军事等方面的顾问，给予在中国内地开设医院、寺院、学校的日本人以土地所有权；中日合办警察、军械厂；中国将若干铁路建筑权给予日本，等等。这些条款严重损害中国的主权，袁世凯不敢贸然答应。他一面命北洋政府外交部同日本谈判，一面暗中逐步将条约的部分内容向报界泄露，希望获得英美两国支持以抗衡日本。

2月2日，中日代表在外交部迎宾馆开始秘密会谈。中国谈判代表多次拒绝要求中的部分内容，日本则以武力威胁。在谈判过程中，日方公然收买中国官员以窃取情报。为了向袁世凯施加压力，日方还在3月14日向中国增派3万军队。虽然会谈极度机密，但日军的增兵活动和袁世凯政府与日本秘密交涉的迹象无法隐瞒。谈判开始不久，即有外国报纸将“二十一条”全文公布于众，中国举国哗然，各界人士纷纷向袁政府提出质问，并掀起了抵制日货的行动。

“二十一条”被新闻媒体公布之后，在留日学生中引起强烈反响，迅速引起斗争风潮。据1915年2月21日的《时报》报道，2月11日下午，留日学生在东京神田美土代町中国基督教青年会举行集会，“莅会者约三千人”。“开会时间，本定一时起至五时闭会，日本警察从中干涉，限自三时起至五时止”，大会遂缩短了时间。在会上，大家一致赞同大会筹备会提出的“大纲五条”：“（一）电政府立拒日人要求并请宣布该条件内容；（二）发布印刷物警告父老；（三）自国民立脚点，对于友邦发表国人所持之态度；（四）派遣代表回沪组织暂时机关，联海内外爱国之士，合筹对外办法；（五）筹备全体学生回国之事，以备有事时不致临时张皇”。“嗣后有多人演说”，纷纷表示：“吾人当以死力拒绝日人要求，不可放松一步。”[1]会后，成立了中国留日学生总会，派代表回上海敦促召开国民大会、抵制日货，并发布了留日学生《泣告全国同胞书》。

留日学生总会在东京成立时，李大钊被公推为文牍干事，负责起草《警告全国父老书》。《警告全国父老书》全文达到6000多字，是李大钊到日本留学后发出的“感慨悲歌之篇”。开篇写道：

[1] 转引自《李大钊史事综录》第109页。

寅卯之交，天发杀机，龙蛇起陆，娵訾鹑火。战云四飞，倭族乘机，逼我夏宇。我举国父老兄弟姊妹十余年来隐忧惕栗，梦寐弗忘之亡国惨祸，挟欧洲之弹烟血雨以俱来。噩耗既布，义电交驰。军士变色于疆场，学子愤慨于庠序，商贾喧噪于廛市，农夫激怒于畎郊。凡有血气，莫不痛心，忠义之民，愿为国死。同人等羁身异域，切齿国仇，回望神州，仰天悲愤。以谓有国可亡，有人可死，已无投鼠忌器之顾虑，宜有破釜沉舟之决心。万一横逆之来，迫我于绝境，则当率我四万万忠义勇健之同胞，出其丹心碧血，染吾黄帝以降列祖列宗光荣历史之末页。事亟寇深，危险万状，谨陈斯义，布于有众，皇天后土，实式凭之……

接着，李大钊怀着悲愤的心情，直抒胸臆，回顾了中日甲午战争以后20年间的中国痛史，陈述了国家“待亡”的痛苦经历，提醒国人：“鲁之有胶澳，辽之有旅顺，相犄角而镇渤海之门户。旅顺失则辽东不保，胶澳失则齐鲁亦危。旅顺与胶澳，尽为日本所据，则扼燕京之咽喉，撼中国之根本，而黄河流域，岌岌不守矣。”并将报刊上零散披露的日方条件整理为四项十九条，指出：这些条款，答应其中任何一项，都将造成“国已不国”的局面。进而，他指出日本不计后果，阴谋欺骗、恃强胁迫中国，“大欲难填，野心不死”，是为不义；破坏和平，酿世界大乱之祸，“栽贼人道，涂炭生灵”，是为不仁；启怨中国，树敌列强，致“同根自煎”

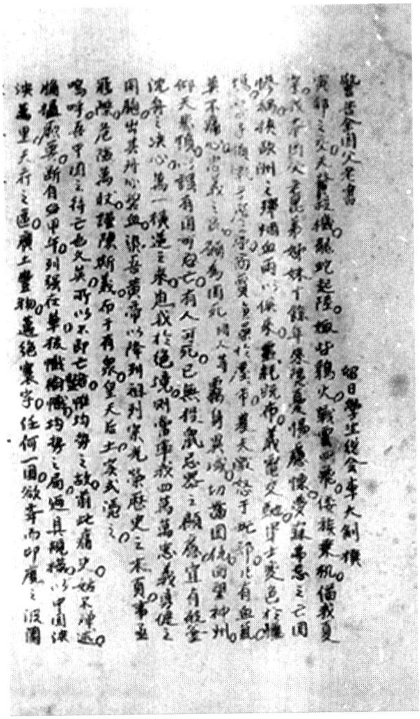

▲ 李大钊撰写的《警告全国父老书》(片段)

“唇亡齿寒”，是为不智；对德国首鼠两端，趁火打劫，行强盗不耻之事，是为不勇；在山东问题上言行不一，得陇望蜀，“国际宣言，弃若敝屣”，是为不信。“此不义、不仁、不智、不勇、不信之行为，于日本为自杀，于世界为蟊贼，于中国为吾四万万同胞不共戴天之仇雠”。而对于此卑鄙、凶恶、贪婪、无耻的仇敌，中国人只能下决心与之拼杀到底。他希望全国同胞经此欺辱之后，“痛自振励”，把世界大战作为“睡狮决起之机”，“报累代之深仇”，“收已失之土地”。他告诉人们，如果再不自觉急起，炎黄子孙将沦于永劫不复之地，亡国之痛将与波兰灭于俄、印度灭于英、越南亡于法、朝鲜并于日相同，以至于天涯沦落，如同没有国家的犹太民族。他号召国民以“死中求活之心”[1]，肩起救国之责。

《警告全国父老书》很快被油印成册，在留学生中间广为散发，并被带往国内，引起强烈反响。

李大钊在写《警告全国父老书》时，考虑到外侮当前，需要“举国一致，众志成城”，对于中国政府的对外交涉采取了基本肯定的态度，但对中国政府能否在对日交涉中坚持维护中国主权仍怀有疑虑。事实证明，他的这种担心并非是多余的，袁世凯政府从一开始就没有打算完全拒绝“二十一条”，只不过想借各方面的压力向日本政府讨价还价而已。4 月 10 日，中日第二十一次会议举行，中国拒绝第五号要求。4 月 17 日，中日第二十四次会议举行，中国不允将东蒙与南满并论，会议停顿。在美国的巨大政治压力下，日本被迫在 5 月 4 日的内阁会议上决定删除第五号要求。5 月 7 日，日本政府突然提出最后通牒，限于 5 月 9 日下午 6 时以前必须接受删除第五号后的修改案。5 月 8 日下午，袁世凯召集各部部长，宣布接受“二十一条”的部分要求。5 月 9 日 23 时，北洋政府没有等到预期的外援，以“国力未充，难以兵戎相见”为由，对外宣布接受“二十一条”中一至四号的要求。

在中日交涉“二十一条”期间，李大钊本打算在“交涉告急之顷”，记下

---

[1] 引文均见李大钊《警告全国父老书》，《李大钊全集》第 2 卷第 323 ~ 333 页。

中日双方谈判的概况，苦于缺乏翔实材料，不能成篇。到“二十一条”交涉结束，他感到，败局虽无可挽回，而国耻却不能不予以铭记，遂于1915年6月编印了《国耻纪念录》，并且撰写《国民之薪胆》一文。在文中，他列举了日本帝国主义侵华的一系列事实，希望国民以“甲午”（中日战争）、“甲辰”（日俄在中国国土上交战）、“甲寅”（“二十一条”交涉）日本侵略者给中国人带来的耻辱作为“未来之胆薪”，殷切期望同胞“勿灰心，勿短气，勿轻狂躁进，困心衡虑，蕴蓄其智勇深沉刚毅果敢之精神，磨炼其坚忍不拔百折不挠之志气……迈步向前，以应方来之事变”[1]。

到1915年7月5日，李大钊在早稻田大学修完了第一学年的学业，考试的成绩并不算那么理想。

暑假过去，新的一个学年开始。不想，袁世凯悍然恢复帝制，在国内引起公愤。

袁世凯自镇压“二次革命”之后，实行总统独裁制，大权独揽。时至1915年8月，袁世凯的宪法顾问美国人古德诺发表《共和与君主论》，认为中国人知识程度太低，无研究政治之能力，只适合于君主制。杨度在袁世凯的示意下，串联孙毓筠、李燮和、胡瑛、刘师培和严复等，于8月14日联合发起成立筹安会，公开进行复辟帝制活动。与此同时，北洋系军政要人、地方大吏段芝贵、袁乃宽、梁士诒、朱启钤等纷纷活动，拥护袁世凯称帝。10月6日，参政院以“尊重民意”为词，召开“国民代表大会”，举行“国体投票”，一律“赞成”君主立宪，并推定参政院为国民大会总代表。随后，参政院以总代表名义，上书推戴袁世凯为中华帝国皇帝。袁接受帝位后，随即封官晋爵，改总统府为新华宫，并发行一种以他的头像和龙作图案的纪念金币和银币，准备于1916年元旦正式登基。12月12日，袁世凯宣布接受帝位，复辟帝制，改中华民国为“中华帝国”，并下令废除民国纪元，改民国五年为洪宪元年。袁世凯恢复帝制的行径，激起全国人民的强烈反对，

---

[1] 《李大钊全集》第2卷第308页。

12 月 25 日，唐继尧、蔡锷、李烈钧在云南宣布独立，护国战争爆发。

袁世凯的倒行逆施，使李大钊再也无法安心读书。他立即投身于 1916 年 1 月 16 日留日学生总会发起和组织的反对袁世凯称帝的斗争。到 2 月 2 日，总会正式成立评议、执行两部，他出任了留日学生总会文事委员会编辑主任。

袁世凯冒天下之大不韪，公然宣布复辟帝制，遭到包括立宪派在内的全国各阶层人民的强烈反对。时任教育总长兼学术委员长的汤化龙愤然辞职，由北京转行上海，参加护国运动。当时，孙洪伊早已避居上海，住在法租界霞飞路八仙桥小菜市场附近宝康里，从事反袁斗争。汤化龙到达上海后，为躲避袁世凯派遣的特务暗杀，深居简出。这时，他要求李大钊回国商量反袁斗争事宜，1916 年 2 月，李大钊由东京回到上海，面见汤化龙、孙洪伊等，商议如何开展反对袁世凯称帝的有关斗争，前后用去半个多月的时间。就在他回国期间，2 月 2 日，早稻田大学以其“长期欠席”为由将他除名，使他失去了学籍。

1916 年 2 月初，李大钊由横滨搭法轮赴上海，舟行太平洋时吟有一首五言诗：

> 浩渺水东流，客心空太息。神州悲板荡，丧乱安所极。八表正同昏，一夫终窃国。黯黯五采旗，自兹少颜色。逆贼稽征讨，机势今已熟。义声起云南，鼓鼙动河北。绝域逢知交，慷慨道胸臆。中宵出江户，明月临幽黑。鹏鸟将图南，扶摇始张翼。一翔直冲天，彼何畏荆棘。相期吾少年，匡时宜努力。男儿尚雄飞，机失不可得。[1]

护国战争爆发后，全国掀起反袁斗争的风暴，李大钊全力投入这一运动，而不惜搁置自己的学业，致使第二学年实际只学了 4 个月的课程，这体现了他的爱国之忱和义无反顾的精神。

---

[1] 《李大钊全集》第 2 卷第 635 ~636 页。

东风解冻写《青春》

李大钊对窃国大盗袁世凯的认识有一个过程。在到日本留学之前，他的政治倾向基本上拥袁的；到日本后，他才逐渐发展成反袁，并成为反袁的斗士。促成他反袁思想加速形成的，是1915年1月开始的反对“二十一条”的斗争；同年12月，袁世凯倒行逆施到了无以复加的地步，李大钊很快就站在了反袁斗争的最前列，以致不惜中断自己在日本的学业。

1916年2月，李大钊由上海返回东京后，没有再回学校，而是履行留日学生总会文事委员会编辑主任一职，搬到东京近郊的高田村月印精舍，专事筹办中国留日学会总会的会刊《民彝》杂志工作[1]。3个月后，他索性结束了在日本的留学生活，回国到达上海，开始了新的革命生涯。

高田村月印精舍是湖南留日学生居住比较集中的地方，环境十分幽雅。李大钊居住的屋子，“屋外为芜园”，“屋后有古刹祠宇，凭假山而建，假山

[1] 《民彝》杂志于1916年5月15日在日本东京创刊，系中国留日学生总会的机关刊物，由总会的文事委员会编辑。编辑部主任是李大钊，编辑为张梓芳、陈溥贤、黄觉等。该刊宗旨是主持正义，昌明学术，灌输近世文明，增进民国福利，以宣传反对袁世凯的斗争为中心。所设栏目有撰著、评论、通讯、论坛、译述等。

之前有池，池畔植梅花、樱花多株，开轩尽在其中”[1]，四周景色异常幽雅，环境分外清静。

李大钊在高田村月印精舍留居期间，正值春暖花开、万象更新的季节。他触景生情，才思勃发，在写《民彝与政治》这篇表达自己政治哲学的理论文章[2]的同时，写出了主谈人生哲学和历史哲学的又一长篇论著《青春》，集中表达了自己对人生、对社会的审美观和哲学思考。《民彝与政治》是专为《民彝》杂志创刊号而撰，在他归国之际即问世；《青春》写出后寄给《青年杂志》的创办者陈独秀，因第二卷《青年杂志》拖延数月才印出，迟至1916年9月才在《新青年》杂志刊出，使之成为一篇迟发的文章。但这篇文章的影响远远超过了《民彝与政治》，成了李大钊在新文化运动中的成名作。

文章的开头部分[3]，便道出了写作时的情景：

春日载阳，东风解冻。远从瀛岛，反顾祖邦。肃杀郁塞之象，一变而为清和明媚之象矣；冰雪沍寒之天，一幻而为百卉昭苏之天矣。每更节序，辄动怀

[1] 李大钊：《哭沈汉卿君》，《李大钊全集》第2卷第503页。

[2] 《民彝与政治》以古今中外历史为依据，倡导“唯民主义”和“立宪政治”，反对“英雄主义”和“专制政治”，是李大钊当时精心撰写的长篇政论文章，其中主要论述的“民彝”是一个多层次、多方面、内容十分丰富的概念。文中，他提出以“民彝”作为“为治之道”和“衡量事理之器”，对民彝概念作了深刻、详尽的诠释，并以人民的这种秉彝之性为标准，分析辛亥革命以来的政治形势，探讨建设民主共和国家的道路，评价人们的是非功过，总结袁世凯复辟的历史教训，从而获得了新的政治观和历史观，对问题的观察更具有哲理性。他认为，反对袁世凯的斗争，不应当仅仅停留在军事上、政治上的讨伐，而且要深入到反对封建专制主义和禁欲主义的思想文化领域，解放思想，改造人心，养成民主精神，蔚成新的社会风尚。民彝思想是李大钊早期民主主义思想的精华，是他在反袁斗争中做出的理论贡献。

[3] 李大钊《青春》全文见《李大钊全集》第2卷第381～393页。

思，人事万端，那堪回首？或则幽闺善怨，或则骚客工愁。当兹春雨梨花，重门深掩，诗人憔悴，独倚栏杆之际，登楼四瞩，则见千条垂柳，未半才黄，十里铺青，遥看有色。彼幽闭贞静之青春，携来无限之希望、无限之兴趣，飘然贡其柔丽之姿于吾前途辽远之青年之前，而默许以独享之权利。嗟吾青年可爱之学子乎！彼美之青春，念子之任重而道远也，子之内美而修能也，怜子之劳，爱子之才也，故而经年一度，展其怡和之颜，饯子于长征迈往之途，冀有以慰子之心也。纵子为尽瘁于子之高尚之理想，圣神之使命，远大之事业，艰巨之责任，而夙兴夜寐，不遑启处，亦当于千忙万迫之中，偷隙一盼，霁颜相向，领彼恋子之殷情，赠子之韶华，俾以青年纯洁之躬，饫尝青春之甘美，浃浴青春之恩泽，永续青春之生涯。致我为青春之我，我之家庭为青春之家庭，我之国家为青春之国家，我之民族为青春之民族。斯青春之我，乃不枉于遥遥百千万劫中，为此一大因缘，与此多情多爱之青春，相邂逅于无尽青春中之一部分空间与时间也。

这是一段富有诗情画意的描述。是幽美的高田村月印精舍前展示的美景，引发李大钊情思悠悠，感慨万端，不由自主地张开了思绪的翅膀。他由异国他乡的早春景色想到祖国明媚的春光，想到人生与国家、民族，想到“美之青春”所富有的生命力和感召力，提出了“美之青春”对人生、对国家和民族至关重要的见解。由此说，《青春》应是一篇触景生情的散文，但李大钊并没有停留在绘景抒情的表层，而是借此阐发了自己久久思索的许多理论问题，眼前的春景只是他畅谈欲论的引发点。因此这应是一篇他久蓄在心的论文。

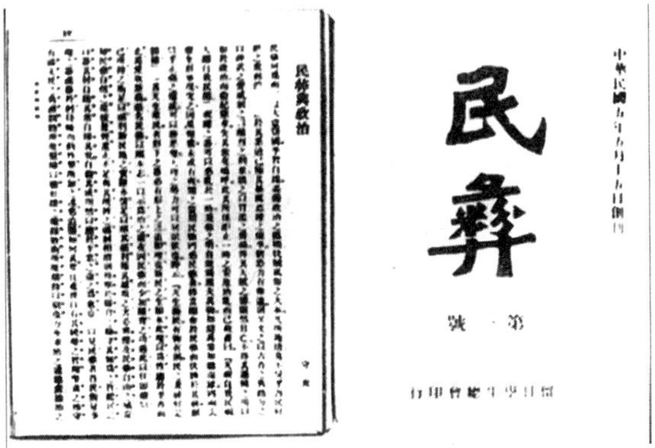

▲《民彝》创刊号及李大钊的《民彝与政治》

李大钊自步入青年时代，就把自己的焦距对准了人生与社会，只是，长期被严酷的现实生活所困，他的这种审美意识一直是朦胧的、模糊的。尽管他爱自然美，喜艺术美，但人生和社会的美究竟是什么样子，好长时间也把握不定；直到历经反袁斗争的洗礼和异国生活的磨炼，他才似乎看得比较清晰，并找到了触发点，使自己的美学沉思得以在民族和国家的命运危机之际，由对自然美、艺术美的探讨，加快向人生美、社会美的探讨转移，终于在日本东京附近一个美丽的村庄提出了自己为之革命、战斗，充满活力与希望的“美之青春”说。这是他结合自己的思想实际与当时的国内外政治形势，进行审美研究的了不起的飞跃，也是他在人生路上展示自己对青春，对革命，对国家、民族和整个世界与宇宙的审美意识的有划时代意义的里程碑。没有这种“美之青春”审美观的产生，他很有可能不会在中国的政治舞台上大显身手，并成为影响中国历史进程几十年甚至几百年的伟大人物。

把自然景观显现的美感，放到宇宙的空间和人类历史的长河中，结合现实斗争进行审视，对李大钊来说，可能是平生第一次。这表明，当时，他的思想文化修养已经达到相当高的程度。他不仅受到了中国传统思想文化的深厚影响，也吸收了许多西方思想文化，并使这两种思想文化达到互相渗透、互相融汇的状态，从而加速了自己向新的科学世界观过渡的步伐，以致成为时代精神的主要体现者。

李大钊探索宇宙有无“美之青春”，是基于这样一种认识：一个人生活在宇宙中确实太渺小了，但不能因此说没有“永享青春之幸福”；如果“宇宙自然之青春”是“有尽”的，这个人活的年岁再大，甚至寿比宇宙，也无“常享之福”，而“吾人奋其悲壮之精神”，则可“与无尽之宇宙竞进”。这表明，李大钊已经把对“美之青春”的审视，放在人与宇宙的关系这个容纳最广大的时空的连接点上，以探“宇宙自然之青春是否为无尽”来定夺人是否能享受无限之青春美境了。这是从根本上考察“美之青春”的生命力的强弱。宇宙是一个无尽的大生命体，有着无尽的“美之青春”，不断进行运动变易，乃“青春之进程”，“无尽之青春”即“此无初无终、无限无极、无方无体之机轴”，世上的一切都围绕这个“机轴”，“轮回反复，连续流

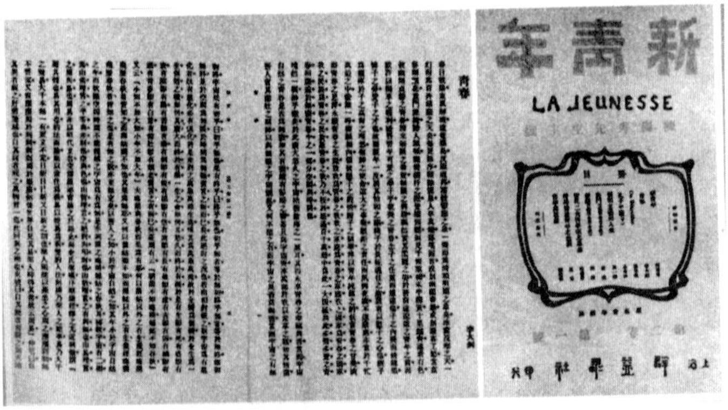
新青年
LA JEUNESSE

▲李大钊在《新青年》第二卷第一号发表的《青春》

转”。这就把“美之青春”当成了无时不有、无处不在的审美理想，有着无限的生命力，“死而不亡”，超脱时空，是一种美好而强盛的思想力量的结晶。“美之青春”至此，再不是单纯的自然景观，也不是拟人化的艺术美的载体，而成了宇宙的化身，成为与宇宙同命运的审美理想的显现。这不能说不是对“美之青春”最深厚的理解，也不能说不是对“美之青春”的最高礼赞。

宇宙如此，那么，地球、人类、民族、国家等，也均有无尽之生命，无尽之青春，均可成为“美之青春”的化身。当然，李大钊并不否认宇宙有进化也有退化，更不否认地球有“儿童”“青年”“丁壮”“白首”之期，也不否认人类有发展变化的过程，民族、国家等皆有兴亡盛衰。这是客观存在的事实与规律，不容随意悲观失望，也不容轻易盲目乐观，忘乎所以。关键在于用什么样的精神与气魄去追求个人、家庭、民族、国家、地球、宇宙的“无尽之青春”，使之均成为“无尽之青春”的“机轴”。应当具有怎么样的精神与气魄呢？李大钊在探索宇宙青春永在之后，振翰荦荦，奋笔写道：

……青年锐进之子，尘尘刹刹，立于旋转簸扬循环无端之大洪流中，宜有江流不转之精神，屹然独立之气魄，冲荡其潮流，抵拒其势力，以其不变应其变，以其同操其异，以其周执其易，以其无持其有，以其绝对统其相对，以其空驭其色，以其平等律其差别，故能以宇宙之生涯为自我之生涯，以宇宙之青春为自我之青春。宇宙无尽，即青春无尽，即自我无尽。此之精神，即生死肉骨、回天再造之精神也。此之气魄，即慷慨悲壮、拔山盖世之气魄也。惟真知爱青春者，乃能识宇宙有无尽之青春。惟真能识宇宙有无尽之青春者，乃能具此种精神与气魄。惟真有此种精神与气魄者，乃能永享宇宙无尽之青春。

李大钊要“青年锐进之子”具有的是“生死肉骨、回天再造之精神”，即一往无前的脱胎换骨、改天换地的“美之青春”精神；其气魄当为“慷慨悲壮、拔山盖世之气魄”，即顶天立地、舍生忘死、压倒一切的“美之青春”气魄。有了这种精神与气魄，一切矛盾就会迎刃而解，不利因素就会变成有利因素，千难万险也会化成通天大道。这表明，李大钊论证“宇宙自然”有“无尽之青春”时，并没有把一切都想得十分美好。这当然与他所处的时代和社会有关。生活中不是美的东西过多，而是丑的东西泛滥，民族和国家的许多东西的不尽如人意，都需要用一种体现美的力量去改造。他所关注的不仅是美能否永恒（即“美之青春”是否为“无尽”），最关注的还是能否有一种体现美之永恒的精神和气魄，有了这种精神和气魄，才能更加鲜明地体现美之永恒的信念。这应当说是他的审美观在探索革命真理时的强有力的显现。有了“美之青春”的精神和气魄，就能进入人类历史最高尚的精神生活，就有了“以宇宙之生活为自我之生涯，以宇宙之青春为自我之青春”的生命信念，任世上千变万化而岿然不动。立足于此，地球即将毁灭也没有什么关系；立足于此，人类“犹在青春”或“已臻白首”，甚至即将“与地球同时自然死灭”，也没有什么关系；立足于此，自己的民族与国家“苟以成白首之民族、白首之国家”也没有什么关系。

当然，仅仅立足于此还不够，尚应对人本身有一个清醒而明晰的认识，才能真正对世界和人类、民族和国家的兴旺发达有所作为。对于这一点，李大钊在文章的后半部分，不惜花费大量笔墨进行了探讨。他指出，人生的每一刻都是青春的进程，为无尽之青春的一部分，不应为追求“黄金权力”而陷入“烦忧苦恼机械生活”，“为青春之累”，而应“循今日主义以进”。时间对于人生是无限的，但其“无限”体现在“现在”，不是过去，也不是将来；不珍惜现在的努力，就没有无限的时间和生命。为此，他列举了古今中外一些名人对人生看法的哲理名言，反复阐明了应当珍惜现在的努力，不可悲观厌世、苟且偷安的道理。他指出，不能动不动就忧伤过去，靠他人“遂其生”，而应当“昂头阔步，独往独来”，“艰虞万难之境，横于吾前，吾惟有我、有我之现在而足恃”。至此，他已经把青春的人生观表达得淋漓尽致：其一是要与旧的观念决裂，轻装上阵；其二是要脱绝凡俗，独立不移地追求新的斗争生活。这是“人生唯一之蕲向”，是“青年唯一之责任”。只有这样，才能进入人生的优秀高尚的审美境界，令其驰骋疾驶，不惜一死换得永生，以现在之青春进程，求得无尽之青春永驻。

在文章的结尾部分，李大钊心明眼亮，把“美之青春”审视得清清楚楚。他满怀激情地对同代人表示了自己殷切的希望：“吾愿吾亲爱之青年，生于青春死于青春，生于少年死于少年也。”“吾愿吾亲爱之青年，擎此夜光之杯，举人生之醍醐浆液，一饮而干也。”这充满革命乐观主义的话语，表达了他对“美之青春”这一审美理想的全部诚挚的爱，道出了所有以青春为美的当代青年的心声，也抒发了他本人和所有当代青年“为世界进文明，为人类造幸福”而乘风破浪前行的豪情壮志。应当说，这是具有很高的审美价值，颇带魅力的感召力和震撼力的。这也表明，李大钊对“美之青春”的认识已经达到极致，他的整个身心已完全浸陶在“美之青春”的理想和神圣的境界之中，由此而生发的情感无比炽烈，由此而生发的思想有雷霆万钧之力，由此而生发的理论之舟正带他驶向人类最先进最科学的自由王国。

李大钊于 1916 年春天在日本东京近郊一个乡村全面审视“美之青春”，实际是为寻找一把通向理论殿堂大门的金钥匙，“索我理想之中华”，以解决辛亥革命未能完全解决的“再造神州”问题。所以，他试图全方位地审视“美之青春”这一古往今来人们司空见惯的审美对象，从中挖出其深远广大的人生和社会内涵。

辛亥革命的成果最终落入窃国大盗袁世凯手中，新生的中华民国面临着新的民族危机，迫切需要对旧的传统、旧的势力进行毫不留情的冲击和彻底的扫荡，迫切需要新的革命乐观主义和新的革命理想主义，迫切需要全新的改革主张和理论，迫切需要新生的革命力量去推动历史车轮的前进。在反袁斗争中，李大钊越来越强烈地感受到了这一点，并为此在可以冷眼“反顾祖邦”的“瀛岛”作了不懈的努力、艰苦的探索，终于在政治上找到了“民彝”这个法宝，在思想上得获了“青春”这个观念。

在《青春》这篇洋洋洒洒、一语千钧的文章中，李大钊最终把“美之青春”的焦距对准了“中华”，并给予其全新的注诠，唱出了第一曲对“理想中华”的赞美诗。

“中华之义，果何居乎？中者，宅中位正之谓也。吾辈青年之大任，不仅以于空间能致中华为天下之中而遂足，并当于时间而谛时中之旨也。”李大钊赋予“中”字以崭新的时代概念，提醒人们，特别是青年以“今”为界，“冲决历史之桎梏，涤荡历史之积秽，新造民族之生命，挽回民族之青春”。为此，他不惜否定过去一切之“历史”，寄厚望于未来一切之“历史”。他认为，今天以前之“历史”为“封闭之历史，焚毁之历史，葬诸坟墓之历史”，为“白首之历史，陈死人之历史”，而今天之后的“历史”是“洁白之历史，新装之历史，待施绚绘之历史”，是“青春之历史，活青年之历史”。也就是说，时至今日，以往的“历史”可以淘汰，今后的“历史”理应重新书写，为其着“新装”，“施绚绘”，注入青春的活力。当然，这并不是说以往的“历史”一无是处，应“缀其一生之美于中以后历史之首页”。这是一种相信进化论的社会历史观，也是弃旧迎新、化丑为美的社会审美观，体现的是李大钊全新的审美意识。

对于“中华”的“华”字，李大钊也赋予了非常美妙的解析：“华者，文明开敷之谓也，华与实相为轮回，即开敷与废落相为嬗代。”李大钊心目中的“华”，是理想之花，是希望之花，是祖国未来的美好形象。春华秋实，新陈代谢，是大自然中的万物以及一切社会生活的普遍规律。植物不开花就无法结果，旧的东西不死亡就无新的东西诞生，在新旧交替的时代不应恋旧而应怀新，光除旧不布新也是徒劳。这是一种浅显易懂的道理，但往往被人们所忽视。当然，在旧的事物即将消亡的时候，新的事物也在孕育，这也是客观的自然规律，关键是如何去促死催生。从宇宙是一个大生命机体的观念出发，宇宙有无限的美好境界，即“无尽之青春”，也有着接连不断的美好前景，即“不落之华”；一个民族，一个国家，也是这样，在不断递兴递亡，在嬗代交更中走向更加美好的明天。如何使“无尽之青春”成为一个“机轴”运转不息，使“不落之华”常开不谢，在人不在天。“青春中华”，无疑永远是“理想中华”，但它并不是凭空产生的，是在“白首中华”的“胚孕之实”中萌发的，萌发的快与慢，在于人如何“栽之、培之、灌之、溉之”，也就是如何“奋其回春再造之努力”，这是决定性的因素。他举的“化学家”用一种“草木”改良土壤的例子很有意思，如无这种“草木”改良土壤，春华秋实，秋实春华，就会越来越处于不利的地位，而用这种“草木”去改良土壤，春华秋实，秋实春华，才会越来越茂盛，越来越长久。土地如此，国家也一样，兴旺的基础减弱，后果将不堪设想。因此，他一针见血地指出：“青年之于社会，殆犹此种草木之于田亩也。”即希望青年对于创造青春之中华，应起“文柔和润”祖国日渐僵化的社会基础的作用。这是一种蕴藏极大的美的魅力的社会推动力，有了这种推动力，才能再造神州，使中华民族以全美全新的雄姿重耸于世界民族之林。从这点说，“理想中华”的希望在于能起那种“草木”的美妙绝伦作用的一代新人身上。

这些，可以说是李大钊“探我理想中华”的初步收获，是他对如何将“理想中华”变为“方复开敷”之“青春中华”的基本认识。这种富有深刻内涵的审美理念，犹如酵母的作用，一旦有适宜的客观条件，就会发挥几倍，甚至几十倍的效力感应。

应当指出的是，李大钊在写作《青春》之前，陈独秀于1915年9月在上海创办的《青年杂志》已经发表了一些关于青年问题的文章，其中也涉及青年如何得获一个美好的年华的问题，但大体上都是从政治上谈的，像李大钊这样从“美之青春”审美观的角度出发，从美学、哲学、历史、社会等各个方面，对青年应当持有的人生观、宇宙观进行全面系统的审视，还是第一次。

▲李大钊(右一)在日本与友人的合影

这就难怪陈独秀收到这篇文章之后喜爱异常，不仅将其发表在《青年杂志》换卷的第一号上，还从是期起，为避免与基督教上海青年会主办的《上海青年》杂志混名，把刊名改为《新青年》，并配发了他自己撰写的《新青年》一文，从而使《新青年》名声大震，成为进行新文化运动的大本营。《青春》可以说是《新青年》杂志的代表作，它不仅是赞美中国光明前途的诗篇，也是向旧势力全面挑战的宣言。其深厚的思想价值，如同其所盛情赞誉的“美之青春”一样，将与世永存。

第五章

京都甲寅晨钟响

回国到北京创办《晨钟报》

袁世凯宣布恢复帝制之际，留日学生陆续组织一些学会，开展反袁斗争。李大钊与一些来自直隶省的留日同学组织了中华学会。同一时期，来自湖南的留日学生易梅僧、林伯渠等组织了乙卯学会。这两个学会互相交往，李大钊与易梅僧、林伯渠等结识，并很快成为好友。1916 年 1 月下旬，中华学会与乙卯学会决定合并为神州学会，于 1 月 30 日下午在锦町易梅僧就读的东京政法学校举行神州学会成立大会，李大钊当选评议长，易梅僧、林伯渠等当选干事。对此，林伯渠在其 1916 年 1 月 30 日的日记记有："午后，开乙卯、中华两学会合并会于锦町政法学校。"[1] 这一时期李大钊还参加了中国财政经济学会举办的活动。

1916 年春节前后，不断有留日学生回国参加反袁斗争，其中有不少神州学会会员。这一年的 2 月下旬，李大钊由上海返回东京以后，恰逢神州学会会友"幼蘅"即将回国。在送别"幼蘅"时，李大钊被"同人招至神田酒家小饮"。席间，大家"风雨一楼，互有酬答"，"辞间均见风雨楼三字，相约再造神州后，筑高楼以作纪念，应名为神州风雨楼"。李大钊因口占一绝："壮别天涯

[1] 见《林伯渠日记》，中共中央党校出版社 1986 年版。

未许愁，尽将离恨付东流。何当痛饮黄龙府，高筑神州风雨楼。”[1]

时隔两个多月，李大钊也为“高筑神州风雨楼”，离开了日本，回到了祖国。

1916年5月中旬，第1期《民彝》印出以后，李大钊从日本回国[2]。临行前，霍例白赠诗一首给他，诗中云：

▲李大钊(前排右三)与日学友在东京成立神州学会时的合影

“当年相遇即相知，抵掌谈心恨见迟。今夕离别却无语，独吟风雨一楼诗。”李大钊在抵达上海的第二天，便用明信片寄诗一首，回赠霍例白，诗云：“一轮舟共一轮月，万里人怀万里愁。正是黯然回首处，春申江上独登楼。”[3]

李大钊由横滨登舟返回祖国，再行上海时，滦州籍同乡学友沈汉卿、沈芸生等特意到码头送行。后来，沈汉卿在暑假回国时将一些行李带回，再返回日本后病逝于东京。李大钊闻此噩耗，在1917年2月23日《甲寅》日刊发表《哭沈汉卿君》一文：“吾于去岁四五月顷，再往上海，君及沈君芸生送吾于横滨舟中，更购罐头鲜果多类馈余，江干握手，珍重而别。”[4]但时日不长，沈汉卿即英年早逝，故李大钊心情格外沉痛。全文对沈汉卿的离世充溢

[1] 诗稿发表于1917年4月1日出版的《言治》季刊第1册，见《李大钊全集》第2卷第633页。朱成甲在著《李大钊传（上）》（中国社会科学出版社2009年版）时，以林伯渠日记记其当时回国，疑“幼蘅”为林伯渠。

[2] 《民彝》杂志创刊号标明为1916年5月15日出版。李大钊由日本东京回国，当在是年5月15日，或前两三天刊物印出之后。由横滨到上海，客运轮船航行至少得四五天的时间。

[3] 《李大钊全集》第2卷第362页。

[4] 《李大钊全集》第2卷第503页。

着深深的痛惜之情，更为国家失去一位有志青年而痛惜。

李大钊再次来到上海，令他最高兴的事情，莫过于与在北洋法政专门学校结交的挚友白坚武重逢了。

白坚武于1886年出生于直隶省交河县洼里王镇西常庄，1907年8月，考入北洋法政专门学堂，与李大钊成为同班同学。1910年12月，天津学生发起速开国会请愿运动，白坚武与李大钊同被推选为学生代表，被称为“北洋二杰”[1]。1911年冬天，辛亥革命爆发以后，“奔走于秘密团体者再”[2]。1912年秋天，北洋法政学会成立时，白坚武既是评议部部员，又是编辑部部员，以“天问”为笔名在《言治》月刊发表了不少诗文，发表文章的数量仅次于郁嶷和李大钊。1913年6月毕业后，被孙洪伊推荐去当直隶总督、宣武上将军冯国璋的秘书，随冯国璋到南方镇压“二次革命”，其间因“与揽权二三同事不合”，于“八月归津”[3]。之后，应国会众议院议员、参政院参政王印川之约，到北京编辑《黄钟日报》。曾一度任北洋法政专门学校宪法教习。1915年，任自治筹办所第二课课长。从1915年12月22日起，开始“每日作日记以自课”[4]，不时记有与李大钊书信交往之情况。1915年春节，因思念在日本留学的李大钊，吟有《除夕怀

▲白坚武

[1] 《白坚武日记》在1910年记有：“冬月国会请愿风潮起，法校独为大吏怒，欲以兵围焉。余与李君寿昌约待之，后竟无事。”见《白坚武日记》第1册第4页。

[2] 《白坚武日记》第1册第4页。

[3] 《白坚武日记》第1册第4~5页。

[4] 《白坚武日记》第1册第5页。

李寿昌》："阔别李君久，山河有泪痕。精诚翻海立，肝胆照人温。鸡塞乡音寂，国门残梦喧。蓬瀛当此夜，杯酒更何论。"1916 年 4 月下旬，白坚武辞职离开北京，南下上海，行走在孙洪伊门下，替孙洪伊和汤化龙办些反袁斗争事宜。

那一时期，白坚武已经养成记日记的习惯，在他的日记中留下了当时李大钊在上海的行踪。

1916 年 4 月 29 日，白坚武由天津到达上海，寓英租界四马路新群旅馆，晚上在拜访孙洪伊时，日记记有"询李寿昌未至"[1]（此时他已经知道李大钊欲由日本回国到达上海的消息）。5 月 1 日，他与张润之重逢，张时已回国到达上海，出任汤化龙秘书，并住在汤化龙寓所，白坚武日记中记有："候寿昌久不至，念极！闻与张溥泉同来，或亦不日可到。"[2] 5 月 2 日，他见到李大钊由东京寄给张润之的信，始知李大钊不久即动身来沪。

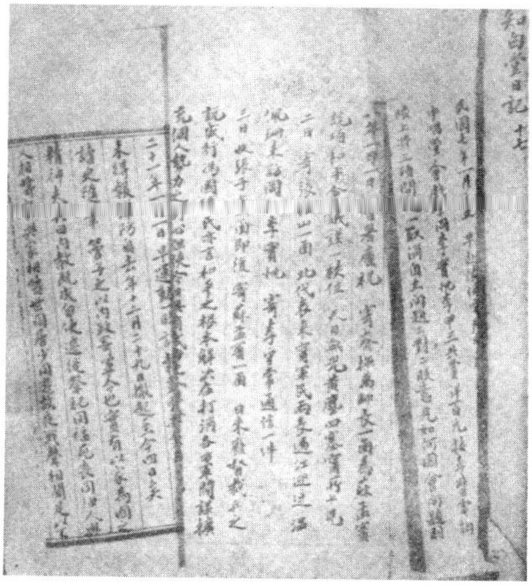

▲《白坚武日记》手稿

白坚武日记所提到的欲与李大钊"同来"的"张溥泉"，即张继。

张继是直隶沧州人，在中国最早信仰无政府主义，号称中国近代以来无政府主义第一人。中华民国成立后，当选国民党参议员、国会第一届参议院议长，并在天津、北京两地活动，成立国民党燕支部，发起组织中国武士会、经济协会直隶分会等，与直隶各界精英多有接触。反袁斗争开展起来后，于 1916 年初出任孙中山开展护法运动的驻日代表，曾经两次出席中国留日学生总会召开的大会，并在大会上讲话。大约在这个时候，时任中国留日学生总

[1] 《白坚武日记》第 1 册第 21 页。

[2] 《白坚武日记》第 1 册第 22 页。

会文事委员会编辑主任的李大钊得以同他相识相知，结为朋交。据此，有的学者认为，李大钊于 1916 年 2 月由横滨赴上海，所吟“义声起云南，鼓鼙动河北。绝域逢知交，慷慨道胸臆”，其中能够“慷慨道胸臆”的“知交”，很可能指的就是张继[1]。

当时的实际情况是，张继并没有与李大钊同回上海，他早已于 5 月 1 日就同孙中山一起回到了上海，而李大钊是在 5 月中旬到达上海的。李大钊到达上海不久，即致函尚在日本的霍例白，云：“此间自溥泉公来，各派意见消融无间，裨益大局匪浅显也。昨济公接川陈二庵电云[2]，川决于箇日（廿一）宣布独立，湘亦不远，而南京会议虽无结果，冯之态度仍有希望，其部下尤为鲜明。”[3] 这里所说的南京会议，是指江苏督军冯国璋于当年 5 月 18 日在南京召开的旨在讨论袁撤销帝制后的安排问题的 15 省代表会议。冯国璋在袁世凯称帝后曾被任命为参谋总长，后来又代替段祺瑞兼理征滇总司令，均未上任，并联合五将军发出逼迫袁世凯取消帝制的通电。此函显示，李大钊不仅充分了解张继到沪后的活动，而且高度肯定了张继斡旋各派的功绩。

此外，在国民党中央原上海环龙路档案中藏有李大钊和张润之联名写的函札一通，函云：“手示悉。以琐务未暇即复，伏乞鉴宥。所欲介绍于赵君之友，乃山西人梁伯强君，其住址在天津英租界电灯房北路东第一号乔公馆，已将赵君姓字函告此君矣（此函用日本书留，当无他虑），乞即设法通知赵君为祷！

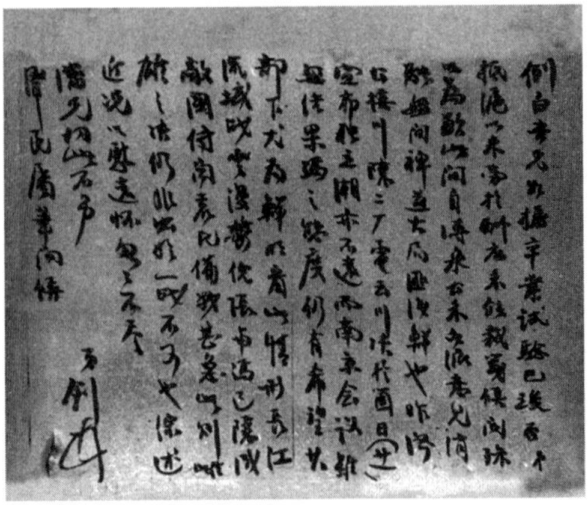

▲1916 年 5 月李大钊写给霍例白的信

[1] 李权兴：《李大钊和张继交往史事钩沉》，《李大钊史事钩沉》第 241 页。

[2] 济公，指汤化龙；陈二庵，指四川巡按使陈宧。

[3] 李大钊：《致霍例白函》，《李大钊全集》第 2 卷第 363 页。

局势一变，将来恐不能彻底澄清。民党以后宜善自妥协，勿再授人以柄也，惟明达图之。匆匆不多及。”有关研究文章认为，这很可能是李大钊和张润之未回国前在日本东京写给张继的[1]。李大钊在到上海后致函霍例白所云“各派意见消融无间”，当正是“民党以后宜善自妥协”的落实。实情果真如此的话，则表明李大钊在日本时就与张继联系比较密切。

据《白坚武日记》，李大钊是在1916年5月19日以前抵达上海的[2]。当时，白坚武代表孙洪伊和汤化龙于5月12日由上海赴南京参加冯国璋召集的各方商议反袁代表会议，直至5月19日才回到上海。他在抵沪当天，即得以见到住在泰安里一家寓所的李大钊。此外，白坚武在5月21日的日记记有：“晚，阅《民彝》杂志，《国本》《民彝与政治》二篇甚佳，多见到之言。《民彝与政治》系守常撰。”[3]由此可知，李大钊是带着新创办的《民彝》杂志来到上海的。

李大钊到上海后，当与张润之一样，也担任了汤化龙的秘书[4]。5月21日，参加了孙洪伊发起成立的宪法研究会。之后，多与张润之、白坚武活动，并两次参加宪法研究会举办的会议。

6月6日，袁世凯因患尿毒症不治身亡。当天傍晚，李大钊与白坚武、张润之、李培基等赴宴宾楼小酌，又到丹桂戏院观戏，读到《新闻报》，获悉袁世凯一命呜呼的消息，众人自然异常高兴。

---

[1] 杨天石：《近世名人未刊函电过眼录之三：李大钊致佚名氏秘札试解》，人民网·文史频道：http://www.people.com.cn/GB/198221/198974/199955/12603901.html

[2] 白坚武1916年5月10日日记记有：“接阅寿昌电，不日来沪。”（《白坚武日记》第1册第24页）

[3] 《白坚武日记》第1册第25页。

[4] 汤化龙的儿子汤佩松于1987年8月21日回忆说：“袁世凯复辟失败后，李大钊弃学归国。当时国内各种政治力量都在跃跃欲试，希望在未来的民国再建中有所作为，不久为我父亲素所器重的李大钊出任他的秘书，并主编《晨钟报》。”（《李大钊史事综录》第98页）上海人民出版社1999年出版的《中国通史》第12卷《近代后编》第五章《李大钊》记有“1916年5月，李大钊回到上海，参加了宪法研究会的活动，担任汤化龙的私人秘书”。

反袁斗争基本结束，再造神州出现良好时机。副总统黎元洪继任总统，采取“责任内阁制”，并于6月29日申令遵行民国临时约法，定于8月1日召集国会。7月12日，他宣布本年7月2日前因政治问题而拘禁者予以释放，废止《惩办国贼条例》及《附乱自首特赦令》，并于7月16日宣布废除《报纸条例》，为民众信心和社会活动的恢复带来了活力。此时，李大钊颇有在日本领略的“春日载阳，东风解冻”之感，认为中国已经迎来了新的黎明、新的春天。到7月上旬，他欣然应汤化龙之约，到北京去创办《晨钟报》。

据《白坚武日记》记载，李大钊是在7月11日乘通州号轮船北上的，同行者有宋仲彬、霍例白、容伯挺。在离开上海之际，他曾与白坚武一同到白克路宝隆医院看望正在生病住院的章士钊。

数日后，通州轮抵达天津港口。下船后，李大钊没有由天津返回乐亭老家看望妻子和儿女，而是径直去了北京，开始为创办《晨钟报》日夜奔忙。

《晨钟报》编辑部设在宣武门外北京南城区的丞相胡同（1965年改名菜市口胡同，1998年拆除）。丞相胡同北起骡马市大街，南到南横西街，胡同深处建有祭祀文天祥的祠庙，而《晨钟报》编辑部就在紧挨着文天祥祠的一个大院里。这条胡同内居住过的名人很多，北京最早的女学堂就设在该胡同，秋瑾曾任学堂教习。

▲1916年李大钊回国时留影

汤化龙其时已经由上海回到北京复任众议院议长。他对创办《晨钟报》很重视，不仅给《晨钟报》提供了1万元的启动资金，委派蒲殿俊（字伯英）担任社长，主持《晨钟报》的整个工作，并决定由李大钊任编辑主任，负责《晨钟报》的编辑工作。蒲殿俊当过四川大汉军政府都督，曾为民主党以及进步党重要成员，而且在1910年办过四川咨议局机关报《蜀报》。为了办好《晨钟报》，李大钊推荐白坚武、郁嶷等任主笔，组成一个强有力的编辑和写作班子。刘道铿任《晨钟报》的经理，担任报业经营及财务方面的负责人。

经过将近一个月的紧张筹备，作为宪法研究会的喉舌，《晨钟报》于1916年8月15日正式创刊。

▲李大钊(前排左五)创办《晨钟报》时与编辑部同仁在北京中央公园合影

新创办的《晨钟报》，与当时的报纸大致一样，为日报，除创刊号、增刊外，每天6个版面，第1、4、6版为广告，除药品、美容品以外，每期都有梁启超《饮冰室合集》的征订广告；第2、3版刊登启事、社论、国内新闻、国外新闻、地方新闻等，分条述列，眉目清楚；第5版是文艺副刊（文苑），发表小说、旧体诗等，白坚武并开辟有《知白室说乘》专栏，报底设有"大鸣小鸣"专栏。与社论对角的压版部分为短评《法言》专栏。

另外，在第2版印有一幅标有"晨钟之声"字样的古钟图案。在图案中间空白处每天印有一条警语（中西方谚语或名人名言），内容日日更换。在创刊号印有"少年人望前，老年人望后"[1]。后来，陆续印有古今中外名言警句。

《晨钟报》的发刊词《〈晨钟〉之使命》，是李大钊亲自写的。这篇文章，是李大钊自写出《民彝与政治》《青春》之后，归国写的第一篇公开发表

[1] 参阅王政《李大钊在〈晨钟报〉本事考信述要》，《学术研究》1999年第3期。

的文章，完全可以说是《青春》的姊妹篇，是“新青年”的宣言书。为了突出这篇文章的主题，李大钊特意在主标题下加有副标题《青春中华之创造》。

《〈晨钟〉之使命》集中表现的是李大钊对“理想中华”的思索，进一步阐明了他对创造青春中华的政治见解。整篇文章堪称激情满怀，慷慨悲壮。

李大钊在《〈晨钟〉之使命》[1]一文中，开笔就写道：

> 一日有一日之黎明，一稘有一稘之黎明；个人有个人之青春，国家有国家之青春。今者，白发之中华垂亡，青春之中华未孕，旧稘之黄昏已去，新稘之黎明将来。际兹方死方生、方毁方成、方破坏方建设、方废落方开敷之会，吾侪振此“晨钟”，期与我慷慨悲壮之青年，活泼泼地之青年，日日迎黎明之朝气，尽二十稘黎明中当尽之努力，人人奋青春之元气，发新中华青春中应发之曙光。由是一一叩发一一声，一一声觉一一梦，俾吾民族之自我的自觉，自我之民族的自觉，一一彻底，急起直追，勇往奋进，径造自由神前，索我理想之中华、青春之中华，幸勿姑息迁延，韶光坐误。

开诚布公，他点明的新青年之使命，是迎着新世纪的曙光，尽力“奋青春之元气”，“急起直追，勇往奋进”，抓紧时机“索我理想之中华、青春之中华”。他告诫人们，不能在人家“已汲新泉，尝新炊”之际，仍“犹卧榻横陈，荒娱于白发中华、残年风烛之中，沉鼾于睡眠中华、黄粱酣梦之里”，必须敲响警钟，催人惊醒，擂响战鼓，踏上再造神州的征程。显然，这是李大钊吹响的再造神州，变“白发之中华”为“青春之中华”的战斗号角。

当时，李大钊在“青春中华之创造”的时机到来之际，对自己和一代“有精神、有血气、有魄、有胆之青年”的历史使命认识得非常清楚。他运用自己的“美之青春”观，道出了对民族、对国家、对时代的认识，不仅给人以耳清目明之感，而且还深深地打动了不少爱国青年的心弦，给所有国人以振聋

---

[1] 全文见《李大钊全集》第2卷第364~369页。

发聩的警觉作用。在文章中，他对一些外国人散布的“中华之国家，待亡之国家也；中华之民族，衰老之民族也”的论调，痛加驳斥，认为不能听之任之，应“勃然变色，思与四亿同胞发愤为雄，以雪斯言之奇辱”。他指出，使“新荣中华之再生”的主力是青年，“青年不死，即中华不亡”，“国家不可一日无青年，青年不可一日无觉醒，青春中华之克创造与否，当于青年之觉醒与否卜之”。紧接，他又论述了“青年”与“老辈”（篇后言明：“篇中所称老辈云者，非由年龄而言，乃由精神而言；非由个人而言，乃由社会而言。”）的关系，“新创造”“新机运”为青年“独有之特权”，应当仁不让，这是他当时思想的核心，也是他自我情感的自然流露。他认为，青年人没有经验，也没有精神负担，有的是敢闯敢干的勇气，而“青春中华之创造”，缺乏的就是这种勇气。正因如此，他认为，“青年之文明”是“奋斗之文明”：“与境遇奋斗，与时代奋斗，与经验奋斗”。正因有此“文明”，“青年者，人生之王，人生之春，人生之华也”，“青年之字典，无‘困难’之字，青年之口头，无‘障碍’之语”，人人当“惟知跃进，惟知雄飞，惟知本其自由之精神，奇僻之思想，锐敏之直觉，活泼之生命，以创造环境，征服历史”。“老辈”之美在于：“对于青年之道义，亦当尊重其精神，其思想，其直觉，其生命，而不可抑塞其精神，其思想，其直觉，其生命。”否则，若“不知苏生，不知蜕化，而犹逆宇宙之进运，投青年于废墟之中”，那么，青年人则“有对于揭反抗之旗之权利也”。他之所以如此尖锐地指明这些问题，主要是因他认为，“吾国所以演成今象者，非彼老辈之强，乃吾青年之弱，非彼旧人之勇，乃吾新人之怯，非吾国之多老辈多旧人，乃吾国之无青年无新人耳！非绝无青年，绝无新人，有之而乏慷慨悲壮之精神、起死回天之气力耳！”因此，“不能不求青年之自觉与反省”，不得不奋发努力，破除对“老辈”的迷信，解放“青年”的思想。如何做到这一点呢？他列举了欧洲许多国家的例子，论证了应当像欧洲那样搞一次文艺复兴运动的必要性。为此，他号召所有的“纯美青年”，“以破坏与创造、征服与奋斗”为自己的“专擅之场”，“厚青年之修养，畅青年之精神，壮青年之意志，励青年之气节，鼓舞青春中华之运动，培植青春中华之根基”。而他和他所办的报纸，则要“高撞自由之钟，以助其进行之勇气”。

畅论至此，李大钊仍然觉得言犹未尽，又豁然写道：“中华其睡狮乎？闻之当勃然兴！中华其病象乎？闻之当霍然起！盖青年者，国家之魂；《晨钟》者，青年之友。青年当努力为国家自重，《晨钟》当努力为青年自勉，而各以青春中华之创造为唯一之使命。”

李大钊的这篇发刊词，可谓是语重心长，充溢的几乎全是雄壮、绝妙的音响。这表明，在创办《晨钟报》之际，他的心中袭满了革命的豪情壮志，一腔衷肠，不吐不快。同时，也表明他对“美之青春”的审美意识已经完全进入了理想境界，急欲向人间泄露，以使更多的人的审美意识觉醒，“勃然兴”，“霍然起”，变失望中华为理想中华，共同为“青春中华之创造”奋力拼搏。这是他蕴藏在心底的强烈愿望，也是他梦寐以求的政治理想。

李大钊在创办《晨钟报》时，提出“以青春中华之创造为唯一之使命”，标志着他的“美之青春”审美历程的完结，也标志着他人生的审美历程开始步入一个崭新的阶段。当然，他的完全以国家革命为目标的“美之青春”观的产生，并不是偶然的，而是时代的产物，是当时中国的先进青年对社会、对人生的观念的集中体现，显示的是先进的社会力量的巨大潜力和崇高精神。这种观点，既有着深刻的哲理内涵，又富有相当鲜明的具体形象，既显得气势磅礴，生机旺盛，含蕴渊博，锋芒锐利，又有着极大的社会感召力和革命的战斗力，在中国人民为创建新中国的伟大斗争中有着不可低估的价值和作用。特别值得注意的是，在新文化运动刚刚兴起时，在反袁斗争中思想逐渐走向成熟的李大钊，就不失时机地在人生与社会这个认识领域明确提出具有活跃的唯物辩证法思想因素的崇高理想，并一再为之大声疾呼，其意义就更加非同小可了。这可以说是与“美之青春”结伴而行的李大钊对新文化运动的特殊贡献，也是他在中国近代革命史上做出的卓绝贡献之一。诚然，李大钊在当时形成和提出的“美之青春”观，并非没有时代的局限、思想的限制，在观点上也不是没有某些模糊不明的特点，甚至可以说并不那么完全精当，但这并

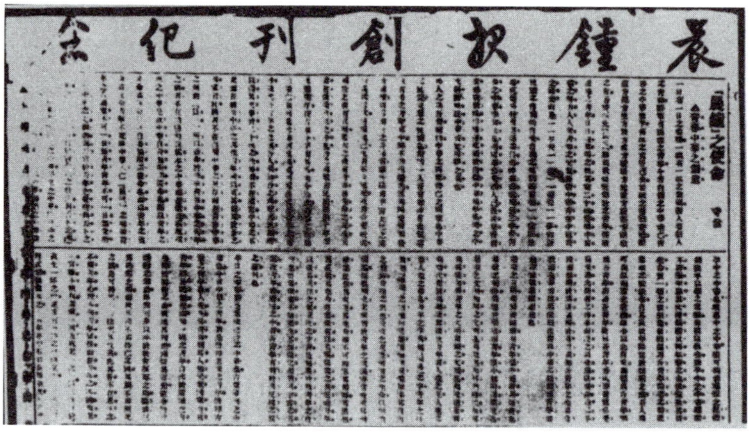
晨鐘報創刊紀念

▲李大钊撰写的《晨钟报》创刊词《〈晨钟〉之使命》

不能妨碍其绚丽光辉。应当看到的是，李大钊在由激进的革命民主主义者向马克思主义者转变之前，已经产生了开展社会革命的政治观，并且能够将之比较成功地运用到追求真理、救国救民的伟大斗争实践之中，发挥独异的巨大作用。这是当时的一些同代思想精英所不能及的。李大钊的革命的战斗的“美之青春”观，反映的是当时新兴的革命阶层的要求与理想，在一定意义上也反映了无产阶级的人生观、宇宙观的某些因素。从这一点上，马克思列宁主义传入中国之后，能够迅速被李大钊认识和接受，一个重要的思想条件是李大钊已有的“美之青春”观。由此不难判断，李大钊的“美之青春”观的产生，对其革命的战斗的一生有着异常重大的思想意义，其影响是非常深远、长久的。这正如新中国教育的开拓者、中国人民大学的创始人吴玉章在题《李大钊选集》时所书：“‘青春’之气，万古常青。”[1]

在《晨钟报》创刊号上，李大钊写出《〈晨钟〉之使命》，意犹未尽，又写出短文《新生命诞孕之努力》。在《晨钟报》出版第3期时，李大钊发表了《“第三”》。此后，李大钊接连撰写了一些短小精悍的评介文章，均以“守常”署名在《晨钟报》发表。其中《介绍哲人托尔斯泰》《介绍哲人

[1] 《李大钊选集》扉页，人民出版社1959年版。

尼杰》《权》《政谭演说会之必要》《达科儿之“爱”观》《倍根之偶像说》《奋斗之青年》《新现象》等，时而介绍外国名人，时而评论国内时政。

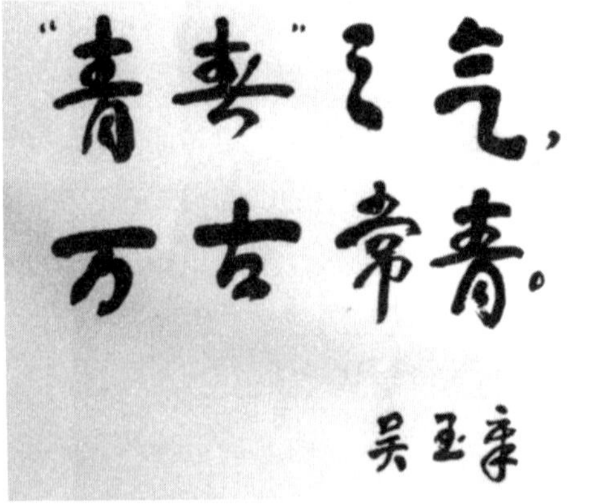

▲吴玉章为《李大钊选集》作的题词

正在李大钊精心编辑《晨钟报》之际，事情发生了意想不到的变化。当时，汤化龙深深陷入了“府院之争”。“府院之争”是以总统黎元洪为首的总统府集团与以总理段祺瑞为首的国务院集团之间争权夺利的斗争，汤化龙倾向段祺瑞，孙洪伊倾向黎元洪。《晨钟报》发表的一些言论刺痛了段祺瑞政府某些要人，汤化龙相当不满，认为李大钊已经把《晨钟报》办成了一份“过激党人”的报纸，要求李大钊改弦更张。

事发突然。白坚武辞去《晨钟报》主笔职务[1]，希望段、黎合作，共谋国家大业。但李大钊与孙洪伊私交甚厚，在9月4日出版的《晨钟报》他发表了小说《别泪》,曲折地表达了自己的心曲。

《别泪》实际是李大钊用小说笔法写的一篇叙事言志的政治寓言。这篇小说不长,全文不到900字,讲述的是少女桐子与丙支少年迪穆分别的情景,表达了李大钊当时不得不离开刚刚创办半个多月的晨钟报社时的复杂心绪。小说的第一句“华氏,神京世族也”,显然是在影射北京的政党。少女桐子自幼许给丙支,与华氏又是“姑表亲”,桐子暗指李大钊自己。在小说中,李大钊借少女桐子之口说:“君子昔时,不曾一失足与彼辈为伍乎?助异姓之豪强,以倾轧同辈,

---

[1] 1916年9月2日白坚武日记记有“意见不合，脱离《晨钟报》关系”（《白坚武日记》第1册第35页）；1928年10月23日的日记又记：“昨晚，无意中检得五年《晨钟报》创刊一纸，上载余之《议会与政党之回顾》一文，词意俱美；在当日系有感而作，至今日亦尚有可纪之价值。《晨钟报》为学友李守常所主办者，约余任主笔。时帝制甫倒，由申到京后以余之此文宣布。刘崇佑、汤化龙等意见有出入，余同守常先后脱出该报。”（《白坚武日记》第1册第598页）

此事君子至今犹引为遗憾万千，君子不尝向妾自白矣乎？曾几何时，此伤心之痛史，君子遽欲从人以促其再谈，妾固知非君子之初心，而一与彼辈交游，此种覆辙，绝无可逃。”显然是在暗指汤化龙以前曾与袁世凯合作过，而现在丙支与甲支要合作，暗指汤化龙要与进步党中“拥段”派合作，助段祺瑞这种“异姓之豪强”。李大钊是在劝汤化龙不要忘了“伤心之痛史”而重蹈“覆辙”。“专好结交官僚豪霸子弟”的甲支是指进步党中的“拥段”派，而与甲支“势力相埒而不相睦”的乙支则是进步党中与“拥段”派相颉颃的孙洪伊一系（其“习与游侠者游，好问人间不平事，间有流与躁暴者，但其奋斗勇往之精神，盖百折而不挠”）。小说最后表明，桐子是“不忍见同根相煎之惨”又“未便对于人之家事，十分干预”而离去；后来，丙支少年迪穆又得到桐子帮助，破镜重圆[1]。这就很清楚地写出了李大钊当时复杂的心态。

1916年9月5日，李大钊在当日出版的《晨钟报》发表了庆祝宪法会议开幕的短文《祝九月五日》，并发表了《李守常启事》，就此离开了晨钟报社。《李守常启事》言明：“《晨钟》创刊，鄙人承乏编辑主任一席。出版兼旬，缺谬未免，殊负阅者之雅望。今以私事萦扰，急思返里，爰请社中另托明达。鄙人此后，倘于一事一理有所指陈，仍当寄登本报，就正当世。所有编辑部事项，概不负责。特此声明。”[2]“私事萦扰”是托词，“急思返里”却是实情。他离开故里已经快要整整三个春秋，思乡之念早就异常心切了。

▲任《晨钟报》编辑部主任时的李大钊

[1] 《李大钊全集》第2卷第401～402页。

[2] 《李大钊全集》第2卷第405页。

编辑《宪法公言》和《甲寅》日刊

对于李大钊离开晨钟报社前后的情况，《白坚武日记》有一些记载。

白坚武在1916年9月3日的日记记有：“晚，有数问题同守常、泽民、叔和商之。”9月4日日记记有：“晚，请冯乐轩、黄鉴平小酌致美楼，守常、质生、泽民在座。”9月6日日记记有：“偕守常访秦立庵。”9月7日日记记有：“守常在老便宜坊宴请一涵高君及秦立庵、田克苏，议《宪法公言》主诣（旨）。伯兰出访之，未遇；再与守常访何海秋，未得其住寓。晚，偕立斋、守常访伯兰略谈，遂同泽民至皮库胡同新宅，守常今日移居于此。”

9月7日，李大钊在老便宜坊宴请高一涵及秦立庵、田克苏，议论创办《宪法公言》主旨，表明高一涵已经由故里来到北京，与李大钊相会。

高一涵，1885年生于安徽省六安县南官亭。1911年去日本东京，就读于明治大学，攻读政法学。在东瀛求学期间，因家境比较窘迫，时常接济不周，不得不设法写些文章，挣点稿酬贴补日常生活。为此，与章士钊结识较早。1914年5月，应约协助章士钊在东京创办《甲寅》杂志，并因此与安徽同乡陈独秀相识。期间，高一涵与李大钊常常在同期《甲寅》杂志发表文章。1915年2月，反对“二十一条”的斗争起来以后，中国留日学生总会重新组建，决定“发布印刷物警告父老”[1]，李大钊随之起草了《警告全国父老书》。不过，当时高一涵仅参加了留日学生的集会，并没有参加留日学生总会的会务活动，也未能对李大钊加以注意。倒是李大钊在这一年及时注意到了“每日闭门读书”，“几无人知”其“名姓”[2]的高一涵，两人得以晤面，并结交为友。

《甲寅》第1卷第4号于1914年11月10日在东京出版之后，章士钊离开日本去了上海，杂志社也随之迁回国内。中断半年后，《甲寅》第1卷第5号才于1915年5月10日在上海续出。陈独秀亦于1915年6月回国抵沪，开始积极筹办自己准备主编的杂志。陈独秀在筹办让“全国思想都全改观”[3]的刊物时，特意向高一涵约稿。1915年9月15日，陈独秀主编的《青年杂志》在上海创刊，创刊号为高一涵发表了连载文章《共和国家与青年之自觉》（至第3号载毕）。紧接，陈独秀又在《青年杂志》第2、3、4、5、6号接连刊发了高一涵的《近世国家观念与古相异之概略》《民约与邦本》《国家非人生之旧宿论》《读梁任公革命相续之原理论》《自治与自由》以及译文《戴雪英国言论之权利论》等文章，从而使高一涵成为新文化运动的一个先锋人物。这时，李大钊在《青年杂志》读到高一涵的《共和国家与青年之自觉》等文章，联系到高一涵在《甲寅》发表的几篇文章，对高一涵在学识上的见解和流畅的文笔均颇为欣赏。当他得悉高一涵仍然滞留东京之后，极想与他结识，就到处查访，但“终无人见告”；后来，在留日学生总会辗转询问，方得知其住址。据高一涵悼念李大钊时回忆，李大钊当时“访问半年余”，才在他东京所租居的房屋见到他，当即，两人“纵谈国事，所见无不合，遂相交”[4]。

---

[1] 高一涵：《李大钊同志略传》，见1927年5月23日在汉口出版的第60号《中央副刊》（系当年3月创刊的国民党中央机关报《中央日报》副刊）。

[2] 高一涵：《李大钊同志略传》。

[3] 唐宝林：《陈独秀年谱》，上海人民出版社1988年版，第65页。

[4] 高一涵：《李大钊同志略传》。

与李大钊结交以后，高一涵不再离群索居，他与李大钊一起参加了留日学生组织的一些活动。1916 年 1 月，为了开展反袁斗争，留日学生总会重新举行会员大会，选举了干事长，继而组建评议部、执行部和经费委员会、文事委员会等组织。当时，李大钊和高一涵均以写作能力较强在留日学生中闻名，负责成立文事委员会。在酝酿成立文事委员会时，李大钊力推高一涵出任委员长，自己则担任编辑主任；与此同时，高一涵又被列为评议部评议员、经费委员会委员。在此前后，李大钊还与高一涵等留日学生组织了神州学会。紧接，李大钊与高一涵等筹办和编辑《民彝》杂志，他俩配合得相当默契，关系越来越密切。高一涵对李大钊的《青春》《民彝与政治》等长篇论文非常欣赏，深深佩服李大钊深邃的思想和不凡的才气，力主李大钊将《青春》寄给陈独秀主编的《青年杂志》，以便产生更大的影响。陈独秀接到李大钊这篇大气磅礴的《青春》之后，将之编发在《新青年》上。

1916 年 5 月中旬，《民彝》杂志创刊号印出，李大钊决定结束在日本的留学生活，回国参加反袁斗争。李大钊走后，高一涵在处理了文事委员会的一些事务之后,也回国到达上海。这时李大钊准备去北京创办《晨钟报》，他向汤化龙着意推荐高一涵，要求与高一涵共同负起主编《晨钟报》的职责，得到汤化龙的应允。7 月中旬，李大钊北归，先期去北京组织报社；高一涵在上海又稍逗留一些时日，顺路回了安徽老家。《晨钟报》创刊伊始，李大钊先后给高一涵打了三封电报，催他速到北京，共负编辑之责。不想，等高一涵于 9 月 2 日由家乡赶到北京时，李大钊因汤化龙违背“言论绝对自由，不加干涉”[1] 的诺言，已决定辞去编辑主任之职。而高一涵根本未到《晨钟报》编辑部就职。对此，高一涵在 1927 年 5 月 22 日国立武昌中山大学追悼南北烈士大会上发表演讲时回忆说：“迨我至北京，守常已将脱离该报矣。因汤化龙到北京后即联合徐庶铮与孙洪伊相抗，以《晨报》为攻击孙洪伊工具，迫守常著论文，守常因与孙交至厚，直孙而曲汤。汤怒，阴命人撤去守常论文，

[1] 高一涵：《李大钊同志略传》。

易以攻孙之论著。守常因此去职。余到时，见事已不可为，故亦退。”[1]高一涵在1927年5月23日《中央副刊》发表《李大钊同志略传》时，又回忆说，当时他“与守常、白坚武、张泽民同住皮库胡同”，“此时已得亲见‘北洋之三杰’丰采矣。白时随孙在内务部任秘书，张虽随汤在众议院为秘书，然却亲孙而背汤。故北洋三杰在此时，意见仍一致，而感情亦甚亲密”。这与白坚武在1916年9月7日日记所记“偕立斋、守常访伯兰略谈，遂同泽民至皮库胡同新宅，守常今日移居于此”基本一致。“皮库胡同新宅”，当为张泽民或高一涵所租。在此，李大钊和高一涵开始主要参加《宪法公言》的创办工作，同秦立庵、田克苏等人一起编辑《宪法公言》，为《宪法公言》撰稿，并应当时在国务院任内务部长的孙洪伊之约，起草地方自治法规。

连接西单北大街的皮库胡同，据说最早为清朝皇家储存裘衣裤的地方。李大钊与高一涵同住在这条胡同新租的一间屋子，期间两人同在《新青年》的第2卷第1号上（1916年9月15日出版）发表了文章：一篇是李大钊的《青春》，一篇是高一涵在东京写的《乐利主义与人生》。自此，李大钊和高一涵一样，成为《新青年》的主要撰稿人。

据《白坚武日记》记载，李大钊是在这一年9月9日“归里”的。

自1913年9月上旬到五峰山韩文公祠客居期间“旋里一行”（《游碣石山杂记》语），李大钊已经整整3年没有回过家乡了。这期间，他在日本度过了两年半还多的时间，在异国他乡，他非常思念妻子赵纫兰和自己的孩子们。

赵纫兰与李大钊结婚后，在他考上北洋法政专门学堂那年生下一个女儿。只是，那个女儿出生不久，就不幸夭折了。到清宣统元年八月十八日（1909年10月2日），赵纫兰生下一个儿子，李大钊给这个头生儿子取名

---

[1] 高一涵：《李大钊同志略传》。新中国成立后，高一涵在《回忆五四时期的李大钊先生》写道，1916年“7月，我也回国，守常约我同编《晨钟报》，汤化龙是研究系，当然与我们合不拢，不到两个月，我们就不干了”（《回忆李大钊》第164页）。显然是其记忆出现了误差，当时他并未参加《晨钟报》的编辑工作，时间也不是“不到两个月”。

“葆华”。到1911年，赵纫兰于十月初一寒衣节那天（11月21日）又生下一个女儿，李大钊给她取名“星华”。李大钊到日本留学那年，赵纫兰第四次临盆，又生下一个儿子，可惜，这个小儿子在李大钊到日本以后，不幸生了天花，也像头生女儿那样夭折了。眼下，只有一儿一女陪伴妻子赵纫兰在乡下度日。

这一年秋天，李大钊赶在中秋节到来之前（是年中秋节为9月12日）回到家乡与妻子和儿女团聚的情景，已经很难追述了。他与赵纫兰久别重逢，尽述的当是一连三载的别离之情。再有就是，全家人过了一个快快乐乐的中秋节，吃了京城最好吃的月饼，还有在昌黎车站下火车后买的碣石山中产的最好吃的水果。

这一次，李大钊在家乡住了20天。他回到阔别已久的家乡，本很想在大黑坨多住些日子，好好陪一陪家人，可刚刚回来也就十来天，正在内务部供职的白坚武就写了信来，催他赶快返回北京。妻子赵纫兰和儿子葆华、女儿星华都舍不得他那么快就走，他也舍不得那么快就又离家，拖了有八九天，才在重阳节的前五天再次离家，于10月1日返回了北京[1]。

当时，白坚武来信催李大钊赶紧返回北京，倒也没有别的急事，主要是在他离开北京前，与几个志同道合的朋友商议创办的《宪法公言》杂志，在孙洪伊的支持下，已经筹备得差不多了，急等着他的稿，并等他来确定第一期的稿件，以尽快发印。

《宪法公言》是在1916年10月10日创刊的[2]，为旬刊（每10日出刊一

[1] 白坚武1916年9月19日记有“催守常来京”，9月23日记有“质生来报昨探询事，企望守常来，迟迟未到”，9月26日记有“偕叔和赴华园沐浴，归来展仲彬片，知守常今日可到京”，9月27日记有“接守常信，初五来京”，10月1日日记记有是日晚，“赴皮库胡同看守常，同赴羊肉胡同”。（《白坚武日记》第1册，第37～38页）

[2] 1984年以来出版的《李大钊文集》《李大钊全集》等李大钊著作合集均标《宪法公言》创刊号为1916年10月1日出版。但白坚武1916年10月10日日记清楚地记有：“《宪法公言》第一期出版，遗憾甚多。”

期）。当时，参加《宪法公言》编辑和撰述工作的，除李大钊、高一涵、田克苏之外，还有白坚武、郁嶷、张润之、高健评、李锡瑞等，多为原来在北洋法政专门学校创办《言治》月刊的北洋法政学会会员。那时，李大钊和白坚武、秦立庵（即秦广礼）等学友觉得，中华民国建立以后，政局之所以一直混乱不堪，乃至出现“洪宪”之变，原因很多，而新生的共和制国家缺乏一部较好的宪法是其中的一个重要原因。这也是李大钊离开《晨钟报》编辑部后，紧接又与秦立庵等人借宪法会议召开之机，共同创办《宪法公言》杂志的初衷。显然，李大钊是把制定一个比较理想的中华民国宪法，视为实现创造理想的青春中华的奋斗目标的重要组成部分。

《宪法公言》拟定的章程规定：“本杂志旨在阐明宪法之精微，助长法律之思潮，以荡涤专制之邪秽，而涌现一尽善尽美之民国宪法。”“本杂志朴实说理，称心而出，不骛空谈，不尚偏激，必期诸心安理得，凡中外人士关于宪法之言论著述，无不极力欢迎，故定名《宪法公言》。”从《宪法公言》的创刊号上看，杂志设有“冠图”（创刊号发表的是《天坛宪法起草委员撮影》《国会第二次常会开会式撮影》）和“著译”“选载”“专件”“纪事”“会议录”“文告”“宪法史”等专栏，并设有“附录”。

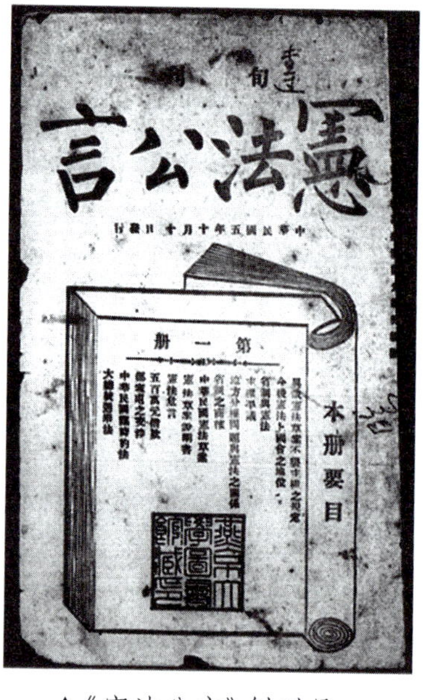

▲《宪法公言》创刊号

李大钊在《宪法公言》创刊号发表的文章是《国庆纪念》。这篇文章是他回到北京以后赶写的，被列为《宪法公言》创刊号的“著译”首篇，即整个杂志的文章首篇。在这篇文章中，李大钊主要谈的是宪法的来之不易和制定、维护的重要性，盛赞《宪法公言》的创办，为中国“宪法史上创一新纪元也”。后来，李大钊又在《宪法公言》发表了4篇文章，即《制定宪法之注意》《省制与宪法》《宪法与思想自由》《矛盾生活与二重负担》。在此期间，李大钊主要与白坚武应孙洪伊之约，起草地方自治法规。

据《白坚武日记》记载，1916 年 12 月 1 日，李大钊与白坚武、张润之曾到中央公园参加黄兴、蔡锷追悼会；12 月 7 日，到泰丰楼参加北洋法政专门学校恳亲会；12 月 10 日，应秦立庵、田克苏之约，到同生照相馆参加《宪法公言》编辑部同仁合影（此张照片作为“冠图”之一，发表于《宪法公言》第 9 册）；12 月 11 日，与白坚武、张润之等赴天津参加法校毕业同学欢迎会，至 12 月 16 日返回北京。

▲李大钊（前排居中）与高一涵（前排左一）等《宪法公言》编辑部同仁合影

到 1917 年 1 月，《宪法公言》因缺乏经费等原因而被迫停刊了。就在李大钊和高一涵正寻找新的落脚点之际，章士钊由上海来到北京，被蔡元培聘为北京大学教授兼图书馆主任。1916 年年底，章欲在北京恢复已停刊一年的《甲寅》杂志，便辗转找到正在皮库胡同埋头写作的李大钊和高一涵，邀请他俩出任《甲寅》的编辑和主要撰述人。

章士钊对李大钊和高一涵皆有知遇之恩，他亲自来请李、高二人编辑《甲寅》日刊，二人于情于理都无法拒绝。何况，当时孙洪伊由上海到北京促使国会通过选举副总统案，率领“韬园派”成功地选举了冯国璋为副总统，被记恨在心的段祺瑞使尽手段强行撤了职，《宪法公言》坚持办到第 9 期，就已经办不下去，李、高二人急需再找一个能及时发表自己感时议政的文章的园地呢！

《甲寅》杂志于 1915 年 5 月 10 日在上海续出以后，因章士钊出任护国军政府的秘书长，忙于从事反袁斗争，无暇顾及《甲寅》杂志的编辑工作，刊物不得不停办。章士钊续办《甲寅》的打算，正合李大钊和高一涵的意愿。几个人共同商议，决定将《甲寅》由杂志版改为报纸版，出版时效性较强的《甲寅》日刊。

李大钊决定不回家去过旧历年了（1917年的农历新年为1月23日），他与高一涵一起搬到朝阳门内竹竿巷[1]一所新的住宅，共同担起了创办《甲寅》日刊的重任，专事《甲寅》日刊的撰稿、编辑工作。

1917年1月28日，春节刚过没有几天，《甲寅》日刊诞生了。从那一天起，李大钊和高一涵几乎每天在竹竿巷的一间小屋子里编编写写，夜以继日，忙得不可开交。

在《甲寅》日刊创刊之际，李大钊特意写出开篇之语《〈甲寅〉之新生命》，为《甲寅》的新生鼓与呼。文章写得很短，却充满激情和哲理，结尾说："此《甲寅》之努力也，此《甲寅》之进化也，由是更进而谋以其自身之努力，奋发我国民使之努力，以其自身之进化，开导我国民使之进化，此又《甲寅》之唯一责任。所愿自勉，以与我国民共勉者矣！"[2]一语就道出了创办《甲寅》日刊的出发点与宗旨。

写出《〈甲寅〉之新生命》，李大钊觉得言而未尽，为1917年1月29日出版的第2期《甲寅》日刊"时评"专栏又写出《调和之美》。这篇主要介绍美学原理的短论，实际是李大钊继《〈甲寅〉之新生命》之后，又一《甲寅》日刊的创刊词。在这篇短小精悍的论文中，李大钊明确地告诉读者，《甲寅》日刊追求的是"自身之美"，即以求美为办刊宗旨。当然，"自身之美"主要是"调和之美"，也是李大钊所认为的"宇宙之美"。

"调和"，即欲求和谐。和谐，是人的审美对象中重要的审美属性之一，属于优美的审美范畴。它是审美对象各组成部分之间处于矛盾统一之中，相互协调，多样统一的一种状态；其基本内涵有平衡（或对称），相互呼

[1] 竹竿巷为今北京市朝阳门内南小街竹竿胡同，现已变为居民小区，仅剩有一个地名。

[2] 《李大钊全集》第2卷第446页。

应和衬托，色彩的调和悦目等。这一点，李大钊在《调和之美》中用通俗易懂的事例讲得既清楚又明白，表明他这时对和谐这个美学理念理解得比较透彻，并极为推崇。他认为：“盖美者，调和之产物；而调和者，美之母也。”并认为：“宇宙间一切美尚之性品，美满之境遇，罔不由异样殊态相调和、相配称之间荡漾而出者。”这表明，他认为和谐是宇宙间最美好的状态，也可以说是宇宙之美的最佳境界。因此，他认为应当不遗余力地追求“调和之美”，不论办什么事情，上至宇宙间的一切大事，下至生活中的一切小事，都应当进入“调和之域”，成为“调和之子”[1]。这一点，在他为1917年9月20日的《神州学丛》撰写的《调和之法则》一文中讲得更加清晰透彻：“……饮食、男女如是，宇宙现象一切如是。即政治罔不如是。是美者调和之子，而调和者美之母也。故爱美者当先爱调和。”[2]从中不难看出，他推崇“调和之美”，主要的审美志趣在政治上，在如何进一步探索实现自己创造青春中华的理想之路方面。

《甲寅》日刊创刊以后，李大钊如鱼得水，文思如潮，每天写一至两篇，甚至三篇文章，在《甲寅》日刊发表。而与他朝夕相处的高一涵亦是如此，每天都有新作写出。两人共同住在一间屋子里，昼思夜想，促膝畅谈，笔耕不停，把《甲寅》日刊办得有声有色，使之在京城乃至全国迅速产生了很大影响。

这是两人在一起搞编辑工作的最和谐、最默契也最愉快的一段时间。

---

[1] 《李大钊全集》第2卷第447页。

[2] 《李大钊全集》第3卷第32页。后来，《调和之法则》又发表于1918年7月1日出版的《言治》季刊第3册，文末附有按语：“是篇为愚于去年春针对时事而作。”

视野广阔的审美触觉与感知

《宪法公言》于1917年1月中旬停刊以后，北洋法政学会准备恢复《言治》杂志，并改月刊为季刊。

在《甲寅》日刊于1917年1月28日创刊的这一天下午，李大钊与白坚武、郁嶷等召开了“北洋法政学会《言治》季刊编辑同人预商会”[1]，共同商议编印《言治》季刊的问题，决定主要由郁嶷着手操办编辑工作。

至此，李大钊一边与高一涵为办好《甲寅》日刊日夜操劳，一边考虑为《言治》季刊撰写什么样的文章。

用《晨报》（由《晨钟报》后来改办）在李大钊英勇就义后发表的报道的话说，留学日本，是李大钊的“立世之始”。留学日本在李大钊的革命生涯中占有十分重要的一页，他不仅在日本参加了反对“二十一条”和袁世凯称帝的斗争，写出《青春》和《民彝与政治》等重要论述，结交了章士钊、陈独秀、林伯渠、张继等重要师长与友人，建立了广泛的人脉，为回国后从事各种革命活动奠定了深厚的基础，而且在自己人生的审美历程中，迈出了举足轻重意义的重要一步。

---

[1] 《白坚武日记》第1册第54页。

1917年1月上旬，蔡元培由法国巴黎归来就任北京大学校长，在北洋政法学会举行的欢迎会上发表演说时，把“欧洲战争所以持久之原因，归本于科学与美术之发达”，“其论‘美’之与‘高’”[1]引起了李大钊的极大兴趣。在《言治》季刊的编辑预商会召开不久，他就写出了美学短论《美与高》，交给郁嶷，发表在当年4月1日出版的《言治》季刊第1册上。

在《美与高》这篇文章中，李大钊首先转引了蔡元培关于“美”与“高”的精辟论述，继而笔锋一转，提出了“吾之民族性，于‘美’于‘高’”这样一个尖锐的问题。文中，李大钊阐明了自己的基本观点，认为“一国民族性之习成，其与以莫大之影响者，有二大端，即‘境遇’与‘教育’”，并指出：“‘境遇’属乎自然，‘教育’基于人为。纵有其‘境遇’而无‘教育’焉，以涵育感化之，使其民族尽量以发挥其天秉之灵能，则其特性必将湮没而不彰，久且沦丧以尽矣。”显然，这是在说，一要有先天因素，二要有后天因素，这二者不可缺一，而且后天因素的作用往往大于先天因素。这表明，他在著文揭示本国的民族性时，头脑是比较清醒的，认识问题的基点是全面而不是偏颇的。他并不忽视“境遇”这个天然条件，但更重视“教育”的主观能动作用。

那么，中华民族所历经的情形又是怎样的呢？

> 伊考吾先民之历史，文学美术，名作辈出。就建筑工程而论，如长城之连绵万里，至今犹为世所推称。此以知吾民秉彝之所畀赋者，不惟有“美”，抑且有“高”。盖以宅国于亚洲大陆之中，高山峻岭，长江大河，泱泱乎纵横于南北。以言山陵，则葱岭雪山峙于西域，行其间者经三旬而不能逾也。以言河流，则长江一泻，黄河奔流，浊浪滔滔，远望真有连天之概也。以言大泽，则洞庭云梦，兰蕙芷茝皆产于其间也。以言原漠，则燕、齐、鲁、豫平野漫漫，一望无际，越长城而外则又黄沙白草万里无人烟也。衡以地灵人杰之

---

[1] 李大钊：《美与高》，《李大钊全集》第2卷第609～612页。

说，以如此灵淑之山川，雄浑之气象，栖息其间之民族，当必受自然之影响，将兼含“美”与“高”而并有之宜也。顾何以吾之民族，日即销沉于卑近暗昧之中，绝少崇宏高旷之想。回视古人，近观他族，稍有心性血气者，当无不愧恧无地焉。或谓大陆平原自然之“美”，远逊于岛屿近海之区，故其民性亦如之。是殊不然。美非一类，有秀丽之美，有壮伟之美，前者即所谓“美”，后者即所谓“高”也。彼岛屿近海之区，山水湖沼，花木园林，楼台村落，种种复杂之象，集于狭隘之域，故其美为常人所易见。乃若大陆之景物，散于殊方，道里辽远，今虽有汽车、轮舟、飞艇等器之发明，但其迅捷之度，去足以缩小自然使能益显其美之域尚远，故非得具绝大眼光、绝大手笔之文学家、美术家如李白其人者，未足以描写之。然而旷达之象，远迈之趣，固已于不识不知之间，神化于吾民族之性质之襟怀矣。是则吾民族特性，依自然感化之理考之，则南富于“美”，北富于“高”。

李大钊坐在竹竿巷房屋里的书桌前奋笔疾书，直抒胸臆，洋溢其间的是强烈的民族自豪感，字里行间闪烁的是浓厚的审美情趣。

美的表现形态复杂多样，其中比较突出的是优美和崇高两大类，即李大钊在文中指明的“秀丽之美”和“壮伟之美”。而自然界中的景物、环境等，即李大钊在文中所说的“境遇”，在不知不觉间往往可以给生活在其中的人各种各样的影响，从而产生不同的美感和审美意识、理想及价值观等，以致影响到民族特性的形成。基于这一原理，李大钊从中国地大物博、山川秀美壮丽出发，作出我们的国家毫不逊色于世界上其他任何国家，我们的民族是集优美与崇高于一身的民族的判断，表达了他对自己祖国的挚爱之情和对中华民族完全有理由矗立于世界民族之林的信心。实际上，数千年来，有着悠久历史和璀璨夺目的文化的中华民族，已经无数次向全世界展示了自己的优秀品德，成为影响整个世界变化的一个伟大的民族。对这一点，李大钊没有盲目乐观，也没有过多显耀。他所焦虑的是这种具有伟大的美的神力的民族特性，有湮没不彰、沦丧殆尽的危险。这忧心如焚的话语，透出他的美学沉思紧紧维系的是国家与民族的命运，是极其可贵的社会责任感和义不容辞的民族使命感。这也表明，与他的强烈的审美欲望时时刻刻紧密相连的是事关国家与民族安危的政治思想领域。

在写《美与高》时，李大钊的心无疑是沉甸甸的。中华民族是一个有着煊赫的历史与文化的伟大民族，却在近几十年备遭列强的侵略欺凌，这样屈辱的遭遇，显然与这样一个民族的称号不相称。那么，如何结束这样的命运呢？首要的问题是千方百计恢复民族的本来面貌和传统美德，其中不可忽视的当为加强审美教育，增强民族自信心，焕发无往不胜的民族精神，以不负如此壮美的江山和留下美的文化传统的祖先。他不无沉痛地指出："今而湮没不彰者，殆教育感化之力有未及，非江山之负吾人，实吾人之负此江山耳。嗟呼！吾其为'美'之民族乎？'高'之民族乎？抑为'美'而'高'之民族乎？此则今之教育家、文学家、美术家、思想家感化牖育之责，而个人之努力向上，益不容有所怠荒也矣！"这真可谓一针见血，语重心长，有着振聋发聩之声，催人感奋向上之力。道理明摆着，"美"与"高"都属于我们这个民族，怎能容其得而复失呢？应当摒弃种种民族自卑感，要使"美"与"高"加快回归。任何有识之士，都当力尽"感化牖育之责"；任何"稍有心性血气者"，都不容怠荒"个人之努力向上"，否则就无法使本民族尽量"发挥其天禀之灵能"。言止而语未尽，他期待着民族精神焕发一新的那一时刻早日到来。

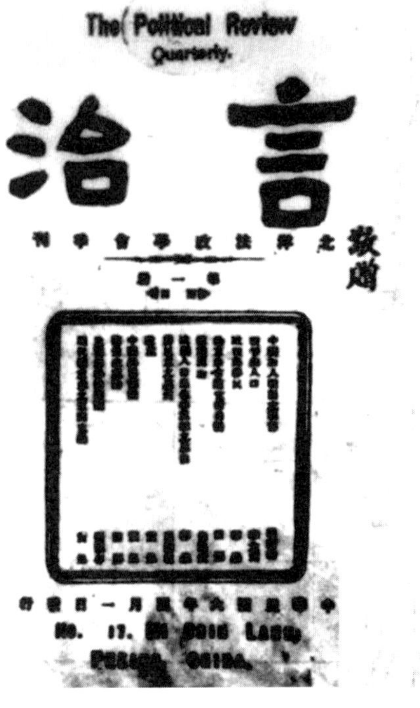

▲发表李大钊《美与高》的《言治》季刊第1册

自写出《美与高》之后，李大钊

又写出《新中华民族主义》，“揭新中华民族主义之赤帜，大声疾呼以号召于吾新中华民族少年之前”，进一步表达了自己对民族美感的认识和对“新中华民族之少年”焕发“吾民族高远博大之精神”的期望[1]。继而，他开始研究青年与老人之间的关系，表达了自己对社会美的有关见解。这些见解，集中反映在他发表于1917年4月1日出版的《新青年》杂志第3卷第2号上的《青年与老人》一文之中（此文后来转发于1917年5月18日《甲寅》日刊）。

在《青年与老人》这篇文章中，李大钊从“调和之美”的宗旨出发，提出“现代之文明”为“协力之文明”，“现代之社会”为“调和之社会”的观点，并由此认为，只有“贵族与平民”“资本家与工人”“地主与佃户”都“协力”“调和”，“老人与青年”也“协力”“调和”，“而后文明之进步，社会之幸福，乃有可图”[2]。这表明，他是把“文明之进步，社会之幸福”寄托在了不同阶级、不同身份、不同年龄的人与人之间的关系能够进入一种和谐的美妙形态上。这是他当时所接受的资产阶级世界观以及审美观在分析社会问题上的一种反映，其主观意图当然是良好的，但这种看法带有的幻想色彩显然过于浓厚。

李大钊之所以在诸多应“协力”“调和”的关系中，比较看重“老人与青年”的关系，主要基于青年是创造青春中华的生力军。他认为，“青年”在发挥自己的“青春之美”改造社会的作用时，应当处理好与“老人”的关系，力争达到新老互相理解、协力合作的程度。为此，他不惜笔墨，从多方面阐明了自己的见解。

李大钊之所以想阐明“青年与老人”之间的关系，还受到西方一些学者有关“老人与青年之调和”审美学说和政治见解的影响。他对进步与保守的区别和界限有很多模糊不清的地方，如把“青年”归于“进步”，把“老人”归

[1] 《李大钊全集》第2卷第493～494页。

[2] 李大钊：《青年与老人》，《李大钊全集》第2卷第565～568页。

于“保守”，并说这两者可以比翼双飞，同车共进，显然是欠准确和精当的。实际上，即使他所说的“进步与保守”，也很难用人的年龄来划分和界定。这表明，他在阐明“青年与老人”之间的关系时，依然囿于“调和论”的怪圈之中，为自己的思想和审美观设下了不可逾越的鸿沟。

在文章结尾，李大钊对“吾国现代之老人”的状况进行了分析。他认为，他们其中的多数人“以其于青年时代既无相当之修养，一臻耄耋之年，辄皆呻吟展转于病榻之间，投足举手尚待青年之扶持，其知力之因陋，亦几不识今日之世界为汉唐何代”，“青年而欲与之协力，与之调和，殊为至难”。这表明，他对中国当时的“老人”现状的失望已到了一定程度。这似乎与前面的论述有矛盾，其实这正是他所担忧的另一点，即由于时代的原因，中国“现代之老人”大多难以“自强”，无力“与青年竞争”了。在这种情况下怎么办？他说：“新中国之新青年”应当在“怜惜”和“奉养”“吾国现代之老人”的同时，“速起而耸起双肩，负此再造国家民族之责任”，只要“一息尚存”，就“勿怠其努力，勿荒其修养”，不要让后人像“如今之青年怜惜今之老人”那样“怜惜今之青年”。这表明了他的现实主义态度，也表明了他对当时“新青年”的殷切希望和乐观主义精神。

李大钊就“青年与老人”问题谈的“社会之优美境地”的一些观点，并非无值得商榷之处。但应当肯定的是，他对“青年与老人”不同的美妙之处，以及其不同的美感对社会的发展能起到“助进”的认识等，是有着一定的道理的。这不能说是他对社会美认识的深化，也至少可以说是他对社会美认识具体化的一个方面。这表现了他在研究社会问题时，审美分析在向具象化发展，并赋予自己的审美思维以强烈的现实主义色彩。

其时，李大钊由日本归国快一年了。冬去春来，当又一个充满青春之美的春天到来时，他已不是站在异国都城郊外一座楼台上倚楼四望，观赏春景，构思《青春》，而是在祖国的心脏北京日日伏案，编辑《甲寅》日刊了。

京城的春天是不知不觉地到来的。有一天，当李大钊走在一条小胡同里，在浊尘腾飞之中，忽然发现点点新绿绚缀枯寂若死之北京时，才猛地意识到春天来了。他顿时忆起去岁在东京郊区高田村月印精舍度过的那个颇有意趣的春天，忆起自己的家乡充满自然之美的田野风光和家乡附近那美景如画的碣石山，心一下子飞出都会，感到有一种美的神力在呼唤自己。可惜，自己身羁京华，难得外出春游。自己不易外出旅行，那生活在这大都市的青少年，则应趁此良辰，领略大自然馈赠的美趣，焕发青春的容颜。触景生情，幽思牵动，在清明节这天，他饱蘸酣墨，在竹竿巷的寓所，写出了《都会少年与新春旅行》这篇表达心中颇多感慨的短文。

在这篇文章中，李大钊从“少年”与“新春”的关系入笔，指明“少年为人生之最好时光，新春为一年之绝好季节”，倡导“少年当与新春为良友，饱尝其甘美，饫饮其温和”[1]。

李大钊在新春到来之际，首先想到的是生活在都会的青少年，其思想与上一年写《青春》时表达的意念是一脉相承的。文中他阐明了自己到日本留学之后开阔视野，对自然美的功能作用有新的见解，以及对都会生活的厌倦心理和对欧美、日本的青少年感受超越国境的自然美的行为的赞扬态度。在他当时的心目中，都会生活对青少年的身心健康是害多益少的。他认为，都会是罪恶现象比较集中的地方，而青少年免疫力较差，极易感染罪恶的习俗，而且长年生活在都会也“易生厌倦之思”。这些，对“光明之泉源”的青少年成长都没有多少好处，而到大自然中去“坦然以与自然之美相接近，相神交，藉慰长年困乏的、沉滞的、抑郁的、局促的生活之苦”，是“最有趣味”之事。令人遗憾的是，当时本国的青少年多“以室家为世界”，“不思冒跋涉之劳，以探自然之美”。因此，他出于“再造中国”的历史使命感和提高民族文化素质的社会责任感，竭力鼓吹生活在都市的青少年，特别是学生，不误“一年之绝好季节”，走出都会，去作“新春旅行”，到远离城市的名山大川或“美丽幽清”的“绿野烟云”中，感受大自然的美趣，与自然之美神交，陶冶自己的性情，开阔自己的视野，增长自己的见识，以使自己更好地成长，

[1] 李大钊：《都会少年与新春旅行》，《李大钊全集》第2卷第645～647页。

以成为“青春中华之创造”的有用人才。他赞美“欧美少年”“日本少年”能“以世界为其室家”或“以东亚为其室家”的胆量和气魄，认为这是开放自己的身心，丰富自己的知识，焕发自己敢闯敢干的精神和勇气的明智举动。这表明，他对于自然之美的感受与认识，已经完全跳出个人的圈子，由沉醉于个人体味变成追求群体效应，着眼点也由自身转向社会。当然，这与他此时已具备比较成熟的政治理想和世界观有密切关系。

紧接着，李大钊又热情地介绍了可进行“新春旅行”的名胜之地，表白了自己的心迹：

> 就北京附近而寻足供旅行之名所，若西山，途程最近。次若津浦路线之济南，就近可登泰山。京张路线之居庸关，京奉路线之山海关，中途可登碣石山（即昌黎山）、莲峰山（即北戴河），皆为铁路经行之地，路程不过一二日即可抵达。就中以昌黎县之碣石山，余知之最稔，其中胜境颇多，登五峰绝顶，茫茫渤海，一览无既。逢春则梨杏桃李之华，灿烂满山；入秋则果实累累，香馥扑鼻；余如松风泉石，皆足涤人尘襟。距京约以一日乘汽车可达昌黎，山在城北八里许。余频年浪迹都会，每岁归里，辄过昌黎，入山一憩，久溷于机械诈伪之人世中，骤与此不知不识纯洁优静之草木泉石为邻为友，其快愉清醒正如乍释重荷，刚出泥途，有非居都会者所能梦见者矣！

李大钊的这篇文章是一气呵成写出的，而且越写笔调越顺畅，越写情思越高亢，越写胸襟越开阔。这是一篇对自然美充满热爱之情的散文，也是对自然美不乏真知灼见的短论，里面所表达的对美与审美的见解已经达到了一定的水平，特别是对审美功能的认识方面，基本上是比较完整，也比较确切的，既表现了他对自然景物的审美观念的成熟、完整，又体现了他对自然美的感受已经达到了忘我的程度，正在向新的广度、深度拓展。

在编辑《甲寅》日刊时期，李大钊的视觉几乎触及政治、思想、文艺及社会生活等各个领域。在写出《美与高》《青年与老人》《都会少年与新春旅行》

▲“茫茫渤海，一览无既”的昌黎五峰山望海峰绝顶

等文章之后，李大钊又乘兴写出《简易生活之必要》，对生活美提出了自己的见解，觉得人人当以“简易生活”为美，要摒弃与“虚伪、夸张、奢侈、贪婪种种罪恶”等丑陋现象密切关联的“过度之生活”的盲目追求，以改变整个社会生活的不良风气。

李大钊在写《简易生活之必要》之前，写了一篇《罪恶与忏悔》[1]，指出当时“政治上、社会上之腐败”而导致个人堕落的现象已发展到非发出“沉痛之警告”不可的地步。如何救治这种罪恶累累的社会病魔，以化丑为美，扬善弃恶，他先是提出要倡导“忏悔”之精神，又提出实行“简易生活”。所谓“忏悔”精神，就是“冀社会中之各个人人，对此罪恶之事实，皆当反躬自课，引以为戒”，从而使“积小己之忏悔而为大群之忏悔，而造成善良清洁之社会力，以贯注于一群之精神，使人人不得不弃旧恶，就新善，涤秽暗，复光明”。这是寄希望于“儒家日新之德，耶教复活之义，佛门忏悔之功”。这一见解，反映了他的审美意识中存在的宗教理念，以及受“俄国大哲托尔斯泰诠释革命之意义，谓惟有忏悔一语足以当之”思想的影响。

李大钊在观察、分析“政治上、社会上之腐败”的种种现象时，敏锐地发现不少人为生活所累，追求的不是“真实简朴之生活”，而是与“虚伪、夸张、奢侈、贪婪种种罪恶”接连的“过度之生活”[2]。这引起了他的高度警

[1] 发表于1917年4月21日《甲寅》日刊。见《李大钊全集》第2卷第673～674页。

[2] 李大钊：《简易生活之必要》，《李大钊全集》第2卷第675～676页。

觉和注意，并从多方面进行了反思，对这个问题提出了自己的审美见解，表达了对生活应当持有的观点。

李大钊的《简易生活之必要》，是感时感世之作，也是“救人救世”之作。文中表现的不仅是他对现实生活的审美观念，也是他自己生活准则的自然流露。显而易见，在当时的社会条件下，仅仅提倡“简易生活”或揭示“忏悔”之义，是微不足道、无济于事的。旧的社会制度得不到根本改变，惯有的社会风气就无法从根本上得到好转。但是，他提出的“从我做起”的精神是值得赞赏的，这同他在《美与高》中提出的“个人之努力向上，益不容有所怠荒”同出一义。更为可贵的是，李大钊是个“言必行，行必果”的人，他从未“怠荒”自己的“个人之努力向上”，带头过“简易生活”，坚持过“简易生活”，并要求家人和亲朋好友也过“简易生活”，以致使自己成为当时过“简易生活”的典范。

第六章

乡里沪宁察时局

《旅行日记》与《乐亭通信》

自《甲寅》日刊创刊，李大钊进入人生一个最为活跃的写作期。

1917 年春节过后，李大钊在 3 个多月的时间里，仅在《甲寅》日刊就发表了六七十篇文章，多为感时议政之作。其中有在“社论”栏目发表的《孔子与宪法》《自然的伦理观与孔子》《论收毁制钱宜有准备》《日本之托尔斯泰热》《黄金累累之日本》《战争与铜》《论国人不可以外交问题为攘权之武器》《一致与民望》《议会之言论》《政论家与政治家》等；有在“时评”专栏发表的《调和之美》《真理》《预定制宪期间案》《回春之北京》《元宵痛史》《美德邦交既绝我国不可不有所表示》《我国外交之曙光》《可怜之人力车夫》《今后国民之责任》《威尔逊与平和》《中德绝交后宜注意西北》《德皇之欺世论》《学会与政党》《诗人达阿儿之行踪》《外交研究会》《北美之风云儿——罗斯福请愿出征》《共和国与荣典》等；有在“学说”栏目发表的《新中华民族主义》《极东门罗主义》等；在“传记”栏目发表的《哭沈汉卿君》等文章。此外，他还在《甲寅》日刊的不同版面和专栏发表了《中国与中立国》《爱国艺术家罗丹翁病笃》《中德邦交绝裂后之种种问题》《爱国之反对党》《立宪国民之修养》《创设特别国务会议增造不管部之国务员问题》《俄国革命之远因近因》《法国内阁改组之由来》《面包与和平运动》《俄国共和政府之成立及其政纲》《俄国大革命之影响》《战争与人口问题》《学生问题》《都会少年与新春旅行》《讲演会之必要》《动的生活与静的生活》《大战中之民主主义（Democracy）》《真理之权威》《大亚细亚主义》《受贿案与立宪政治》《罪恶与忏悔》《简易生活之必要》《中心势力创造论》《欧洲各国社会党之平和运动》《川局罪言》《政治之离心力与向心力》《青年与老人》《自由与胜利》等文章，并发表了《筑声剑影楼纪丛》的小说旧稿《蔷薇缘欤？ 蔷薇恨欤？》和剧评《不自由之悲剧》。从这些文章的标题可以看出，李大钊在这一时期撰写的主要是针对国内外时局和形势的评介文章，再有就是对当时社会生活的感言。这也表明，李大钊找到发表自己言论的阵地以后，才思是异常敏捷的，笔头是分外勤快的。他像在 1916 年夏天创办《晨钟》报时一样，在《甲寅》日刊几乎天天发表文章，或发表政见，或谈谈观感，或介绍国内外的政治、经济、文化等方面的有关情况，从未止笔。

在这个时期，李大钊还为 1917 年 4 月 1 日出版的《言治》季刊写了几篇论文，除《美与高》外，还有较长的论文《战争与人口（上）》和《大战中欧洲各国之政变》，这显然是对当时在欧洲进行的世界大战的研究。同时，他又为在同一日期出版的《新青年》第 3 卷第 2 号写了《青年与老人》。

比较而言，李大钊在 1917 年 5 月编印的《甲寅》日刊发表的文章较少。这时，他发表了两篇寄自家乡的文章：一篇是寄自昌黎的《旅行日记》，一篇是寄自乐亭的《乐亭通信》。

李大钊在这一时期比较活跃的写作生活，大体也是在这时中止的。

自 1916 年 9 月 5 日李大钊在返回家乡大黑坨，与妻子和儿女过了一个团圆的中秋节以后，转眼之间，又有 9 个多月没有再回过故里了。时至 1917 年春深时节，在农村老家日夜操劳，并时时对李大钊牵肠挂肚的赵纫兰终于挺不住多年的劳累，病倒在炕上。

赵纫兰是一个从不知道啥叫大病的人。她这一病倒，急坏了她的母亲和兄弟姐妹，都怕她病出个好歹。赵纫兰的弟弟赵晓峰写信给李大钊，告知了赵纫兰的病情，请他回来一趟。

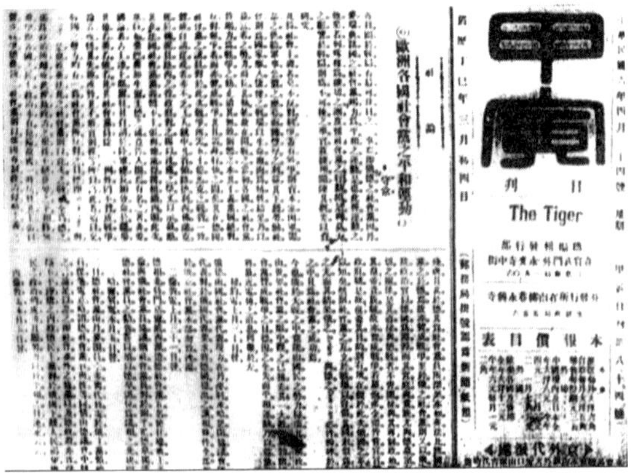
甲寅
日刊
The Tiger

▲李大钊负责编辑并几乎日日发表文章的《甲寅日刊》

不几日，在立夏到来时，李大钊就从北京赶回来了。

据白坚武 1917 年 5 月 4 日的日记记载，李大钊是在这一天收到家信的。他准备第二天就动身，回一趟老家。

白坚武在这一天的日记记有：“午后，田克苏、林质生来访。同守常沐浴后，偕崔叔和访刘愚白，愚白，余之小时童年友也。少顷，李味斋、张新吾、陈笃芝来，遂同为不速之客，饭后同访张敬舆。此君议论风生，慷慨直陈，军界中谙政治者也。守常明日回里看细君病，约代为《甲寅》日刊作文，意绪纷冗，恐不能如愿也。”[1] 李大钊与白坚武等人一起在是日晚饭后共同拜访了时任北洋政府陆军训练总监的张绍曾将军（字敬舆）。从日记所记的时间分析，李大钊是在 1917 年 5 月 5 日晚上离开北京的。

对于此次回乡之行，李大钊悉数记在了 1917 年 5 月 9 日至 11 日《甲寅》日刊发表的《旅行日记》之中。

《旅行日记》是李大钊于 1917 年 5 月 6 日，由昌黎下火车后，晚上在昌黎车站南边附近的大德增客栈写的。文章不长，有 1600 多字，主要记述了李大钊的路途观感和春游碣石山的情景。

《旅行日记》开头就记述了 5 月 5 日那天晚上由北京火车站乘坐“京奉通车”离开北京，在火车上遇到的种种不快。当时，李大钊乘坐火车，感到令人反感的是“验票者之怪声狂吼，常触耳鼓，最为可厌”，“亦足令人伤心”的是“夜半，车抵天津，有新登车者互相争嘲”。他不由想起在日本留学时

[1] 《白坚武日记》第 1 册第 68 页。细君，古称诸侯之妻，后为妻子的通称。

见到的“车中验票者之一团和气”和“日本人之在电车，少壮者见老幼者，或携重物者来，必起而让之座”的情景，还有张继先生介绍的在欧美看到和了解到的社会文明现象，由此深深觉得国人的社会文明素质亟待提高。[1]

列车经过将近一夜的行驶，5 月 6 日“天将破晓”时经过古冶与滦县之间的雷庄车站，李大钊“猛忆此为辛亥滦州革命军失败之地”，“白亚雨先生，王金铭、施从云二队官及其他诸烈士，均于此地就义焉”。他又写到车近滦州车站的情形，触景生情，想起辛亥革命爆发以后，张绍曾、吴禄贞、蓝天蔚等将军发动滦州兵谏，王金铭、施从云和他的老师白亚雨等举行滦州起义的往事。他禁不住发出深深的叹息：倘若张绍曾、吴禄贞、蓝天蔚等将军利用清朝政府举行“永平秋操”的机会，带领新军攻进北京城，一举推翻清朝皇帝，何来中华民国成立以后的“乱局”呀！当然，历史是不能假设的，李大钊深深懂得这一点，留下的只是令人深叹的惋惜。

5 月 6 日早晨，李大钊在昌黎火车站下了火车，投宿乐亭人在车站南站台外开办的大德增客栈。

本来，李大钊在昌黎车站下了火车，就应当雇一辆骡车往家赶，80 里左右的路程，得走上小一天。但下火车后，他按捺住急于回乡探望患疾妻子的心情，在大德增客栈落脚后，稍事休息，吃过便饭，便“请店伙为雇骡车一辆，驱之入碣石山”。此时，“桃杏梨花均已落尽，惟有苹果、海红之花残余数株，点缀于万绿丛中，似专待此迟至之看花人者”。

从 1907 年溽夏到天津考学归来与碣石山结下“初度之缘”，到这次从北京到昌黎的“新春旅行”，一晃过去 10 年时间。这 10 年中，李大钊虽然多次路经昌黎，但进山游览的次数并不算多，而且不是时值盛夏，就是赶在凉秋，唯独还没有在鸟语花香的阳春到山里踏青。如今，尽管有了春游碣石山的机会，却似乎来得稍稍晚了一点，好在“浓绿万枝红一点，动人春色不须

[1] 李大钊：《旅行日记》，《李大钊全集》第 2 卷第 700 ~ 702 页。

多”[1]。李大钊先请车夫赶车去了碣石山中新辟的游春胜地——隐仙庵（在昌黎县城西北3公里处的蔡树洼一带）。隐仙庵所在的山景异常幽雅，其地山峰环拱，秀丽天成。隐仙庵建自清朝末年，系昌黎本地的全真道士方贯通主建。隐仙庵的主殿依峭壁而建，卷石旋顶，形成洞府，名“朝阳洞”；此外，东院坝台上筑有“云霄阁”，系游人品茗角棋之处。李大钊到达隐仙庵时，道士“出为导引”，陪同李大钊“遍览其祠观神堂等”。给李大钊留下较深印象的是隐仙庵“庭前有牡丹数丛，桃梅一株，颇茁盛”。由隐仙庵出来，他又乘车转赴五峰山韩文公祠。“由隐仙庵至五峰山下，车不能进，乃舍车攀石磴寻樵径而上”。“一路松风飒飒作响，与唤啭铿锵之山鸟相应和，恰如山中之自然的军乐”，在李大钊听来，足可“慰安游人攀登之疲倦，并助奋其进行之勇气者也”。等他用了“约半时许”，爬上五峰山腹，到达韩文公祠时，“汗已浃背”。更令他欣喜的是，“守祠人刘翁克顺年已六九，不相见者三年于兹矣，渠尚能相识”。只是，在这几年间，刘克顺的家里发生了一点变故：“彼于去岁续娶一老媪为之作伴，故久居空山亦不寂寞”。此时，天已近午，刘克顺老伴为他“用松枝烹茶，并煮米粥一盂”，“菜蔬则盐渍椿芽与酱腌鸡子而已，食之颇有清趣”。饭后，他“由东面登望海峰，以天气不甚清明，但见东南一带，茫茫无际，天水莫辨也”。没有望到昔日来时曾经领略的“地尽忽惊天水合，怒涛千尺腾蛟龙”的壮阔海景，心中未免有些遗憾。

当日下午“二时许”，李大钊“下山驱车返大德增客栈”，结束了这次“新春旅行”。他回到大德增客栈，“投宿之客纷至沓来”。他知道，时下正值“归里商人赴东之季节”，并不觉得称奇。令他感到奇异的是，不少返回东北行商的本地人携带家眷，而在家乡这一带，到关外行商的人一般是不带家眷的，多独往独来。经询问店伙得知，这一年“乐亭一县，女眷之往东者不下数百人”，“其故以东省钱毛，汇至家中，损失过巨，商人遂纷纷迁其

[1] 北宋王安石《咏石榴花》诗句。

眷属至东”。李大钊得知昌黎、乐亭、临榆、抚宁等县到东三省经商的乡人举家迁居东北，是非常高兴的。他认为，这是一种“觉悟”，“不独一乡之幸”，而是国家之幸。这表明，他时刻没有忘记日本侵略者行窃东北大好河山的罪恶行径。是晚，李大钊夜宿大德增客栈，久不能寐，连夜撰写《旅行日记》，记下了离京到昌黎的经过和所遇所感。之所以题为《旅行日记》，是为与《都市少年与新春旅行》呼应，此“旅行”乃指“新春旅行”。

《旅行日记》是李大钊为昌黎写的第二篇游记，而《乐亭通信》则是他为家乡写的第一篇文章。

李大钊于 5 月 7 日由昌黎县城回到大黑坨村。半个月后，他在 5 月 23 日写了一封通信式的文章，寄回北京，被章士钊和高一涵很快以《乐亭通信》为题，分两部分发表在了 5 月 28、29 日的《甲寅》日刊上。

《乐亭通信》1400 余字，把李大钊对家乡的感受抒发得淋漓尽致。

在《乐亭通信》中，李大钊开始就说，他很喜欢“乡间村落中之清新空气”，这“足以舒都市之苦倦”[1]，使自己周身轻松、舒展，心情愉悦、快慰。从这一点上说，此次回乡，对长年奔波在外的李大钊来说，是一次极好的休憩。

李大钊自 1913 年冬天去日本留学，与家乡一别就是三载。由日本回国后，他仅在 1916 年 9 月回乡住了 20 天。1917 年为创办《甲寅》日刊，他舍弃了回乡过年的机会，更加勤奋地撰写文章。若不是妻子患病，他可能依然在北京日夜笔耕。百忙一闲，回到故土家园，惬意之情尽在不言中。但李大钊毕竟动惯了笔，回乡刚刚半个月，他就急急往回寄去了写自己家乡的“通信”。

李大钊在《乐亭通信》中，首先介绍了一下乐亭乡间的舆论空气。通过这次回乡，倾听家乡父老对国家大事的看法，他认识到，容伯挺所说的“真正之舆论在乡间，不在都会”，确实很有道理。他举例说，中华民国建立伊

[1] 李大钊：《乐亭通信》，《李大钊全集》第 2 卷第 706～708 页。

始，乡间的父老担心“数千年帝制”有可能“复萌”，没过三四年，袁世凯果真就妄想称帝了。乡间虽然残存“对于皇帝之迷信”，但果真有人跳出来称帝，人们却“万口同音”地反对，预言袁世凯做不成皇帝，而袁世凯不仅没有当上皇帝，反而连气带吓，一命呜呼了。复辟不得人心，李大钊从“乡间舆论”中深深意识到了这一点。紧接，他在文章中介绍了乡间对第一次世界大战爆发两三年后中国政府外交政策的关注，以及对黎元洪政府所抱的幻想等等。为此，他指出“识察之真知直觉者”并非“都市中人”，而在远离都市的乡村，才有“真正之舆论”。身在都市，“不可漠视”来自“乡间”的呼声反应。这是李大钊此次回乡体察民情的最大收获，也是乡土给予这位游子的又一次教益和启迪。

> 乡间初夏，田野麦陇青青，遥望村落，人家烟树，俱沉寂清静之中，呈出乡间生活之自然趣味。闲尝漫步其间，觉田园之一草一木，鸡犬之一吠一鸣，童叟之一蓑一笠，无在不与都市异趣。语其特征，则是等景物声色，均为于应和掩映之间，绚绘点缀，以成乡间沉静之姿之资料而已。

在谈毕与政治生活有密切关联的“乡间舆论”等问题之后，李大钊笔锋一转，情不自禁地描述了“乡间沉静之姿”所赐予他的优美幽雅的审美感受。他自幼成长于乡间，对“乡间生活之自然趣味”是十分钟爱的。无奈，多年来，为了求学深造，为了探索真理，他不得不长年生活于远离乡村的都市，在天津、东京、上海、北京等国内外大城市，留下了他近 10 年的生活足迹。在这 10 年间，生活在都市里，他无时无刻不在怀恋家乡的田园生活，怀恋“乡间生活之自然趣味”。这次回乡，他得以尽情地重温“乡间沉静之姿”，是一次难得的静心涤虑。当然，他再度漫步乡间阡陌之间时，已不再是一个渴望走出家门的文童，而成了一个走南闯北的饱学之士。但他对家乡的依恋之情一直未移，反而因有了都市生活的巨大反差，显得更加凝重。这从他的这段散文诗似的描述中完全可以体味。

李大钊不仅乡恋依依，十分醉心家乡自然的美和美的自然，而且对家乡的大事小情也非常关心和注意。在《乐亭通信》中，字里行间饱含的是他对家乡一带人民生产、生活的关切之情。乐亭县地处九河下梢，不仅十夏九涝，且十春九旱。李大钊此次返乡，正赶上久旱无雨，乡亲们正在经受旱灾的熬煎，苦不堪言。对此，他亦忧心忡忡。另外，对于家乡一带的“鱼盐之利”未得到充分开发和利用，他也深感不安和遗憾，顺笔作了记述。在原永平府辖区的沿海一带，制盐业自古就比较发达，但自袁世凯任直隶总督之后，将制盐业全部收归官办，引得“民怨沸腾”，永平府七个州县的老百姓“困于盐祸者有年”，特别是在乐亭和迁安等县，“居民每有集众抗官毁官之风潮”，“屡见不一”。他回乡时，得知制盐业又“归盐商包办”，但依然没有革除积弊，恐怕还会发生骚乱；而对于渔业“无振作之象”，他更是担忧。从这些记述中，足见李大钊与家乡人民的心是息息相通的，命运是紧紧相连的。

在《乐亭通信》的结尾部分，李大钊简述了直隶省政治团体的情况及在乐亭县境的影响，认为“鄙陬之区，对于组织政团加兹其勇，谁谓吾民无宪政上之进步也哉”。

李大钊的《乐亭通信》，内容比较丰富，写得言简意赅，反映的是其家乡乐亭在民国初期的真实情况，以及他本人当时的真实思想。从中不难看出，李大钊在离乡多年后，对家乡的政治、经济、文化等方面的情况，是很关心的，对家乡的“乡间生活之自然趣味”是很留恋的。同时，也可以看出，李大钊在苦苦探索中国革命的出路时，是很注重调查研究的。从文中所记述的情景看，他不仅在乡间“给于亲朋之访问”，而且去了乐亭县城，从而掌握了家乡各方面的动态。当然，囿于他本人当时的思想局限，对一些事物，特别是立宪的看法未必正确与精当，但他关心家乡兴衰、关心国家能否走上新的轨道之心，却是火热的。《乐亭通信》是他留给家乡的深深恋情，也是他对家乡的挚爱之情的自然流露。

淹滞上海黄浦江畔的日子

1917年5月7日那一天，李大钊由昌黎县城回到大黑坨村，见到妻子赵纫兰的病情不是十分严重，也就把一颗悬着的心放了下来。但他再也不想急着返回北京了，想在家乡好好住一段时间，一来多陪陪妻子和儿女；二来好好舒展一下自己的身心，了解一下乡间各方面的情况。

自李大钊回到家乡以后，怀德堂又热闹非凡。在一些乡人的心目中，到东洋留过学的李大钊已是在京城干大事的“大人物”了。亲朋好友纷纷来访，李大钊忙于应酬。

赵纫兰的身体逐渐复原以后，又在家里家外忙活起来。李大钊怕她再累个好歹，欲帮助她干些事情，但她说啥也不依，仅希望他能够在家里稳稳当当地多住几日。李大钊下了狠心，这次不管北京那边的事再压身，也要多住一些日子。他觉得，这些年来，他欠妻子和儿女的情太多了，应当尽力补偿一些。这一次他在大黑坨住了40多天。

北京不断有白坚武的信寄来。

白坚武替李大钊为《甲寅》日刊撰稿并不怎么顺利。据白坚武日记记载，5月8日，他“为《甲寅》日刊作《人才之自杀》文一篇，意有在也，登否听之”。不想，没有几天，这篇文章被章士钊退了回来。为此，白坚武在

5 月 12 日的日记记道：“章君秋桐，向以政治学者名。自前月有不管部特别国务会议之倡，识者惜之。盖中西政治之限度，犹百分之与零度比较，如斯之政府而乃施之以特别色彩，直等于助桀为虐。日来又有所谓国防内阁之议出现于军警浑杂自称公民围打议会之日，曲学阿世之言，真不能为章氏讳矣！余受至友之托，致文于《甲寅》日刊，本应以不关痛痒之文字以进，然责备贤者之心与爱惜人材之意，不期而抒写，破题儿第一次即有《人材之自杀》一文，重为彼方所摈弃，此余之福也。然中国之所谓材乃竟若斯焉，斯亦不可以痛哭呼！”白坚武受到如此刺激，隔两天在给李大钊去信诉说原委之后，就再也没有给《甲寅》日刊撰稿。5 月 17 日，他又在日记中写道：“人之思想不同，强为言接，最苦。今人动言调和，此实无意识之尤。人与狗讲理可乎？既为人，则必曰不可能也。”“今人动言调和”，显然暗指一直倡导“调和立国”的章士钊。“思想不同”还要“强为言接”，白坚武的这一看法，对李大钊的思想情绪不可能不产生一些影响。得知这一情况，李大钊对章士钊的做法难免有点心灰意冷，再也不急着回京了。

这期间，北京的政局发生了很大变化。在这一年入夏以后，“府院之争”达到了白热化程度。总统黎元洪于 5 月 13 日断然免去段祺瑞的国务总理一职，命伍廷芳暂时代理；到 5 月 28 日，黎元洪又任命李经羲为国务总理。段祺瑞去职以后，一些省份相继宣布独立，黎元洪为了收拾残局，竟然有病乱投医，不顾一切地于 6 月 1 日电召安徽督军张勋率领辫子军北上，结果被张勋强迫于 6 月 12 日下令解散了国会，这使得北京的局势顿时变得更加混乱不堪。

就在这个时候，白坚武在天津老家小住，看望新生儿子麟儿，对李大钊“久不来”，感到“殊形寂寞”[1]，他于 6 月 15 日给李大钊寄信，“促其快来”[2]。在这种情况下，李大钊离开大黑坨，由昌黎转乘火车，于 6 月 22 日到了北京。

---

[1] 《白坚武日记》第 1 册第 75 页。

[2] 《白坚武日记》第 1 册第 77 页。

此时白坚武正在设法帮助李大钊离开《甲寅》日刊编辑部。据白坚武6月23日的日记记载，这一天，他与“欲办报于天津”的“刘祖尧晤谈”，“特介绍守常，嘱刘往访”。6月25日，“守常、泽民来津”。6月26日，白坚武同李大钊、张泽民一起“到张新吾、溥泉寓处”。

6月25日，李大钊与张润之同去天津与白坚武会面这一天，在《甲寅》日刊上发表了未署名的消息《天津法政专门学校校长及教务长易人》。这是他在《甲寅》日刊发表的最后一篇文章。这篇文章主要介绍的是他的母校——已经改名“天津法政专门学校”的北洋法政专门学校的前后情况，并顺便介绍了白坚武，云其“学问道德，素为同学所仰服”，是天津法政专门学校比较理想的教务主任人选。他觉得，白坚武若出任天津法政专门学校的教务主任，众校友“将为母校庆得人矣”[1]。李大钊在《甲寅》日刊特意发表这样一条消息，一是报道母校更换校长的新闻，二是着意颂扬一下遭到章士钊退稿的白坚武的人品，颇有替白坚武正名的味道。

实际上，当时天津法政专门学校在更换校长以后，虽有聘请白坚武任“教务长”的强烈意向，但白坚武的志向并不在学校教育，他正在联系去江西督军李纯那里任职。

白坚武在麟儿尚未满月时，就于7月1日乘船离开天津去了上海；7月8日，他又由上海去南京，于7月10日“搭宁绍江轮赴江西”[2]，到南昌出任了李纯的督署顾问兼书记处秘书。

李大钊是在送别白坚武以后，由天津回到北京的。就在他送别白坚武那一天，北京发生了“辫帅”张勋拥戴清朝废帝溥仪复辟帝制的政变。

张勋拥戴溥仪复辟帝制的政变发生以后，整个北京城乱作一团，《甲寅》日刊再也办不下去了，在出版150期后，不得不停刊。李大钊在北京已无立足之地，被迫与章士钊等人仓皇逃离京都，避走上海。

---

[1] 《李大钊全集》第2卷第710页。

[2] 《白坚武日记》第1册第79页。

复辟不得人心。张勋率领“辫子军”在北京上演的复辟丑剧，仅仅闹了12天就草草收场了。7月2日，北洋政府的总统黎元洪被迫避入日本公使馆，并重新任命段祺瑞为国务总理。7月3日，浙江、江西、湖南、湖北等省通电反对复辟，段祺瑞在天津组织“讨逆军”，在马厂“誓师”。7月8日，副总统冯国璋自立为代理总统。7月12日，“讨逆军”进入北京，张勋逃入荷兰公使馆，复辟丑剧就此宣布告终。期间，孙中山与孙洪伊等商定在上海设立民国政府，并致电两院议员南下护法。

李大钊于1917年7月上旬离开北京前往上海。到达上海后，他没有见到白坚武，于是借住在上海法租界宝康里65号的孙洪伊家里，情绪十分低落。孙于1916年11月被撤去内务部部长职务，逃避到上海后，险些遭到步兵统领江朝宗的暗杀，当时其正在积极投身孙中山发起的护法斗争。

时至7月中旬，复辟被平息的消息由北京传到上海，李大钊并没有像一年前在上海得知袁世凯死去的消息那样高兴，心情依然十分沉闷。到这时，他已经无意急回北京，决定在上海的黄浦江畔多停留一些时日。

关于到达上海以后的情况，在李大钊1917年8月上旬写给李泰棻的信中有所介绍：

> 国变日别后，苍黄出京，未及走辞为歉！
>
> 南来栖迟沪渎，百无聊赖，幸有投止之所，不至漂泊旅馆，暇惟以读书自遣，尚足告慰耳。
>
> 至于发表言论，今已全非其时，即有所欲言，亦无正当之言论机关，供吾发表。大抵今日之民党，已失其正系，不偏于弱，则流于暴，求能平心静气，刚毅不挠，依据法律，以与强暴之势力为恒久之抵拒者，益无闻焉矣。前不自禁，偶为《太平洋》作文一首，既而思之，又自深悔。以今日人心之沉溺于利欲，逆耳之言，庸何能入？且以吾侪年少性率，修养未善，诚信中孚，未足格物，有所论列，徒召恶感，不足诲人，诚不如缄默自守，徐俟劫尽之期，听其自忏之为愈也。[1]

---

[1] 《李大钊全集》第2卷第711～712页。

李泰棻，字革痴，1896 年出生于绥远省（今属河北省）阳原县。自幼聪颖好学，17 岁时考入北京大学，后转入国立北京高等师范学校（北京师范大学前身）史地科学习。李泰棻大器早成，在上大学期间，就写出并出版了专著《西洋大历史》。这本书的出版，成为当时惊动全国学界的重大新闻。

李大钊是在 1917 年 1 月《西洋大历史》出版之际，与名噪一时的李泰棻结识的，引荐人当为替《西洋大历史》作序的章士钊，相识的时间应在李大钊编辑《甲寅》日刊期间。李大钊与李泰棻结识后，两人纵情谈论文史，交谊甚笃。

李大钊之所以给时在北京高等师范学校附属中学兼课任教的李泰棻写这封信，主要是因李泰棻在是年 7 月 15 日出版的《太平洋》第 1 卷第 4 期发表了一封《共和——致〈太平洋〉记者》的信。在信中，李泰棻指出，辛亥革命以后“共和之声，喧腾人口，顾仆对于兹名，颇有怀疑”，并提出“共和之名，译自日人。喧传吾国，遂为通称。仆意仍以译为民主为宜”的见解。《太平洋》杂志是这一年 3 月 1 日在上海创刊的政论性月刊，由湖南邵阳人李剑龙主编。李剑龙曾留学日本和英国，是同盟会会员。在刊发李泰棻这封信时，李剑农于信后答复，表示用“民主”一词“不若仍以习用之共和二字译之为便”，“共和二字之古义，虽不能与欧语 Republic 全符，苟非曲学顽旧如劳乃宣者，必不认其为君主政治或寡人政治也”。李泰棻对此作出强烈反应，在同年 8 月 15 日出版的《太平洋》第 1 卷第 5 期又以《共和》为题，发表《再致〈太平洋〉记者》。

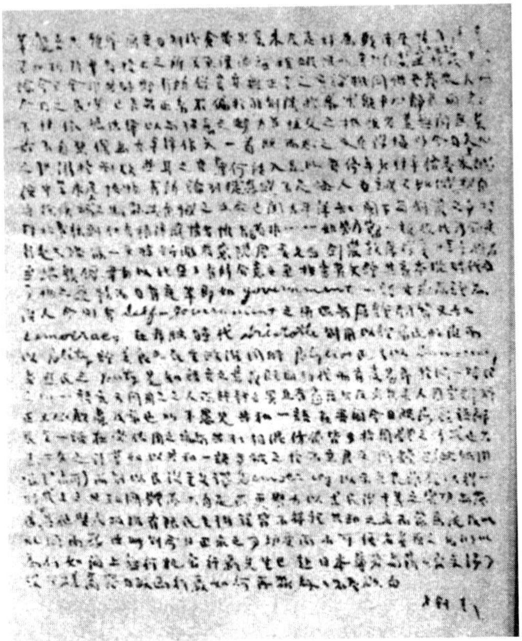

▲ 李大钊在上海避居期间写给李泰棻的信

他认为："平心论之，仆一青年，何至与劳同其思想？"李剑农又作答复，"此仆措词失谨，致招足下误会，罪甚罪甚"。但对"民主"与"共和"的用法，李剑农仍表示"宜从习用"[1]。而李大钊给李泰棻写信的时间，当为李剑农对李泰棻第一信的答复后与第二信的答复前。李大钊在给李泰棻的信中，与李泰棻也讨论了"共和"用语的问题。有幸的是，李泰棻把李大钊给他写的这封信保留了下来，使之成为两人之间友谊的历史见证。

李大钊在这封信中所说的"作文一首"，指的是其在1917年8月15日出版的《太平洋》第1卷第6号上发表的《辟伪调和》。

在此之前，李大钊曾在1917年1月29日的《甲寅》日刊发表了短论《调和之美》，谈了自己对"调和之美"的见解，侧重阐明的是"调和之美"的内涵和自己对"调和之美"的推崇。限于篇幅，他没有过多涉及在政治上如何发挥"调和者美之母"作用的见解，而是在随后写出的《调和之法则》一文中作了详细的阐述。

《调和之法则》是李大钊在1917年春天"针对时事而作"的一篇政论文章，写出后发表于神州学会主办的《神州学丛》创刊号上。后来，《神州学丛》在东京刚刚出版就遭到日本政府的查禁，不得不废刊，他遂将这篇文章又发表在1918年7月1日出版的《言治》季刊第3册上。

在《调和之法则》这篇文章中，李大钊从自己当时比较推崇的"调和之美"出发，着重谈了对"调和之道"的见解。

"调和之道"，实际是柔和在政治上实施"调和之美"的"法则"，即必须遵循的轨道。这主要是从哲学角度探讨达到"调和之境"的途径。在《民彝与政治》一文中，他对封建主义采取了毫不妥协的态度，而对民主政治却满怀信心地揭示了自己的调和、涵容精神。他认为理想的政治，就应让民彝能"如量以彰于政，则于纷纭错综之间，得斯以为平衡，而一一权其畸轻畸重之

[1] 见《致李泰棻》注释，人民出版社2006年版《李大钊全集》第5卷第535～536页。

度，寻一至当之境为止”，并云自己“信公平中正之理”，“由是以定趋避取舍之准，则是即所谓止于至善矣”[1]。可知他当时在政治生活当中追求的“调和之境”，就是民主政治，是体现民主主义精神的政治局面。当然，他在即将结束日本的留学生活时向往“调和之境”，与其同时产生的充满革命理想主义色彩的“美之青春”宇宙观、社会观、人生观等密切关联，贯穿其中的主要是对旧传统、旧势力的批判态度，起主导作用的是创造青春中华的理想主义。由日本回国以后，创办《晨钟报》的受挫，国家制宪的流产，使他冷却了自己的理想主义，转向面向实际，试图用“调和之道”解决政治生活中的各种现实矛盾，谋求一个适于制宪并创造青春中华的“调和之境”。

在开笔写《调和之法则》时，李大钊列举袁世凯倒行逆施终于自毙的史实，明确指出：“盖遵调和之道以进者，随处皆是生机，背调和之道以行者，随处皆是死路也。”进而指出：“调和之境，虽当宝爱，而调和之道，则不易得也。”[2]这表明，他在推崇“调和之美”时，头脑是冷静的，思想是清醒的，审美意识也是非常鲜明的。他的思维比较严密，富有比较厚重的哲理性。

为了说明“调和之道”，李大钊在自己的文章中从几个方面进行了阐述。首先，他认为：“言调和者，须知调和之机，虽肇于两让，而调和之境，则保于两存也。”讲调和不应“自毁”“牺牲”，而应当“两存”“竞立”，应当从根本上克服懦弱颓废的民族劣性，否则就会违背“调和之真义”，无法达真正的“调和之境”。其次，“言调和者，须知新旧之质性本非绝异也”。他反对机械唯物论的观点，同意当时有人提出的“本源何在？在其思想”的观点，认为这才是“探本之论”，“精确言之，新云旧云，皆非绝对”。这表明，在他的思想中，这时已有活跃的唯物辩证法因素在起作用，他已深知切不可把复杂多变的事物绝对化、简单化的道理。再次，“言调和者，须知各势

[1] 《李大钊全集》第2卷第341页。

[2] 全文见《李大钊全集》第3卷第31～36页。

力中之各个分子，当尽备调和之德”。在这里，他着重强调的是“调和之德”，力主在思想发生冲突时有“相容”之量，有“相安”之度，不“相攻”“相排”，不把自己的思想强加于人，要“能确遵调和之理，而深自抑制，以涵纳其他之势力”，也就是要“自律”“有容”；当“确认其对待之势力为不能泯”，“亦确足与之相抵”时，则“不得不出于调和之一途”，也就是运用“他律”“有抗”。他还认为：“夫调和之事，既无第三者容喙之必要，则言调和者，自当于新旧二者之中，择一以自处”，而不应“宅不新不旧之地位，挟非新非旧之势力，以夷犹容与乎二者之间”。他又指出：“亦有个人将加担一方之前，自审两方势力之孰强孰弱，而将其一分之力，以尽平衡质剂之用焉。果一势力弱而一势力强也，则于一己之思想，当与较弱之势力以较多之同情而称之，以维其平衡，以求其质剂。此则可望之于二三先觉之政治家，而不能以责之于庸众。”此即“其调和之感化，乃有权威也”之义。

李大钊的这些阐述，表明他对造成和实现政治上的“调和之美”局面，以达到“调和之境”的基本性条件和要求，以及有关规则，进行了比较科学、系统的探索和研究，并在此基础上提出了全面、概括的见解。他这样做，主要是想把“调和之真义”揭示出来，兴利防害，尽力防止出现“真正合理之调和未著厥功，而虚伪敷衍之调和已肆其祸”那样的“全失其真，适居其反”的“不可收拾”的局面。这表现了他在“一事之兴，一说之立”时的高度责任感，也表现了他严谨求实的治学方法以及理论思维的新发展。

1917 年 8 月，在“栖迟沪渎，百无聊赖”的日子里，李大钊对再度僭任国务总理的段祺瑞已无任何好感。经过对“民国以来政局纷扰之真因”[1] 进行反复思索，他认识到在政治思想上的主要危害来自伪调和论，不揭露伪调和论的真实面目，他所认为的“调和之真义”还会遭到扭曲与亵渎，“调和之美”的实现只能变成一句空话，“调和立国”的思想仍然会面临极大的危机。他决定对梁启超等人鼓吹的伪调和论发起毫不留情的批判。《辟伪调和》这

[1] 李大钊《辟伪调和》语，《李大钊全集》第 2 卷第 713 页。

篇文章写得较长，文章集中体现了他对伪调和派真面目的认识，以及对中国历史和中国国情的再认识，表现了他已经开始注意对中国政治力量进行系统分析、研究的倾向，以及对于时代、对于社会客观现实尽可能作出整体把握的实力。

在《辟伪调和》这篇文章中，李大钊首先指出，国家的政局之所以不能实现“调和之美”，达到“调和之境”，问题不在于“调和”之论本身，也不在于“昌言调和之学者”，而在于“歧解”和“误解”调和之本义者俱多，“伪调和”作祟，使“精明言者”不仅“恒所未喻”，反被“敷衍迁就者”作为“容头过身之路”，“其黠者乃更窃为假面，以掩饰其挑拨利用之行”，使“言调和者遂为世所诟病所唾弃”。对此，他痛心疾首，深觉有辟伪调和之必要，以还“调和者”这个“美之母”的本来面目，使之真正发挥其“立国”的作用。

李大钊认为，“自毁之调和，为伪调和”，“间接之调和亦为伪调和”，这“二者均在吾人排斥之列”。在《辟伪调和》中，他着重解析的是“间接之调和”的症结所在，侧重揭露的是实际为伪调和派的“缓进派”利用“间接之调和”起到的恶劣作用。通过反思，他毫不留情地指出，伪调和派自辛亥革命以来就没有干多少好事。中华民国成立之初，他们“以为袁氏之势力大足倚为抗制急进派之资，于是相率而趋承之缘附之”，最终促使袁世凯铲除民党，劫夺总统，解散国会，毁废约法，直至“帝制之祸以起”。而袁世凯死后，他们又依附于新的“特殊势力”——段祺瑞之流，不仅不起而护法，反而参与谋划“干宪之事”和“兵谏之举”；“复辟一剧不过兵谏之余波”，他们“全委其过于他人”。张勋复辟闹剧被粉碎之后，他们又成为北京政坛的“兴高采烈之政客”。他认为，这些都是“缓进派与官僚武人相结，附敌同攻，助纣为虐”的具体表现，是他们对中国政局恶化应负的不可推卸的罪责。在文章的结尾部分，他希望这些伪调和派能够“速自觉悟”过来，并指出：“今日最终之希望，惟在各派各人反省悔悟，开诚相与，剖去种种之假相，而暴露其真面目，鼓荡其真血气。”否则，就会“大劫不远”，“吾人将躬受其痛，同归于尽而已”。从中不难看出，他心中担忧的主要是“几于遍国中”的“伪调和之流行”的“时尚”。人人“习于阴谋”“染于诈伪”，就会失去真、善、美，使假、丑、恶横行无忌，其后果是不堪设想的。因此，他竭力倡导通过自悔自悟，去假复真，从善除恶，化丑为美，共同重振中华民族之元气，创造青春之中华。这充分体现了他高度的政治责任感和深沉凝重的审美思考。这才是他写《辟伪调和》的本意所在，也是他在新形势下忧国忧民的沉痛心情的凝聚点。

值得指明的是，李大钊在探索创造青春中华的理论时，“调和之美”审美观及其有关思想的形成，不仅受到国内思潮的影响，也受到当时国际思潮的一些影响，特别是西方学者关于“调和”的论述，使他误认为只有发挥“调和者”这个“美之母”的作用，才能解决当时中国政局面临的难题。其实，这是对中国政治斗争的复杂性了解不深的表现。调和的理论，作为政治思想上的反映和应用，其中不乏深刻的哲理，也有许多合理的因素蕴含其中，倘若处于合理的社会制度和一定的历史条件下，不失为一种处理社会矛盾与推动社会进步的理想选择；然而，当时的中国国情并不具备这样的政治环境和社会条件，故只会使其失去真意，成为“黠者”的“假面”，成为伪调和派“以掩饰其挑拨利用之行”的政治工具。而理论不能与客观实际相结合，就会失去理论的意义。李大钊在《辟伪调和》一文中虽然对“伪调和”和“误解调和之政团”进行了揭露和批判，但心中的疑团并没有完全解开。他的这篇文章的可贵之处在于，他对“伪调和之流行，几于遍国中而皆是”的国情，有比较清醒的认识，并没有把“政力失轨，冲突轧轹之象日烈”的“亡国灭种之象”的出现，仅仅归罪于“一党一派”，而从“一时代之精神倾向”上寻根溯源，由此在对时代和社会现实尽力作出整体性把握的基础上开始了新的探索，力求使自己的思想贴近时代，切合国情，以科学的态度，在科学的基础之上深入开展解决中国政治问题的理论探讨。这应当说是李大钊当时与众多“调和”理论接受者、宣传者、实践者的不同之处，也是他的“调和之美”审美观变化、发展的独特表现。

李大钊在未接受马克思主义之前，受“调和”思想及其理论影响较深，与调和派的思想划清界限较难。但他能够与时俱进，不断调整主观与客观、个人与时代的关系，使自己的思想前行而不后退。后来，随着时代的前进，思想认识水平的提高，他对和谐美有了比较全面正确的认识，逐步摆脱和克服了“调和论”的影响，并在基本接受了马克思主义以后，便回过头来对“调和论”本身作出了比较科学的鉴别。在1919年11月2日出版的《新生活》第11期上，他发表了短论《最有力的调和者——时代》。在这篇文章中，他说：“时代不仁，演出新旧，惹得主张调和的人天天忙，天天担忧，天天夹在新旧之间，受些闲气，结果还是两不讨好。我劝主张调和的人歇歇罢！那进行不息的时代，才有调和的真本领呢！戊戌前后的康有为，人都嫌他太新，可是时代变了，能把他弄旧。枯黄的树叶还想在树枝上占着来春新叶的位置，秋风起了，可以请他走开。”紧接，他又说：“主张调和的人，自问若没有这么大的本领，请把这件功业让给时代罢！”[1]这表明，他在对“伪调和”批判后不久，就大体退出了“主张调和的人”的阵营，开始同“调和论”思想决裂。

[1] 《李大钊全集》第3卷第361页。

经南京北归进入北京大学校园

李大钊到达上海十二三天后，通过孙洪伊，与前往南昌就任江西督军署顾问兼任书记处秘书的白坚武取得了联系。

1917 年 7 月 22 日，白坚武在日记中记有："守常来信，已抵沪。复守常信，并致伯兰信。"[1] 至此，两人恢复了通信联系，在上海和南昌之间飞雁传鸿。

隔不多日，李大钊给白坚武寄了一首寄怀诗：

英雄淘尽大江流，歌舞依然上画楼。一代声华空醉梦，十年潦倒剩穷愁。竹帘半卷江天雨，蕉扇初迎海外秋。忆到万山无语处，只应共泛五湖舟。[2]

这首七言律诗，是目前发现的李大钊吟咏的最后一首旧体诗。

白坚武 8 月 4 日记有："早，守常、采言各来函一件。守常并寄见怀诗一首，浩气凌云，悲歌斫地，如见其人，惟哀愤稍过，会当有以慰勉之。录

[1] 《白坚武日记》第 1 册第 80 页。

[2] 《李大钊全集》第 3 卷第 21 页。

原诗如下，客居纠纷，未克答和，敬俟异日。”

一句“一代声华空醉梦，十年潦倒剩穷愁”，透出了李大钊淹滞沪滨时低落而缭乱的心境。“竹帘半卷江天雨，蕉扇初迎海外秋”，则是他在大暑时节侨寓沪上苦苦度夏的真实写照。

这首诗的最后一句“忆到万山无语处，只应共泛五湖舟”中的“万山无语”，出自白坚武3个月前的诗作。这一年的5月6日，在李大钊回乡路经昌黎春游碣石山的那一天，白坚武与张继、张润之等结伴出京游罢汤山之后，共同游览明朝的皇陵——十三陵，途中，他在驴背上即兴吟出一首七言绝句：“销沉王气黯燕门，陵迹犹闻野老论。驴背纵谈兴替事，万山无语看中原。”[1] 显然，李大钊读到白坚武的这首即兴之作后，对“万山无语看中原”一句非常欣赏。

白坚武在南昌并未停居多久，就跟李纯去了南京。李纯，1874年生于天津，早年由天津武备学堂毕业。“二次革命”爆发后，被任命为九江镇守使，于1913年8月率部占领南昌。继而升任江西都督，督理江西全省军务。袁世凯称帝后，追随冯国璋、段祺瑞，对袁持消极态度。1916年3月，在冯国璋的指示下，与其他四省将军发出密电，劝袁世凯取消即皇帝位；同年7月，各省将军改为督军，改任江西督军。时至1917年7月下旬，他转任江苏督军。

1917年8月上旬，白坚武在收到李大钊寄给他的“见怀诗”之后，随同李纯转行南京赴任。

到这一年的9月11日，白坚武在日记中记道：

> 接守常一函，介绍姚君祖义。守常为人品洁学粹，俯仰今日之污世，大材不克收相当之用。余年来清友惟斯人耳。来函有言：今日所能得之佳象，最佳亦与今象不甚相远；今日所得之恶象，最恶亦与今象不甚相远。兄试澄心以

[1] 《白坚武日记》第1册第69页。

思，吾等所夙夜寐兴所构求之好消息，实亦至无聊赖。放眼神州，即吾侪所谓好消息之一境，衡诸国家政治之性质品位，尚不知相去几千万里，此真所谓沧海横流，人间何世也矣！可谓伤心见到之语，非一般时流政客所能梦见也。

这是白坚武对李大钊人品与才学的真诚评价，也是对李大钊当时所处的境遇的由衷理解。白坚武觉得，“为人品洁学粹”的“清友”李大钊，赶上了混乱不堪的“污世”，乃至“大材不克收相当之用”，实在可惜。而李大钊正在“澄心以思”，等待时局的“好消息”，并未一味地消沉与伤心。

局势也正在发生变化。这年8月1日，冯国璋正式就任北洋政府总统；8月14日，北洋政府通告对德国和奥匈帝国宣战。8月25日，南下的国会议员在广州召开非常会议，接连通过《国会非常会议大纲》和《中华民国军政府组织大纲》；9月1日，非常国会第四次会议选举孙中山为中华民国军政府大元帅。孙中山就任后，以恢复《临时约法》和拥护国会为号召，正式发起“护法运动”。10月，孙中山通令冯国璋、段祺瑞政府乱国盗权罪状，准备出师北伐。就在这个时候，主张“武力统一”的段祺瑞与主张“和平统一”的冯国璋之间发生对立，段祺瑞决定派兵赴湖南讨伐护法军政府，而李纯及湖北督军王占元、江西督军陈光远则要求段祺瑞停止这一军事行动，致使段祺瑞被迫取消讨伐南方军的主张，最终于11月22日卸任国务总理。为此，李纯和王占元、陈光远被誉为影响国政的“长江三督”，而李纯被视为其中的灵魂人物。

李大钊对李纯的举动是赞许的。不过，他没有想到，自己很快就在南京见到了李纯。这一年秋天，李纯心血来潮，想去日本考察军事，白坚武特意推荐李大钊陪同前往。李大钊斟酌再三，决定借机复去日本。为此，他在这年深秋由上海去了一趟南京，拜会李纯。

李大钊于10月18日到达南京。白坚武在这一天的日记记有：“守常来，相谈尽欢，函督军订见期。”10月19日记有：“早刻，赴华洋旅馆看守常。”10月21日记有：“偕守常、雪轩、叔和赴金陵大学观游艺会，六师武技练习甚有可观。”“偕守常见督军接洽赴日事件。”“游明孝陵，缘坂扶茅登高陵而上，体力颇疲，席地憩片刻，下陵饮茶。”“返过古物保守所稍周览，赴金陵春，代表督军请彭静仁、李守常二君。”10 月 22 日记有：“午刻留守常、新吾、何君饭。”“督军请守常先回沪候行，送路仪百元。”[1] 10 月 23 日记有：“游莫愁湖，并观粤军烈士纪念碑，归途游胡园。同游者何民岩、张新吾、李守常、朱叔程。”从中可知，李大钊此行南京，被安排住在华洋旅馆，逗留有五六天的时间。期间，除会见李纯之外，参观了金陵大学，游览了明孝陵和莫愁湖、胡园（即胡家花园，在今花露岗），瞻仰了粤军烈士纪念碑。更重要的是，得以与分别几个月的白坚武尽情交谈，互道别情，心情异常愉悦。

在到南京之前，李大钊的心情就已开始好转，精神也重新振作起来。这一年的 10 月 10 日，李大钊在中华民国第六个国庆日到来之际，“淹滞沪滨，散步江头，百感交集”，遂以英文“李守常”的字头“L. S. C”为署名，写出致《太平洋》杂志记者的短札《此日》，道出了自己当时的心声：

> 昔者，德人蓄战英之志，尝胆卧薪，举国皆是，军士于杯酒酬酢之间，相与谈及，辄以“此日”（The Day）一语代之。仆今亦愿持此语赠吾国民，斯非必如德人之指与某国交战之日，亦谓由此亿万斯年，年年都有“此日”，等闲过之，宁

---

[1] 朱志敏《李大钊传》据此记载认为当时“得知李大钊有去日本的打算，出于同乡之谊，以及对李大钊志向才学的钦佩，李纯送给他 100 元钱，充作路费”（见红旗出版社 2009 年版《李大钊传》第 186 页），显然是对“督军请守常先回沪候行，送路仪百元”的错误理解。“候行”，当是去南京“见督军接洽赴日事件”的李大钊先回上海等待与李纯同行日本。刘建军等著《李大钊思想评传》（福建人民出版社 2011 年版）第 91 页云“1917 年 10 月 10 日，李大钊感慨于时艰与找不到民族的出路，动了再度留日深造的念头。但很快，他接到了章士钊邀请其北上的信函。11 月 9 日，李大钊再赴南京接洽李纯。11 月 11 日，李大钊离开南部返回北京”，也是对白坚武日记语意的误读。说李大钊当时“动了再度留日深造的念头”，系无端猜测。

复有何意味，即或唏嘘凭吊，徒回顾过去以为可歌可哭之节令，而忘却未来活跃精进之生涯，亦岂兴国之民所应出者。窃以世运所逼，吾人仔肩所负之责任，愈益繁重。宜自今日起，至翌年此日，划为一期间，来年以下，亦复如是，而皆定其应做之事业，立其应达之目的。即以此未来之一年，为吾国民历史之一页空白，待吾人本其优洁美尚之理想，施其敏断刚毅之努力以绚书之，期于必达，勿稍怠荒，月异岁新，与时俱进，页页联缀，永续无穷。以过去之此日为纪念，以未来之此日为理想；以过去之此日为陈迹，以未来之此日为前程，如是推嬗，吾人之此日无空期，即吾人之进步无止境。然则新中华无疆之休，将以此日为发轫之始矣。[1]

这篇短文以通信形式发表在五天之后出版的第1卷第7号《太平洋》杂志上，毫无疑问，其中的“月异岁新，与时俱进，页页联缀，永续无穷”，既是李大钊对整个国家和民族当有一个无比美好的未来充满的期望，也是他自己当时经过痛苦的思索产生的急于书写历史新的篇章的真切思想与希冀。

从中可见，时至1917年的农历寒露时节，历经极其痛苦的思想磨难的李大钊，已经摆脱几乎达到极点的苦闷，重新振作起自己的精神，准备迎接时代新的选择与挑战了。

在写出《此日》时，李大钊已经下定决心，“以此日为发轫之始”，“与时俱进”，书写“新中华”的新篇章。

“与时俱进”一语，并非中国古代的传统用语。此语从古语“与时偕行”（《易 · 损》）或“与时推移”（原为“与世推移”，见《后汉书 · 崔骃传》）等词语演变而来。辛亥革命爆发之前，蔡元培在撰写《中国伦理学史》时，针对清朝末年中国思想文化界抱残守缺、故步自封的局面，通过中西文化对比，就曾指出：“顾西洋学说，则与时俱进，虽希腊古义，尚为不祧

[1] 全文见《李大钊全集》第2卷第730～733页。

之宗，而要之后出者之繁博而精核，则迥非古人所及矣。而我国学说，则自汉以后，虽亦思想家辈出，而自清谈家之浅薄利己论外，虽亦多出入佛老，而其大旨不能出儒家之范围。”[1] 李大钊觉得，新的时代，人们要奋勇向前，必须得有这种“与时俱进”的精神。

就在李大钊写出《此日》不到一个月，俄国举行了新的社会主义革命。而在这个时候，李纯似乎已经无意去日本考察了。主要是因为形势突然发生变化，段祺瑞在卸任国务总理之前，为推行武力统一中国的政策，秘密同日本政府谈判，拟在江苏辖境与日方合资开办凤凰山铁矿，建设浦口钢铁厂，名义上是“合资”，实际是由日方独办。而不愿受到段祺瑞牵制的总统冯国璋，为防止日本势力染指由他基本控制的长江流域，有意识地把这一消息及其内幕泄露给报界，并授意李纯出面，要求取消段祺瑞借此搞的军械借款，并要求改组内阁。段祺瑞一意孤行，与日本方面拟订了凤凰山开矿草约。李纯得知后，立刻发电，表示坚决反对，并说江苏督军有权不许随意让日本人在江苏开矿。这事在全国闹得沸沸扬扬，李纯公开与亲日派闹对立，难以动身去日本了。

李大钊是在俄国十月革命爆发的消息传来之际，告别孙洪伊，返回北京的。此时孙已经出任护法军政府内务部部长，并被孙中山任命为常驻上海全权代表。

对于李大钊经过南京北归的旅程，白坚武在其日记中留下了记载。白坚武在 11 月 9 日的日记记有：“守常来宁，代表某君有所接洽。”这表明李大钊是在 11 月 9 日，由上海乘坐火车来到南京的。日记所说“代表某君有所接洽”，所指不详，当有受人之托[2]。在 11 月 10 日的日记中，白坚武又记有：“午饭，留施鹤鶵、襄平、守常饭。约施与襄平赴三新池沐浴，襄平竟作主，浴罢，至太平巷陈寓访守常，遂同至督署晚饭，督军约九时接谈。”“守常北行。吾党感于年来行役之不得尽其材，缘斯自负，所天湛然深悟者

---

[1] 蔡元培：《中国伦理学史》，岳麓书社 2010 年版，第 22 页。

[2] 《李大钊年谱长编》的编者认为“某君”是指孙洪伊，要洽谈的是瓦解段祺瑞的“武力统一”中国的政策。（见《李大钊年谱长编》第 239 页）

惟兹一人。吾党灵光，赖以仅存；于其行也，赠以诗以敦其志：海内儒冠尽，神州已陆沉。文章千古事，赤血铸丹心。夜十二时匆匆作。”可知，在这一天晚上，李大钊又见到了李纯，谈了不能候行日本的事情。“吾党”，当指孙洪伊于上一年5月在上海组织的宪法研究会派系，即宪法商榷会。白坚武对李大钊北行寄予厚望，特意作诗“以敦其志”。“海内儒冠尽，神州已陆沉。文章千古事，赤血铸丹心。”寥寥几语，情真意切。只是，他当时并未想到，李大钊此去，干出了一番致使“从此神州不陆沉”的大事业。

李大钊是11月11日离开南京，到长江对岸的下关继续乘坐火车北归的。是日，白坚武日记记有：“星期日，早赴华洋旅馆访守常，又同赴文德里访崔叔和、高质青。送守常北行到的下关，路遇徐襄平，小聚瀛洲旅馆，在宝记照相馆同摄一影。”

按照下关到北京的火车里程，李大钊当在11月12日就到达了北京。他回到北京，很快就见到了章士钊。

张勋复辟事件爆发以后，章士钊先去上海，又去日本，到这时已经回到北京有一段时间了。当时，章士钊除在北京大学任教外，还兼任北京大学的图书馆主任。这年秋末冬初，他向北京大学校长蔡元培推荐李大钊，希望北京大学聘请李大钊出任专职的图书馆主任，得到了蔡元培的应允。

就这样，李大钊在回到北京不久，就进入了方兴未艾的新文化运动中心——北京大学工作，接替章士钊出任图书馆主任[1]。

[1] 关于李大钊到北京大学出任图书馆主任的时间，说法不一，以1918年1月或是2月者居多。近几年新发现有1917年12月17日拍摄的北京大学举行校庆20周年纪念会时的师生合影，前排坐者右起第二人即为李大钊，表明李大钊由上海回到北京以后就进入了北京大学，时间当为1917年11月下旬或是12月上旬。至迟到1918年1月，李大钊已经正式就任北京大学图书馆主任。长期在北京大学图书馆工作的李大钊研究学者王世儒认为，1918年1月20日《北京大学日刊》刊载“进德会甲种会员十九人：夏元瑮、李大钊、许绍獬……”，李大钊的名字排在理科学长夏元瑮之后，排在一般教授、职员之前，表明他在当时等级森严的北京大学，已经就任图书馆主任有时。

第七章

登高一呼群山应

全面比较法国与俄国革命

1917 年的冬天到来后，李大钊由上海回到北京，进入设在景山东街马神庙后院四公主梳妆楼的北京大学图书馆，出任主任一职。

北京大学图书馆建于 1899 年，原名京师大学堂藏书楼，藏书比较丰富，李大钊很愿意在这里工作。有了固定的职业和收入，可以就此结束漂泊 4 个多月的生活，免去生计上的后顾之忧。

李大钊在这个时候进入北京大学，与蔡元培主掌北京大学的校务工作有着很大的关系。李大钊深知蔡元培的学识和为人，很愿意与他在一个校园工作，为办好国家的第一学府——北京大学尽一点微薄之力。

蔡元培出任北京大学校长以后，聘请陈独秀任北京大学文科学长，支持新文化运动，提倡学术研究，主张“思想自由，兼容并包”，实行教授治校，使北京大学很快就改变旧有的面貌，逐渐成为全国新文化运动的中心。

李大钊与陈独秀在日本东京结识以后，断断续续一直保持着联系。1916 年11 月下旬，陈独秀为撮合东亚图书馆和群益书社合并成一家公司之事，与汪孟邹等一同乘坐火车由上海来到北京，在北京逗留了一个多月的时间。期间，李大钊得知陈来到北京以后，特意去旅馆看望，并在南城的瑞记饭庄专门宴请了他[1]。而陈独秀就是在这次来京期间，被蔡元培获知，到北京大学工作的。1917年1月中旬，教育部批准蔡元培聘任陈独秀为北京大学文科学长的请示，陈独秀遂由上海再来北京，接任北京大学文科学长，《新青年》杂志社也随之迁到北京箭杆胡同9号陈租借的住宅[2]。是时，李大钊已经投身《甲寅》日刊的编辑工作，当他从章士钊口中得知陈独秀已经到北京大学工作的喜讯，很为陈独秀高兴。

▲1917年11月出任北京大学图书馆主任时的李大钊

陈独秀在进入北京大学校园工作之际，高高举起了新文化运动的革命大旗。他在1917年2月1日出版的《新青年》第2卷第6号发表了《文学革命论》，宣称“甘冒全国学究之敌”而推进文学革命。他在文章中呼吁“推倒雕琢的、阿谀的贵族文学，建设平易的抒情的国民文学；推倒陈腐的、铺张的古典文学，建设新鲜的、立诚的写实文学；推倒迂晦的、艰涩的山林文学，建设明

[1] 梁漱溟在《回忆李大钊先生》一文中云：“曾记得一次他宴客于南城的瑞记饭庄，我和陈仲甫（独秀）在座上初次相遇。陈当时是为东亚图书馆募股来京的。”（《回忆李大钊》第87页）

[2] 箭杆胡同属东城区东华门地区，呈“T”字形，南北向一竖的北口在智德北巷，南口与东西向的一横相通，东西向一横的西段曲折，东不通行，西口在骑河楼南巷，全长150余米。据记载，“箭杆胡同”始称于清光绪年间，当年胡同内应有加工、经营箭杆的作坊、店铺。胡同今已无存，因保留“陈独秀旧居”还剩下西口凹进去的一小截，但已经不是胡同。箭杆胡同9号在胡同西口内南侧把角处，东西并排两个院落，有两个街门。据房屋档案记载，该院占地面积为460平方米，共有房屋18间半，建筑面积为264平方米。此房原为孙姓人家的房产，购于民国元年（1912年）。1917年，陈独秀来京后租住东院，即箭杆胡同9号；如今，其地已经作为“陈独秀旧居”，成为北京市文物保护单位。

了的通俗的社会文学”，并表示：“有不顾迂儒之毁誉，明目张胆以与十八妖魔宣战者乎？予愿拖四十二生的大炮，为之前驱！”[1]不久，他又在蔡元培的支持下，罗致刘半农[2]等人进入北京大学，改革北京大学预科课程，实行白话文教学。同期，他吸收同在北京大学执教的钱玄同、刘半农、沈尹默等人参加了《新青年》的编辑工作。

对于李大钊到北京大学工作，陈独秀是由衷欢迎的。章士钊于 1951 年为《李大钊先生传》作序时，就曾经回忆道：“时校长为蔡孑民，学长陈独秀，两君皆推重守常，当然一说即行。”陈独秀与蔡元培，都是很推重李大钊的。章士钊又回忆道：“又守常先充图书馆主任，而后为教授，还有一段可笑之回忆。盖守常虽学问优长，其时实至而声不至，北大同僚，皆擅有欧美大学之镀金品质，独守常无有，浅薄者流，致不免以樊哙视守常。时北京民主运动正在萌芽，守常志在得北大一席，以便发踪指示，初于位分之高低，同事不合理之情绪，了不厝意。由今观之，守常一入北大，比于临淮治军，旌旗变色，自后凡全国趋向民主之一举一动，从五四说起，几无不唯守常之马首是瞻。何也？守常北方之强，其诚挚性之感人深也。”[3]蔡元培聘请李大钊就任北京大学图书馆主任，看重的并不是他的学历，而是其才学，这才使李大钊也获得“北大一席”。历史证明，蔡元培的这一选择对李大钊本人、对北京大学、对中国近代的历史，产生了巨大的影响。

与李大钊几乎同时进入北京大学校园的，还有胡适。胡适曾于 1915 年进入哥伦比亚大学研究院，师从哲学家杜威，接受杜威的实用主义哲学。到 1917 年夏，由美国学成回国，被陈独秀推荐任教于北京大学哲学系。胡适因

[1] 唐宝林、林茂生：《陈独秀年谱》，上海人民出版社 1988 年版，第 79 页。

[2] 李大钊进入北京大学工作后，与刘半农相交甚笃。李大钊就义后，刘半农异常怀念李大钊，1932 年 12 月在编选《初期白话诗稿》时，将李大钊的《山中即景》诗稿手迹排在第一位。1933 年 4 月，在香山万安公墓安葬李大钊的灵柩时，他为李大钊的墓地撰写了碑文。

[3] 章士钊：《我所知道的守常》，《回忆李大钊》第 144 ~ 145 页。

提倡文学革命而成为新文化运动的著名人物，到达北京后，与安徽同乡高一涵同居一室。李大钊不得不到别处另租房屋居住。

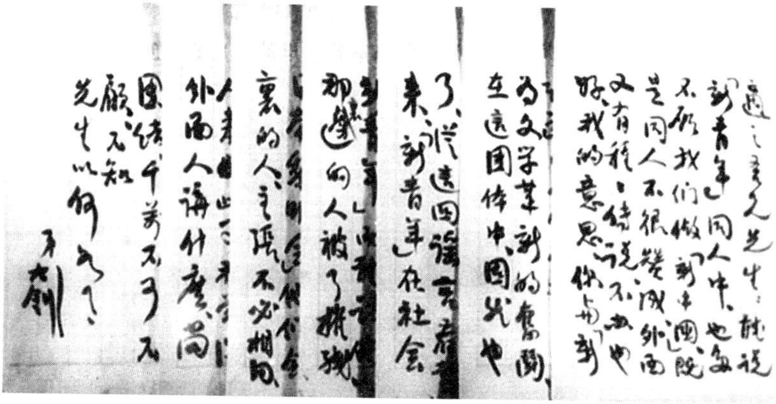

▲ 李大钊为《新青年》事于1919年3月写给胡适的信件手迹

李大钊由上海到北京后，未返回家乡探望一别又是四五个月的妻子和儿女，就在北京大学校园开始了新的工作。好在，学校有了固定的假期。到1918年1月下旬，北京大学一放寒假，他就回到了大黑坨家中。

1918年2月5日，农历戊午年腊月廿四，是赵纫兰的生日。那天恰是“六九”，全家人吃了一顿香喷喷的长寿面。5天后，全家人一起辞旧岁，迎新春，总算在时隔4个春秋之后，一起过了一个团圆年。

李大钊回乡度寒假那些天，赵纫兰心里甜甜的，手脚轻快得很，像又回到了结婚前后那几年的青春岁月，浑身上下有使不完的劲儿，心里头有说不完的话。李大钊望着她，常常不出声地笑。他在心里暗暗谋划，该在北京找个住宅，把家搬到京城去了。

寒假过后，李大钊从家乡回到了北京。他有许多事情需要去做。其中最主要的是研究1917年11月7日，俄国爆发的革命是什么样的一场“革命”，究竟与同年3月的那场二月革命有什么不同。令人始终疑惑不解的是，俄国在二月革命之后，何以又有一场十月革命？这是需要认真进行研究和思索的。

1917年3月，俄国二月革命爆发时，李大钊正在北京与高一涵紧张地编辑《甲寅》日刊。这场大规模的资产阶级民主革命把统治俄国达304年的罗曼诺夫王朝推翻了的消息传来，他感到异常兴奋，接连在《甲寅》日刊发表了《俄国革命之远因近因》《俄国共和政府之成立及其政纲》《俄国大革命之影响》等文章，热情赞扬俄国的资产阶级民主革命终于取得成功。他觉得，俄国资产阶级民主革命终于取得成功，“益显世界民主政治之光辉”[1]，其“直接以洗涤俄国政界积年之宿秽者，间接以灌润吾国自由之胚苗”。当时，他之所以对俄国革命党人“不惮高树赤旗，以奠自由民主之基”高度赞赏，主要是因俄国二月革命的成功足可“厚我共和政治之势力”[2]，势必会对中国产生重大影响。这与他当时所抱的在中国建设比较完美的民主政治的理想是合拍的，所以他不可能不产生共鸣。但就在中国又发生张勋复辟帝制的严重事件，他的思想苦闷、低落到极点，在上海避居4个多月，准备返回北京时，他当时根本没有想到，俄国激进的社会党人并没有就那样止步，又急风暴雨般发动了十月革命，而且是从已经获得二月革命成功的资产阶级手中夺取政权的无产阶级革命，几乎令整个世界瞠目，使很多中国人都不知俄国究竟又发生了什么“乱子”，会对中国的政局产生什么样的影响。

俄国十月革命爆发时，上海的《民国日报》在国内率先报道了俄国革命成功的消息，李大钊是在路经南京时从报纸上得知俄国又发生一场新的革命大风暴的信息的。回到北京，他急切地想知道俄国十月革命爆发的真正原因。一时，从国外传来的消息多种多样，称赞的极少，贬斥的较多。他一时难以厘清情况，探明真相，就没有急于去写任何评介文章。不过，在他心中总有一种预感：这绝不是一场简简单单地说一声好或说一声坏的“革命风暴”，而很可能会为真正解决中国革命的重大疑难问题带来极大的影响。

为了弄清俄国十月革命爆发的真正原因，以及这场革命对中国革命和世界革命的影响，李大钊到北京大学出任图书馆主任以后，开始利用工作之便，竭力搜集有关资料，仔细进行分析和研究。

---

[1] 李大钊：《俄国共和政府成立及其政纲》，《李大钊全集》第2卷第558页。

[2] 李大钊：《俄国大革命之影响》，《李大钊全集》第2卷第560页。

消息越来越多，似乎俄国十月革命以后，越来越乱了。但他却逐渐看出眉目：俄国的十月革命不同于法国大革命以来的任何革命运动，这是一场全新的社会主义革命。

1918 年春天，林伯渠从湖南的“护法军”作战前线给李大钊来信，询问他对俄国十月革命的看法。他接连给林回了几封信，并寄去了一些资料，向他介绍了俄国十月革命的实际情况，谈了自己的初步看法。1956 年 10 月，林伯渠在写《党成立时期的一些情况》时回忆说：“约在一九一八年三、四月，连续接到李大钊同志几次信，详细给我介绍了十月革命情况及一些小册子、文件，并对目前中国形势阐述了他的所见，得到了很大的启发。”[1]

就在这个时候，陈独秀编辑新的一期《新青年》杂志，向他约稿。经过一番思索，他提笔写出发表在 4 月 15 日出版的《新青年》第 4 卷第 4 号上的《“今”》。这是李大钊继《此日》之后，写出的又一篇表达“与时俱进”思想理念的短文。在这篇文章中，李大钊对那种不“再商进取，再为创造”的思想状态表示了明确的反对态度，指出：“今”之所以可爱的道理，“全在凭他可以为创造‘将来’的努力，决不在得他可以安乐无为”。[2] 文章中充满了“月异岁新”和“与时俱进”的思想理念和精神风貌。“宜善用‘今’，以努力为‘将来’之创造”，这样才能“随实在之进行，为后人造大功德”。毫无疑义，这种观念成了他的新的理论品质的坚实基石，也是他当时产生的一个坚定的信念。

李大钊紧接着又在 5 月15 日出版的第 4 卷第 5 号《新青年》发表了一篇题为《新的！旧的！》的短文。这篇文章，表达的是李大钊对当时社会生活的新的分析，对结束“最是可怖”的“国民的生活史”的新的见解。与一年前有所不同的是，他不再强调“调和之美”的作用，而是提倡“打破矛盾生

---

[1] 引自中国社会科学院中国近代史研究所所藏《林伯渠同志回忆录》（打印稿），见《林伯渠传》（红旗出版社 1986 年版）第 60 页。

[2] 《李大钊全集》第 3 卷第 12 ~ 13 页。

活”，“另外创造一种新生活”，用“新的”去“征服旧的”。他竭力主张“新青年”要“打起精神”，“于政治、社会、文学、思想种种方面开辟一条新径路，创造一种新生活”，而不再是以“调和之道”寻求“调和之境”。这表明，到这个时候，他已经在“政治、社会、文学、思想种种方面”有了新的审美追求，要“本其优洁高尚之理想”，寻找和开辟“新径路”，并为之“足尽诞生新命创造新运之努力”。至于应当“开辟”什么样的“一条新径路”，他在文章中没有指明。这主要是因当时他仅有一个尚未完全清晰的感觉，只能表达一种新的欲望和意向。但这反映了他的新的思想走向，是急欲找到打开人类生活最新最美的世界大门的钥匙，用此激励和鼓舞人们，特别是理应“进！进！进！”的“新青年”，尽到自己应负的历史使命。

李大钊的《“今”》和《新的！旧的！》等文章，虽然没有提到俄国的十月革命，不过，从中不难看出，俄国十月革命已经给了他新的审美启示和思想启迪。他已经清楚地认识到，解决社会的矛盾现象，不能再走老路子了，应当毫不犹豫地开辟新的路子，像俄国的革命党人那样，打烂一个旧世界，创造一个新世界；否则，中国就是没有出路的，也是没有前途的。他的这种新的思想走向，无疑是他能够在十月革命的炮声后，以较快的速度认清十月革命的重大意义和深远影响，择定中国革命应当走的道路的思想基础。

▲ 1918 年的李大钊

春去夏来。经过半年多的苦心研究与思索，他终于觉得自己基本了解了俄国十月革命的真相，明晰了俄国十月革命的意义与影响，可以着手动笔撰写研究俄国十月革命的文章了。他把发生在20世纪初叶的俄国十月革命，同发生在18世纪末期的法国大革命进行了全面比较，文章的题目定为《法俄革命之比较观》。也许是思索太久的关系，在写这篇文章时，李大钊几乎是一气呵成的。他奋笔疾书，尽情地谈论了自己对十月革命的初步看法。

李大钊在这年的五、六月间写出《法俄革命之比较观》以后，交给了依然在北京编辑《言治》季刊的郁嶷。郁嶷将之编发在1918年7月1日出版的《言治》季刊第3册上。这篇文章标志着李大钊的思想理念出现重大更新和转变，是李大钊研究俄国十月革命的初步成果，也是李大钊对俄国十月革命进行理论探索的思想结晶。

在文中，李大钊针对当时人们在俄国十月革命爆发以后出现的“一时混棼之象”普遍持有的悲观情绪和杞人忧天的态度，发表了自己的见解，指出：

> 一世纪新文明之创造，新生命之诞生，其机运每肇基于艰难恐怖之中，征之历史，往往而是。方其艰难缔造之初，流俗惊焉，视此根本之颠覆，乃为非常之祸变，抑知人群演进之途辙，其最大之成功，固皆在最大牺牲、最大痛苦之后。俄国今日之革命，诚与昔者法兰西革命同为影响于未来世纪文明之绝大变动。在法兰西当日之象，何尝不起世人之恐怖、惊骇而为之深抱悲观。尔后法人之自由幸福，即奠基于此役。岂惟法人，十九世纪全世界之文明，如政治或社会之组织等，罔不胚胎于法兰西革命血潮之中。二十世纪初叶以后之文明，必将起绝大之变动，其萌芽即茁发于今日俄国革命血潮之中，一如十八世纪末叶之法兰西亦未可知。今之为俄国革命抱悲观者，得毋与在法国革命之当日为法国抱悲观者相类欤。[1]

李大钊认为“革命血潮”是人们心目中的壮美之景观，是新美之来源，

[1] 全文见《李大钊全集》第3卷第55～57页。

非但不可惧可悲，反而非常可喜可爱，令人神驰遐往。他的这种不同流俗的分析，基于他对世界革命历史的宏观把握和深厚的哲理认识。他所认识和揭示的“革命血潮”之美，是有着奇丽色彩的悲剧之美，是人类崇高精神最集中最壮观的表现形态，是达于人类理想境界的必由之路所呈现的希望之光。对影响一个世纪甚至几个世纪世界文明、进步的革命壮举，能有这样明达至深的见识，足以表明，到俄国十月革命爆发以后，他的思想开始进入一个全新的阶段，他的观念也正在向着无产阶级和马克思主义的审美观大踏步靠拢。

在这篇文章中，李大钊对法国大革命和俄国十月革命的相同点和不同点进行了对照和比较。当时，一些人对俄国十月革命的实质和精神存有各种各样的误解。就此，他经过分析认为，这是“不知法兰西之革命是十八世纪末期之革命，是立于国家主义上之革命，是政治的革命而兼含社会的革命之意味者也”，而“俄罗斯之革命是二十世纪初期之革命，是立于社会主义上之革命，是社会的革命而并著世界的革命之采色也”，“时代之精神不同，革命之性质自异，故迥非可同日而语者”。在文章中，他又对俄国十月革命爆发的原因，从“文明史观”和“地理之位置”等方面进行了探讨，指出“世界中将来能创造一兼东西文明特质、欧亚民族天才之世界的新文明者，盖舍俄罗斯人莫属”。在文章的最后，他指出：

历史者，普遍心理表现之纪录也。故有权威之历史，足以震荡亿兆人之心，而惟能写出亿兆人之心之历史，始有震荡亿兆人心之权威。盖人间之生活，莫不于此永远实在之大机轴中息息相关。一人之未来，与人间全体之未来相照应，一事之朕兆，与世界全局之朕兆有关联。法兰西之革命，非独法兰西人心变动之表征，实十九世纪全世界人类普遍心理变动之表征。俄罗斯之革命，非独俄罗斯人心变动之显兆，实二十世纪全世界人类普遍心理变动之显兆。

他已经取得一个崭新的认识：俄国十月革命是“惊秋之桐叶”“知运之

鹃声”，“吾人对于俄罗斯今日之事变，惟有翘首以迎其世界的新文明之曙光，倾耳以迎其建于自由、人道上之新俄罗斯之消息，而求所以适应此世界的新潮流，勿徒以其目前一时之乱象遂遽为之抱悲观也”。

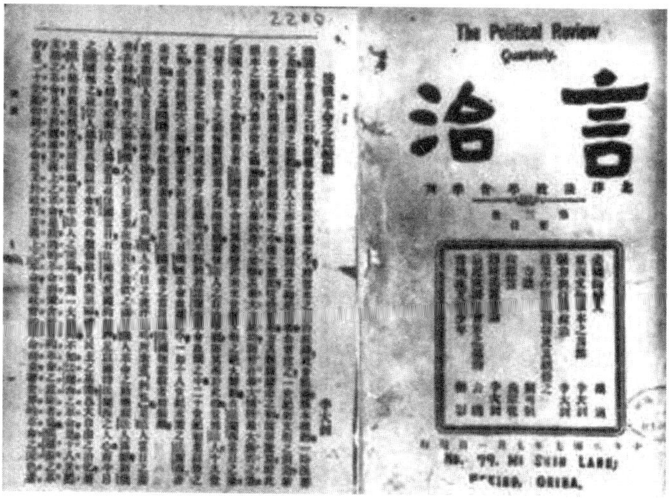
The Political Review
Quarterly
言治

▲ 李大钊在《言治》季刊第 3 册发表的《法俄革命之比较观》

纵观仅有 2300 多字的《法俄革命之比较观》全文，不难看出，这是俄国十月革命爆发以后，李大钊唱出的一首对俄国十月革命最热烈、最深挚的赞美诗，弹奏的一曲迎接“世界的新文明之曙光”的交响乐。他纵情讴歌俄国十月革命所体现的“爱人的精神”和所有的“世界的革命之采色”，赞美俄国“立于社会主义上之革命”所显示的“世界的新文明之曙光”，表达的是自己对无比壮阔的世界革命浪潮的憧憬和基于社会主义革命之上的新的理想。

李大钊体现中国人“心理变动之显兆”的思想转变，具有划时代的政治意义。在此之前，中国知识界在政治上思想上普遍存在着依赖西方先进国家的表率作用的心理，认为法国大革命带来的资产阶级民主政治是世界革命的历史潮流，要挽救国家和民族的危亡，必须顺应这一历史潮流，别无出路。作为一个在步入青春岁月就“感于国势之危迫，急思深研政理，求得挽救民族、振奋国群之良策”的中华男儿，李大钊在为创造青春中华奋力拼搏时，并没有跳出这个思想圈子。在俄国十月革命爆发之前，他所向往的主要是英伦立宪精神，寄希望于在中国建立代议政治，着眼点主要是政治革命和思想革命，而不是社会革命；他所寻求的思想武器也主要是英国的进化论、自由主义、功利主义和法国的启蒙主义，等等。俄国十月革命的成功，才使他有了“柳暗花明又一村”的感觉，终于在思想上豁然开朗，真正看到了中国革命和世界革命的美好前景。

李大钊无比强烈地意识到，新的世纪真正的美的神力在俄国，而不在“均已臻于熟烂之期”的法、英诸国。俄国的国情与中国类似，其“文明之进步”，比欧洲其他国家“迟约有三世纪之久”，其“对于欧洲文明之关系”因历史的原因，几乎“全成孤立之势”。正因其“较欧洲各国之文明之进步为迟”，“所以尚存向上发展之余力”。也正因如此，这个国家孕育的进步和青春的种子，一经社会主义革命催发，即可迅速成长为“并著世界革命之采色”的参天大树，起到落后国家可以一跃跨入先进国家的榜样作用。而欧洲最落后的国家在一夜之间忽然成为新的世界革命和现代文明的前哨阵地，无比大胆地向强大的西方国家阵营挑战，这一壮举不仅激发了他的强烈的民族主义和爱国主义情感，而且使他更加坚信万物都会走向自己的反面的辩证法思想。谁也无法否定，中国比俄国还要落后，既然俄国因其落后“尚存向上发展之余力”，那么，中国因更加落后，“向上发展之余力”则应更大，落后的俄国骤然之间的新生，无疑是更为激动人心的中国再造的前兆。

取得这样的认识，李大钊觉得，为结束“最是可怖”的“国民的生活史”，实现创造青春中华之理想和再造中国之抱负，理应毫不吝惜地摒弃自己以往所追求的西方旧文明之美，转而热烈追求俄罗斯新文明之美。他应当让自己的祖国走在“世界的新潮流”的前列，而不再在世界的旧潮流的后面尾随。他已经发现，“立于国家主义上”的法国大革命波及中国时确实有点为期太晚，而“倾于世界主义”的俄国十月革命则近在眼前，其所具有的普遍意义势必会在中国引起巨大反响，促使中国早日跨入世界历史新的舞台，跟上世界进步的新的强大洪流，重展“美与高”的雄姿与风采。

世界已经进入20世纪，20世纪的世界文明，必将起绝大的变动。时代精神不同了，革命的性质自然也会出现不同的变化，人们不应像当年对待法兰西革命那样，对“俄国今日之革命”也“惊骇而为之深抱悲观”，反而应破除传统观念的禁锢，“翘首以迎其世界新文明之曙光”。这是经过一个很长时间的反复思考，而得出的新的见解与认识。尽管这个见解还不能说完全透彻，所谈的认识尚不能说异常深刻，但他已经把想说的基本上都说了，想表达的主要意思都亮明了。

《法俄革命之比较观》的写出，表明李大钊在进入北京大学校园以后的一个不太长的时间，思想开始跳出旧有的圈子，政治理想也打破了历史的局限，“与时俱进”，跃入时代新的潮流之中。在世界革命的形势发生较大变化以后，他已经比较清醒地意识到俄国十月革命的非凡意义，开始冲破根深蒂固的传统观念的禁锢，不再一味地视法国大革命为楷模，而决定选择俄国十月革命为中国革命的新的榜样。

李大钊写出《法俄革命之比较观》的时候，夏天已经完全到来，北京的天气逐渐炎热起来。他决定，待北京大学放暑假时，回到家乡以后，就到昌黎五峰山韩文公祠住些日子，借到那个山川秀丽、优雅静谧的地方避暑之机，再进一步理清自己的思绪，探索一下俄国十月革命的爆发究竟会对中国革命产生什么样的影响和多么大的影响。

第一次到昌黎五峰山避暑

1958年10月，全国人大常务委员会副委员长林伯渠，在为人民出版社即将出版的《李大钊选集》题诗时，把当年李大钊率先在中国认识十月革命的世界意义和接受马克思主义的壮美举动，凝练成这样的诗句："登高一呼群山应，从此神州不陆沉。大智若愚能解惑，微言如闪首传真。"[1] 用十分形象、确切的诗句表现了李大钊的飒爽英姿和第一个在中国传播马克思主义思想的丰功伟绩。"登高"虽为虚写，从李大钊上五峰避暑写出《我的马克思主义观》等来看，又为实写。

李大钊到北京大学工作以后，有了定期的寒假和暑假。在第一次回到家乡度寒假时，他就决定了，每年学校放暑假的时候，都到自己喜爱的昌黎五峰山住上一些日子，把那里作为自己的避暑之地。

1918年和1919年，接连两个夏天，李大钊都在昌黎五峰山的韩文公祠度过了暑假的大部分时光。只是，与以往有所不同的是，他到五峰山韩文公祠客居，不再单纯地游山玩水，而是借到幽雅清静的深山古祠歇伏之机，在秀美壮丽的山水之间涤滤自己的心境，潜心探索俄国十月革命的成功经验，寻

[1] 《李大钊选集》扉页，人民出版社1959年版。

找中国革命屡次失败的根本原因，进行马克思主义在中国传播的拓荒和播种工作。

1918年7月下旬，北京大学放了暑假，李大钊把学校图书馆的工作交给时在北京大学任预科数学和逻辑预科助教的直隶同乡张申府[1]代理，就离开北京，回到了家乡。

李大钊第一次到昌黎五峰山避暑的情况，缺乏具体的文字记载，仅可从当时他寄给白坚武的白话诗中窥知一二。

李大钊自上一年初冬时节在长江边上与白坚武分别以后，一直与白坚武保持着密切的通信联系。据白坚武日记记载，他经常

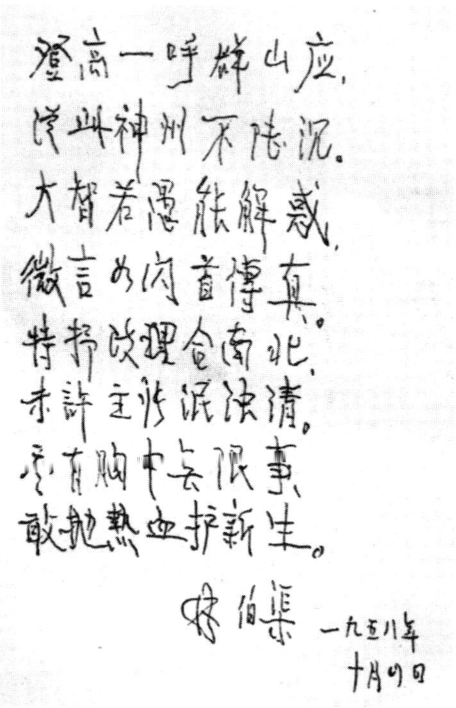

▲ 林伯渠于1958年10月4日为《李大钊选集》写的题诗

[1] 张申府（1893～1986），献县人。1913年考入北京大学预科，次年考入文科哲学系，后转入理科数学系，1917年肄业，留在北京大学预科任教。当时，他通过同学郭晓峰，与李大钊结识，常去图书馆帮助李大钊在登录室做一些工作。1951年7月10日他应邀为张次溪《李大钊先生传》作序时云："民七八年，五四之前，守常先生刚到北大图书馆不久。我也才在北大毕业了一两年。那时我就已很好书，喜欢图书馆，知道一些图书馆的技术。因此我曾一度以助教的名义在图书馆办事。后来到了民九，我晋为讲师，图书馆的事是不办了，仍然天天长在图书馆主任室里。"1980年2月24日，他在撰写《忆守常》时回忆说："每年北大放暑假，守常同志照例要回家乡到五峰山休假，我曾两次代理他在图书馆的职务。"（《回忆李大钊》第63页）

在南京收到李大钊的来信，以及寄来的《新青年》等刊物。

1918年7月19日，白坚武在日记中记有："接则民一函，寄新吾、守常各一函，并将所作白话《葫芦行》歪歌，函寄守常一阅。"白坚武当时所作的白话体《葫芦行》，实际是一首打油诗："我今不乐复何如？为着一个闷葫芦。横不见头竖没尾，您说怎么不糊涂？人人见他都气闷，惟有打破气乃舒。世间好物由改造，死抱葫芦何其愚！常说里有好药提，其实价值算臭泥。臭泥之臭非小可，连皮带里无东西。当破不破宁有怪，结局就在人发迷。我逢小儿语其故，小儿哈哈拍肚脐。儿言好人办好货，铁拐为人最劣低。三分像人七分鬼，看来没有好品题。我闻儿言良太息，痛心殊为铁拐啼。"

也许是受白坚武白话诗的感染，李大钊在五峰山避暑期间，也试笔作起白话诗来，并把吟出的几首白话诗一并寄给了白坚武。

这一年的8月19日，白坚武在日记里记有："接李守常函一件，并白话诗三首，为记之。"

山中即景

（一）

自然的美，美的自然；绝无人处，流水空山。

（二）

人在白云中，云在青山外；云飞人自还，依旧青山在。

（三）

一年一度果树红，一年一度果花落。借问今朝摘果人，忆否春雨梨花白。

悲　犬

我初入山，犬狂吠门前；我既入山，犬摇尾乞怜。犬哉犬哉，何前倨而后谦？

白坚武日记里在"忆否春雨梨花白"一句后面，注有"佳处颇有司空图诗品风味"。他觉得，李大钊的诗意颇有晚唐诗人、诗论家司空图《二十四诗品》阐述的诗歌风韵。

非常明显，李大钊的《山中即景》和《悲犬》写的是昌黎五峰山中的景色和际遇。“我初入山，犬狂吠门前”，当是说的他在昌黎下了火车之后，进山跟韩文公祠的守祠人刘克顺老人晤面时碰到的情况。当时，刘克顺养的看家护院的山犬，见他是一个“生人”，便在韩文公祠的山门前狂吠不止，想把他拒之门外。“我既入山，犬摇尾乞怜”，则记述的是他回到大黑坨，与妻子和儿女团聚几天后，再次来到韩文公祠遇到的情景。到这个时候，颇有记性的山犬已经跟他熟稔，再也不乱叫一气，反而对他“摇尾乞怜”起来。由此，他不由不发出感慨：“犬哉犬哉，何前倨而后谦？”《悲犬》可能是李大钊平生吟出的第一首白话诗，尽管有点半文半白，但“我”字的采用，则是白话文的意味了。

这一年夏天，李大钊在五峰山韩文公祠大约住了二三十天。吟出《山中即景》，当是他住一些日子以后的事情了。

李大钊这次到昌黎五峰山客居，主要是想借在山里避暑的机会，澄心涤虑，仔细研究一些事关祖国未来命运的要紧问题，彻底理一理多年来有些纷乱、繁杂的思绪。当时，他主要思索的是，俄国人搞起了不同于法国大革命的新的社会主义革命，中国人应当怎么办？是不是也走俄国革命党人开创的新的路途，遵循德国大思想家、哲学家马克思博士的理论，搞真正意义的社会主义革命？一时，他还有不少没有悟透的地方。

他在上山的时候，当带有不少研究俄国十月革命的有关资料，其中包括他到北京大学图书馆工作以后购置的书刊。

1917 年冬天，李大钊到北京大学担任图书馆主任以后，开始着手学习和掌握现代图书馆的管理知识与业务，扩大中外书籍的采购，不断增加图书的收藏。据统计，自李大钊任北京大学图书馆以后，北京大学图书馆的藏书量发生了巨大变化。到 1923 年 9 月，北京大学图书馆拥有的中文书籍，从 1917 年 12 月的 147190 册，增加到 184008 册，增加了 36800 余册；外文书籍从 1917 年 12 月的 9970 册，增加到 28836 册，增加了 18800 余册。其中外文书籍的日、德、英、俄文图书中，有不少马克思列宁主义理论书籍。

为了办好北京大学图书馆，李大钊于 1918 年 3 月 15 日特意带领一些职员到清华学校图书馆参观、访问。他在《参观清华学校杂记》中介绍：

吾辈此次参观第一目的即在图书馆，故是日在图书馆中所耗之时间为最多。该校现在图书馆址颇形狭隘，闻有数多书籍以馆中无余容，藏之他室中。但此不过为暂时之计，已另建图书馆一所，其建筑方法全用瓦石钢铁等材料，以防火险。现方在纠工葺造中，然大体规模已具，书库与阅览室各别而相毗，以便出纳。书库拟筑三阶，由上至下每隔二尺余之砖墙间以通天之长牖，用铁栏钳以玻璃，可以开阖，以便空气与阳光常常注入，可免晒曝书籍之劳，而无虫蚀腐烂之患。阅览室之书架及一切什器，皆量室中之容积而为配置，均皆精妙适用。将来全部落成，当益完备可观也。目录全用 Card 式。其 Card 用纸分二种：一为购自美国者，品质较为精美；一为在商务印字［书］馆订制者，亦颇可用。书籍以英文书为主，中文书次之，德、法文书则寥寥无几。中文书目录亦拟用 Card 式，目下正在编订中。[1]

这段 300 多字的描述，足以说明李大钊对清华的图书馆观察的细微和精到，体现了他对工作的一丝不苟。参观是为了学习与借鉴。李大钊带人到清华学校图书馆参观以后，开始在北京大学图书馆全面采用先进而科学的“Card 式”登记图书目录。另外，令他高兴的是，当时北京大学也像清华学校那样，在为图书馆兴建新楼，预计到这年秋天，图书馆就要搬进新的馆舍了。

由日本留学归国以后，李大钊经历国内外不少重大事变，已经深深体会到，要想认识真理的价值及其深刻的内涵，从中找到一种新的美的天地，并不是那么轻而易举的，伴随的往往是极度的苦闷。

李大钊这次到昌黎五峰山避暑，与一年之前这个时节在上海避居截然不同的是，当时自己的心情是悲忧交加、伤感缠身的，而今却是心满意足，美趣萦绕。自然环境也不一样了，当时是“竹帘半卷江天雨，蕉扇初迎海外秋”，感到的主要是沉郁哀愤，而今却是空山静谷，暑气远离，身临的处处

[1] 《李大钊全集》第 3 卷第 6 ~ 7 页。

是美景佳境。这里远离都市的尘嚣，几乎杜绝了一切杂念和琐事繁交。偶尔能听到山下传来的一两声火车行进时的汽笛长鸣，也不像在城市听着刺耳，反而使人有触觉到现代文明社会车轮滚滚向前运转的旋律感受。

盛夏的五峰山，层峦叠翠，山中的一草一木都有幽情。李大钊在苦心研读一些资料之余，非常喜欢站在古庙台上，欣赏南朝诗人谢灵运《过白岸亭》描绘的“近涧涓密石，远山映疏木”的景象，更喜欢攀登近在咫尺的高峰，立足山巅，远眺大海，领略大自然的磅礴气势。他还十分喜欢山里的月夜，这是静思默想的最佳时刻，也是被一种舒适而神秘的美感占据整个心境的最好氛围。

从五峰山及其邻近的山峰看，这里确实是一个“绝无人处，流水空山”，充满“自然的美，美的自然”的好地方。建在环抱如倚的五峰山半山腰坝台上的韩文公祠，下临深涧，涧水顺流而下，形成一条清澈的河流，向东南方向注入大海。山中像这样的“流水”很多，比较有名的是位于碣石山主峰仙台顶山胸东南峭壁上的龙潭洞，还有仙台顶东部的深沟——黑鹰峪的瀑布泉，等等。这都是李大钊在五峰山避暑时应当去过的地方。也许是龙潭洞、瀑布泉等地的景色更加绝美吧，在给白坚武寄出《山中即景》等诗稿之后，他又将“自然的美，美的自然；绝无人处，流水空山”修改为“是自然的美，是美的自然；绝无人迹处，空山响流泉”。

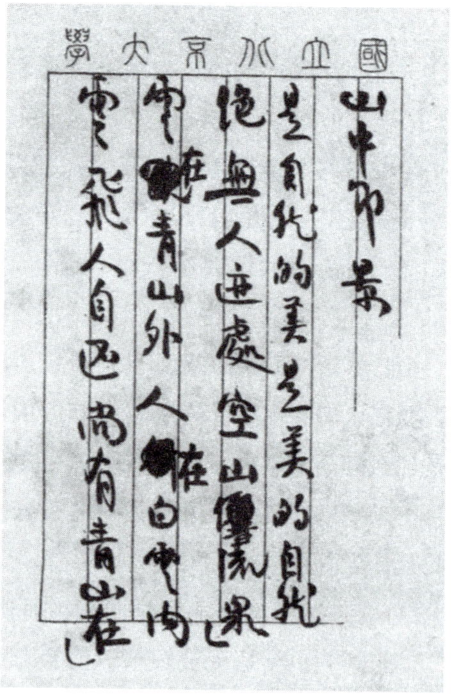

▲ 李大钊的白话诗尝试之作《山中即景》手稿

“人在白云中，云在青山外；云飞人自还，依旧青山在”，是李大钊在韩文公祠客居时，见到游客登上望海峰顶，在蓝天上的白云映衬的山顶晃动的身影的情景。后来，他在给《新青年》杂志编辑部寄去时，也略作修改，改成：“云在青山外，人在白云内；云飞人自还，尚有青山在。”

《山中即景》的前两首诗修改之后，发表于当年9月15日出版的《新青年》第5卷第3号[1]。这也成为李大钊在这个夏天写出的唯一公开发表的作品。

“一年一度果树红，一年一度果花落；借问今朝摘果人，忆否春雨梨花白。”当是李大钊吃到山里人给刘克顺和他送来的梨果时所吟。因是七言，他没有与《山中即景》一同寄给《新青年》。

李大钊第一次到昌黎五峰山避暑，除吟出《悲犬》和《山中即景》两首白话诗外，还写没写其他文章，几十年来迨无发现。20世纪70年代，中国社会科学院近代史研究所研究馆员杜春和与同事整理1963年春天收集的一批有关胡适的中外函电及文稿等档案资料时，发现一篇题为《俄罗斯文学与革命》的文稿，是用钢笔横着书写的，用的是蓝色横格16开白色道林纸，题后署名“李大钊”，全文共5页，个别文字有删改；同时，还发现一份同一篇文章的墨笔誊清稿，誊清稿是用绿格竖写的竹纸誊写的，其上印有“新青年原稿用纸”字样，题后也是署名“李大钊”，全文共8页，文中有个别错字，应写外文处都留作空白。1964年5月，杜春和等人把李大钊的《俄罗斯文学与革命》抄录整理，写出附记，连同原稿送给《文学评论》杂志发表；《文学评论》编辑部将原稿送请李大钊的长女李星华鉴别，确认系李大钊手稿。可惜，打出清样后，并未得以在当时发表。《俄罗斯文学与革命》在《人民文学》发表以后，杜春和在1979年第5期《革命文物》上发表《关于〈俄罗斯文学与革命〉》，介绍了有关情况。他认为，从另一份誊清稿看，这篇文章显然是准备刊在《新青年》杂志上的，但不知何故，当时没有发表，也没有

[1] 《李大钊全集》第3卷第95～96页。

退回李大钊本人，却被胡适长期存留在自己手中。原稿和抄稿均未署明写作年月，杜春和与他的同事从所写内容与时代背景分析，推断成稿于 1918 年，即俄国十月革命爆发的第二年。李星华与她的丈夫贾芝也同意这一看法，认为这是李大钊研究俄国十月革命的重要思想成果之一。

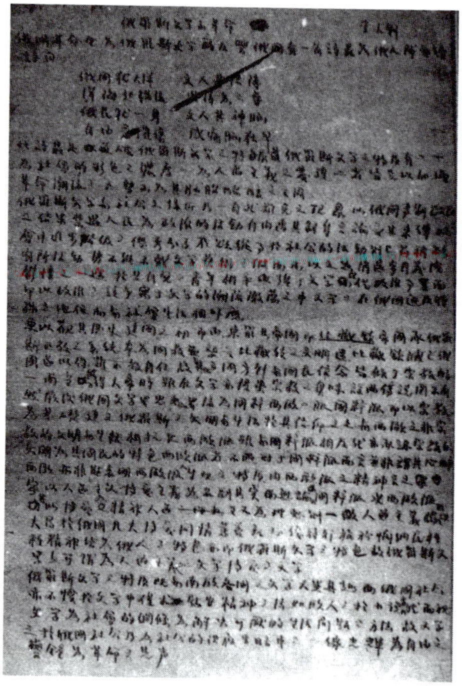

▲ 李大钊的《俄罗斯文学与革命》手稿

1918 年春夏，李大钊在研究俄国十月革命时，是非常关注俄罗斯文学与俄罗斯革命的关系的。这与他平生酷爱文学艺术，十分看重文学艺术，特别是革命的文学在社会变革中的“先声”作用，有着密切关系。

李大钊从小就对文学艺术产生比较广泛的兴趣。他的家乡乐亭县是乐亭皮影、乐亭大鼓等民间戏剧、曲艺艺术的发源地，与乐亭县毗邻的滦州是中国北方群众喜闻乐见的新剧种——评剧的诞生地。不过，从李大钊的成长经历看，他在 16 岁考入永平府中学堂之前，由于受科举思想的制约，是很难受到多少外国文学艺术影响的。他较多地接触西方的文学艺术，特别是俄罗斯文学，是在 1907 年夏天考进天津北洋法政专门学堂以后。这从他发表于 1913 年 11 月 1 日出版的《言治》月刊第 6 期的《文豪》可以看出。《文豪》是一篇专门论述作家与社会关系的文章，涉及的是文学与美学的一些基本原理，集中体现的是他当时已经日趋成熟的艺术观，表现的是他对古今中外杰出的伟大作家的仰慕，以及对其在改造社会中所起的巨大作用的认识和见解。在这篇文章中，李大钊勾画了从文艺复兴起至20世纪之初止的欧洲文学画廊，列数了欧洲不少著名的“文豪”的成就与命运，其中包括俄国著名作家托尔斯泰，以及当时依然在世的俄国第一个无产阶级作家高尔基。不仅如此，他在阐述处于衰世的社会乐有“文豪”在于救人救世，而不在于弃世误人时，着重抨击了俄国当时出现的非常值得警觉的文学创作现状：“暴俄肆虐，民遭荼毒，一时文豪哲士，痛人生之困苦颠连，字里行间，每含厌世之彩色。”他认为：“虽文学本质，在写现代生活之思想，社会黑暗，固无与于作者，而社会之乐有文豪，固将期以救世也。徒为厌世之文，不布忏悔之旨，致社会蒙自杀流行之影响，责又岂容辞乎？”[1] 他的这些论述，表明他在到日本留学之前，就已经对整个俄罗斯文学的历史与现状有一个比较清楚的了解，对俄罗斯文学的创作走向亦比较关注。很显然，在北洋法政专门学校学习期间，特别是后期，他已读到不少俄国作家的文学作品，或是介绍文章。这其中的缘由，除当时国内已有对俄罗斯文学的评介之外，很可能与他在北洋法政专门学校学了日语，能从日文译著中读到托尔斯泰、高尔基等人的文学作品有关。再有就是，当时他已对西方现代文艺思潮产生了异乎寻常的兴致，希求中国能有一种新的文学应运而生，成为改造人心、改造社会的思想武器。

李大钊到日本留学以后，对西方世界的文艺有了更加广泛的接触和深入的研究，进一步加深了“文学为物，感人至深”，“社会乐有文人，为其以先觉之明，觉醒斯世”[2] 等认识，从而使他在归国到北京主编《晨钟报》时，已不再简单地阐述“文豪”所具有的“使天地改观，山河易色”的“文字感化之伟”[3]，而是明确地提出了“由来新文明之诞生，必有新文艺为之先声”，“而新文艺之勃兴，尤必赖有一二哲人，犯当世之不韪，发挥其理想，

[1] 李大钊：《文豪》，《李大钊全集》第1卷第641～642页。

[2] 李大钊：《厌世心与自觉心》，《李大钊全集》第2卷第321页。

[3] 李大钊：《文豪》，《李大钊全集》第1卷第638页。

振其自我之权威，为自我觉醒之绝叫，而后当时有众之沉梦，赖以惊破”[1]等见解。嗣后，他非常注意评介世界上著名的“文豪”和“哲人”。在办《晨钟报》和《甲寅》日刊期间，他先后写出《介绍哲人托尔斯泰》《介绍哲人尼杰》《达科儿之“爱”观》《倍根之偶像说》《日本之托尔斯泰热》《爱国艺术家罗丹翁病笃》《诗人达阿儿之行踪》等文章，称托尔斯泰为“近代之伟人”“举世倾仰之理想人物”，等等。

基于以上这些，李大钊对于俄国的文学与革命的关系，应当说早就已经关注有加。1917 年 3 月 12 日，俄国二月革命爆发，沙皇专制政体被彻底推翻。当时正在北京编辑《甲寅》日刊的李大钊，立即对俄国资产阶级革命的成功表示了祝贺，并很快就在同年 3 月 19—21 日的《甲寅》日刊发表了专论俄国革命的文章《俄国革命之远因近因》，并专门列出一节，对俄国革命文学在俄国资产阶级民主革命中所起的重大作用进行了分析和研究。他认为，俄国二月革命能够取得成功的诸多原因之一，是倚重于“革命文学之鼓吹”，“俄国之文学，人道主义之文学也，亦即革命主义之文学也”。之所以如此，是因“其思想家、著作家有所评论、有所创作，莫不以人道主义为基础，主张人性之自由发展、个人之社会的权利，以充丰俄罗斯国民生活之内容”。同时，他指出，俄国文学的革命色彩的形成，是“由于彼邦之国情为其黑暗政治之反映”，而“西欧主义之思想所与之影响，亦甚大”[2]。为说明自己的这一看法，他在文章中列举了许多俄国作家的作品，当时，因列论颇多，限于篇幅，他对文学与革命的关系，谈得比较简略，但从中不难看出，他已对俄国的“革命文学”不仅相当熟稔，而且已经有了比较确当的评价。

《俄罗斯文学与革命》是李大钊在新的形势面前对俄国文学与革命的关系重新审视的思想结晶。较之《俄国革命之远因近因》中的简要论述，这篇文章显得全面、深刻和准确得多。这篇文章集中表现了李大钊对革命文学的

---

[1] 李大钊：《〈晨钟〉之使命》，《李大钊全集》第 2 卷第 367 页。

[2] 李大钊：《俄国革命之远因近因》，《李大钊全集》第 2 卷第 540 页。

崭新认识，也透出了马克思主义的艺术观正在他的思想深处萌芽，显示他正在努力准备为中国的文学革命“开辟一条新径路”。

“俄国革命全为俄罗斯文学之反响。”李大钊在写《俄罗斯文学与革命》[1]时，开宗明义，就明确地指明了这一点。为阐明这一点，他引述了俄国人最爱读的一首诗：“俄国犹大洋，文人其洪涛；洋海起横流，洪涛为之导。俄民犹一身，文人其神脑；自由受摧伤，感痛脑独早。”“文人”为“大洋”中的“洪涛”，当“洋海起横流”时可“为之导”；“文人”为“一身”中的“神脑”，当“自由受摧伤”时“感痛”能“独早”，这形象感很强的比喻揭示了“俄罗斯文学之特质”，“一为社会的彩色之浓厚”，“一为人道主义之发达”，这“二者皆足以加增革命潮流之气势，而为其胚胎酝酿之主因”。正因革命文学对国家和人民有这样重要的功能和“特质”，在进行社会革命时就不会是可有可无的，而是有着举足轻重的地位和作用。接着，李大钊对俄罗斯文学之所以能在俄国革命中显现这些“特质”的原因，进行了详细分析。他指出，“俄罗斯文学与社会之接近，乃一自然难免之现象”，之所以如此，是由于“俄国专制政治之结果”是“禁遏人民为政治的活动”的，而在“自由遭其剥夺，言论受其束缚”的情况下，“社会中进步阶级之优秀分子”在“从事于社会的活动”时，就“不能不戴文学艺术之假面”，“于是自觉之青年，相率趋于文学以代政治事业，而即以政治之竞争寓于文学的潮流激荡之中”，这就使得文学从此“在俄国遂居特殊之地位而与社会生活相呼应”。李大钊通过分析与研究，业已认识到俄罗斯文学是俄国专制政治下的特殊产物，具有的是强烈的社会色彩和革命性，走出来的是一条为社会变革服务，为无产者劳苦大众服务的现实主义大道；而这样的文学，理所当然地“为社会的沉夜黑暗中之一线光辉，为自由之警钟，为革命之先声”。毫无疑问，这样富有革命和社会变革意义的文学，是俄国革命所需要的，也是中国革命所需要的，这正是他梦寐以求的走出进化论和改良主义窠

---

[1] 全文见《李大钊全集》第3卷第118～126页。

臼的新文学。

李大钊在文章中，还对革命文学的特点进行了审美分析。他首先着重分析的是俄国诗人的作品，指出：“俄国抒情之诗感人最深，所以然者亦不在其排调之和，辞句之美，亦不在诗人情意恳挚之表示，乃在其诗歌之社会的趣味，作者之人道的理想，平民的同情。”进而又指出：“俄国诗人几常为社会的诗人，吾人实未见其他国家尚有以诗歌为社会的、政治的幸福之利器，至于若此之程度者。”为了说明自己的这些看法，他在谈及“当十九世纪全期，社会的政治的动机流行于俄国诗歌之中”时，依次对人称“俄国诗界无冠之帝王”的普希金、“吐露其光芒万丈之气焰”的莱蒙托夫、“于其思想中唤起多数为自由而死之战士”雷列耶夫、“于一八四八年高声祝贺革命风云之突起”的奥加辽夫、“传布解放妇人与平民之理想”的米纳耶夫、不同凡俗的“女流诗家”巴雷科娃、“诗人而评论家”杜勃罗留波夫、“平民诗派”最杰出的代表涅克拉索夫，以及一些“纯情诗派”“新浪漫主义派”诗人，作了介绍，并对俄国19世纪诗歌创作的发展、演变过程进行了评述。

《俄罗斯文学与革命》是李大钊一篇并没写完的文章，或曰是他写出的研究俄罗斯文学与革命关系的长篇论著的开篇。从发现的手稿看，他仅写出了开篇之语和评介俄罗斯的诗歌创作部分。在诗歌创作部分，他根据自己所掌握的资料，不仅对俄国19世纪至20世纪初期的诗歌创作流派和著名诗人的情况作了比较详尽的介绍，还着重介绍了被视为“人生之导师”“预言家”“领袖”的革命诗人惨遭迫害的命运，指明他们是“为文学之改进而牺牲，为社会之运动而牺牲”的“为社会牺牲之诗人”；由此，他得出结论：“今也赤旗飘扬，俄罗斯革命之花灿烂开敷，其光华且远及于荒寒之西伯利亚矣。俄罗斯革命之成功，即俄罗斯青年之胜利，亦即俄罗斯社会的诗人灵魂之胜利也。”毫无疑问，这是对近一个多世纪前仆后继的俄罗斯进步诗人在社会变革中起到的独特作用和巨大影响的由衷赞美和最高评价。从中可以看出，李大钊在写这篇文章的时候，已经对俄罗斯文学诗化现象的实质有了比较清楚的认识，对俄罗斯文学革命化的进程及各个时期的特点，几乎了如指掌。当时，出于种种原因，他尽管仅评述了“俄罗斯诗界”，没有能够像在《俄国革命之远因近因》中那样评述整个俄国文学界，但从中不难体味，他在写这篇文章时，已经对整个俄罗斯文学的艺术风格和革命价值有了比较清醒和完整的认识。很显然，他通过对俄罗斯文学与革命的关系进行分析，已经比较深刻地认识到，最有审美价值的文学作品，不在其有外在形式的美，而在其蕴含的美的内在力量，也不在于作者情真意切的告白，而在于作品所能产生的良好的社会效果。他最赞赏的，是“俄国诗人几常为社会的诗人”，能“以诗歌为社会的、政治的幸福之利器”，使“社会的政治的动机流行于俄国诗歌之中”。他已经认识到，文学作品所反映和体现的“社会的趣味”“人道的理想”“平民的同情”等要素，才是文学作品的“灵魂”，而作者是否有很高的文学才能，主要在于有无这个“灵魂”，能不能使自己的作品充满“社会的音调”，成为“社会的诗歌”，并不在于“纯粹之艺术”的水平高低。这实际上是在倡导中国的新文学，也应当像成为革命之反响的俄罗斯文学那样，纳入社会变革的轨道，具有浓厚的“社会的彩色”，“于文学以代政治事业”，使文学成为中国社会主义革命的有力武器之一，起到“革命之先声”的独特作用。这堪称李大钊的艺术观发生深刻变化的表现，也是李大钊革命的新艺术观趋于成熟的显现。

李大钊在俄国革命取得完全胜利之后，能够较快地研究文学在这场大革命中的特殊作用，并从中领悟革命文学的实质及表现特征等，对中国无产阶级革命的开展和中国新文化运动的推进，都有着强烈的现实意义和深远的历史意义。这种探讨的现实意义在于，能使文学真正从作为呼唤科学与民主的启蒙工具开始向反对黑暗统治、创造崭新世界的战斗武器转变，实现从文学革命到革命文学的观念性跃进；其历史意义在于，能够构成中国现代文艺思想新的发端和永恒流淌的血脉。从这一点讲，李大钊不愧为中国无产阶级革命文学的先驱，不愧为中国现代文艺思想的杰出导师。

李大钊的《俄国革命与文学家》一文，仅600余字，是对“十九世纪间，社会的动机，政治的动机，盛行于俄国诗歌之中”[1]情况的简介。《俄国某诗人对于青年之训语》更短，130多字，为摘录式编译之语。《俄国革命与文学家》与其说是《俄罗斯文学与革命》的摘要，不如说是《俄罗斯文学与革命》的写作要点，或是一个轮廓。就此，完全可以推测，《俄罗斯文学与革命》并非写于1918年7月之前，而是写于1918年7月以后，极有可能是李大钊到昌黎五峰山韩文公祠第一次避暑时所写。

毫无疑问，李大钊的《俄罗斯文学与革命》是我国最早系统论及文学与革命的关系的文章。《俄罗斯文学与革命》的写出，表明李大钊在俄国十月革命成功的消息传到中国不久，就已经借助俄国革命与文学这面镜子，明确认识到文学在革命中不可忽视的战斗作用，开始力图呼吁中国文坛出现像普希金、赫尔岑、车尔尼雪夫斯基、托尔斯泰、高尔基那样的文学家、艺术家，以促进中国革命事业的发展。这篇文章的字里行间，跳动的是一颗期望革命高潮早日到来的拳拳之心。

[1] 《李大钊全集》第3卷第61页。

“登高一呼群山应”

1918 年处暑前后，李大钊结束在昌黎五峰山的第一次避暑生活，回到家乡大黑坨，与妻子赵纫兰一起准备把家搬到北京。

李大钊到北京大学工作以后，不少同事劝他尽快把家搬到北京，有的同事还帮忙物色合适的住宅。最终，李大钊在宣武门附近的回回营胡同找到一所不错的住宅。他打算暑假一过，就把妻子、儿女带到北京，安一个新家。

9 月上旬的一天，李大钊带着妻子和儿女一同由昌黎车站乘坐火车，来到了北京。他们没有从老家带多少东西，一些家具和生活用品都是新置办的。回回营 3 号这个小院挺清静，独门独院，起居很方便[1]。对门住的，是李大钊在留学日本时结识的同窗好友陈愚生，他家住的是回回营 2 号院。

到这个时候，李大钊已经有不少同学、朋友定居北京。当他们得知李夫人要带着孩子到北京来住，都很高兴。郁嶷在上一年就把妻子和孩子接到了北京。他得知李大钊的夫人要来北京，忙派自己的夫人到车站去接李夫人。

---

[1] 源自李大钊到天津上学后结识的忘年好友白眉初的女儿白汝漪的回忆。详见张艾曼、董宝瑞《忘年好友白眉初》，《李大钊与故乡》第 72 ~ 78 页。有的文章将之误为陈愚生租居的回回营 2 号院。

操着一口湘音的郁嶷夫人，是赵纫兰到北京后结识的第一个姐妹。住下以后，赵纫兰陆续认识了不少教授、学者的夫人。由于她待人诚恳，处事随和，很快就颇得诸位夫人的好评，是大家公认的贤妻良母。

▲ 李大钊(后排右一)于 1918 年参加友人婚礼时的留影

在北京的新宅住下以后，房屋诸多，李大钊有了自己的书房。大约在这个时候，李大钊为自己新设的书房起了斋名，叫“闇斋”。多年任毛泽东秘书的中共中央办公厅副主任田家英生前曾收藏有李大钊手抄的《黄石公素书》册页，字字清劲，英姿焕发。册页的首页有“闇斋李大钊手钞”字样，使用的是印有“闇斋手钞”字样的蓝纸，每页 16 行。共有 12 页。李大钊平生有一个时期比较喜好练习书法，当在此时[1]。

安顿下来以后，北京大学迎来一个新的学年，李大钊又到图书馆忙各种事情去了。

这时，北京大学利用比利时仪品公司提供的 20 万元借款在沙滩兴建的新楼已经落成。因大楼均用红砖砌成，被大家称为“红楼”。红楼建成后，北

[1] 李大钊的长子李葆华 1987 年 8 月在北戴河海滨回忆说：“有一阵，他极好书法，几乎每天都写，写了不少张。大多送给朋友和家乡来的人。他写的字，大多是山水诗，也写对联。他写字不盖章，那时好像都不盖章。留下来的除对联‘铁肩担道义，妙手著文章’之外，还有一些唐朝诗人的山水诗，如韦应物的《寄全椒山中道士》等。记得父亲还给我二舅赵小峰书写了王昌龄的‘寒雨连江夜入吴，平明送客楚山孤。洛阳亲友如相问，一片冰心在玉壶’一诗。父亲很喜欢背诵唐诗，如白居易的《琵琶行》《长恨歌》等。”（见李葆华《我的回忆》，《李大钊在河北》第 4 页）

京大学的校部、图书馆和文科教室都搬了进去,李大钊与陈独秀等人的交往更加便利了。

图书馆由第三院搬到了第一院的红楼下层,在第一层设有 21 个书库、6 个阅览室。李大钊的主任办公室,设在第一层的东南角两间相连的屋子,里间用以办公,外间是会议室[1]。

开学一个月后,李大钊为操持图书馆搬家之事,着实忙碌了一些日子。10 月中旬,他连续发布《图书馆主任布告》,告知“本馆现拟迁往新大楼,惟以书籍繁多,非顷刻所能毕事,只有陆续搬运。自本月十四日起,每日上午闭馆,下午及晚间仍在旧舍开馆,照常办公”[2],“设在新大楼第一层第二十九号室”的“专备阅览中外杂志之用”的第一阅览室开始使用,以及“本馆办公室一概迁至新大楼第一层,各阅览室亦皆布置完竣”[3]等信息。

▲ 北京大学红楼旧址及李大钊当年使用的办公室

图书馆的搬迁工作完成以后,李大钊心里无比高兴,觉得自己管理的图书馆在新的馆址,布局比较合理,设施也比较完备,完全符合现代图书馆的

[1] 见张次溪《李大钊先生传》,第 21 页。

[2] 《李大钊全集》第 3 卷第 99 页。

[3] 《李大钊全集》第 3 卷第 111 ~ 112 页。

要求了。

秋去冬来。这一年的11月11日，协约国与同盟国双方签订停战协议，在欧洲爆发的世界大战历时四年多的时间，终于结束了，以英国、法国和美国等组成的协约国获胜。由于中国在1917年8月宣布对德国和奥匈帝国宣战，成为协约国的成员，由此也成为“战胜国”。这是一个令人扬眉吐气的好消息。在庆祝欧战胜利的日子里，人们不约而同举行各种集会，庆祝协约国的胜利。

北京也举行了一系列庆祝活动。据当时的《民国日报》《晨报》《公言报》等报纸报道，11月中旬，东交民巷连日举行大庆祝，各国在京人士亦举行提灯会，教育部下令各省升旗、放假以示庆祝。北京大学学生于11月15日前往东交民巷举行庆祝，北京的学生以及各界商民群众成群结队拥向美国公使馆，高呼“威尔逊总统万岁！”中央公园从11月14日到16日开放3天，以示庆祝。11月14日，在天安门召开庆祝大会，天安门前人山人海，中华门前搭起了高高的彩牌楼，天安门、正阳门上也装饰了彩灯。11月底，庆祝活动达到高潮，盛况空前。11月28日，公府特开大会庆祝战胜，总统徐世昌在太和殿举行庆典，举行中外军队阅兵式，并鸣礼炮108响。11月29日，徐世昌在居仁堂宴请协约国外交使团、各国公使。11月30日，又举行提灯会，北京东西城各校学生等分为两队举行游行，两队分别经过参众两院、总统府和各国使馆、中华门等地时均高呼三声“万岁”，以表祝意。可见欢庆中国作为参战国的胜利，人们的喜悦之情几乎达到了狂热的地步。

在此期间，北京大学接连在天安门前和中央公园举行讲演大会。在这个时候，李大钊作为北京大学的图书馆主任，也应邀上台讲演。当时李大钊从家乡回到北京，几乎像换了一个人一样，显得分外沉稳坚毅。有一段时间，他几乎没有发表任何文章，也没有写任何文字，似乎就要如此沉默下去。其实，他是在寻找机会，一吐为快。他觉得，举国欢庆本国以战胜国姿态出现在国际政治舞台之上，是自己发表演说，“登高一呼”的机会了。于是他打破自己保持多日的沉默，于11月29日在中央公园的讲演大会发表了一篇题为《庶民的胜利》的演说，表达了自己与众不同的政治见解。

李大钊在中央公园的讲演大会上发言的场景很难追述了，但他平实的话语，道出的深刻的见解，尤萦萦在耳。

> 我们这几天庆祝战胜，实在是热闹的很。可是战胜的，究竟是那一个？我们庆祝，究竟是为那个庆祝？我老老实实讲一句话，这回战胜的，不是联合国的武力，是世界人类的新精神。不是那一国的军阀或资本家的政府，是全世界的庶民。我们庆祝，不是为那一国或那一国的一部分人庆祝，是为全世界的庶民庆祝。不是为打败德国人庆祝，是为打败世界的军国主义庆祝。

李大钊在演讲时，一语就切入主题，谈了自己与众不同的看法。

接着，他鞭辟入里地分析道："这回大战，有两个结果：一个是政治的，一个是社会的。""政治的结果，是'大……主义'失败，民主主义战胜。"社会的结果，是资本主义失败，劳工主义战胜。……劳工主义的战胜，也是庶民的胜利。"讲演到此，李大钊觉得应当把道理讲得更加透彻："民主主义、劳工主义既然占了胜利，今后世界的人人都成了庶民，也就都成了工人。我们对于这等世界的新潮流，应该有几个觉悟……"

在这篇演说中，李大钊对在这次世界大战进行期间俄国爆发的十月革命给予了高度评价，认为它"是二十世纪中世界革命的先声"，代表的是"世界的新潮流"，并指出，对这"世界的新潮流"应有的觉悟，一是"不要恐怕，不要逃避"，二是"须知这种潮流，是只能迎，不可拒的"，三是要防止侵略成性的"大……主义"作怪，四是"须知今后的世界，变成劳工的世界"。

《庶民的胜利》这篇演讲较短，李大钊在讲完以后，仍然觉得自己心中还有好多话要讲，特别是对俄国十月革命的世界意义谈得不深不透。过了一些天，他经过反复思索，又伏案写出《Bolshevism 的胜利》[1]，交给陈独秀，请他编发在新的一期《新青年》上。

---

[1] 《Bolshevism 的胜利》的写作时间，当为 1918 年 12 月上旬。

《Bolshevism 的胜利》阐明的主要是李大钊近一年来的思想收获，写得比较详尽，有 4200 多字。

在文章的开头部分，李大钊先对北京城内举行的庆祝战胜活动进行了描述，转而对段祺瑞、梁启超等人“耀武”“掠功”的行径进行了不点名的嘲讽和抨击。他在文章中所说的“参战年余未出一兵的将军，也去阅兵，威风凛凛的耀武”[1]，指的是段祺瑞。段自北洋政府对德宣战一年多时间里，自任参战督办，军权在握，并没有向欧洲战场前线派去一兵一卒；这次，他作为举行阅兵式的总指挥，在 11 月 28 日参加了阅兵。“著《欧洲战役史论》主张德国必胜后来又主张对德宣战的政客，也来登报，替自己作政治活动的广告；一面归咎于人，一面自己掠功”，指的是梁启超，梁这时也在其研究系的机关报上登载文章，阿谀段祺瑞。

针对战胜庆祝，李大钊直接明了地发问：“这回胜利，究竟是谁的胜利？这回降服，究竟是那个降服？这回功业，究竟是谁的功业？我们庆祝，究竟是为谁庆祝？”他给出的有力回答是：

> 对于德国军国主义的胜利,不是联合国的胜利,更不是我国徒事内争托名参战的军人和那投机取巧卖乖弄俏的政客的胜利,而是人道主义的胜利,是平和思想的胜利,是公理的胜利,是自由的胜利,是民主主义的胜利,是社会主义的胜利,是 Bolshevism 的胜利,是赤旗的胜利,是世界劳工阶级的胜利,是二十世纪新潮流的胜利。

由此可见，李大钊是从“世界劳工阶级”战胜“皇帝、军阀、军国主义”，社会主义革命必然胜利的高度来分析这次世界大战和认识当时的世界形势的。这就十分明了地向人们说明了战胜的真正原因。之后，他又把笔锋回转，指向段、梁，并明确地告诉人们，这场战争胜利的“功业”，“与其

[1] 李大钊：《Bolshevism 的胜利》，《李大钊全集》第 3 卷第 104 ~ 110 页。

说是威尔逊（Wilson）等的功业，毋宁说是列宁（Lenin）……的功业”，“是马客士（Marx）的功业”[1]。

根据自己近一年来的研究成果，李大钊毫不含糊地在文章中指出，“Bolshevism 就是俄国 Bolsheviki 所抱的主义”，“他们的主义，就是革命的社会主义；他们的党，就是革命的社会党；他们是奉德国社会主义经济学家马客士（Marx）为宗主的；他们的目的，在把现在为社会主义的障碍的国家界限打破，把资本家独占利益的生产制度打破”。而“他们的战争，是阶级战争，是合世界无产庶民对于世界资本家的战争”；“他们将要联合世界的无产庶民，拿他们最大、最强的抵抗力，创造一自由乡土，先造欧洲联邦民主国，做世界联邦的基础”。为此，他认为“这是二十世纪世界革命的新信条”。

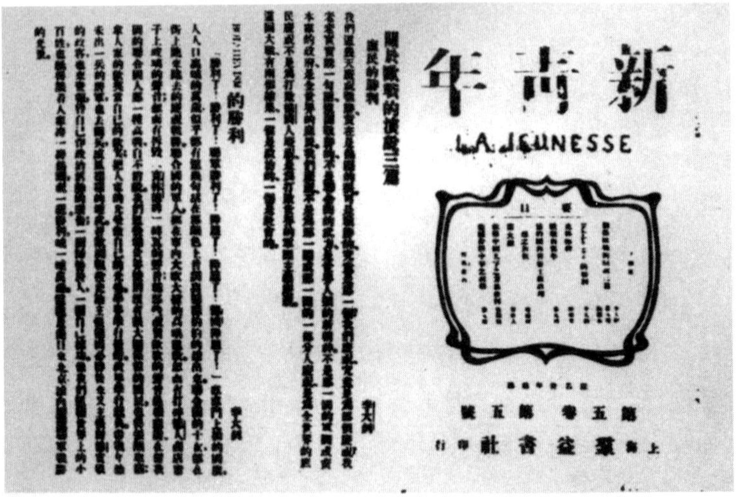
新青年
LA JEUNESSE
第五卷第五號
上海群益書社印行

▲ 李大钊在《新青年》第 5 卷第 5 号发表的《庶民的胜利》和《Bolshevism 的胜利》

在这篇文章中，李大钊相继转引了西方国家的报刊关于“Bolshevism”的一些报道和看法，以及陀罗慈基（即列昂·托洛斯基）所著的《Bolshevism 与

[1] 马客士，当时的音译，即马克思。

世界平和》一书中的有关论述，表示了自己赞同“有了 Bolshevism，于贫苦的人是一好消息”，“ Bolshevism 的下边，潜藏着一个极大的社会的进化”等见解的看法，认为托洛斯基“拿俄国的革命做一个世界革命的导火线”的主张是比较有远见的。同时，他还指出，这些见解已得到验证，其主张也正变为现实。对于俄国十月革命爆发以后一些国家出现的革命形势，他予以极高的评价，用充满赞美和激情的话语写道：“赤色旗到处翻飞，劳工会纷纷成立，可以说完全是俄罗斯式的革命，可以说是二十世纪式的革命。像这般滔滔滚滚的潮流，实非现在资本家的政府所能防遏得住的。……由今以后，到处所见的，都是 Bolshevism 战胜的旗。到处所闻的，都是 Bolshevism 的凯歌的声。人道的警钟响了！自由的曙光现了！试看将来的环球，必是赤旗的世界！”

在即将写毕《Bolshevism 的胜利》这篇文章时，李大钊觉意犹未尽，再次强调说：

> 我尝说过:历史是人间普遍心理表现的记录。人间的生活,都在这大机轴中息息相关,脉脉相通。一个人的未来,和人间全体的未来相照应。一件事的征兆,和世界全局的征兆有关联。……俄国的革命,不过是使天下惊秋的一片桐叶罢了。Bolshevism 这个字,虽为俄人所创造,但是他的精神,可是二十世纪全世界人类人人心中共同觉悟的精神。所以 Bolshevism 的胜利,就是二十世纪世界人类人人心中共同觉悟的新精神的胜利!

到这一年的 12 月，陈独秀编出了原定 10 月 15 日出版的第 5 卷第 5 号《新青年》，在编入“关于欧战的演说三篇”时，选中李大钊已经在 12 月 6 日《北京大学日刊》刊登的《庶民的胜利》；同时，编入了李大钊写的《Bolshevism 的胜利》。

《庶民的胜利》和《Bolshevism 的胜利》是李大钊在俄国十月革命爆发一年后，对“庶民”和“Bolshevism”取得的革命胜利的由衷礼赞，也是他对世界无产阶级革命事业的理论探讨和思想分析。特别是《Bolshevism 的胜利》的写出，表明这时的李大钊不仅已经看到俄国十月革命的世界意义，也已基本上认同“奉德国社会主义经济学家马客士（Marx）为宗主”俄国革命党人所实行的“布尔什维主义”（Bolshevism），认识到“把资本家独占利益的生产制度打破”的“革命的社会主义”必将在全世界取得胜利，并势必会成为中国革命的现实[1]。

李大钊的文章，笔锋尖锐，立场鲜明，战斗性十足，善用排比句，层层深入，类比中见洞察力。李大钊的“登高一呼”，给了“已陆沉”的“神州”以“回天再造”之力。这标志着中国的革命开始进入一个新的阶段，开始了一个新的纪元。从此，李大钊为在中国也同样爆发“俄罗斯式的革命”“二十世纪式的革命”，开始选择俄国十月革命为中国革命的新的榜样，并具备了导引和推动中国新的革命运动的思想基础。

[1] 当时的少年中国学会会员李璜在《五四运动与少年中国学会》一文中回忆说，1918年9月，他在陈愚生家与李大钊结识，云：“守常生得仪表不错，身长面白，留有两撇胡子，河北话说得干净而响亮，对人接物，皆有一定分寸，并不使人讨厌。我初在愚生家于九月中晤见他时，揣其年岁必要大我十岁以上，三十三四岁的样子。”他又回忆说，1918年11月，“守常便已在我们联餐席上，开始称道俄国的共产革命，认为比一七八九年的法国大革命要有意义得多，因为在俄共主张上，还有精神照顾到弱小民族的解放运动上，而中国革命的前途，要采取西方的策略时，则最好去学俄国共产党”。这当是对当时的李大钊思想情况的真实记述。

第八章

马列真理耀神州

翘首迎接“新纪元的曙光”

庆祝欧战胜利的热潮很快就过去了。

在那些日子里，陈独秀感觉《新青年》作为一个月刊，出版的周期显得略长，有些时评文章不能及时发表，缺乏一定的时效性。李大钊也有同样的感觉，很想与陈独秀等人共同创办一份报纸版的周刊，以发表谈论时局与政治的文章为主，兼及研究思想文艺方面的文章。为此，两个人一商量，决定办一个发行比《新青年》“更迅速，刊期短，与现实更接近”，四开一张，有 4 个版面的报纸版周刊，叫《每周评论》，每逢星期日出版。

1918 年 11 月 27 日，陈独秀在红楼的文科学长办公室召开《每周评论》创刊会议。参加者有李大钊和高一涵、高承元、张申府、周作人等北京大学同事。会议公推陈独秀为书记及编辑，其他人均为撰述，并定于 12 月 14 日出版，每人“每月助刊资三元”[1]。发行所设在北京宣武门外骡马市大街米市胡同 79 号，编辑所则为陈独秀的文科学长办公室。每期报纸售铜子 3 枚，外埠大洋 3 分（邮费在内），所刊文章来稿一律不付报酬。大家议定，新创

[1] 周作人日记语，见钱理群《周作人传》（北京十月文艺出版社 2005 年版）第 171 页。

刊的《每周评论》设置 12 个栏目，有国外大事述评、国内大事述评、社论、文艺时评、随感录、新文艺、国内劳动状况、通信、评论之评论、读者言论、新刊批评、报刊选论，每期必有 5 个栏目以上。

关于创办《每周评论》的经过，张申府在 1980 年 2 月 24 日在写《忆守常》时有比较清晰的回忆：

> 大家都知道，五四以前，指导新思想运动的刊物，《新青年》以外，就是《每周评论》。这个刊物是在一九一八年冬创办的。一次，陈独秀来到李守常同志的办公室，当时我也适在那儿。我们三人谈起当前政治斗争的形势，须出一个刊物，与《新青年》配合，互相补充，密切适应政治斗争进行宣传鼓动，最后便商定再办一个周刊，即《每周评论》。初办时，集稿校印等具体工作，完全是由守常和我负实际责任。我还记得，创刊第一期出版的前夜，他同我曾亲自到印刷所里去校对。等校对完了，看了大样，改好印成，那时已到凌晨四点钟。我俩各拿着一张首先印出的《每周评论》创刊号，出印刷所进宣武门徒步回家，一路上真是说不出来的高兴！虽然那时正值冬天，但我们都忘记了寒冷。[1]

1951 年 7 月 10 日，他在为张次溪编撰的《李大钊先生传》作序时，也有基本相同的回忆，说："开始也是由他（笔者按：指李大钊）与我主办，由宣外大街的北京《晨报》承印。我记得清清楚楚！……那时他住在宣内回回营，而我住在十八半截南半壁街。"[2]

经过一段时间的紧张筹备，《每周评论》第一期推迟到 1918 年 12 月 22 日出版。在创刊号上，陈独秀撰写了《发刊词》，宣布"《每周评论》的宗旨，也就是'主张公理，反对强权'八个大字"；具体内容只有两条，即美国总统威尔逊的两大主义："第一不许各国拿强权来侵害外国的平等自由，第二不许各国政府拿强权来侵害百姓的平等自由。"

---

[1] 《回忆李大钊》第 63 页。

[2] 张次溪：《李大钊先生传 · 张序》第 3 页。

李大钊和张申府在12月21日晚上到晨报社去校对，赶在次日凌晨印出了《每周评论》创刊号。创刊号除发表陈独秀的《发刊词》和其以“只眼”为笔名写的《两团政治》《义和拳征服了洋人》《战争的责任者》《公仆变了家长》等四则随感录之外，还有王光祈的社论《国际社会之改造》，从其他报刊“选论”的蔡元培的《劳工神圣》和梁启超的《欧战结局之教训》，有胡适的新诗《奔丧到家》，署名“质心”的评论文章《有饭大家吃，有工大家做》。“新文艺”栏目则开始连载一篇题为《他们的儿子》的法国小说；“国外大事述评”有《平和会议》《德国政状》和《英国总选举》，“国内大事述评”专评北京的“和平会议”，介绍了会议的“代表”“地点”和“阻碍”等方面的情况。

李大钊就任北京大学图书馆主任不久，高一涵也进入北京大学，任编译委员会编译员，主事一些外国著述的编译工作。陈独秀和李大钊决定创办《每周评论》时，高一涵就他与陈独秀和李大钊多年的交谊，自然也加入其中，成为撰述者之一。

胡适没有参加《每周评论》的创刊会议。当时，他的母亲病故，接到报丧电报后，他即偕妻子江冬秀于11月25日星夜离京赶回家乡奔丧。12月1日他赶到安徽绩溪时，母亲已经闭殓多日。目睹故园，感慨亲情，胡适悲从中来，写出白话自由体抒情诗《奔丧到家》，回到北京交给《每周评论》创刊号发表。

每週評論
Weekly Review
國外大事述評
國內大事述評

▲《每周评论》创刊号

《每周评论》创办以后，李大

钊作为《每周评论》的集稿和校对者，并没有在首期《每周评论》发表文章。他是在《每周评论》1919 年 1 月 5 日出版第 3 号时，才发表了自己的感时之作《新纪元》的。

在 1919 年元旦到来之际，李大钊的心情格外兴奋。他的整个身心都被“新纪元”携来的壮美前景所激奋，情不自禁地写出《新纪元》，表达了自己对“新纪元的曙光”的感受和见解。

李大钊自发表讲演《庶民的胜利》和写出《Bolshevism 的胜利》之后，有一种说不出的解脱感。他觉得，自己终于脱却一个闷郁窒息的世界，踏进了一个新的天地。他觉得，自己的理想之帆经过搁浅，又开始乘风破浪地远航壮美无比的彼岸。一时间，他感到自己心中有许多话要向世人倾吐。在新的一年终于到来时，他心中感慨万端，不由唱起了“送旧迎新”的赞歌，尽情地抒发了自己处于历史的伟大转折之时的心声。

> 新纪元来，新纪元来！
>
> 人生最有趣味的事情，就是送旧迎新，因为人类最高的欲求，是在时时创造新生活。
>
> 今日是一九一九年的新纪元，现在的时代又是人类生活中的新纪元，所以我们要欢欣庆祝。
>
> 我们今日欢祝这新纪元，不是像那小儿女们喜欢过年，喜欢那灯光照旧明，爆竹照旧响，鱼肉照旧吃，春联照旧贴，恭喜的套话照旧说，新衣新裳照旧穿戴。那样陈陈相因的生活，就过了百千万亿年，也是毫无意义，毫无趣味，毫无祝贺的价值。人类的生活，必须时时刻刻拿最大的努力，向最高的理想扩张传衍，流转无穷，把那陈旧的组织、腐滞的机能一一的扫荡摧清，别开一种新局面。这样进行的发轫，才能配称新纪元；这样的新纪元，才有祝贺的价值。一个人的一生，包含无数的新纪元，才算能完成他的崇高的生活。人类全体的历史，联结无数的新纪元，才算能贯达这人类伟大的使命。[1]

---

[1] 李大钊：《新纪元》，《李大钊全集》第 3 卷第 127 ~ 130 页。

这是对“新纪元”的完美认识，是对人生和社会之美的真谛的揭示。一时的美不是永久的美，只有把无数的美连缀在一起，才能实现“崇高的生活”的“完成”，“伟大的使命”的“贯达”。否则，“新纪元”的作用仅可发挥一时，不能贯穿永久。他的这些认识，显然是比较深刻而完备的，是符合客观事物的发展规律，符合辩证法的。这也表明，一个前所未有的“新纪元”的到来，正在将他带入一个崭新而色彩鲜明的世界。

李大钊专门谈论“新纪元”，主要想表达的是他对用“世界大战的血”“俄国革命的血”“德奥革命的血”，像“一场大洪水”一样“洗来洗去”，“洗出”的世界革命的“新纪元”的感奋，以及他对世界革命和中国革命成功的希冀和期望。他认为，“这个新纪元”所“带来”的“新生活、新文明、新世界”，具有极大的价值，其显示的先进社会力量的巨大潜力和崇高精神，展现了崇高的美必然胜利的光明前景，展现了符合客观规律的社会实践的伟大力量和不可阻挡的历史发展的必然前途。“这个新纪元”的出现，使人们感到展现在自己面前的“新生活、新文明、新世界”，“和一九一四年以前的生活、文明、世界，大不相同，仿佛隔几世纪一样”。这样，“这个新纪元”就具有了划时代的意义，堪称整个世界旧貌换新颜的信号。

李大钊在这篇文章中，着重分析了战后人们的思想和观念发生的变化。针对战前有些人打着“讲天演进化”的旗号，极力鼓吹“优胜劣败，弱肉强食”的观点，为发动战争的罪魁祸首解脱罪责，制造理论根据的情况，他指出，这是不足以为凭的，要“知道生物的进化，不是靠着竞争，乃是靠着互助”。当时，也有一些人大力推崇马尔萨斯的人口学说，觉得“人口的增加没有限制，地球的面积只有这一定的大小，若不能自节生殖，不是酿成疾疫，就是惹起战争”。为此，李大钊在文章中指出，这并非是人口问题的根本所在，其要害在“生产制度”是有利于“同去作工”，还是有利于“少数强盗的侵夺暴掠”。他还指出，经过世界大战和俄国革命、德奥革命的洗礼，人们认识到这样一个真理，“庶民”完全可以以其人之道还治其人之身，制裁“皇家、贵族、军阀、地主、资本家”等“造出”的“特别阶级”。这种情况，也给整个世界格局带来了新的变化:“从今以后,人心渐渐觉醒”,“欧洲几个先觉,在那里大声疾呼,要求人民的平和,不要皇帝,不要常备兵,不要秘密外交,要民族自决,要欧洲联邦,做世界联邦的基础”。这实际是在解析“新生活、新文明、新世界”之美的主要体现。由此,李大钊认为:“这新纪元的曙光”是人类新生的福音,是“新生活、新文明、新世界”的光芒。有了“这新纪元的曙光”,整个人类和世界就会大变样。他看到了“这新曙光”,也殷切地寄希望于“这新曙光”。他是在情不自禁地为“这新曙光”纵情高歌,抒发着内心翻腾起伏的美感。

最后,李大钊满怀革命豪情地指出:

> 这个新纪元是世界革命的新纪元,是人类觉醒的新纪元。我们在这黑暗的中国,死寂的北京,也仿佛分得那曙光的一线,好比在沉沉深夜中得一个小小的明星,照见新人生的道路。我们应该趁着这一线的光明,努力前去为人类活动,作出一点有益人类(的)工作。这点工作,就是贺新纪元的纪念。

显然,这是他在用散文化的语言表达自己的感奋心情。这时李大钊的思想情趣已经完全放在“世界革命”“人类觉醒”的新开端上。他为此激动,为此振奋,决定努力工作,以使“一线的光明”变成曙光之后冉冉升起的红日,使“黑暗的中国”变成光明的中国,“死寂的北京”变成热火燃烧的首都。

在发表《新纪元》之后,李大钊开始主要以“明明”为笔名,在《每周评论》发表短小精悍的随感录。随感录随时可写,三言两语,就可把一件事情或一个道理说个明白。

社論
▲新紀元
北京大學之「新潮」

▲ 李大钊在《每周评论》上发表的《新纪元》

当时，他相继发表的随感录有《北京的“华严”》《新自杀季节》《面包问题》《政客》《国民仲裁》《平民独裁政治》《过激乎？ 过惰乎？》《乡愿与大盗》《放弃特殊地位》《祝黎明会》《秘密外交》《罪恶之守护者》《死动》《普通选举》《光明与黑暗》《过激派的引线》《唐山煤厂的工人生活》《强国主义》《小国主义》《统一癖》《白人阀》《混充牌号》《解放后的人人》《宰猪场式的政治》《汽车与邮片》《废娼问题》，等等。其中发表在1919年3月2日出版的第11号《每周评论》的随感录《光明与黑暗》，表现了他在探求“革命的新趣味”时，对“人生之美”的探讨。

在《光明与黑暗》中，李大钊借一位“美术家”的眼睛，阐明自己对人生之美的认识。显而易见，仅从衣着打扮看，起早赶着劳动、工作、学习的人是极简朴的，甚至是破衣褴褛的，而午间出来风光的“不生产只消费的恶魔们、强盗们”[1]是华贵的，是富丽堂皇的。可要从人生的意义来衡量，那些“生产者”，靠工作发挥出了“人生之美”，“就是那推粪的工人，也有一种清白的趣味，可以掩住那粪溺的污秽”，而那些“恶魔”“强盗”的本事却是“把人世界变成鬼世界”，谁美谁丑就不言而喻了。一个代表光明，一个代表黑暗，一个值得同情，一个令人厌恶，这也是再分明不过的了。这显示着，李大钊在迎来“新纪元的曙光”之后，世界观已经发生根本转变，对美与丑的认识界限业已十分分明。他懂得了劳动创造了人，劳动可以创造新的世界这个基本道理，十分推崇劳动为美这个原则。在他看来，生活中的人有多种多样，美与丑区分不在人们的相貌穿戴，而在于如何生活，是“靠着工作发挥人生之美”，还是“不生产只消费”，醉生梦死地消磨时光。前者是“人世界”的生活和活动，是美与光明的象征；后者是“鬼世界”的生活和活动，是丑与黑暗的化身。在这个时候，他这样区别社会生活中的美与丑、光明与黑暗，似乎有点简单化、绝对化，其实不然，这正是他的思想感情和审美观念发生根本转化的标志。

---

[1] 李大钊：《光明与黑暗》，《李大钊全集》第3卷第186页。

李大钊产生这种新的审美情趣，并不是偶然的。这固然与其自身多年的审美体验有关，但起主导作用的是其整个审美观念的更新。崇尚劳工的思想形成于他发表《庶民的胜利》的演说时。当时，他在讲述“资本主义就是这样失败，劳工主义就是这样战胜”时指出：“这劳工的能力，是人人都有的，劳工的事情，是人人都可以作的，所以劳工主义的战胜，也是庶民的胜利。”[1] 他的“庶民的胜利”就是从“劳工”的定义引申出来的。在谈到面对世界新潮流应有的几个觉悟时，他又指出：“凡是不作工吃干饭的人，都是强盗。强盗和强盗夺不正的资产，也是一种的强盗，没有什么差异。我们中国人贪惰性成，不是强盗，便是乞丐，总是希图自己不作工，抢人家的饭吃，讨人家的饭吃。到了世界成一大工厂，有工大家作，有饭大家吃的时候，如何能有我们这样贪惰的民族立足之地呢？”为此，他倡导大家“快去作工”，因“要想在世界上当一个庶民，应该在世界上当一个工人”[2]。正因他有这种认识和估价，所以他在自己的心目中逐渐树立了“劳工神圣”的观念，并试图以此来改变中国人的“贪惰性成”，以跟上世界革命的潮流。

“作工”为美的观念，展示的是符合世界革命潮流的新的审美标尺。历朝历代，赞誉“作工”为美的极少，将此作为“光明与黑暗两界的区分”的罕见。李大钊推崇“作工”为美，标志着他在俄国十月革命爆发以后，正在向无产阶级审美趣味靠拢，并开始具备无产阶级的阶级属性。阶级的划分，以是否具有“作工”为美来确定，似乎简单了一些，但这种“简单”恰恰是最根本的、最原始的标尺，也是最本质的区分方法。当然，这并不是完美无缺的，也不是没有欠当之处，可当时无产阶级革命在中国处于发轫阶段，李大钊能及时取得这样的最基本的认识，应当说是相当不简单的，也是很有创见性的。

李大钊把“作工”为美当作“革命的新趣味”来探求，标志着他在探索中

[1] 《李大钊全集》第3卷第102页。

[2] 《李大钊全集》第3卷第103页。

国革命的新道路时，找到了划分阶级的基本点，也标志着他的“革命的新趣味”越来越多地放在了工人阶级和劳动大众身上，想通过挖掘和发挥他们身上所带有的力量，改造中国现实社会，实行“平民政治”，为“泯除一切阶级”[1]而努力奋斗。从这个意义上说，推崇“作工”为美，是李大钊运用不断更新的审美观观察、分析社会生活，在开创无产阶级革命新纪元的道路上迈出的第一步。

在新的一年开始之后，李大钊除在《每周评论》发表诸多随感录外，还在新创刊的《国民》杂志、《新潮》杂志和《晨报副刊》开辟的“自由论坛”栏目，以及《新青年》等报刊发表了一些文章。如在《国民》杂志第 1 卷第 2 号发表的《大亚细亚主义与新亚细亚主义》，在《新潮》杂志第1 卷第 2 号发表的《联治主义与世界组织》，在《晨报副刊》“自由论坛”发表的《战后之世界潮流》《劳动教育问题》《青年与农村》《现代青年活动的方向》《现在与将来》，在《新青年》杂志第 6 卷第 2 号发表的《战后之妇人问题》等文章。

1919 年春节期间，李大钊协助《晨报副刊》改版，开辟“自由论坛”栏目。为此，他在春节期间写出了《战后之世界潮流》一文。“今日的世界，大有 Bolsheviki 化的趋势。”[2]文中，李大钊对世界革命的形势作出了比较乐观的判断与估测。不过，他并未因此对中国革命形势的发展变化抱盲目乐观的态度，而是清醒地认识到，“现在社会革命的潮流”尽管“已经遍布于中央欧罗巴一带”，“其间的城市，大半成了社会主义的根据地”[3]，但要席卷远离欧洲的中国大地，还得一个漫长、曲折的过程；当务之急不在于匆忙仿效俄、德等国去搞大规模的武装革命，而在于努力改变中国的社会现状，为中国的布尔什维克化做好各方面的准备工作。

---

[1] 李大钊：《平民独裁政治》，《李大钊全集》第 3 卷第 140 页。

[2] 李大钊：《战后世界之潮流》，《李大钊全集》第 3 卷第 156 页。

[3] 《李大钊全集》第 3 卷第 157 页。

那么，用什么样的精神去度过准备阶段的时光呢？李大钊根据自己的体验和感受，及时提出了颇带“革命的新趣味”的苦乐观。他的这些新的审美见解，集中体现在《现代青年活动的方向》这篇文章当中。

李大钊在《现代青年活动的方向》[1]中，号召“有热情的青年”迎着“新世纪的曙光”，伴着“新世纪的晨钟”，“快快起来”，“努力去作人的活动”。他在为“亲爱的青年”指明“现代青年活动的方向”时，主要谈了这样几个方面的问题：一是“应该在寂寞的方面活动，不要在热闹的方面活动”；二是“应该在痛苦的方面活动，不要在欢乐的方面活动”；三是“应在黑暗的方面活动，不要专在光明的方面活动”。这几个方面，似乎都是“苦境”，他却归纳出完全相反的见解，说这均为一种“乐境”，一种最美的境遇。

当时，有人提出：“我们青年要耐得过这寂寞日子。”李大钊很赞成这种说法，但不同意对“这寂寞日子”采取“耐得过”的消极态度，而应采取“乐得过”的积极态度。他认为，这“寂寞日子”，“并不是苦境，实在是一种乐境”；也就是说，是一种美遇。他之所以这样认为，是因他“觉得世间一切光明，都从寂寞中发见出来”。他告诉人们，“寂寞”并非“都是消沉，都是散灭”，而是蕴含着新生和创造之美，是光明的前奏，充满的是迎接光明的趣味，给人的是希望和美感。为此，他进一步指明：“这样讲来，这寂寞日子，实在是有滋味、有趣意的日子，不是忍苦受罪的日子，我们实在乐得过，不是耐得过。”他认为采取“耐得过”的消极态度，“必不长久”，倘若“一个人若对于一种日子总觉得是耐得过”，那么，在“他的心中，必是认这寂寞日子，是一种苦境，是一种烦恼，那就很容易把他抛弃，去寻快乐日子过”，“因为避苦求乐，是人性的自然，勉强矜持的心，是靠不住的”。这实际是在指明，用“耐得过”的态度对待“寂寞日子”，“那种寂寞日子”就失去了“乐境”的价值，也就无法令人体味美的存在。道理讲清楚以后，他

---

[1] 全文见《李大钊全集》第3卷第194～199页。

告诫青年朋友“在寂寞的方面活动”时，“不可带着丝毫勉强矜持的意思，必须知道那里有一种真趣味，一种真光明，甘心情愿乐得过这寂寞日子，才能从这寂寞日子中寻出真趣味，获得真光明的一日”。这里说的“真趣味”“真光明”，无疑是“革命的新趣味”，是革命的“黎明的曙光”，也就是一种全新全美的“Bolsheviki 化”境界。

李大钊在倡导“现代的青年，应该在痛苦的方面活动，不要在欢乐的方面活动”时，对“苦”与“乐”这“两境”进行了审美分析。他提出了一个很尖锐的问题，即青年人在追求人生的价值时，是以“忍苦”为美，还是以“求乐”为美？是“勉强”“虚伪”地“在苦中求乐”呢，还是“顺应自然，立在真实上”，去“求得人生的光明”呢？很显然，他认为应当以“求乐”为美，以免“把真正人生都归幻灭”。那么，另一个问题出来了：“求乐虽是人性的自然，苦境总缘着这乐境发生，总来缠绕，这又当怎样摆脱呢？”为此，他提出了“一个新见解”，即“觉得人生求乐的方法，最好莫过于尊重劳动”，这实际是在推崇他日趋成熟的“作工”为美的观点。他说：“一切乐境，都可由劳动得来，一切苦境，都可由劳动解脱。劳动的人，自然没有苦

晨報
中華民國八年三月十四日
星期五
自由論壇
現代青年活動的方向（一）
守常

▲ 李大钊在《晨报》发表的《现代青年活动的方向》

境跟着他。”李大钊揭示了一个朴素的真理，即作为一个社会上的人，要求得乐境，摆脱苦境，至少要做到这个最起码的要求：尊重劳动。只有以尊重劳动为最基本的美德，才有可能获得一个美好快乐的人生境遇；否则，很容易“误入迷途”，甚至陷入“苦中苦的魔窟”而不能自拔，永远也得不到“无限的快乐”，更谈不上有一个美满的人生境遇。乐在劳动中，美在“尊重劳动”里，这是他在探索人生观时得出的又一个审美理念。当然，他这样讲，并不仅仅为了让“社会上的人”，“都本着这尊劳主义去达他们人生的目的”，而是让青年人在明白这个道理以后，更好地到“苦痛方面活动”。这才是他的本意，也是他对“有热情的青年”所寄托的希望所在。

在谈到“现代的青年，也应在黑暗的方面活动，不要专在光明的方面活动”这个问题时，李大钊着重阐述了自己对“幸福”的审美分析。他并不否认“光明中享尽人生之乐”，“是一大幸事”；他想指出的是“世间”并非“果然到了光明的机运，无一处不是光明”，“世间的黑暗，仍旧遍在，许多的同胞，都陷溺到黑暗中间”。在这种情况下，有志青年“焉能独自享受光明”？他站在时代的制高点，用社会责任感衡量，告诫青年朋友，“独善其身”“洁身自好”不是幸福，“独自享受光明”并不美满，真正的幸福是在“援救”那些“陷溺到黑暗中间”的“许多的同胞”的活动中，而不是“自找一点不沾泥土的地方，偷去安乐，偷去清洁”，那样获得的“光明”不是真正的“光明”，“幸福”也不是真正的“幸福”，根本算不得美！这可以说是他最初的革命的幸福观，也是他对真正的幸福境界的富有时代色彩的审美见解。在他心中，谋个人之光明前途不算幸福，让大多数人都从黑暗走向光明，那才是真正的幸福，才是人生真正的乐境。他异常诚恳地劝导“现代的青年”拿出不怕危险，甚至不怕牺牲的勇气，到充满丑陋的地方去昭示美的光芒。在这里，他显然是在揭示美必定战胜丑的斗争前景。这表现的是他的审美思想的革命性和战斗性，表现的是当无产阶级革命即将开始时，每一个献身革命事业的人都应当具有的大无畏精神和勇于奉献的高尚品德。这无疑是革命青年急需的精神食粮，是这些斗士应当具备的审美感知和思想修养。

李大钊从以上三个方面，步步深入地解析投身革命的青年应有的精神和思想，最终的目的是建议这些急应“努力”和“猛进”的“亲爱的青年”，认清革命形势发展的需要和自己肩负的革命使命，到工厂去，到农村去，到社会最底层去，“与劳工阶级打成一气”，深入社会，了解下情，“把现代的新文明，从根底输入到社会里面”，求得“国民全体”的“解放”。

在发表《现代青年活动的方向》之前，李大钊在《青年与农村》一文中就讲了自己的这个希望。在《青年与农村》这篇文章中，他号召“中国的青年”，“拿出当年俄罗斯青年在俄罗斯农村宣传运动的精神，来作些开发农村的事”[1]。他指出：“我们中国是一个农国，大多数的劳工阶级就是那些农民。他们若是不解放，就是我们国民全体不解放。”他认为，“中国农村的黑暗，算是达于极点”，“农村中很有青年活动的余地，并且有青年活动的需要”，而那里“却不见有青年的踪影”怎么能行呢？他不希望“青年朋友们”都“天天在都市上漂泊”，为把自己的“青年气质”都“消磨净尽”而“穷愁嗟叹”，成为“失路的人”；他认为，这些“青年朋友们”都“应该到农村里去”，“把黑暗的农村变成光明的农村”。他说：“只要知识阶级加入了劳工团体，那劳工团体就有了光明；只要青年多多的还了农村，那农村的生活就有改进的希望；只要农村生活有了改进的效果，那社会组织就有进步了，那些掠夺农工、欺骗农民的强盗，就该销声匿迹了。”这是他在研究俄国十月革命的成功经验之后，找到的开展中国革命的一条新途径，即仿效俄国一些年轻的民粹派，倡导和组织“青年志士”，也“把自己家庭的幸福全抛弃了，不惮跋涉艰难的辛苦，都跑到乡下的农村里去，宣传人道主义、社会主义的道理”。也就是说，先去搞农民革命。他在《现代青年活动的方向》一文中要求“现代的青年”乐于在“寂寞”“痛苦”和“黑暗”的方面活动，就是期望新的一代青年“万不容缓”地结束“在都市里漂泊”的生活，到“有许

---

[1] 全文见《李大钊全集》第3卷第180～183页。

多幸福”“生活光明一面多”“全是人的活动”“空气清洁”的农村去“与劳工阶级打成一气”，做“开发农村”的工作。他所提倡的实际是一种献身精神，这种精神是任何人也不可摧残的，越“压制”越会“为他们增加一层革命的新趣味”。

▲1919年春李大钊与梁漱溟(右二)、张申府(右一)、雷国能(左一)合影于北京中央公园

李大钊在五四运动爆发前，倡导的这种革命的新精神，对于形成五四时代高昂的革命气氛，产生了不容低估的影响，也为青年知识分子走与工农结合的革命道路，起到了极大的鼓舞和鞭策作用。这可以说是李大钊作为一个革命的先驱者，为开拓中国的无产阶级革命事业所作的特殊贡献之一。

在五四运动的风潮之中

李大钊进入北京大学校园以后，开始融入北京大学的一些社交活动，参加社会上一些团体的活动，并广泛与青年学生接触，支持北京大学学生成立自己的社团组织。

当时北京大学校长蔡元培为了规范教职员工和学生的道德行为，净化社会风气，于 1918 年 1 月发起成立进德会。他在 1 月 19 日的《北京大学日刊》发表《北京大学进德会旨趣书》，宣布成立进德会[1]。蔡元培认为："吾人既为社会之一分子，分子之腐败，不能无影响于全体，如疾疫然。其传染之广，往往出人意表"；"私德不修，祸及社会"。他提倡"进德"，以与社会之浊流作斗争，并制定了不嫖、不赌、不娶妾等条文，监督会员执行。会员分为甲、乙、丙三等，对各种会员的要求有所不同，规定："甲种会员不嫖、不赌、不娶妾。乙种会员于前三戒外，加不作官吏、不作议员二戒。丙种会员于前五戒外，又加不吸烟、不饮酒、不食肉三戒。"同时，对于入会的办法也作出了规定。

---

[1] 早在 1905 年，蔡元培就与李石曾等在巴黎发起进德会，提倡"不为官、不置私产"等，开一时风气之先。

李大钊积极响应蔡元培建立进德会的倡议，于1918年1月20日即自报为进德会的甲种会员。1918年5月28日，北京大学进德会正式召开成立大会，李大钊捐助校役书费3元。不久，当选进德会纠察员。到1918年6月，北京大学进德会决定编办每季一出的《北京大学进德会杂志》，李大钊与沈尹默、钱玄同、康白情一同被推定任编辑工作。

就在这个时候，李大钊开始参加一些有志青年发起成立的少年中国学会的筹建工作。这与陈愚生有密切关系。

陈愚生是四川泸州人，曾于民国初年赴日本留学，就读于早稻田大学政治经济专业。与李大钊成为同学后，两人私交甚厚。后来，陈愚生由日本归国，亦到北京工作。1918年春，与妻子金绮租住在回回营2号宅院，在北京安了一个家。陈是标准的四川人，好吃，好客，好谈论，李大钊常去他家串门。等到这年秋天李大钊把家搬到回回营3号陈愚生家对门以后，两人成为邻居，相互之间的交往就更加密切起来了[1]。

1918年5月12日，中国留日学生要求废除阴谋武装干涉苏俄的所谓《中日共同防敌军事协定》，全体罢学回国，旋即组织留学日本救国团进行广泛宣传。一些留日学生回国以后，深感组织一个带学术性的政治团体之必要。在这种情况下，陈愚生与四川同乡王光祈、曾琦等决定模仿意大利的革命家马志尼创造"少年意大利"的做法，发起成立少年中国学会，邀请李大钊参加。

---

[1] 少年中国学会于1919年7月1日正式成立后，陈愚生任《少年中国》月刊经理。1920年年底，受川东道尹叶炳臣推荐，陈到重庆任川东道尹公署秘书长。1921年2月1日，在白象街创办《新蜀报》。是年5月，其妻金绮留下不足两周岁的女儿撒手人寰，陈赶往北京奔丧；7月20日，李大钊参加了陈愚生夫人的葬礼。办完丧事后，李大钊商请陈愚生以为夫人守墓为名，在陶然亭旁慈悲庵内租用两间南房，作为新成立的共产党北京地方组织的秘密工作场所。邓中夏、恽代英、高君宇等中共早期革命领袖都曾来此开过会。（这两间房现已辟为"李大钊纪念室"。）陈愚生由北京返回四川后，参与发起重庆裁兵运动，成立重庆裁兵促进会。1923年6月，被伤寒病夺去生命。

据王光祈在1919年7月15日出版的《少年中国》第1卷第1期发表的《本会发起之旨趣及其经过情形》介绍，少年中国学会是1918年6月30日发起筹备的。他介绍说：

> 本会同人在本会未发起以前，大半先有一种精神上的结合。出处进退，互相商榷，已略具团体规模。去年留东同人归国，首由北京会员王光祈君提出《吾党今后进行意见书》一册，书中历叙同人今后进行，宜为一种有统系的有秩序的，并草拟学会规约大纲数十条。其时东京会员曾琦君等亦正有建设学会之计划，乃先派雷宝菁君归国接洽一切，同人意见遂归一致。曾琦君、张尚龄君亦先后由东京归国，乃有七年六月三十日岳云别墅之会议。
>
> 岳云别墅者，本会成立史中最可纪念之发祥地也。到会者为：陈君淯、张君尚龄、周君无、曾君琦、雷君宝菁、王君光祈六人。会议结果，公推王君光祈为起草员。遂由王君光祈草拟规约数十条，复在岳云别墅会议修改数次，并邀同会员李君大钊商榷一切。于是本会规约七十条全体产出。当时列名发起者，则为陈淯、张尚龄、曾琦、李大钊、周无、雷宝菁、王光祈七人也。[1]

王光祈是四川温江（今成都市温江区）人，1914年到北京任职清史馆书记员，1915年入中国大学专门部学习法律，兼任成都《群报》（后改名《川报》）驻北京记者和北京《京华日报》编辑。当时，他寓居在北池子一间狭小简陋的屋子里，过着半工半读的艰苦生活。后来，他与李大钊结识。据说，李大钊对王光祈非常欣赏，说他是一个能想、能行的青年，极有志气。

从王光祈的《本会发起之旨趣及其经过情形》可知，少年中国学会是他和同乡陈愚生，与从日本归来的留学生曾琦、张尚龄等共同发起的，并特邀李大

[1] 《五四时期的社团（一）》，生活·读书·新知三联书店1979年版，第219页。李大钊是1918年7月21日被王光祈等邀约参加发起成立少年中国学会的。

钊参加，作为共同发起人。

少年中国学会订立的宗旨是“振作少年精神，研究真实学术，发展社会事业，转移末世风气”，确定的是“奋斗、实践、坚忍、俭朴”八字信条，并本着纯洁科学精神的原则，规定凡是有宗教信仰的人、纳妾的人、做官的人均不能成为会员。

少年中国学会在宣武门外南横街岳云别墅（前身为浙江嵊县同乡会馆，今盆儿胡同55号）张文达祠决定成立时，大家公推王光祈为筹备处主任兼会计，周无（字太玄）为文牍，李大钊为临时编译部主任，并委托王光祈组织筹备处，筹备期为一年，一年后正式成立。

时至1918年秋冬，李大钊热情支持一些学生创办《国民》杂志和《新潮》杂志。

《国民》杂志社成立于1918年10月20日。它的产生与当时的爱国团体“学生救国会”有密切关系。如前所述，1918年5月中旬，在东京的中国留

▲ 李大钊(右三)于1920年7月与少年中国学会会友合影

日学生为要求废除《中日共同防敌军事协定》，举行了大规模的示威游行。这一正义的爱国行动，遭到日本警察当局的蛮横镇压。于是，1000多名留学生全体罢学归国。回国后，他们在上海组织了学生救国团，积极进行反日爱国宣传活动。当时，他们派往北京的代表与北京大学等学校的爱国学生取得联系，发动了北京大专学校2000多人的请愿示威运动。在这次运动中，成立了北京学生爱国会。北京学生爱国会代表在南下活动中，得到上海、南京、天津、济南等地学生的支持，最终成立了全国学生统一的爱国组织——学生救国会。为了便于在军阀政府统治下进行反帝爱国宣传，救国会在北京大学组织了《国民》杂志社，杂志社的经费是京、津、沪等地的爱国学生和同情他们的教授与社会人士捐助，凡捐款者均算杂志社的社员，成员有将近200人。

《国民》杂志社的办社宗旨是"增进国民人格，灌输国民常识，研究学术，提倡国货"。担任《国民》杂志编辑的有邓中夏、高君宇、许德珩、张国焘、段锡朋、孟寿椿、易克嶷等人。李大钊被邀请为指导老师，《京报》主笔邵飘萍和画家徐悲鸿被邀请为顾问。

《国民》杂志于1919年1月1日正式出版。《国民》杂志创刊后，李大钊不仅热情给予指导，还在第1卷第2号发表了《大亚细亚主义与新亚细亚主义》[1]。

《新潮》杂志社是北京大学第一个学生社团，发起者为傅斯年、罗家伦、徐彦之、顾颉刚、俞平伯等当时北京大学的青年学生。

《新潮》酝酿于1918年秋天，10月13日召开第一次预备会议，到11月19日正式成立。12月13日，《北京大学日刊》刊登了《新潮杂志社启事》，启事说："同人等集合同趣组成一月刊杂志，定名曰《新潮》。专以介绍西洋近代思潮，批评中国现代学术上、社会上各问题为职司。不取庸

---

[1] 《国民》杂志创刊后，李大钊经常为《国民》杂志写稿。邓中夏用"大壑"的笔名每期都为杂志撰述"国内外大事"，介绍国际新闻。《国民》杂志第1卷第5期还发表了李泽彰翻译的《共产党宣言》的前半部，这是《共产党宣言》介绍到中国后的第一个译本。

言，不为无主义之文辞。成立方始，切待匡正，同学诸君如肯赐以指教，最为欢迎！”启事还公布了首批21名社员的名单，社员均为杂志的撰述员；杂志社下设编辑部和干事部两个部门，均为3人编制，任事者由社员选举产生。《新潮》定为每年分两卷发行10期的定期月刊，印刷费用由学校承担。在《新潮》杂志社的首届职员中，编辑部的3人依次是傅斯年、罗家伦和杨振声，干事部的3人依次是徐彦之、康白情和俞平伯。

《新潮》杂志社成立时，制定的《干事部实施章程》规定：“敦请图书馆主任、庶务处主任为顾问，所有本志印刷、登广告、发行及其他银钱出入事项，即由两主任分派出版部、杂务课、会计课、事务员执行之。”[1] 可知，《新潮》聘请身为图书馆主任的李大钊和有着多年办报经验的庶务处主任李辛白为顾问。

李大钊热情支持傅斯年等北京大学学生成立《新潮》杂志社，在被聘为《新潮》杂志社顾问后，特意从图书馆拨出一间房子供他们使用[2]。

《新潮》杂志正式创刊，同《国民》杂志一样，也是在1919年的元旦。创办伊始，《新潮》杂志就旗帜鲜明地站在新文化运动的立场上，与师长们编辑的《新青年》杂志同声相应，同气相求，互成犄角之势，与旧势力、旧传统、旧思想展开了激烈的斗争。所以刚一出版，就受到了社会上读者的广泛欢迎，创刊号在一个月内就再版了3次。《新潮》杂志在出版第1卷第2号时，发表了李大钊的《联治主义与世界组织》。

在《每周评论》创刊之前，李大钊开始参加《新青年》的编辑工作，变成了《新青年》编辑部的一员。

1918年3月出版的《新青年》第4卷第3号发表《本志编辑部启事》，宣布“本志自四卷一号起……所有撰译，悉由编辑部同人共同担任，不另购

[1] 《五四时期的社团（二）》，生活·读书·新知三联书店1979年版，第48页。

[2] 傅斯年在《新潮》杂志第2卷第1期《附录》发表《新潮之回顾与前瞻》云：“十一月十九日第二次会，把职员选妥，着手预备稿件。李守常先生把图书馆的一个房间拨给了新潮社用。”（见《五四时期的社团（二）》第94页）

稿”。[1] 与李大钊同时参加《新青年》编辑工作的还有胡适、钱玄同、刘半农和鲁迅、周作人兄弟等。

▲ 李大钊在《新潮》杂志第 1 卷第 2 号发表的《联治主义与世界组织》

1918 年 10 月 21 日，《新青年》编辑部召开会议，议定自 1919 年起，由陈独秀、胡适、陶孟和、李大钊、高一涵、钱玄同、沈尹默、沈兼士、刘半农、周作人、陈百年、傅斯年等 12 名北京大学教师或学生分期轮流负责主编。

1919 年 3 月，李大钊又支持邓中夏等北京大学学生，发起组织旨在“增进平民知识，唤起平民之自觉心”的北京大学平民教育讲演团。

这一时期，李大钊的图书馆主任办公室，经常有青年学生你来我往，热闹非凡。张次溪《李大钊先生传》介绍：“自从先生担任北大图书馆主任，从此开始，图书馆主任室的外间屋子，时常不断开会。北大同学及校外的前进人士，如范鸿劼、高君宇、邓仲澥、刘仁静、黄日葵、何孟雄、缪伯英、张挹兰、毛一鸣、金家凤等人，全争着来参加讨论。这间房中往往是满了座。”[2] 张次溪还说：“1918 年，先生将《新青年》杂志重加改组，先生自任编辑[3]。6 月又和王光祈等人发起组织一个学会，名为‘少年中国学会’。12 月又办《每周评论》，地点在北京宣武门外丞相胡同。12 月 22 日

[1] 钱理群：《周作人传》第 164 页。

[2] 《李大钊先生传》第 21 页。

[3] 此记述与史实不符。当时，李大钊开始参加《新青年》的编辑工作，主编还是陈独秀。

出版，先生自己担任编辑和校对。那时先生住在宣武门内回回营，白天事多太忙，编辑工作，全是携回家中去作。他发表文章，是署名一个‘常’字，或署‘明明’两个字。（1919年8月24日被查封停刊，共出36期。）先生在这些刊物所发表的文字，都是指导青年，走向革命道路的正确理论，为后来革命播下了种子。”又说：“1919年1月1日，进步人士，因受先生的指导，在北京办了几个刊物，如《国民》杂志和《新潮》杂志。《新潮》杂志，偏重文学改革运动。《国民》杂志，为联系同学和鼓吹抗日救国的刊物。当时北京学生，及一般进步知识分子，在《新青年》与《国民》《新潮》等进步刊物直接影响下，政治觉悟逐渐提高。”[1]

李大钊在1919年5月1日《晨报副刊》“劳动节”纪念号发表了《“五一节”May Day杂感》。

“五一”劳动节源于1889年7月，当时由各国马克思主义者召集的社会主义者代表大会在法国巴黎隆重开幕，大会代表一致同意，把5月1日定为国际无产阶级的共同节日，称为“国际劳动节”，又称“五一国际劳动节”“国际示威游行日”（Labor Day或者May Day）。这一决定立即得到世界各国工人的积极响应。中国的工人阶级队伍形成较晚，直至1919年，还没有过过“五一”国际劳动节。自俄国十月革命爆发以后，李大钊率先觉察到这一点，他帮助《晨报副刊》编辑了“劳动节”纪念号，并发表了彰显“五一”国际劳动节的重大意义的《“五一节”May Day杂感》，提出：“五月一日是工人的祝典日。五月五日是马克思的诞生日。去年的五月五日，又正是他诞生百年的诞生日，也是世界的劳工共和国的诞生日。我们应该纪念这个五月，纪念这一八一八年五月五日诞生的人物，纪念这一八九〇年五月一日创行的典礼，更纪念这一九一八年诞生的世界新潮。”这是在发出纪念“五一”国际劳动节和已经诞生有101年的世界无产阶级革命导师马克思的号召。

5月4日，北京爆发了反对帝国主义、封建主义和北洋政府丧权辱国行径

---

[1] 《李大钊先生传》第6~7页。

的“直接行动”——五四运动。

五四运动的起因是，1919 年 1 月第一次世界大战的战胜国在法国巴黎召开“和平会议”，当时中国代表在会上提出废除外国在中国的势力范围、撤退外国在中国的军队和取消“二十一条”等正义要求，但巴黎和会不顾中国也是战胜国之一，拒绝了中国代表提出的要求，竟然决定将德国在中国山东的权益转让给日本。这一消息传到中国以后，北京的学生群情激愤，学生、工商业者、教育界和许多爱国团体纷纷通电，斥责日本的无礼行径，并且要求中国政府维护国家主权。在这种情况下，参加和会的中国代表提交了关于山东问题的说帖，要求归还中国在山东的德租界和胶济铁路主权，并要求废除“二十一条”等不合法条约。结果，北洋政府屈服于帝国主义的压力，居然准备在《协约国和参战各国对德和约》（即《凡尔赛和约》）上签字。最终，英、美、法、日、意等国不顾中国民众呼声，在 4 月 30 日签订了《凡尔赛和约》，仍将德国在山东的权利转送日本。在巴黎和会中，中国政府的外交失败，直接引发了中国民众的强烈不满，从而引发了五四运动。

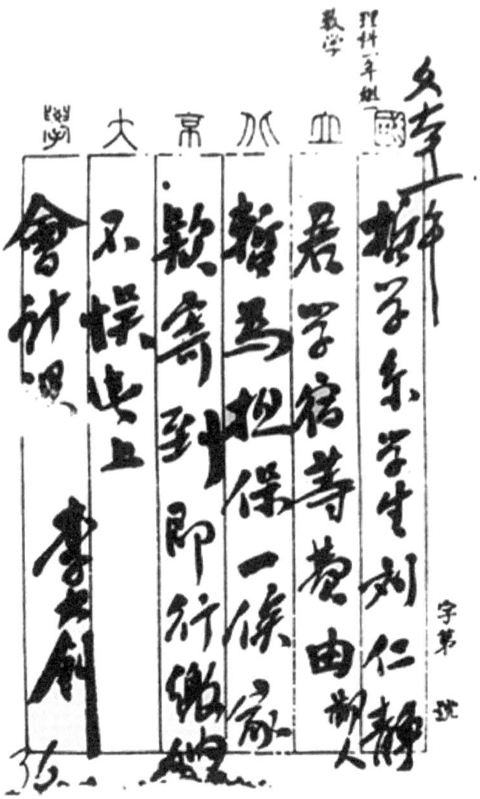

▲ 李大钊于1920年9月为北京大学哲学系学生刘仁静写的作保缓交学费的担保条

5 月 1 日，北京大学的

一些学生代表在西斋饭厅召开紧急会议，决定5月3日在北京大学法科大礼堂举行全体学生临时大会。

5月3日晚上，北京大学学生举行大会，北京高等师范学校、北京法政专门学校、北京高等工业学校等学校也有代表参加。学生代表发言情绪激昂，号召大家奋起救国。最后，大会定出4条办法：一是联合各界一致力争；一是通电巴黎专使，坚持不在和约上签字；一是通电各省于5月7日国耻纪念日举行游行示威运动；再有就是定于第二天齐集天安门举行学界之大示威。

5月4日是星期日。这一天下午，北京大学、北京高等师范学校、北京法政专门学校等13所学校的3000多名学生代表冲破军警阻挠，云集天安门，打出"誓死力争，还我青岛""收回山东权利""拒绝在巴黎和约上签字""废除二十一条""抵制日货""宁肯玉碎，勿为瓦全""外争主权，内惩国贼"等标语口号，并且要求惩办交通总长曹汝霖、币制局总裁陆宗舆、驻日公使章宗祥。学生的游行队伍在到达赵家楼胡同的曹汝霖住宅时，痛打了正在那里的章宗祥，北京高等师范学校数理部的匡互生第一个冲进曹宅，带头火烧曹宅，引发"火烧赵家楼"事件。随后，军警给予镇压，并逮捕了学生代表32人。

在这种情况下，北京社会各界纷纷支持学生的爱国行动，上海、天津、广州、南京、杭州、武汉、济南的学生和工人也给予支持。5月19日，北京各校学生同时宣告罢课，并向各省的省议会、教育会、工会、商会、农会、学校、报馆发出罢课宣言。各地学生，在北京各校学生罢课以后，先后宣告罢课，支持北京学生的斗争。

李大钊在五四运动爆发那一天的反应，已经很难追述了。可以肯定的是，从那一天起，他开始密切关注这场"直接行动"的学生运动的发展态势。

5月7日，《每周评论》开辟专栏，报道"山东问题"和"北京公民大行动"，对五四运动进行了声援。5月18日，李大钊在《每周评论》第22号发表了《秘密外交与强盗世界》。

在这篇文章中，李大钊把由爱国学生引发的爱国行动，认定为“反抗侵略主义，反抗强盗世界的强盗行为”，这样的行动，是必须支持的。李大钊写道：“常向我们说和我们有同种同文的情谊的日本人啊！你们把这块山东土地拼命拿在手中究竟于你们民族的生活上有什么好处？添什么幸福？依我看来，也不过多养活几个丑业妇、无赖汉、吗啡客，在人类社会上多造些罪恶，作些冤孽，给日本民族多留些耻辱的痕迹罢了。”悲愤的情绪，溢于言表，表达的是他无比愤怒的心情。

接着，李大钊又一口气吐出了自己的愤慨。他认为，有血性的中国人不能“还在这里天天做梦，希望他人帮助”，“这种丧失自立性的耻辱，比丧失土地山河的耻辱，更要沉痛万倍”！并认为，“这作恶的人，不仅是曹、章、陆一班人”，应当明白，“现在的世界仍然是强盗世界”，“这强盗世界中的一切强盗团体、秘密外交这一类的一切强盗行为，都是我们的仇敌”，而“我们若是没有民族自决、世界改造的精神，把这强盗世界推翻，单是打死几个人，开几个公民大会，也还是没有效果”的。由此，他提出“改造强盗世界，不认秘密外交，实行民族自决”这“三大信誓”。

5 月 26 日，李大钊又在《每周评论》第 23 号发表了随感录《黑暗的东方》《太上政府》《第五师军人》等。在《黑暗的东方》中，他愤怒地写道：“天明了，曙光现了，光明的境界，没有强盗恶魔们立足之地了，一个一个的都跑到黑暗的东方来。……呵！好了！我只替你们祝福。祝你们永远不要回归你们那光明的故土，祝你们永远有个黑暗的东方作你们的逋逃薮。”在《太上政府》中，他又以形象、通俗的语言指出，外国驻华使馆集中的“东交民巷里有我们的太上政府”，“干涉我们的言论自由”，对我们“用惯了那年五月七日的哀的美敦书”。在《第五师军人》中，他就《益世报》发表的消息，指出：“像这种爱国自卫的精神，断断不可以拿干涉政治的话责备他们。”

几天后，李大钊又在 6 月 1 日出版的第 24 号《每周评论》发表了短文

《危险思想与言论自由》，针对五四运动后，当局“禁遏言论、思想自由”，把人们的思想视为“异端邪说”的做法，直言不讳地说：

> 思想是绝对的自由，是不能禁止的自由，禁止思想自由的，断然没有一点的效果。你要禁止他，他的力量便跟着你的禁止越发强大。你怎样禁止他、制抑他、绝灭他、摧残他，他便怎样生存、发展、传播、滋荣。因为思想的性质力量，本来如此。我奉劝禁遏言论、思想自由的注意，要利用言论自由来破坏危险思想，不要借口危险思想来禁止言论自由。

进入这一年的6月，五四运动的影响继续扩大，学生抗议不断遭到镇压。6月3日，北京数以千计的学生涌向街道，开展大规模的爱国宣传活动，被军警逮捕170多人；各个学校附近驻扎着大批军警，戒备森严。6月4日，军警又逮捕学生800余人，引发了新一轮的大规模抗议活动。到6月5日，上海工人为响应学生的正义行动，开始举行大规模的罢工。时至6月11日，陈独秀等人到北京前门外的闹市区散发《北京市民宣言》，声明如政府不接受市民要求，“我等学生商人劳工军人等，惟有直接行动以图根本之改造”。陈独秀因此而被捕，各地学生团体和社会知名人士纷纷通电，抗议政府的这一暴行。面对强大的社会舆论压力，曹汝霖、陆宗舆、章宗祥相继被免职，总统徐世昌提出辞职。

有关李大钊在五四运动中的记述，留下来的史料极少。多年来，关于李大钊在五四运动中的表现，具体记述主要有辑入《五四运动回忆录》（中国社会科学出版社1979年版）中高一涵的《回忆五四时期的李大钊同志》一文。高一涵在这篇文章回忆说：“五四游行，守常和学生一道参加。”“有一次，为了救援被捕学生，大家集队往政府请愿。队伍走到国务院门前，只见铁门紧闭，门内架着机关枪。守常愤怒异常，一个人跑出队伍冲将上去，大家赶忙上前把他拖住。真是又英勇、又危险。”“一九一九年六月，我们散发《北京市民宣言》的传单，主张推翻段祺瑞政府，并宣布京师卫戍司令段芝贵死刑。守常与陈独秀都去散发。当场，陈独秀被捕。”此外，张次溪的《李大钊先生传》，认为李大钊在五四运动中起到了领导作用，但对于李大钊在五四运动中的具体表现，述之过略，仅云：“巴黎和会，拒绝中国代表要求的消息，传到中国，北京学生及许多群众，首先用爱国行动来表示抗议。先生又组织宣传队伍，向北京每个角落来进行宣传。”[1] 显然这仅是一种概述，并没有史实表明李大钊当时“又组织宣传队伍，向北京每个角落来进行宣传”。

对于高一涵的回忆，多年间很少有人怀疑。实际上，“五四游行，守常和学生一道参加”，特别是李大钊和陈独秀一起散发《北京市民宣言》的记述，是存有疑义的。对此，朱志敏在撰写《李大钊传》时，在《在五四运动中》一节专门进行了分析与研究。他认为，依据高一涵《回忆五四时期的李大钊同志》的有关回忆，断定李大钊与学生一道参加五四游行和曾与陈独秀一起散发《北京市民宣言》，依据不足。为此，朱志敏认为：“同那些积极组织，参与游行示威、罢课、讲演的学生和热心关注学生运动，接连撰写文章，分析形势，指出方向，呼吁各界行动，并且亲自书写《北京市民宣言》上街散发，以至被捕入狱的陈独秀，以及在五四运动期间先后写下《市民运动的研究》《学生事件和国家法律的问题》《青岛交涉失败史》《青岛问题在欧会中经过的情形》《签字不签字的害处》等文章，并且和陈独秀一道去散发《北京市民宣言》的高一涵相比，李大钊对于五四运动却没有表现出人们想象中的那样热情。”[2]

非常明显，高一涵的《回忆五四时期的李大钊同志》有关记述并不准确。首先，5 月 4 日的游行示威，主要是由北京不少学校的学生进行的，并没有教师参加，李大钊也不可能“和学生一道参加”；再者，李大钊并没有参加散发《北京市民宣言》的行动，对此，胡适在其口述自传中有着比较清楚的回

[1] 张次溪：《李大钊先生传》第 8 页。

[2] 朱志敏：《李大钊传》，山东人民出版社 1988 年版，第 347 页。

忆[1]。但是，李大钊在5月9日蔡元培愤而辞职后，在北京大学教职员全体会议上被推举为要求政府挽留蔡元培的代表之一后，参加了有关交涉活动；陈独秀于6月11日因散发《北京市民宣言》被捕以后，李大钊积极营救陈独秀出狱，四处奔走，却均为史实。

6月15日，李大钊在给曾经在天津北洋法政专门学校教过他的东京帝国大学教授吉野作造写信时，对五四运动作出了自己的评价，云“此次敝国的青年运动，实在是反对侵略主义反对东亚的军阀”的运动，并云：“尊论正大光明，当酌为发布，示之国人。”在信的结尾，他又说：“陈独秀先生因发布《北京市民宣言》被政府捕拿。乞持公论，遥为声援。”[2]

6月28日，协约国在巴黎对德国签字，中国代表团争保留山东案无效，拒绝在《巴黎和约》上签字。此前，从6月27日白天开始，京、津、鲁等地青年学生和各界代表不分昼夜在总统府的大门——新华门前示威，高呼“一定要拒绝和约”“誓死保卫山东主权”“我们不当亡国奴”等口号。李大钊闻讯，接连写出在6月29日出版的第28号《每周评论》发表的随感录《哭的笑的》《威先生感慨何如？》《牢狱的生活》《不要再说吉祥话》《新华门前的血泪》《改造》。他在《哭的笑的》一文中写道：“今天（二十八日）是和

[1] 唐德刚译注的《胡适口述自传》（华东师范大学出版社1993年版）在《陈独秀入狱的经过》一节记有：“1919年6月12日，陈独秀［终因政治活动］被捕入狱。陈氏是在发散他那自撰并出资自印的反政府传单之时被捕的。此事发生在北京城南一个叫作‘新世界’的娱乐场所。那时陈独秀、高一涵和我三位安徽同乡正在该处吃茶聊天。陈氏从他的衣袋中取出一些传单来向其他桌子上发散。传单中向政府要求项目之一便是撤换［卫戍北京并大举逮捕学生数百人、素有‘屠夫’之称的］步兵统领王怀庆。王氏曾在6月初旬拘捕了在北京街头宣传反日和抵制日货的学生。”“我们三人原在一起吃茶，未几，一涵和我便先回来了［那时高君和我住在一起］。独秀一人留下，他仍在继续散发他的传单。不久警察便来了，把独秀拘捕起来送入警察总署的监牢。我直到夜半才有人打电话告知此事。独秀被捕之后，始终未经公开审讯，但是一关便关了八十三天。”

[2] 《李大钊全集》第3卷第275～276页。

约签字的日子，巴黎的欢声必能送入全世界人的耳鼓，可是我们应该常纪念着今年今日新华门的哭声。”并在《威先生感慨何如？》中讥讽美国总统威尔逊：“昨日（二十七日）巴黎的白宫宴会，法总统举觞祝贺威尔逊及各代表。我不知那位威先生在那庆祝伪和平的席上，如何下咽，感慨如何？”他又在《不要再说吉祥话》中不无愤慨地说：“明明是强权的世界，偏要说什么‘正义’。这正是我们的大罪。”他还在《新华门的血泪》中不无同情地说：“这样的炎天酷日，大家又跑到新华门前，一滴血一滴泪的哭。唉！可怜！这斑斑的血泪，只是空湿了新华门前的一片尘土！”在《牢狱的生活》中，他针对陈独秀被捕入狱的事件，发出激愤的感叹：“现代的生活，还都是牢狱的生活啊！像这样的世界、国家、社会、家庭，那一样不是我们的一层一层的牢狱、一扣一扣的铁锁！倒是为运动解放入了牢狱的人，还算得了一块自由的小天地！”在写《改造》时，他充满讽刺地说：“我说中国近年南北争哄，民生困苦到这步田地，也是因为一种大门——阀——建立的不好，也应该改造。可惜我又不是勘舆家，没有人信我的话！”

这些随感录，都是他真情实感的自然流露，表现的是一种愤慨而无奈的心情。

五四运动基本结束以后，李大钊在思索这场伟大的群众运动的意义时，又把目光放到了民族的解放上。他连续为7月6日出版的第29号《每周评论》写出短文《阶级竞争与互助》和随感录《赤色的世界》《最危险的东西》《光明权》《我与世界》，为7月13日出版的第30号《每周评论》写出随感录《忠告黎明会》《黑暗与光明》《真正的解放》《战栗》《万恶之源》《灰色的中国》《是谁夺了我们的光明》，并在7月20日出版的第31号《每周评论》发表了随感录《日本人听着》。在《真正的解放》中，他告诉人们：“真正的解放……是要靠自己的努力，把他打破，从那黑暗的牢狱中，打出一道光明来。”在《灰色的中国》中，他又说：“人说政治革命是白革命，社会革命是赤革命。我说无论是白是赤，总在本质稍有光明的国家，才能发现这样鲜明的颜色……辛亥以后的军阀政客，已经把个中国弄成灰色了，盼望以后你们不要把中国再弄成黑色才好。”这些，都表现了他对国家命运的深深思索与担忧。

又一个暑假就要到了。李大钊准备离开北京，回到家乡，再次到昌黎五峰山避暑。这次避暑，他有许多重要的事情去做，特别是要完成《我的马克思主义观》的写作，这是他这一时期的写作活动的重中之重。

“寄自昌黎五峰”的公开信

1919年7月20日，北京大学放了暑假。当天夜里，李大钊就带着妻子赵纫兰和儿子葆华、女儿星华，一起乘坐北京开往奉天的火车，返回了家乡。

这次由北京返回家乡，一家人没有在昌黎车站下车，而是买的到滦州车站的车票。因为李大钊想带领家人走一走滦河的水道，特别是,他想让两个孩子成为“遇山不愁、逢海不惧”的人。

对于这次返乡的经过，李星华在《回忆我的父亲李大钊》一书中有比较详尽的记述。应当说，对于很少坐船走水路的北方人来说，这是一次很有意趣的水上旅行。对于这次返回家乡的行程，李大钊在之后写的《五峰游记》中也有简略的记述。

顺着滦河乘船回到大黑坨以后，李大钊在自家的老宅院仅停留两三天，就取多年走惯的旱路，再次来到五峰山韩文公祠避暑。

李大钊这次进山避暑，把儿子葆华也带上了。一是已经在北京上学读书的葆华有这个强烈的愿望，二是他想让儿子到山里见识一下山中的景色与生活。另外，自己在山中客居，也有个伴儿。

从喧闹纷乱的北京城，来到这幽雅清静的五峰山中，李大钊顿觉自己的心境平稳多了。去年这个时候，他第一次到五峰山避暑，潜心研读一些有关俄国十月社会主义革命的报刊资料和理论书籍以后，心中像突然点亮了一盏明灯，庆幸自己终于找到中国革命的出路。

当然，李大钊在写出《Bolshevism 的胜利》等文章之后，即开始着手在北京大学组织马克思主义研究会，并在又一个春天到来之际，帮助《晨报副刊》开辟“自由论坛”和“译丛”等专栏，以介绍“新修养、新知识、新思想”为名，介绍和宣传马克思的学说。几乎与此同时，他开始着力搜集和寻找日译本和英译本马克思著述，以及研究马克思学说的文章、图书，准备撰写长篇论著《我的马克思主义观》，并准备把《新青年》第6卷第5号编成马克思主义研究专号。

时至1919年“五一”国际劳动节到来，令李大钊没有想到的是，五四运动一下子像火山一样爆发了。他不得不撂下了笔。拖到北京大学快放暑假时，李大钊决定利用返乡到五峰山消夏这一个多月的时间，完成自己的写作计划。

就这样，在这一年的盛夏时节，他又带着满箱子的书报，并带着儿子葆华，来到了这山清水秀的五峰山韩文公祠。与守祠人刘克顺老两口是熟门熟客了，在客厅里屋住下来后，李大钊略略欣赏一下山景，就投身到紧张的工作中去了。

葆华由海边的平原来到这深山老林，每天除完成必做的作业，满山里去跑，很快就跟放羊的、打柴的孩子们交成了朋友。李大钊却没有怎么外出游览，几乎是把自己关在客厅里屋，忙着在写一篇他急着要写的文章。

李大钊急着要写的文章，是与自己在北京大学的同事加朋友——胡适博士辩论的信稿。

两年来，李大钊和胡适等人一同应陈独秀之邀，共同参加《新青年》的编辑工作，一同推动新文化运动的发展。原来，李大钊以为在不少青年学子中很有影响的胡适，也会同大家一起在一条路上走下去的。但自从俄国十月革命爆发以后，他就渐渐看出端倪，胡适与他和陈独秀等人的思想轨道并不怎么相同。胡适死守着在美国接受的实用主义和改良主义不放，一再声言自己只谈文化，不谈政治，并要求大家也和他一样，“二十年不谈政治”，“二十年不干政治”。为此，胡适对李大钊和陈独秀等人共同创办《每周评论》并不感兴趣，除在创刊号发表诗歌《奔丧到家》之外，仅提供了几篇翻译文章。五四运动爆发时，胡适未在北京。他于4月底到上海代表北京大学迎接到中国讲学的他的老师、美国哲学家杜威博士去了。他作为翻译，陪同杜威博士在上海发表《谈谈实验主义》的讲演，并在5月7日参加了上海国民大游行之后，于5月12日回到北京。到5月29日，杜威博士抵达北京，胡适又陪同杜威博士发表了著名的“五大演讲”。

在这个时期，于是年春天被迫离开北京大学校园的陈独秀正在极力推进五四运动。“六三”以后，陈独秀开始“直接行动”，于6月9日写出《北京市民宣言》，并请胡适翻译成了英文，在嵩祝寺旁边一个小印刷所印成传单。6月11日晚上，陈独秀约请胡适、高一涵到“新世界”娱乐场散发《北京市民宣言》传单，被警察逮捕；而胡适与高一涵因提前离开而没出事。陈独秀被捕后，胡适不仅和大家一起积极营救陈独秀，还主动找李大钊商谈，提出替陈独秀负责编辑《每周评论》。胡适接办《每周评论》以后，借机把第26、27号《每周评论》办成了《杜威讲演录》专号，极力宣传实验主义，反对社会革命，主张点点滴滴的改良，几乎扭转了《每周评论》的办刊方向。不仅如此，胡适还在7月20日出版的第31号《每周评论》发表了一篇题为《多研究些问题，少谈些主义》的文章，公开表示反对进行社会主义和马克思主义的宣传。这是胡适在忍不住用他信奉的西方哲学和政治主张，对李大钊正在致力研究和宣传的即将产生极大影响的马克思主义的革命真理进行对抗。

第31号《每周评论》出版时，李大钊正急着带家人赶乘京奉夜车返回家乡，上车前没顾得上细看这期还散发着油墨芳香的《每周评论》。在驶离北京的火车上，家里人都同车厢里的其他旅客一样似睡非睡，他却毫无困意，就着车厢里昏黄的灯光，把这期《每周评论》细细浏览了一遍。当他看到胡适写的这篇文章时，心里再也无法平静，觉得必须予以回应。

自称“二十年不谈政治”的胡适，在这篇文章中，专门谈起了“政治”。胡适在文章中一再表示，在时下的中国，应当多研究些“问题”，少谈些“主义”。他在文章中用讥讽味儿十足的口气说“空谈主义，不研究问题的，只是畏难求易，只是懒”，并说“空谈好听的‘主义’，是极容易的事，是阿猫阿狗都能做的事，是鹦鹉和留声机都能做的事”。他还说，不去研究人力车夫的生计、卖淫、大总统的权限、女子解放、男子解放、加入国际联盟等问题，“却去高谈社会主义”，“还得意洋洋的夸口道：‘我们所谈的是根本解决。’”断言这是“自欺欺人的梦话”。他还宣称：“这是中国思想界破产的铁证，这是中国社会改良的死刑宣告。”在文章的结尾，他又不无委屈地说，有人给他胡适也加上了“过激党”的罪名，这“过激主义”就更用不着谈了。在文章中，他一再“奉劝新舆论界的同志”，“多提出一些问题，少谈一些纸上的主义”。

李大钊在读到这篇文章时，有一个直觉，就是胡适并非在单纯地探讨研究“问题”与谈论“主义”究竟哪个更有必要，而是向信仰和宣传马克思学说的人诘难，试图阻挠马克思主义在中国的传播，反对马克思主义在中国的传播。他也不是不要“主义”，要的只是他信奉的资产阶级实用主义和改良主义。

很显然，这已经不是一般的学术探讨，而是直接涉及中国革命究竟向哪里去的大是大非问题。李大钊觉得，自己应当以公开信的方式予以答复，一条条地进行讨论、争辩，而且是越快越好。

应当是在火车上，李大钊就已暗自决定，回到老家，不再多作逗留，安排一下家事就到五峰山居住，把写给胡适争辩的公开信，作为上五峰山的第一件事来做。

李大钊当是到达五峰山韩文公祠以后，很快就比较顺畅地写出与胡适辩论的通信式文章的。[1]

在写这篇文章时，李大钊并没有像以往那样尊称胡适为“适之兄”，而是写下“适之先生”这个比较客气的称呼。

李大钊在文章的开头，平心静气地说出了自己写这篇答辩文章的想法。他觉得，自己与胡适尽管在思想上有很大的分歧，但终归还是朋友，朋友之间发生辩论，应当心平气和，不要剑拔弩张。

李大钊在文章中，列出四个小标题：一是“‘主义’与‘问题’”，一是“‘假冒牌号的危险’”，一是“所谓过激主义”，一是“根本解决”[2]，从几个方面与胡适展开了争辩。

在写第一个标题“‘主义’与‘问题’”时，李大钊很清楚，这不仅是在同胡适一个人争辩“主义”与“问题”的是是非非，而是在向整个社会“告白”自己的思想轨迹和政治主张，话说得应当浅显易懂、清楚明白一些。胡适在其文章中所说的“主义”的“危险”，并不是理想的“主义”本身带来的，而是“专事空谈”的一些人造成的。我们到任何时候，都不能“空谈”在世界上已经发生巨大影响和爆发力的社会主义，而是要运用这个理想的“主义”，环绕中国的“实境”去作“实际的运动”，要用之推翻军阀政府的统治，驱除那些“不劳而生的官僚强盗”，建立理想的社会主义国家。这是“主义”的正解。

那么，“假冒牌号的危险”是什么呢？至今仍在为建立真正民主、独

---

[1] 对此，当年跟随李大钊到昌黎五峰山避暑的李葆华有着比较清楚的回忆：“父亲来到这个风景如画、气候宜人的避暑好地方，带我游玩了一下，帮我熟悉了一下环境，就投入到紧张而很有秩序的工作中去了。他随身带了许多马列主义书籍，每天除了埋头读书，就是伏案挥笔疾书。只是在工作疲劳时，才走出屋子休息休息。……到五峰山后，他便写了篇题为《再论问题与主义》的公开信，寄到了北京。这篇战斗檄文，发表在《每周评论》第35期上。”（李葆华：《跟父亲两上五峰山的回忆》，《李大钊与故乡》第241页）

[2] 李大钊：《再论问题与主义》，《李大钊全集》第3卷第304～310页。

立的共和制国家而百折不挠、不懈奋斗的孙中山先生，讲得再清楚不过了，谁也不会因为地里有些杂草、毒草夹杂在谷物花草中间长出，就不再去开荒种地了。老百姓也相当明白，“王麻子剪刀”“王正大茶叶”等人人赞许的名牌产品，绝不会因有了“旺麻子”“汪正大”等混牌产品的出现，就停业，不再坚持自己的正宗产品的生产啊！我们又怎么能因操纵北京政府的“安福派”——王辑唐等人也来大讲“社会主义”，就停止我们的正义的社会主义宣传，不本着真正的社会主义精神去作实际的运动呢？看来，胡适本人才真是钻在杜威先生的“实验主义”的圈子里出不来了，思想糊涂得不能再糊涂了。

在写要谈的第三个问题时，李大钊想到在一年多的时间里，自己对宣传Bolshevism——“布尔扎维主义”所做的最大努力，心情是异常激动的。没有什么可以隐瞒的，不管别人说什么，也不管别人怎么看，自己从去年夏天起，就认准了“布尔扎维主义”是挽救中国革命的法宝，就开始喜欢在各种场合谈谈“布尔扎维主义”了。对被视作“过激主义”的“布尔扎维主义”，他不仅现在要谈，今后还要继续大加谈论，并且准备花大力气，下大功夫，研究和介绍、宣传“布尔扎维主义”的本宗和本源——马克思的学说，在中国举起能使中国也像革命后的俄国一样走向社会主义国家制度的马克思主义的旗帜。他在思想上没有任何顾忌，完全可以直抒胸臆，坦坦荡荡地说清这个问题，省得胡适和一些与胡适有相同思想的人老是“嘀嘀咕咕”，好像“过激主义”是十恶不赦的“帽子”，掀不了似的：

> 不过我总觉得布尔扎维主义的流行，实在是世界文化上的一大变动。我们应该研究他，介绍他，把他的实象昭布在人类社会，不可一味听信人家为他们造的谣言，就拿凶暴残忍的话抹煞他们的一切。

今后，自己不仅还要更加明确地将俄国十月革命的真实情况告诉给人们，而且要旗帜鲜明地研究和谈论卡尔·马克思，研究和谈论马克思提出和完善的辩证法和唯物史观，以及他的“阶级竞争”学说。自己没有理由后悔自己的抉择，让那些“猫”呀，“狗”呀，“鹦鹉”“留声机”呀，在一旁乱叫乱响去吧！说什么“过激主义”，说什么“洪水猛兽”，说什么“邪说异端”，想说什么说什么去吧，爱说什么说什么去吧！中国新的革命潮流是势不可当的，是任何人也遏制不住的。

毫无疑问，要想使中国改天换地，必须来一个“根本解决”。在写下“根本解决”这个小标题之后，李大钊最先想到的是他正在进行深入研究的马克思的唯物史观，只有全面理解马克思的唯物史观，也就是历史的唯物主义，才能真正找到使中国的社会体制问题得到根本解决的钥匙。

> 依马克思的唯物史观，社会上法律、政治、伦理等精神的构造，都是表面的构造。他的下面，有经济的构造作他们一切的基础。经济组织一有变动，他们都跟着变动。换一句话说，就是经济问题的解决，是根本解决。经济问题一旦解决，什么政治问题、法律问题、家族制度问题、女子解放问题、工人解放问题，都可以解决。可是专取这唯物史观（又称历史的唯物主义）的第一说，只信这经济的变动是必然的，是不能免的，而于他的第二说，就是阶级竞争说，了不注意，丝毫不去用这个学理作工具，为工人联合的实际运动，那经济的革命，恐怕永远不能实现，就能实现，也不知迟了多少时期。

依照马克思的唯物史观，“经济的构造”是一切的基础。“经济组织”一有变动，其他都跟着变动。此外，还要注意“阶级竞争”说，否则，那“经济的革命”恐怕是永远不能实现的。这其实就是一些国家的社会党遭受很大危机的主要原因。我们在进行中国新的革命时，应该吸取这个经验教训，遇着时机，全面地，而不是片面地，按照马克思的唯物史观，找到一个根本解决的办法。为此，首先应当进行的，是大量的思想准备活动，做好的是“主义”的研究和“主义”的宣传。

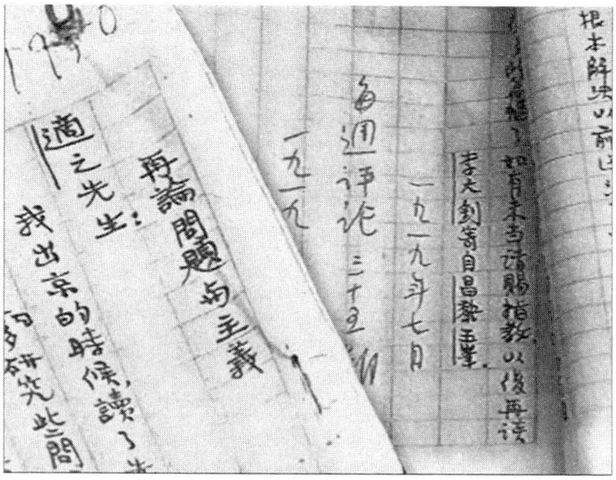

▲ 李大钊《再论问题与主义》手稿

到这里，李大钊觉得心中的话基本上都说清楚了，也基本上都说明确了。接下来的主要任务，就是在“根本解决”以前，抓紧做“相当的准备活动”了；而对于他来说，就是尽快把《我的马克思主义观》写出。

写毕最后几句话，他庄重地签上了自己的名字——“李大钊”，紧接又添上“寄自昌黎五峰”几字。他之所以注明寄这封公开信的地址，是因这样的“信”，只有在这静静的五峰，才能顺顺畅畅地写出，才能写得如此明达、豁亮。

关于这封信的标题，是李大钊当时就拟就《再论问题与主义》，还是胡适因《每周评论》转发了北京大学教授蓝公武的《问题与主义》[1]，因此给李大钊的文章拟题《再论问题与主义》，已经很难搞清楚了[2]。

难得的是，胡适在北京接到李大钊的公开信以后，没有压住不发，而是将其发表在当年 8 月 17 日出版的《每周评论》第 35 号上，题目是《再论问题与主义》。

---

[1] 胡适的《多研究些问题，少谈些主义》在《每周评论》刊发后，蓝公武很快在同年 7 月 30 日的《国民公报》第 5 版转发了这篇文章，并发表了《问题与主义》，认为“构成一种问题，非必由于客观的事实，而全赖主观的反省”，强调了学理或“主义”的重要性。胡适在 8 月 3 日出版的《每周评论》第 33 号转发蓝公武的文章时说：“我的朋友知非先生，把它转载《国民公报》上，又在那报上发表了《问题与主义》一篇文章。知非先生的议论，很有许多地方可以补正我的原作。他那篇文章约有七千字，本报篇幅有限，不能全载，故略加删节，转录于此。所删去几段，如论人类的神秘性之类，大概都是不很紧要的材料，请作者原谅。”

[2] 贾芝藏有一份李大钊的《再论问题与主义》手稿（从字迹上看，当为李大钊的手迹），手稿的文章题目就是《再论问题与主义》。

此后，胡适又先后撰写《三论问题与主义》《四论问题与主义》进行论辩，试图将论争引向深入。其中《三论问题与主义》发表于8月24日出版的《每周评论》第36号，《四论问题与主义》本来要发表在8月31日出版的《每周评论》第37号上，因这期刊物在印刷的时候即被当局予以封闭，没有发表出来。后来，胡适在编辑《胡适文存》第1辑时，才将自己的3篇文章与蓝公武、李大钊的文章一并收入，使《四论问题与主义》得以面世。

到再次撰文进行讨论时，胡适对自己的主张作出了更加清晰的表述，实际是有所修正。他把“多研究些问题，少谈些主义”修改为“多研究些具体的问题，少谈些抽象的主义”，并明言“一切主义，一切学理，都该研究”。

《再论问题与主义》在《每周评论》发表时，李大钊正在日夜兼程，抓紧一切时间撰写《我的马克思主义观》。他决心赶在暑假结束前基本完稿，以便回到学校把原拟在5月份出版的《新青年》赶紧编印出来。他觉得，这期马克思主义研究专号要尽快与《新青年》的读者见面，不能再拖延下去了。

“问题与主义”之争，已经成为五四时期中国思想界具有里程碑意义的大事而载入史册，诚如研究者言：在这场争论中，李大钊坚强果断地捍卫了马克思主义，打击了马克思主义的敌人，更进一步使马克思主义得到传播。他既批判了胡适的资产阶级改良主义，又对陈独秀的资产阶级民主主义立场的局限性予以指明。这样，更使五四运动后的革命运动得到进一步深入的发展[1]。“问题与主义”之争，说明了胡李二人所追求的政治目的和秉持的思想不同，而于胡适，李大钊仍然视为挚友。“这场争论标志着新文化阵营开始趋向分裂，李大钊和胡适从此分道扬镳，各自为自己信仰的‘主义’走上不同的政治发展道路。然而作为北大同事，他们仍时相过从，一如既往。”[2]而且，直至晚年，胡适对李大钊为了自己的理想“主义”而慷慨赴死、从容就义的高尚情操，始终怀着最大的崇敬之情。[3]

[1] 宋芳春、李权兴等编：《李大钊研究辞典》，红旗出版社1994年版，第51页。

[2] 董林亭：《道不同亦相为谋》，《李大钊人格风范》，红旗出版社1999年版，第316页。

[3] 董林亭：《道不同亦相为谋》，《李大钊人格风范》，红旗出版社1999年版，第322页。

写出《我的马克思主义观》

李大钊和儿子李葆华在五峰山韩文公祠住的屋子里，摆满了日文和英文报刊、书籍[1]。

撰写《我的马克思主义观》，并不像写与胡适论辩的公开信那样得心应手，一挥而就，而是有许多细致的研读工作要做。

这一年春天，李大钊在北京的家中写《我的马克思主义观》的开篇时，就开诚布公地说了这样的一段话：

> 一个德国人说过，五十岁以下的人说他能了解马克思的学说，定是欺人之

[1] 据李葆华在《跟父亲两上五峰山的回忆》一文中回忆："寄走《再论问题与主义》之后，父亲便全力投身到《我的马克思主义观》的写作中去了。父亲在五峰撰写《我的马克思主义观》，我记得有这样一个小插曲。一天，从城里来了两个外国人，到山里游逛。他俩见父亲案头有不少书，就翻阅起来，见有两本介绍马克思主义的英文书，便提出要借去看看，父亲很痛快地答应了。大约过了六七天，那两个外国人又上山，把那两本书还了回来。他们先后和父亲用英语交谈了好久。看来他们对父亲带来的这两本书很感兴趣。后来，我估计他们两人是在昌黎城内基督教会工作的美国人。"（见《李大钊与故乡》第241～242页）

谈。因为马克思的书卷帙浩繁，学理深晦。……我平素对于马氏的学说没有什么研究，今天硬想谈“马克思主义”已经是僭越的很。但自俄国革命以来，“马克思主义”几有风靡世界的势子，德、奥、匈诸国的社会革命相继而起，也都是奉“马克思主义”为正宗。“马克思主义”既然随着这世界的大变动，惹动了世人的注意，自然也招了很多的误解。我们对于“马克思主义”的研究，虽然极其贫弱，而自一九一八年马克思诞生百年纪念以来，各国学者研究他的兴味复活，批评介绍他的很多。我们把这些零碎的资料，稍加整理，乘本志出“马克思研究号”的机会，把他转介绍于读者，使这为世界改造原动的学说，在我们的思辨中，有点正确的解释，吾信这也不是绝无裨益的事。万一因为作者的知能谫陋，有误解马氏学说的地方，亲爱的读者肯赐以指正，那是作者所最希望的。[1]

这不是他的自谦，说的句句是实情。在写作《我的马克思主义》之前，李大钊本人确实没有对马克思的学说做过多少深入的研究。但是，俄国十月革命爆发以后，马克思主义确实已经显示出惊人的思想和政治魅力，变成不少国家社会革命有力的思想理论武器，也成为不少人研究的重要对象。特别是，1918 年的 5 月5 日，是马克思诞辰一百周年纪念日，世界各国都有不少学者比较热衷评介和研究马克思的著作和思想，发表了许多文章。而在日本，出现了前所未有的马克思主义研究热潮，大量的马克思著作被翻译成日文出版，评介的文章也发表得相当多。这些都为他研读马克思的“这为世界改造原动的学说”，提供了不少便利。当然，马克思主义既然随着这世界的大变动，惹动了世人的注意，自然也就招来很多的误解。要比较确切地解读马克思的著作，对马克思的思想和他提出的“主义”作出比较正确的解释，转而介绍给《新青年》的读者，并不是一件容易的事情。

李大钊是在天津上学期间，知道马克思的名字的。那时，早就有人在报纸上提到马克思及其学说了，也有人从日本翻译过来一些包含马克思主要学

[1]　《李大钊全集》第 3 卷第 228～229 页。

说及思想的介绍社会主义的书籍，但当时他并没怎么注意。

对于“社会主义”这个名词和概念，李大钊是在主持翻译《〈支那分割之运命〉》和出版《〈支那分割之运命〉驳议》时开始有一定的了解[1]，参加中国社会党的一些活动后，才逐渐接触多了一些的。从那时起，他就受到与马克思有关的“社会主义”思想的深深吸引，但相关的概念并不那么清晰，主观臆想的色彩较浓。

在日本留学期间，李大钊有机会更多地接触各国社会党活动的资料，也了解了各国社会党的一些性质，并间或参加了日本的社会主义同盟组织的某些活动。但是，他那时到日本去，主要是为深入学习、研究日本和西方一些国家的治国方略及经济理论，并未受到当时已在日本形成一定声势的“社会主义”宣传运动的多大吸引，对那时还被称作“马尔克派之主义”的马克思主义也没有产生多大兴趣。

由日本回国后，李大钊不断遇到比较大的思想挫折，对西方种种政治制度和形形色色的“革命”的探索一再碰壁；特别是张勋复辟事件爆发后，他避走上海四个多月，面对中国究竟向何处去这个根本问题，思想曾经一度苦闷到了极点，甚至有万念俱灰的感觉。是俄国举行的新的革命，使他终于看到了世界革命和中国革命的新的曙光，思想方向发生了根本性的变化。渐渐地，他从俄国人的革命实践中悟出社会主义革命之真谛，觉得研究俄国十月革命的成功经验，不能不研究马克思和马克思主义，遂开始对马克思学说和马克思主义的研究产生了异常浓厚的兴趣。

当1919年迎来“新纪元的曙光”，李大钊决定趁着马克思主义研究热潮，致力于马克思和马克思主义的研究。恰在这时，陈独秀让他负责编辑在这一年5月15日出版的《新青年》第6卷第5号，他当即决定，把这期

---

[1] 《〈支那分割之运命〉驳议》有为当时已被杀害的日本社会主义运动活动家幸德秋水辩护的驳议段落。参阅刘民山《李大钊与幸德秋水》，《近代史研究》1995年第4期。

《新青年》编成“马克思研究”专号[1]。春节一过，他就开始筹划、组稿，并在《晨报》发表一些介绍马克思和马克思学说的文章。同时，他开始准备撰写长篇论著《我的马克思主义观》，以在“马克思研究”专号发表。

在着手撰写《我的马克思主义观》时，李大钊发现自己需要读更多的书，好在他在北京大学图书馆工作，找到英文版的马克思著作并不难，特别是日本学者新出版的马克思译著和评介马克思学说的文章陆续找到不少，有日本京都帝国大学经济学教授河上肇博士的，还有河田嗣郎、福田德三、山川均等有名的日本学者的。其中，他对河上肇在《社会问题研究》杂志连载的《马克思主义的理论体系》最感兴趣，深觉河上肇的论述完全可以作为自己的重要参考文献。他的日文底子比英文厚实得多，阅读起日文书刊来比起一点点“啃”英文书籍容易得多。但他也不想太图省力，这回上五峰山，把英文版的马克思著述尽量都带来，重要的章节和关键的论述，他打算一一核对，以免因文字的差异，出现理解和解释上的较大误差。

李大钊几乎是一到日本，就知道河上肇先生的。当时，日本经济学界正在进行一场激烈的论战。论战是围绕河上肇发表的一篇题为《通货膨胀与生活困难没有直接关系》的文章展开的。河上肇一个人应对福田德三等诸多“论敌”，表现出来的大家风采给他留下的印象很深。当他在《雅言》第5期读到当时也在日本留学的康率群发表的《论吾国今日物价问题与货币关系》时，在《甲寅》杂志发表了《物价与货币购买力》，就领悟到的河上肇观点及自己的思索，对康率群提出的见解进行了质疑。后来，他在进入早稻田大学后，对河上肇的著述更加注意了，在写《青春》的开头部分时，还参照过河上肇和小田赖造共同翻译的俄国作家托尔斯泰的《人生的意义》一书的有

[1] 1919年1月15日出版的《新青年》杂志第6卷第1号卷首刊登有“第6卷分期编辑表”：“第1期陈独秀，第2期钱玄同，第3期高一涵，第4期胡适，第5期李大钊，第6期沈尹默。”

关内容；回国以后，在写《战争与人口问题》《战争与人口》等文章时，均参阅过河上肇的《马尔萨斯人口论要领》等文章。只是，那几年，他对河上肇以往翻译的《历史的经济说明》《昂格斯[1]与唯物史观》《时势之变》，及《就唯物史观答关博士》《论经济的唯物史观》等文章，注意不够，未能通过河上肇的译著和文章，及早了解和理解马克思提出的唯物史观。

经过反复斟酌和思索，李大钊在细读河上肇等日本学者的文章以后，查阅英文版马克思著作，决定先从马克思主义在经济思想史上所占的重要地位谈起，再分别介绍马克思的"唯物史观"和"阶级竞争说"；把这三部分的内容简要介绍以后，再拿出一定篇幅，参照福田德三等日本学者的一些译著和评述，重点介绍马克思的"经济论"。

我于评述"马克思主义"以前，先把"马克思主义"在经济思想史上占若何的地位，略说一说。

由经济思想史上观察经济学的派别，可分为三大系，就是个人主义经济学、社会主义经济学与人道主义经济学。

……

现在世界改造的机运，已经从俄、德诸国闪出了一道曙光。从前经济学的正统，是在个人主义。现在社会主义、人道主义的经济学，将要取此正统的位系，而代个人主义以起了。从前的经济学，是以资本为本位，以资本家为本位。以后的经济学，要以劳动为本位，以劳动者为本位了。这正是个人主义向社会主义、人道主义过渡的时代。

马克思是社会主义经济学的鼻祖，现在正是社会主义经济学改造世界的新纪元，"马克思主义"在经济思想史上的地位如何重要，也就可以知道了。

本来社会主义的历史并非自马氏始的，马氏以前也很有些有名的社会主义者，不过他们的主张，不是偏于感情，就是涉于空想，未能造成一个科学的理论与系统。至于马氏才用科学的论式，把社会主义的经济组织的可能性与必

[1] 昂格斯，今译恩格斯。

然性，证明与从来的个人主义经济学截然分立，而别树一帜，社会主义经济学才成一个独立的系统，故社会主义经济学的鼻祖不能不推马克思……[1]

李大钊正准备分章析节地把《我的马克思主义观》写下去时，五四运动爆发了。北京大学等学校的爱国学生到天安门示威，并遭到警察镇压以后，北京的局势越来越混乱，他再也无法安心写下去了。他开始密切地关心运动的走势，写一些文章曲折或直接地发表自己的看法与见解。但他仍然惦记自己的写作计划，不时翻阅河上肇等人已经发表或新发表的文章，思索在《我的马克思主义观》中应当评介的内容。

到五四运动基本结束时，李大钊觉得可以把《我的马克思主义观》继续写下去了。但这个时候，学期末的杂事多了起来，还是难以集中时间与精力平心静气地继续写作，只有待学校放暑假后，回到家乡到昌黎五峰山避暑时全力以赴去写了。

进入7月，李大钊根据自己一段时间的研究心得，先写了一篇题为《阶级竞争与互助》的短文，发表在7月6日出版的《每周评论》第29号上。

在这篇文章中，李大钊依据自己初步研究马克思主义的认识，对马克思的"阶级竞争说"进行了具体介绍："……所谓阶级，就是指经济上利害相反的阶级。……到了生产力非常发展的时候，与现存的社会组织不相应，最后的阶级争斗，就成了改造社会消泯阶级的最后手段。""他的阶级竞争说，不过是把他的经济史观应用于人类历史的前史一段，不是通用于人类历史的全体。"在文章的最后，李大钊联系中国社会的现状，直截了当地说："总结一句话：我信人类不是争斗着掠夺着生活的，总应该是互助着友爱着生活的。阶级的竞争，快要息了。互助的光明，快要现了。我们可以觉悟了。"

《阶级竞争与互助》表达的是李大钊研究马克思主义的初步心得，是《我的马克思主义观》的前奏，也是直接介绍他正在研究的马克思主义具体内容

[1] 《李大钊全集》第3卷第229～232页。

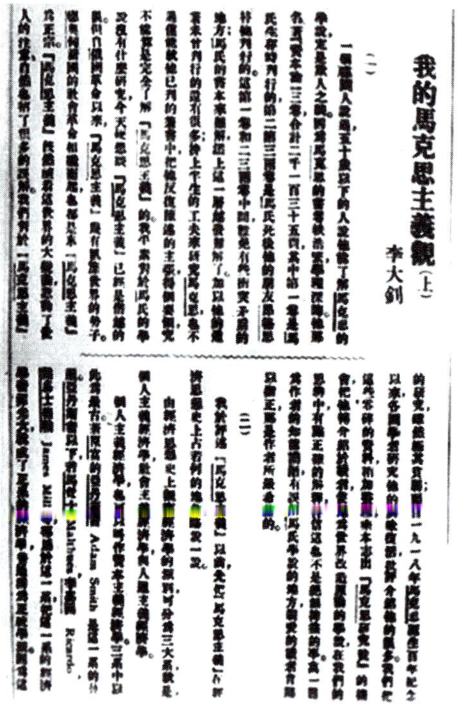
我的馬克思主義觀（上）
李大釗

▲ 发表在1919年《新青年》第6卷第5号上的《我的马克思主义观（上）》

的第一篇公开发表的文章。这篇文章，可以说是他已经着手写作的《我的马克思主义观》有关内容的一个披露。

在《阶级竞争与互助》发表不到20天，李大钊已经离开比较喧闹的北京，来到昌黎城北的五峰山，坐在韩文公祠的客厅里屋，摈弃一切杂念，边翻书，边写作，在寄出《再论问题与主义》之后，开始把《我的马克思主义观》一节一节地写下去了。

盛暑时节，久不降雨，天气闷热得很。李大钊专心致志地写作《我的马克思主义观》，并不觉得天气有点异常。他喜欢过唐朝诗人太上隐者吟咏的这种“山中无历日，寒尽不知年”的日子，一切日常生活的经历都不必去记，就是记也往往记不分明。

日月如梭，时光一天天逝去。一天，李大钊突然想起，自己到五峰山已经有十几天了，光忙于《我的马克思主义观》的写作，还没有顾得给北京的友人写一封信，报告一下来到山里的情况，特别是少年中国学会的朋友。

想着想着，他随手找出一张信笺，挥毫写了起来：

若愚、慕韩两兄：

我到山中已将旬余，未能修函来告，实以交通不便之故（此间离城十里许，信到京只须一二日,惟此十里许之交通甚缓)。

我所居的地方名叫五峰,距昌黎车站十里左右,在山腹树林深密处,东南可览大海,五峰环抱如搂,韩文公祠在其怀中。守祠人为一双老夫妇,年近七旬,为我们烧茶煮饭,不辞辛苦。山中饮的是泉水,烧的是松枝,一草一木都有幽趣。兄等盍来此一游?夜间八时由京登车,次晨天明即到,车票三等票现金四元余即足到此,生活费甚简,弟可作主。东行二三站,即是北戴河、山海关,大可一游。

弟 钊白[1]

“若愚”是王光祈的笔名,“慕韩”是曾琦的字号,这两个人都是少年中国学会的主要发起人。少年中国学会经过整整一年的筹备,终于于7月1日在回回营2号陈愚生的住宅正式成立。少年中国学会正式成立时,根据李大钊的提议,宗旨改为:“本科学的精神,为社会活动,以创造少年中国。”王光祈被推选为总理对内对外一切事务的执行部主任,曾琦被推选为评议部主任。当时,大家不仅让李大钊担任编译部的编译员,还非得请他担任少年中国学会创办的《少年中国》月刊编辑部主任不可。他工作太多,事情杂乱,又不好推辞,就和大家一起,在返回家乡度假前编出了《少年中国》半月刊的第1卷第1期。在临离开北京时,王光祈、曾琦找他商议编印第2期的计划,他简单谈了一点意见,叮嘱他俩尽管负责去组稿、编辑,不要再等他来定稿了[2]。如今,也不知他俩把又一期《少年中国》编得怎么样了。他觉得,应当先通封信。当然,他们能来五峰山游览一下就更好了,还可顺便游览一下避暑胜地北戴河和古城山海关,尽情欣赏自己家乡附近的山海风光和

[1] 李大钊:《致若愚、慕韩》,《李大钊全集》第3卷第303页。

[2] 《少年中国》第1卷第8期刊登的《少年中国学会消息·会务记闻》记有:“组织《少年中国》编辑部:本会于去年七月创刊《少年中国》时,即已组织编辑部,惟当时推定编辑主任李大钊、康白情两君,均因事忙未能执行职务,所有编辑事宜,暂由执行部主任王光祈君代理。”

名胜古迹。

给王光祈和曾琦的信，托五峰山的看山人陈茂林到城里寄出以后，李大钊仍然每天除了看书，阅读、分析参考资料，就是赶写《我的马克思主义观》，再就是给葆华检查作业。渐渐地，他能抽出一些时间，带葆华出去玩一玩，寻找五峰山特有的大个水晶石了，借机松弛一下自己紧绷多日的脑筋。

有几天，李大钊的诗兴大发，接连吟出《山峰》《岭上的羊》《山中落雨》等三首白话诗。其中《山中落雨》写道：

忽然来了一阵烟雨，
把四山团团围住，
只听着树里的风声雨声，
却看不清云里是山是树？
水从山上往下飞流，
顿成了瀑布。
这时候前山后山，
不知有多少樵夫迷了归路？[1]

五峰山中落下大雨，山上的雨水冲下来以后，顿时形成了飞流直下的瀑布。他听着那铺天盖地的风声、雨声，心中又喜又急。喜的是久旱的禾苗终于喝到了甘露，急的是在山中干活的人不定被暴雨截在了哪里。这几首诗，比起《山中即景》来，白话味更浓。

第二天，李大钊忽然想起，出京时答应给北京大学出版部主任李辛白先生创办的《新生活》周刊写一篇游记，一直也没有动笔。于是，他挤出时间写了一篇《五峰游记》，在追述了自己带家人出京的经过之后，写道：

---

[1] 李大钊：《山中落雨》，《李大钊全集》第3卷第317页。

五峰有个胜境，就在山腹。望海、锦绣、平斗、飞来、挂月五个山峰环抱如椅。好事的人，在此建了一座韩文公祠。下临深涧，涧中树木丛森。东南可望渤海，碧波万顷，一览无尽。我们就在此借居了。

看守祠宇的，是一双老夫妇，年事都在六十岁以上，却很健康。此外一狗、一猫、两只母鸡，构成他们那山居的生活。我们在此，老夫妇很替我们操作。

祠内有两个山泉可饮。煮饭烹茶，都从那里取水，用松枝作柴，颇有一种趣味。

山中松树最多，果树有苹果、桃、杏、梨、葡萄、黑枣、胡桃等。今年果收都不佳。

来游的人却也常有，但是来到山中，不是吃喝，便是赌博，真是大杀风景。

山中没有野兽，没有盗贼，我们可以夜不闭户，高枕而眠。

久旱乡间多求雨的，都很热闹。这是中国人的群众运动。

昨日山中落雨，云气把全山包围。树里风声雨声，有波涛澎湃的样子。水自山间流下，却成了瀑布。雨后大有秋意。[1]

这是他为昌黎的山水风光写的第三篇游记了。只是，前两篇都是用文言文写的，这篇则是用纯粹的白话文写的了。

在写《五峰游记》时，他决定启用一个新的笔名：“孤松”。

在五峰山一些挂在山巅的松树中，他最喜欢韩文公祠背依的平斗峰顶绝巘上那棵孤零零的老松树了。别的松树虽也长在山顶之上，但大多在山顶的岩石下或峭壁缝隙中，唯独这棵老松峭然挺拔，屹立于众山之巅，躯干苍劲，枝叶茂盛。也不知它经受过多少次风吹雨打、冰封雪冻了，只见它依然在那高天和奇险的山峰一起拨云驾雾，昂首挺胸，与日月同存，为山川增辉。

真不知该叫人怎样赞美它啊！自己不是一直在想以五峰的山景起一个笔名发表诗歌、散文、随笔等文学体文章，何不就取这山顶绝美的壮丽风景，特

[1] 《李大钊全集》第3卷第312~313页。

别是高挺绝顶的那棵独立不群、孤傲苍穹的不老松，叫“孤松”呢！

他觉得，这是五峰山景送给自己最好的名字。仲甫先生不怕“独秀”，自己为何不敢甘当“孤松”呢……

他决定，发表《五峰游记》时，就署“孤松”[1]。

寄出《五峰游记》，《我的马克思主义观》似乎是越写越顺手了。

▲ 屹立在昌黎五峰山平斗峰绝顶上的“孤松”

写出介绍马克思的“社会主义经济学”和“唯物史观”“阶级竞争说”的七节的文章以后，李大钊决定将这七节列为上篇，寄到北京发排，以使由自己负责主编的《新青年》第6卷第5号尽快印出；余下的“经济论”，还得写几节，列为下篇，请负责主编第6号的好友沈尹默给腾出一些篇幅发完。

马克思的“经济论”部分，是在李大钊比较熟悉的经济学理论范畴，又有比较成熟的参考文章，写起来顺畅多了。到快要结束这个夏天的避暑生活，由五峰山返回家乡时，李大钊终于写完了“经济论”的最后一部分，落下了“本篇暂结于此”几字。

时至北京大学开学以后，第6卷第5号《新青年》“马克思研究”专号终于印刷出来了。

《我的马克思主义观》阐述了马克思主义经济学、唯物史观和科学社会主

[1] 《新生活》周刊创刊于1919年8月24日。李大钊的《五峰游记》分上、下两部分，发表于1919年8月31日、9月7日出版的《新生活》周刊第2、3期。

义三者之间的关系。李大钊写道：“这三部理论，都有不可分的关系，而阶级竞争说恰如一条金线，把这三大原理从根本上联络起来。”于是，李大钊对马克思主义的唯物史观、阶级斗争学说和经济理论进行全面而深刻的介绍和分析，是马克思主义在中国传播的历史上一份奠基性的文献，有着不可磨灭的历史功绩。

至此，李大钊完成了对马克思主义由学理认识到结合世界大局而阐释、再到系统完整地介绍的过程，他已经从当时进步的知识界中脱颖而出，成为引领时代的马克思主义者了。

连着两个夏天到五峰山来避暑，李大钊觉得都不虚此行。去年夏天，他解除了多年的苦闷，看到了一个新的世界；今年夏天，他夜以继日，终于写出了《我的马克思主义观》，并在上山之初就寄出了《再论问题与主义》，间或还吟出了《山峰》《岭上的羊》《山中落雨》等几首白话诗，写出了完全用白话文写的《五峰游记》，可谓收获颇丰。

处暑以后，他是带着非常快慰的心情，在不少水果已经成熟或趋于成熟的时节，离开秋色渐近的五峰山，回到自己的家乡大黑坨的。

第九章

南陈北李擘建党

纵情吟唱《欢迎仲甫出狱》

夏去秋来，北京大学又要开学了，开学的日子是9月10日。李大钊赶在学校开学之前，回到了北京。

与学校放暑假时离开北京有所不同的是，那时是一家人同行，而这时却是他自己一个人回的北京。赵纫兰和儿子葆华、女儿星华，没有与他一同回京，留在了家乡。

这时赵纫兰已经怀有六七个月的身孕，行动不太方便；而且，她很想把孩子生在一切都比较方便的老家。再有，赵纫兰尽管在北京生活了已快一年，还是有点过不惯。她喜欢北京的热闹，却不习惯大都市喧嚣嘈杂的场景，一个人老是不敢走得离家太远，没事就在家中找点活儿干，轻易不肯出门。葆华被李大钊安排到回回营附近的琉璃厂旁边的高师附小上小学二年级。星华也吵吵嚷嚷着要去上学，赵纫兰不大放心，硬没让她上，让她在家中识字学文。而到了这年秋天，星华无论如何也得上学了，赵纫兰怕她出现意外，执意让她回到老家上小学。

赵纫兰和儿女暑假后不再回北京，这是一家人在离开北京的时候就共同商量好了的。当时，李大钊权衡再三，同意了妻子的意见。好在，他多年一个人在外生活，一切已经习惯。临近秋天，他带着儿子葆华由五峰山下山回到家乡后，就忙着办理安排葆华和星华到乐亭县城读书的事情。之后，他独自回到了北京。

李大钊回到北京以后，只身住在回回营 3 号的宅院。一段时间，也不算孤独。这时白眉初教授从天津乘坐火车来北京女子高等师范学校任课，常常到他家落脚，两人无话不谈，倒也不显得怎么寂寞。

白眉初，1876 年出生于卢龙一个旗人家庭。自幼读书，年仅 15 岁考中秀才，进入永平府敬胜书院学习，后来出任永平府校士馆的史地课教习。1905 年，为求学深造，到天津考入北洋师范学堂史地专修科。1907 年，李大钊也到天津考入北洋法政专门学校，两人得以相识。白眉初与李大钊结交的“牵线人”是白雅雨。白雅雨是当时的北洋法政专门学堂和直隶女子师范学校两个学校的史地教师，与白眉初的史地老师张相文相交甚厚。白眉初与李大钊一样，对白雅雨非常敬重。两人结成忘年之交后，相见恨晚，迅即成为无话不谈、来往密切的知己朋友。1909 年，白眉初由北洋师范学堂史地部毕业，被清朝政府赏赐了一个举人功名。他是北洋法政学校的高才生，本可免试保送出国留学，但迫于拮据的家庭经济状况，只好忍痛放弃出国深造的机会，直接参加了工作。经白雅雨介绍，他到直隶女子师范学堂担任国文、地理教师。也是在这一年，白眉初跟随张相文、白雅雨等中国地理学研究专家，成立了中国地学会。1910 年，中国地学会创办了全国第一家地理研究刊物《地学杂志》。1912 年 2 月，中国地学会改称中国地理学会，白眉初接替已经殉国的白雅雨出任编辑部部长。白眉初参加工作后，把家眷接到了天津，在四马路租了 3 间东厢房居住。至此，李大钊成了白眉初家的常客，白家几乎成了李大钊在天津的“家”。1913 年，李大钊准备去日本留学。行前，李大钊特意到白家辞行。白眉初的夫人白周氏是滦州倴城（今滦南县城）人，她依据家乡一带为亲人出门送行的风俗，特意包饺子为他“发脚”。盛情难却，李大钊风趣地说：“那好，千里之行，始于足下，我先包一个吧，我的脚先行一步。”白眉初见李大钊要包饺子，抓起面杖亲自为他擀皮。结果，白眉初擀了一个“芭蕉扇”，李大钊包了一个“大肚蝈蝈”。白夫人几乎笑破了肚子。这段趣事，后来在李、白两家一直传为笑谈。

1913 年，白眉初开始兼任京城女子师范学校的地理课，经常往返于北京与天津之间。1916 年 7 月中旬，李大钊归国两个月后，由上海乘轮船抵达天津，赴北京创办《晨钟报》。两人阔别不到三载，在津门旧地重逢，欣喜异常。从此，白眉初对李大钊非常关心，常常对人说："守常文思如泉，气魄如虹，有笔扫千钧之力，经天纬地之才。"李大钊也非常关心白眉初的地理教学和研究工作，期望他把《中华民国省区总志》尽快编写出来。1917 年 8 月，白眉初被聘为北京高等师范学校（今北京师范大学）历史地理部主任兼地理学教授；11 月，李大钊出任北京大学图书馆主任。两个人都成为北京高校有名望的学者后，来往更加密切。1918 年 9 月，李大钊把妻子、儿女从乐亭老家带到北京，在回回营租借住宅，在北京安了家。当时，白眉初尚未辞去直隶女师的教学工作，仍往返于京津之间。李大钊在北京安家以后，他来北京，即在李大钊家借宿。李大钊见白眉初在天津与北京之间来回奔波比较辛苦，就劝他把家尽快由天津搬到北京，也到北京落居。

这年秋天，李大钊返回北京不久，恰逢回回营 3 号住宅出售，就动员已有一些积蓄的白眉初把这所相当不错的住宅买了下来。白家搬过来以后，李大钊搬了出去，大约在东四一带又找了一所房子居住[1]。

李大钊回到北京，就与陈愚生和王光祈等见了面（其时曾琦已经去上海乘轮船赴法国留学），把自己在家乡赶写的《"少年中国"的"少年运动"》交给王光祈，发表在 9 月 15 日出版的《少年中国》杂志第 1 卷第 3 号上。

李大钊在《"少年中国"的"少年运动"》这篇文章中阐明了自己对"少年中国"之理想的见解："我所理想的'少年中国'，是由物质和精神两面改造而成的'少年中国'，是灵肉一致的'少年中国'。""为创造我们理想的'少年中国'，我很希望这一班与我们理想相同的少年好友，大家都把自己的

[1] 白吉庵著《胡适传》记李大钊当时住在东四三条 50 号（人民出版社 1993 年版，第 133 页）。

▲ 发表《“少年中国”的“少年运动”》的第 3 期《少年中国》

少年精神拿出来，努力去作我们的‘少年运动’。我们‘少年运动’的第一步，就是要作两种文化运动：一个是精神改造的运动，一个是物质改造的运动。”他殷切地希望：“‘少年中国’的少年好友呵！我们要作这两种文化运动，不该常常漂泊在这都市上，在工作社会以外作一种文化的游民；应该投身到山林里村落里去，在那绿野烟雨中，一锄一犁的作那些辛苦劳家的伴侣。新村落的人联合，就是我们的‘少年中国’。”[1] 显然，他是根据自己在家乡农村的生活体味，进一步阐明《青年与农村》《现代青年活动的方向》等文章的见解，希望少年中国学会的会友多到农村去，多到现实生活中去，探索建立新的社会生活的途径，去做各种各样的“少年中国”创造试验。

其时，王光祈正对上海复旦学院毕业生，时任上海中华书局编译所主任的左舜生在《时事新报》副刊《学灯》发表的《小组织之提倡》一文产生浓郁兴趣。他在《少年中国》第 1 卷第 2 期发表了自己连夜挑灯写给左舜生的一封长信，详细谈了自己的具体设想。他设想在距城市不太远的乡下租个小菜园，建立一个有十几个人参加的“菜园新村”，集劳动、读书、娱乐为一体，构成比较完整的半工半读体系。他的这个构想，集当时流行的泛劳动主义、新村主义和无政府共产主义之大成，理想主义色彩相当浓郁。他将之命名为“工读互助主义”，急切地呼吁：“我们不要再作纸上的空谈了，赶快实行我们神圣的生活！”他的这个设想得

[1] 引文见《李大钊全集》第 3 卷第 318 ~ 321 页。

到蔡元培、胡适、陈独秀等人的支持，也得到李大钊的认可。李大钊的《“少年中国”的“少年运动”》也具有鲜明的新村主义色彩，对他的设想也是一个呼应。后来，李大钊和蔡元培、陈独秀、胡适、周作人、高一涵等均支持王光祈发起成立北京工读互助团，设立3个小组进行实验。但这个影响波及全国不少地方的做法以失败告终，仅半年时间就烟消云散了。

北京大学开学以后，李大钊一边忙于第6卷第5号的《新青年》编印工作，一边忙学校图书馆的事情。

到9月16日，喜讯传来，陈独秀被关押3个多月以后，终于出狱了。

这年春天，一些人借私行攻击陈独秀。4月8日，北京大学校长蔡元培迫于种种压力，决定提前实行文理科教务处组织法，使陈独秀的文科学长一职在无形中取消，陈被迫离开了北京大学。胡适认为“撤陈会议”使陈独秀“离去北大”，“以后中国共产党的创立及后来国中思想的左倾”等“皆起于此夜之会”，“是夜先生之议论风生，不但决定北大的命运，实开后来十余年的政治与思想的分野”[1]。陈独秀离开北京大学后，主要致力于《每周评论》的编辑工作。他在是年4月20日出版的第18号《每周评论》上发表了随感录《二十世纪俄罗斯的革命》，开始改变对俄国十月革命“用平民压制中等社会，残杀贵族及反对者”的看法，认为它“是人类社会变动和进化的大关键”。在同期发表的《各国农劳界的势力》一文中，他又说：“自俄国布尔什维克主义战胜后，欧洲劳农两界，忽生最大的觉悟，人人出力和资本家决斗，他们的势力已经征服了好几国”；“这种革命，在政治史上算得顶有价值的事体”。他还在4月27日出版的第19号《每周评论》上发表了随感录《克伦斯基与列宁》。

五四运动爆发以后，陈独秀和李大钊一起从5月11日起开始在《每周评论》组织舆论支援学生的斗争，开辟“山东问题”专栏，报道和评论山东问题交涉经过，及时总结运动的情况和经验，指导运动的发展。陈独秀先后在

---

[1] 胡适1935年12月23日致汤尔和信。

《每周评论》发表《对日外交的根本罪恶——造成这根本罪恶的人是谁？》《为山东问题敬告各方面》《山东问题与上海商会》《卖国都有凭据吗？》《自家人不及外国人》《对于日使照会及段督办通电的感言》等文章及大量随感录，表达了他对时局和学生运动的关心。鉴于“六三”以后北京政府加紧迫害爱国学生的情况，陈独秀撰写了随感录《研究室与监狱》，鼓舞人们在与反动政府斗争中要有不怕坐牢杀头的大无畏气概，从而使“我们青年要立志出了研究室就入监狱，出了监狱就入研究室，这才是人生最高尚最优美的生活”成为不少有志青年的座右铭。6 月 9 日，陈独秀起草《北京市民宣言》。6 月 10 日，他拿着《北京市民宣言》传单到中央公园等地散发。6 月 11 日晚，他到香厂新世界去散发传单时，爬上新世界屋顶花园，向下一层露台上看电影者散发，被守在那里的暗探抓捕。陈独秀被捕，引起全国震惊。各界爱国人士纷纷强烈要求释放陈独秀，李大钊积极参加社会各界营救陈独秀的行动，发起联名保释陈独秀的运动。李大钊不仅在 7 月 13 日出版的第 30 期《每周评论》发表随感录《是谁夺了我们的光明》，还在随感录《真正的解放》中大声疾呼，“真正的解放”，“是要靠自己的力量，抗拒冲决，使他们不得不任我们自己解放自己”；“要靠自己的努力，把他打破，从那黑暗的牢狱中，打出一道光明来”。

9 月中旬，在强大的社会舆论压力下，北京政府不得不以安徽同乡会提出的“陈在狱中患有胃病”为由，将陈独秀开释。

李大钊得知陈独秀出狱的消息，急忙到陈独秀居住的箭杆胡同 9 号看望老朋友。接着，他即兴写出在第 6 期《新生活》周刊发表的白话诗《欢迎仲甫出狱》。在诗中，他呼唤着陈独秀的字号，无比欣喜地吟唱道：

一

你今出狱了，
我们很欢喜！
他们的强权和威力，

终竟战不胜真理。
什么监狱什么死,
都不能屈服了你;
因为你拥护真理,
所以真理拥护你。

二

你今出狱了,
我们很欢喜!
相别才有几十日,
这里有了许多更易:
从前我们的“只眼”忽然丧失,
我们的报纸便缺了光明,减了价值;
如今“只眼”的光明复启,
却不见了你和我们手创的报纸!
可是你不必感慨,不必叹惜,
我们现在有了很多的化身,同时奋起;
好像花草的种子,被风吹散在遍地。

三

你今出狱了,
我们很欢喜!
有许多的好青年,
已经实行了你那句言语:
“出了研究室便入监狱,
出了监狱便入研究室。”
他们都入了监狱,
监狱便成了研究室;

你便久住在监狱里，

也不须愁着孤寂没有伴侣。[1]

李大钊在诗中所说的“报纸”，是指于1919年8月30日被警察查封的《每周评论》。“可是你不必感慨，不必叹惜，我们现在有了很多的化身，同时奋起；好像花草的种子，被风吹散在遍地。”这是在安慰陈独秀，也是在激励自己。

陈独秀出狱以后，思想发生了很大的变化。他不仅在参加欧美同学会成立周年纪念会致词时高度评价五四运动，而且拒绝已经复任北京大学校长的蔡元培聘他任史学系教授的邀请，决定开始专心从事社会运动。他还希望瞿秋白、郑振铎等人创办的《新社会》旬刊，办成给劳动界灌输新思潮的通俗报纸，为社会改造运动做切实的工作。12月1日，他在开始恢复由他一人编辑的第7卷第1号《新青年》上发表《新青年》宣言，宣布《新青年》同仁的“公共意见”。

在此期间，陈独秀从《新青年》上读到李大钊的《我的马克思主义观》，认识到中国必须走俄国革命的道路，决计与李大钊共同寻找中国革命的“根本解决”办法。他的这些思想，在第二年2月5日武汉文华大学演讲《社会改造的方法与信仰》时明白地表露出来。他认为，社会改造的方法一是“打破阶级的制度，实行平民社会主义”，二是“打破继承制度，实行共同劳动工作”，三是“打破遗产制度，不使田地归私人传留享有，应归为社会的共产”，人们应有的共同信仰是“平等、劳动”[2]。

多年以后，胡适在评论陈独秀出狱以后的表现时，曾说：“大概独秀在那八十多天的拘禁期中，曾经过一度精神上的转变。他独自想过一些问题，使他想到他向来不曾想过的一条路上去，使他感到一种宗教的需要。他出狱之后，就宣传这个新见解，主张要有一个新宗教……抱着这种新宗教热忱的陈独秀，

---

[1] 《李大钊全集》第3卷第328～330页。

[2] 任建树：《陈独秀大传》，上海人民出版社1999年版，第201～202页。

后来逐渐地走进那二十世纪的共产主义新宗教，当然是不难的转变。”[1]

此时，天津一些参加五四运动的爱国学生成立了一个革命团体——觉悟社。

觉悟社是以南开学校、官立中学、高等工业学校等男校为主的天津学生联合会和以直隶第一女子师范学校为主的女界爱国同志会的领导骨干组织起来的，参加觉悟社的恰好是10个男生和10个女生。10名男社员是周恩来、马骏、李震瀛、谌志笃、关锡斌、谌小岑、潘世纶、赵光宸、薛撼岳、胡维宪，10名女社员是郭隆真、刘清扬、邓颖超、张若茗、李毅韬、周之廉、李锡锦、郑岩、吴瑞燕、张嗣倩。9月16日，觉悟社在南马路草厂庵天津学联办公室宣告成立。成立会上，公推周恩来执笔写出《“觉悟”的宣言》，并担任社刊《觉悟》的主编。

觉悟社成立后，通过天津学生联合会，向李大钊发出邀请，请李大钊到天津作讲演，并对觉悟社的工作进行指导。李大钊欣然接受了这一邀请。

9月21日是星期日。这一天，李大钊由北京赶到天津。上午，他在维斯理堂（今滨江商厦址）向天津青年学生作了关于国际形势的讲演，主要谈了第一次世界大战与十月革命胜利的意义。在讲演中，他明确指出“十月革命是世界上无产阶级劳工的胜利”，勉励大家要注意研究世界革命新思潮，并号召：“中国人民的反帝反封建爱国运动，必须坚持到底！一要不承认一切卖国条约和密约。二要实行民族独立自觉。三要打倒卖国贼和一切危害人民的人。”[2] 下午，他在觉悟社的办公室地点，同周恩来及其他觉悟社主要成员郭隆真、邓颖超、马骏、刘清扬等进行座谈。了解了觉悟社的成立经过以后，李大钊对天津男女同学打破封建礼教的束缚，紧密合作、团结一致，表示赞许。据由周恩来主编的《觉悟》杂志第1期刊登的《三个半月的觉悟社》介绍：“二十一号因为李大钊先生来天津，就由交际委员请到本社谈话。李先生对本社出

---

[1] 唐宝林、陈铁健：《陈独秀与瞿秋白》，团结出版社2008年版，第25页。

[2] 张洪池：《天津——李大钊革命活动的重要基地》，新浪网：http://blog.sina.com.cn/s/blog_64149a7e0100z405.html.

版不定期小册子的办法，同不分男女的组合，都非常赞成，并且还给我们许多的建议。李先生还说：‘这是中国历史上的一次创举。’”据参加座谈会的刘清扬、王贞儒、谌小岑等后来回忆，李大钊当时还向觉悟社社员们讲述了自己的马克思主义世界观，使社员们受到教育和启发。

同一天，李大钊还会见了由符拉迪沃斯托克来到天津的布尔特曼[1]。布尔特曼向李大钊及中国大学生介绍了苏俄的革命与俄共（布）的情况，讲述了工人阶级及其政党在十月革命中的领导作用。李大钊向布尔特曼介绍了中国革命，特别是五四运动的情况，谈了自己对马克思主义的理解。他对布尔特曼介绍的俄国布尔什维克联合工人、组织工会方面的经验很感兴趣，与布尔特曼进行了深入交谈[2]。

这次会见，李大钊给布尔特曼留下了深刻印象。后来，布尔特曼担任了俄共（布）中央西伯利亚东方部主席，他称赞李大钊是一位杰出的马克思主义者。

李大钊的这次天津之行，给周恩来、郭隆真、邓颖超、马骏、刘清扬等觉悟社成员很大鼓舞。后来，周恩来带领觉悟社的社员传阅了李大钊在《新青年》上发表的几篇文章，特别是《我的马克思主义观》，开始接触马克思主义，相继投身为实现共产主义理想而奋斗的革命事业。

---

[1] 全名纳乌姆·格里戈里耶维奇·布尔特曼（1900～1920），生于俄国熬得萨的一个小职员家庭。1915年随父母迁居哈尔滨，积极参加反对沙俄政府的革命活动。1917年组织青年学生革命同盟，并领导俄国中学生的罢课斗争。1918年加入布尔什维克党；同年秋，考入俄国符拉迪沃斯托克大学读书，因积极参加反对沙俄白匪的斗争，被学校开除。1919年2月返回哈尔滨，继续在中东铁路中俄工人中开展革命活动；同年3月，被派到天津开展革命工作。五四运动后，他与李大钊等建立了联系。1920年殁于意外事故。

[2] 李洁编著的《文武北洋·风流篇》（广西师范大学出版社2004年版）记有：“就在这年夏天，李大钊曾与一位叫伯特曼（或译布尔特曼）的俄共代表在红楼的图书馆见面。这位伯特曼，后来成为俄共（布）西伯利亚局东方人民处负责人，该处即共产国际东方部的前身”。若是李大钊与布尔特曼于1919年夏天在北京大学图书馆见过面的话，李大钊于这年9月21日到天津与其会面，当是回访。

1919 年秋，因《每周评论》已经被北京执政当局查封，李大钊就在《新生活》周刊上发表了一些短小精悍的文章和大量随感录，并在第 6 期《新生活》上发表了自己在家乡搜集的谚语“雁叫一声，穷汉子一惊”和“高粱晒红米，鳞膀（鱼石）不给你”，以及《赤色青色》《难兄难弟》《秘密……杀人》《大笑话》等讥讽北京政府执政当局行径的随感录。《秘密……杀人》谈及他从五峰山下山返回大黑坨的路上，见到昌黎一带正闹瘟疫，许多人被霍乱夺去生命的悲惨情景。回到北京后，获知北京政府的官僚们非但没有采取任何救急措施，反而煞有介事地向国际卫生组织封锁消息，李大钊非常气愤，提笔写了这则随感录，悲叹：“中国政府什么事都秘密……这秘密二字下，不知又添了多少冤魂！”进而发出责问：“瘟疫是自然的恶呢，还是人为的恶呢？……何以死的大半是无产阶级和妇女？”[1]

到 10 月 10 日，在中华民国成立后的第 8 个国庆节到来之际，李大钊特意为《新生活》周刊撰写了表达自己对新生活见解的短论《双十字上的新生活》。在这篇文章中，李大钊用浅显易懂的语言，清楚明了地畅谈了自己对“新生活”的看法。他简单、明快地把创造“新生活”的基础归纳为“博爱、自由、平等、牺牲”“四大精神”。他认为，“爱的生活才是人的生活”，“爱力愈大，所爱愈博”，而“自由、平等的生活，都是以爱为基础的生活”。进而，他毫不含糊地指明：“实行这个‘爱’字，必须有牺牲的精神”；“爱真理，便该为真理而牺牲”，“爱的方法便是牺牲，牺牲的精神便是爱”。《双十字上的新生活》是李大钊在写出《我的马克思主义观》，完全认识和接受马克思主义的真理以后，为矢志创造一种全新的社会生活而努力奋斗的革命者所“必须有”的“牺牲的精神”唱的一曲赞歌，也是他充满革命激情的内心世界毫无保留的曝光。

这时，李大钊似乎对“牺牲”这两个富有壮美情感的字眼特别有兴趣。时隔不久，他在 1919 年 11 月 9 日出版的第 12 期《新生活》发表了一则以

[1] 《李大钊全集》第 3 卷第 333 页。

《牺牲》为题的随感录，进一步阐明了自己对“牺牲”这种崇高之美的认识和感受。

> 人生的目的，在发展自己的生命，可是也有为发展生命必须牺牲生命的时候。因为平凡的发展，有时不如壮烈的牺牲足以延长生命的音响和光华。绝美的风景，多在奇险的山川。绝壮的音乐，多是悲凉的韵调。高尚的生活，常在壮烈的牺牲中。[1]

《牺牲》是李大钊在这年秋冬时节写的诸多随感录中最精美的篇章之一。在这则充满诗情画意、携带猎猎雄风的随感录中，他用再也不能节简的诗一样的话语，浅显明了地揭示了人生哲理中最美最深刻的内涵，揭示了人的最美最高的思想和精神境界的美的真谛，饱含的是他对社会生活的深刻而丰富的审美体验和对人生之美不断探求的崇高精神。

显而易见，要从事社会革命，进行一个阶级推翻另一个阶级的统治的斗争，就必定会有牺牲。能否勇于牺牲，乐于牺牲，关键在于对崇高这种壮美的境界的认识程度和感受能力。李大钊从“绝美的风景，多在奇险的山川”，“绝壮的音乐，多是悲凉的韵调”等生活中的审美体验出发，体味人生之美的最终归宿，显然表明他已经把握崇高美的基本原理和最鲜明的特点，抓住了壮美的本质。毫无疑问，人生的崇高境界，往往是在高尚的生活中体现的，而高尚的生活，常常是与艰苦的奋斗、壮烈的牺牲紧密相连的。在社会生活充满“奇险”“悲凉”的情景和韵调时，作为一个为实现革命理想而奋斗的人，不能仅落脚于“平凡”，不想到“高尚”，不想用“壮烈的牺牲”去“延长生命的音响和光华”，去显示人们改造世界的生命力和创造力，显示人们都想达到的自由之美的绝妙境地的魅力。

李大钊对“牺牲”产生这种崇高的认识，与他对自然与人生进行了深深

[1] 《李大钊全集》第3卷第365页。

的思索有着密切关系。

这年暑假，李大钊由五峰山返回大黑坨，此时平原地区“瘟疫正在猖獗”，“路经四五十里，村里尽是哭声，村边都是新冢”。这种悲惨的景象，使他在回乡路上强烈地感到“死的现象”几乎把自己“包围”。后来，他在回忆这一情景时说：“我当时在这种悲哀恐怖的境界里走，对于‘死’的本质，发生很深刻的思索。”他当时的感想是：“死与生同是全生命的一部，生死相间，才成无始无终的大生命，大生命就是大自然，死同生一样是大自然中的自然的现象”；“对于自然的现象的‘生’，既不感什么可以恐怖；那么，对于自然的现象的‘死’，也不应该感什么可以恐怖”；“死如果是可悲哀的，生也是可悲哀的；死如果是有苦痛的，生也是有苦痛的”。他觉得：“可以断定死是没有什么可以恐怖的”，“生死相较，没有多大的区别”[1]。他的这种认识，在与《牺牲》同时发表在《新生活》周刊的随感录《死》中有所披露。在《牺牲》的姊妹篇《死》中，他写道：

> 胆小的人总是怕死，卑劣无聊的人总是盼反对他的人死，咒反对他的人死，阴贼阴狠的人总是想法把反对他的人置于死地。死是什么东西？死是这样可怕的么？死是这样有用的么？罗素说过：“你可以杀一个艺术家或思想家，但你不能得他的艺术或思想。你可以因为一个人爱他的同类把他置于死地，但你不能由这样的行为得到造成他的愉快的爱。”死不是那样可怕的啊！置人于死，于你不是那样有用啊！造谣咒人死，更是卑劣无聊之极啊！[2]

显然，这是在明确地告诉人们：人死并不足惧，因为人虽被“置于死地”，其“艺术或思想”和“他的愉快的爱”还在，并不会被“反对他的人”得去。他的这种对“死”的见解与对“牺牲”的审美分析，是同出一辙的，

[1] 李大钊：《自然与人生》，《李大钊全集》第3卷第512页。

[2] 《李大钊全集》第3卷第369页。

表达的是同一个思想，闪烁的都是辩证唯物主义的思想因素。

1919年秋天，李大钊由家乡返回北京，面对日益严峻的政治形势，对自然与人生的思索越来越深刻，这使他情不自禁地写出充满奔放的革命激情、蕴含着深刻审美哲理的《双十字上的新生活》《牺牲》等文章或随感录。这表明，在投身中国革命新的征程时，李大钊已经在思想上和精神上完全做好了“牺牲”的准备，对于自己“自从稍知人事的时候”一提起来“就起一种恐怖心”[1]的“死”字，不仅不再有任何惧怕的感觉，反而觉得有一种荣光深深蕴含在其中。他已完全认清了生命的价值，开始身不由己地步入一种人类社会历史上最高尚、最道德、最自由、最完美的精神生活。

又一个冬天到来。临近大雪时节，从家乡传来喜讯，李大钊的又一个女儿于11月29日那天在大黑坨村诞生。母女平安，一切都很顺利。虽然已到寒冬，李大钊仍然觉得自己心里热乎乎的。他决定，给这个小女儿起名“炎华”。

---

[1] 李大钊：《自然与人生》，《李大钊全集》第3卷第512页。

护送陈独秀离开北京险境

北京的冬天是比较寒冷的。李大钊依然像以往那样忙里忙外。他几乎每天都按时到北京大学图书馆上班，对自己负责的工作，从不敷衍推脱。他很乐意常常有人到办公室来坐坐，随意聊上那么几句，或是研究一些事情和问题。

常来李大钊在红楼的办公室坐坐的，有当时在北京大学任教，与李大钊一同参加《新青年》编辑工作的周作人教授。

周作人，1885 年生，原名櫆寿（后改为奎绶），字星杓，又名启明、启孟、起孟，浙江绍兴人。曾到江南水师学堂学习海军管理，毕业后考取留学日本的官费生。1906 年到达日本后，先读法政大学预科，后入读东京立教大学。1911 年回国，先做浙江省教育司视学，后转入浙江省立第五高级中学教授英文。1917 年，到北京大学附属的国史编纂处做编纂，转年即被蔡元培聘为北京大学文科教授，担任希腊罗马文学史、欧洲文学史、近代散文、佛教文学等课程的教学。

周作人与他的哥哥周树人，均以能文善写出名，在北京一同参加了《新青年》的编辑工作。比较而言，兄弟俩的文风，一个刚劲，一个冲淡。1918 年 5 月，周树人首次以“鲁迅”作为笔名，在《新青年》发表了中国文学史上第一篇白话小说《狂人日记》，形成了很大的影响。而周作人则用“遐寿”

“仲密”“启明”等笔名发表平淡、文雅的散文，赢得不少读者的喜爱。

对于与李大钊的交往，多年以后，周作人在《知堂回想录》中回忆说，那时的《新青年》同仁相当不少，除二三人时常见面外，别的都不容易找。在第一院即红楼的，只有作为图书馆主任的李大钊，在上班时必定在那里，所以找他最适宜。他没有架子，令人可亲，平日所谈的也只是些平常的闲话。就此，钱理群在《周作人传》中评介说：“作为一个过渡时代的先驱者，李大钊在思想言辞上尽管激烈，行为道德上却相当传统，俨然一位雅儒，这也是周作人感到亲切的原因吧。”[1]

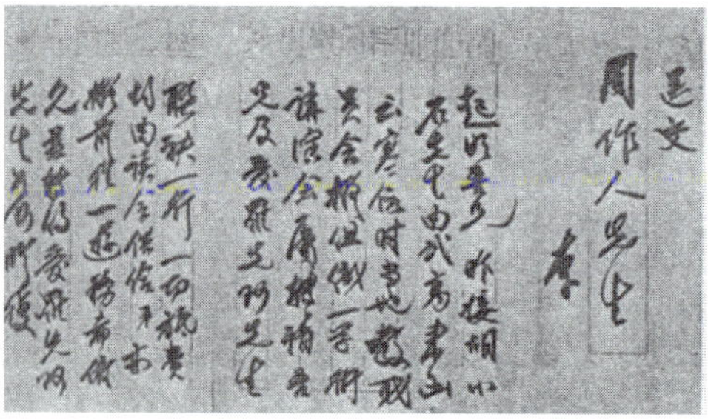

▲李大钊 1922 年 12 月致周作人的信件手迹

李大钊除与周作人等北京大学的同事交往之外，不时也迎来一些新朋故交。其中就有毛泽东。

毛泽东是一个颇有革命志向的热血青年。1918 年的夏天，由湖南第一师范学校毕业后，毛泽东与 20 多名湖南青年一起来到北京，准备赴法国勤工俭学。到北京后，毛泽东的思想开始发生一些变化。他觉得，自己对整个国家的形势了解得还是不够深透，于是决定不再去法国留学，而是留在北京多感受一些新的知识、新的思想，研究一些新问题。

当时，赴法勤工俭学运动是由蔡元培、吴玉章、李石曾等人发起组织的，设立的对外联络机构就在北京大学校园。而毛泽东在北京大学校园唯一的熟人是曾在湖南第一师范学校教过他的杨昌济先生。这时，杨昌济已经应蔡元培之聘，到北京大学任伦理学教授，并把家也由长沙搬到了北京，住在鼓楼东边的豆腐池胡同 9 号。毛泽东初到北京时，与蔡和森借居在杨昌济家。通

[1] 钱理群：《周作人传》第 191 ~ 192 页。周作人一直与李大钊保持着比较亲密的关系。李大钊就义后，周作人为掩护和资助李大钊的子女、保护李大钊的遗作做了不少事情。

过杨昌济，他于 1919 年 10 月认识了李大钊[1]。

李大钊与这位好学上进、很有思想见解的学子一见如故。两人相识不久，李大钊就介绍毛泽东参加了少年中国学会，并介绍他与王光祈认识，领着他到陈愚生家与几位少年中国学会的发起人见面，多次参加少年中国学会会友的聚会，讨论创造“少年中国”的相关问题。对此，当年的少年中国学会会员李璜在写《五四运动与少年中国学会》，回忆 1917 年秋冬时节少年中国学会会员聚会情况时说：“其时在愚生家聚谈之会友不过七八人，在十月中，才由李守常介绍毛泽东加入，成为座上之客。”“记得是年十月中某日午后，我从北京东安市场出来，向金鱼胡同转弯时，迎面遇见光祈同一个黑而瘦，身子比光祈低的青年人，光祈为我介绍，这是毛泽东君。在几日之后，我即在愚生家与毛同席，因他已由李守常介绍，加入了‘少中’；从此在愚生家的每周聚会，毛必在座。”“我于民七的十月至十二月，在北京会见毛泽东不下十次，但我对他的印象不及对李守常的明朗。因为毛在那时的友朋聚会中，甚少发言，但偶一发言，则冲劲甚大，且相当的坚持其见。”[2]

秋去冬来，毛泽东搬出杨昌济家，与蔡和森、萧子升、罗章龙等 7 人挤住在北京大学附近的景山东街三眼井胡同吉安所东夹道的一间屋子里，在生计上遇到了困难。他之前跟朋友借的钱已经所剩无几，必须找个工作。杨昌济知道后，请热心助人的李大钊帮助解决。李大钊二话没说，在自己的职权范围，径直介绍毛泽东到北京大学图书馆担任新闻纸阅览室书记。这个职业在整个学校级别倒数第二，工资较低，每月仅挣 8 块银元，却可解决毛泽东的燃眉之急。

---

[1] 中共中央文献研究室编《毛泽东年谱》（上卷）记毛泽东于 1919 年 10 月“经杨昌济介绍，认识北京大学图书馆主任李大钊”。（中央文献出版社 1993 年版，第 38 页）

[2] 若李璜的记忆无误，表明毛泽东在到北京大学图书馆工作之前，就与李大钊熟识，并于 1918 年 10 月被李大钊介绍参加刚刚筹建的少年中国学会。

据北京大学档案留存的工资发放册记载，毛泽东于1918年12月和1919年1月、2月先后签收了3个整月的工资，月薪8元。也就是说，毛泽东是在1918年12月开始到北京大学图书馆上班的。他的工作，是在第二阅览室“管理十五种中外文报纸”，“登记到馆阅报的人的姓名”[1]。对这个工作，他很满意：一是基本解决了生活上的难题；二是就此有了与走在时代潮流前面的李大钊密切接触的机会，并可借机接触和认识包括蔡元培、陈独秀、胡适等人在内的北京大学一些著名人物，从多方面了解、比较当时的各种思想和主张，获取有益的知识。

当时，李大钊自在中央公园发表演说《庶民的胜利》，写出《Bolshevism的胜利》等文章之后，正在注意收集研究马克思学说的图书、报刊及有关资料，着手进行马克思主义的研究工作。在这个时候，毛泽东到李大钊身边工作，正如后来他自己所说的那样：“我在李大钊手下担任国立北京大学图书馆助理员的时候，曾经迅速地朝着马克思主义的方向发展。”[2]

毛泽东到北京大学图书馆工作以后，参加了北京大学不少学术活动，并先后参加新闻研究会和哲学研究会，受益匪浅。而李大钊当时的思想、观点，对他产生的冲击性影响较大，这促使他“对政治的兴趣越来越大，思想也越来越激进”[3]，开始逐步清理不良思潮的影响，继而对俄国十月革命和马克思主义的研究日益倾注较大的热情。

1919年3月12日，毛泽东告别李大钊和令他流连忘返的北京大学校园，离开北京。他到上海送走赴法国勤工俭学的学友之后，返回了长沙。五四时期，毛泽东创办了《湘江评论》，发起驱逐军阀张敬尧的运动。12月18日，毛泽东率领赴京请愿的湖南“驱张代表团”再次来到北京。到达北京以

---

[1] 《毛泽东一九三六年同斯诺的谈话》，人民出版社1979年版，第33页。

[2] 《毛泽东自述》，人民出版社1993年版，第40页。北京大学图书馆当时无“助理员”，当为由英文转译中文之误。

[3] 《毛泽东一九三六年同斯诺的谈话》，第34页。

后，住在了北京大学附近的北长街。[1]

不久，李大钊帮助毛泽东在北京大学校园举行了两次控诉军阀张敬尧罪行的集会。

在这年冬天到来以后，李大钊的笔像以往那样比较勤奋。他在《新生活》周刊上发表了一些随感录，在《新潮》杂志和《新青年》上发表了《物质变动与道德变动》《青年厌世自杀问题》和《由经济上解释中国近代思想变动的原因》等一些长文，表达了自己对一些长期思索和感受的社会问题的见解。

在《物质变动与道德变动》一文中，李大钊开始用马克思唯物史观阐明社会道德变动的原因，他指出："我们今日所需要的道德，不是神的道德、宗教的道德、古典的道德、阶级的道德、私营的道德、占据的道德；乃是人的道德、美化的道德、实用的道德、大同的道德、互助的道德、创造的道德！"在《青年厌世自杀问题》中，李大钊分析了一些青年厌世自杀的原因之后，殷切地提出："我希望活泼泼的青年们，拿出自杀的决心，牺牲的精神，反抗这颓废的时代文明，改造这缺陷的社会制度，创造一种有趣味有理想的生活。""我不愿青年为旧生活的逃避者，而愿青年为旧生活的反抗者！不愿青年为新生活的绝灭者，而愿青年为新生活的创造者！"《由经济上解释中国近代思

[1] 毛泽东在1936年同斯诺谈话时曾经回忆道："我第二次到北京期间，读了许多关于俄国所发生的事情的文章。我热切搜寻当时所能找到的极少数共产主义文献的中文译本。有三本书特别深刻铭记在我的心中，使我树立起对马克思主义的信仰。我接受马克思主义，认为它是对历史的正确解释，以后，就一直没有动摇过。这三本书是：陈望道译的《共产党宣言》，这是用中文出版的第一本马克思主义的书；考茨基著的《阶级斗争》，以及柯卡普著的《社会主义史》。到了一九二〇年夏天，我已经在理论上和某种程度的行动上，成为一个马克思主义者，而且从此我也自认为是一个马克思主义者了。"（《毛泽东一九三六年同斯诺的谈话》第39页）其中的"三本书"，经查实，毛泽东的记忆略有误差（多为离开北京以后读到），但"读了许多关于俄国所发生的事情的文章"，"热切搜寻当时所能找到的极少数共产主义文献的中文译本"，却是当时的实际情况。

想变动的原因》是李大钊运用马克思的唯物史观研究现代中国“种种思潮运动，解放运动”的一个思想结晶。在这篇文章中，他直言不讳地否定了以孔子为代表的“纲常名教”，指出：“中国今日在世界经济上，实立于将为世界的无产阶级的地位。我们应该研究如何使世界的生产手段和生产机关同中国劳工发生关系。”同时，他又指出：“你们若是无奈何这新经济势力，那么只有听新思想自由流行，因为新思想是应经济的新状态、社会的新要求发生的，不是几个青年凭空造出来的。”

李大钊在写这些文章时，大有不吐不快的感觉。他觉得，人们应当在思想上告别旧的生活和道德观念，迎接新的社会生活和新的社会变革的时代潮流到来。

转眼之间，又是一年。时至1920年2月上旬，北京大学放了寒假，李大钊有一些事情需要处理，一时没有离京。不过，他还是准备赶在农历小年之前回到家乡，看看已经分别有四五个月的妻子和儿女，特别是想看看新出生的小女儿炎华。

就在这个时候，出狱以后仍然没有获得完全行动自由的陈独秀，陷入了比较危险的境地，李大钊心急如焚，深为陈独秀的安危担心。

当时，华中地区的几所大学聘请胡适去作几场学术讲演，胡适无法分身。因为美国学者杜威教授正在北京讲演，胡适作为他的翻译，不能离开北京。在这种情况下，胡适转荐陈独秀前往武汉，对方表示欢迎。陈独秀正巧有事需要到上海一行，与章士钊会面，共商西南大学的筹办事宜。为此，陈独秀在去武汉之前，先行上海。

1920年1月28日，陈独秀秘密离开北京南下，1月29日到达上海。在与章士钊等人会面、商议了筹办西南大学的一些事情以后，陈独秀于2月2日乘“大通”轮船离开上海，顺长江水路转行武汉。

2月4日下午，陈独秀冒雪抵达汉口，受到武汉学联和文华大学协进会代表的迎接。这天晚上，他留宿在文华大学，备受款待。2月5日下午，陈独秀参加武汉学联和文华大学协进会在文华大学为他举行的欢迎会，在会上发表了《社会改造的方法与信仰》的讲演，提出“打破阶级制度，实行平民社会主义”“打破继承制度，实行共同劳动工作”“打破遗产制度，不使田地归私人传留享有，应归为社会的共产”。2月6日上午，他又应邀参加文华大学的毕业典礼，即席发表《知识教育与情感教育问题》的演说。2月7日上午，他应汉口青年会会长彭厚斋邀请，在武昌高等师范学校演讲《新教育之精神》；演讲之后，又同湖北省议员刘俊夫等交谈对教育的意见。

2月7日夜，陈独秀乘坐火车离开武汉。2月8日下午，返回北京。回到家后，他正预备写几封请柬，约请李大钊和胡适等几位友人晤面一叙。不想，正在他写请帖的时候，外面有人敲门，进来一位警察。那个警察说有报纸报道陈独秀正在武汉宣传“无政府主义”，警察局派他来看看陈独秀是否还在家中[1]。那个警察见陈独秀仍然在北京家中，便告诉他，他是被保释出狱的，根据法律规定，如果离开北京，应当向警察报告。说罢，那个警察向陈独秀索要一张名片离去。

警察拿着名片走后，陈独秀深觉不安。他情知警察还会找他，便跑到胡适家里。到胡适家后，他又觉并不安全，转身去找李大钊。

李大钊见到惊魂未定的陈独秀，了解了相关情况，一再安慰陈独秀，说由他想办法解决。

李大钊派人到陈独秀家察看，见警察在陈独秀家门口来回巡逻，等他回来。知道陈独秀有随时被警察重新逮捕的危险以后，李大钊决定护送陈独秀离开北京险境，返回上海，脱离北京警察的监视。

隔一天，李大钊在陈独秀的安徽同乡、北京大学教授王星拱家，将自己和陈独秀都乔装打扮了一番，他们都扮成下乡要账的商人，雇了一辆老式的

[1] 查当时报道陈独秀武汉之行的报纸，最先“用大字刊出”陈独秀演讲重点的是1920年2月7日的《国民新报》，继之者有1920年2月9日的《汉口新闻报》。北京警察当局当是通过《国民新报》发表的消息发现陈独秀去了武汉，才派警察去陈独秀的寓所查询陈独秀的行踪的。当时，警察询问在武汉演讲的情况，陈独秀意识到自己的武汉之行要有麻烦，赶紧离家出走，恰在情理之中。

马车，乘坐马车顺着城里的马路，出朝阳门南行去往天津。

对于陈独秀回京遇险和李大钊护送陈独秀离京南下避难的情况，胡适在其口述自传中有比较详细的记述，并在1920年2月9日的日程表下午4、5时栏中，填写有“因C. T. S. 事，未上课”的记录（T. S是“独秀”二字英语拼音TU · HSIU的缩写）。

高一涵对此事也有比较具体的回忆。他在1927年5月23日汉口出版的第60号《中央副刊》发表的《李大钊同志略传》中记述道：

陈独秀先生……出狱后潜离京赴上海，由上海至武昌讲演，折回北京。甫至京二小时，即被警察追踪而至。陈逃至北大教授王星拱宅，与守常偕乘驴车由通州至乐平。守常割去胡须，戴上瓜皮小帽，手携旱烟袋，盘膝坐车上，独秀着王宅厨役油背心，望之俨然两商人也。沿途因守常操北音，故无人盘问，而安然脱险矣。[1]

另外，时在北京大学执教的马叙伦在《石屋余沈》（上海书店1984年版）也有李大钊护送陈独秀南下避难的回忆：

往在北平，中国共产党领袖陈独秀自上海来，住东城脚下福建司胡同刘叔雅家。一日晚饭后，余忽得有捕独秀讯，且期在今晚。自余家至福建司胡同，可十余里，急切无以相告。乃借电话机语沈士远，士远时寓什方院，距叔雅家较近。然无以措词，仓卒语以告前文科学长速离叔雅所，盖不得披露独秀姓名也。时余与士远皆任北京大学教授，而独秀曾任文学院院长。故士远往告独秀，即时逸避。翌晨由李守常乔装乡老，独秀为病者，乘骡车出德胜门离平。

无独有偶，曾经多年担任北京大学总务长、并代行过校长职务的蒋梦麟在写

[1] 其中“乐平”当系“乐亭”，有可能是李、陈二人离京时是说去李大钊的老家乐亭。

《谈中国新文艺运动——为纪念“五四”与文艺节而作》时，也有类似的回忆：

> 陈独秀的口才很好，为人风趣，与他谈天，是一件很有趣的事。当他离开北京大学以后，有一次因为他发传单而被警察捉去，后来由安徽同乡保了出来。以后还有几次也几乎被捕。一天，我接到警察厅一位朋友的电话。他说：“我们要捉你的朋友了，你通知他一声，早点跑掉吧！不然大家不方便。”我知道了这消息，便和一个学生跑到他住的地方（刘叔雅——文典的家里），叫他马上逃走。李大钊陪他坐了骡车从小路逃到天津。为什么坐骡车要李大钊同去呢？因为李大钊是河北人，他会说河北乡下话，路径又熟，容易逃出去。……那时我国政权还没有统一，北平方面要捉陈独秀，但旁的地方并不捉他，只要逃出北平警察厅的势力范围之外，便无危险。

马叙伦和蒋梦麟的回忆表明，陈独秀当时可能曾躲居在福建司胡同刘文典家。

关于李大钊护送陈独秀离京的过程，高一涵的回忆比较确当。

陈独秀是在1920年2月11日由天津乘坐火车前往上海，于次日到达上海的。对此，陈独秀在1920年3月3日致胡适信中说，他是在2月12日抵达上海的，下榻惠中旅舍后生病五六天。当年在亚东图书馆任编辑的汪原放在《亚东六十年》（手稿）中介绍说，陈独秀到上海后患感冒住院，他的叔父亚东图书馆经理汪孟邹前往探望，陈独秀告诉汪孟邹，他离开天津时是由李大钊送上火车的。

▲1920年3月李大钊（右一）与胡适（右二）、蔡元培（左二）和蒋梦麟合影

李大钊顺利地护送陈独秀到

达天津，并在天津送陈独秀坐上开往上海的火车南下避难后，没有再回北京，就便由天津返回了家乡。

关于李大钊当时在天津逗留的情况，当年的少年中国学会会员章志在其回忆文章《关于马列主义在天津传播情况》中曾经提及：

> 我于1919年9月开始担任北京《晨报》及上海《时事新报》驻津特派员职务，采访新闻寄到该两报发表，借此机会宣传天津新文化运动情况。因为执笔不慎，得罪了南开学校校长张伯苓先生及南开同学，于1920年1月间被迫离校，搬到姜先生家中暂住。陈独秀先生、李大钊同志，还有一位无政府主义同志（山西人，姓名已忘）正当那时由京来津。这位山西同志也借住姜先生家中，陈独秀先生在租界客栈里，李大钊同志住河北大马路日纬路附近友人家中。次日晚间，李、姜、山西同志、南开胡维宪同学连我到特别一区某苏联同志家中集会商谈京津地下工作情况约一小时。第二天天津《益世报》登载“党人开会，图谋不轨”的消息。李大钊同志急忙到姜先生家中通知我们防患未然。他立刻搭车回京，我与姜先生及山西同志搭津浦车去上海转福建漳州从事新文化工作。陈独秀先生因事已提前去上海，未能参加集会。[1]

章志文章中所说“一位无政府主义同志”，是指尉克水；“特别一区某苏联同志”，是指居住在天津的北京大学俄籍教员鲍立维（当时为共产国际驻天津的文化联络员）。李大钊等人去找鲍立维，当是李大钊护送陈独秀到达天津以后第二天，即1920年2月11日的事，是时陈独秀已经离开天津去了上海，即陈独秀仅在“租界客栈”住了一宿。

李大钊等人找鲍立维商谈之时，陈独秀已经乘坐火车离开天津，并于2月12日到达上海。陈独秀到达上海后，于2月14日致信京师警察厅厅长吴炳湘，云：“夏间备承优遇，至以感佩。日前接此间友人电促，前来面商西

---

[1] 张静如、马模贞等编：《李大钊生平史料编年》，上海人民出版社1984年版，第98页。

南大学事宜，匆匆启行，未及报厅，颇觉歉仄，特此专函补陈，希为原宥。事了即行回京，再为面谢，敬请勋安。”[1] 当时，南北分裂，上海是北京政府的鞭长莫及之地，这使陈独秀有了安全保障。

李大钊送走陈独秀后，已是农历小年前夕（是年 2 月 12 日为腊月廿三），他由天津直接回了家乡乐亭。不然，时在北京的胡适不会说他带着陈独秀去了乐亭，又一同去了上海。前些年发现的李大钊致周作人的一封信，涉及当时李大钊的行踪。李大钊在信中回答周作人询问陈独秀在上海的地址时云：“前次你给我写信，问仲甫的通信处，我那时亦跑在昌黎山中去了，所以未曾答你。今天接他的信，知道他已回沪，仍住渔阳里二号，有稿即寄这个地方罢。”[2] 这表明，李大钊在送走陈独秀后，直接由天津返回了家乡，在昌黎下火车后，曾到“昌黎山中”冬游。

此外，需要指出的是，近些年国内所拍的一些影视作品，描绘赵纫兰当时正在北京，也为陈独秀遇险担忧等等，都不是真实的情景；特别是有的影视作品，把李大钊护送陈独秀去天津，拍成李大钊亲自赶着骡车，更不真实。李大钊虽然自幼在北方农村长大，但他从小主要是读书求学，并没有怎么干过农活，他是不可能会赶车的；特别是赶车远行，需要很熟练的车把式才行，况且“车”从何来，也并非不是一个问题。

---

[1] 原信未署日期，人民出版社 1989 年版《李大钊文集》（续）第 110 页题注认为：“据所述内容来看，似写于 1920 年春。”人民出版社 2006 年最新注释本《李大钊全集》第 5 卷第 548 页所载题解认为，写作时间“应为 1921 年 9 月底或 10 月初”。若此信果真写于 1921 年 9 月底或 10 月初，那么，李大钊应当在 1921 年 8、9 月间到过昌黎五峰山，但史料并无此行的任何记载。其时，李大钊的家已经又搬回北京，无法回乡度假，也无法再到昌黎五峰山避暑。

[2] 原件藏北京市档案馆。

“南陈北李，相约建党”

多年来，党史界有“南陈北李，相约建党”的佳话。其中的“南陈”，指的是陈独秀；“北李”，则是指李大钊。在五四时期，出现了两首有关“南陈北李”的歌谣。一首是当时的北京大学学生罗章龙以笔名“征宇”写的歌谣：“北大红楼两巨人，纷传北李与南陈。孤松独秀如椽笔，日月双悬照古今。”[1] 另一首是当年的少年中国学会会员、北京高等师范附中学生会干事长赵世炎写的歌谣：“北李南陈，两大星辰；茫茫黑夜，吾辈仰辰。”[2] 这两首歌谣的出现，表明李大钊和陈独秀在五四时期已经成为不少青年公认的领袖人物。

关于李大钊在护送陈独秀去天津途中，两人共商筹建中国共产党大计的说法，最早见于1927年5月24日《民国日报》发表的报道《中大热烈追悼南北烈士》。这篇报道在记述高一涵在武汉中山大学追悼南北死难烈士大会上作李大钊生平事迹报告，讲到李大钊“化装”掩护陈独秀离京时，有李

[1] 见罗章龙《亢斋回忆录——记和守常同志在一起的日子》，《回忆李大钊》第35页。

[2] 见中共中央党史研究室科研管理部编《赵世炎百年诞辰纪念集》所载黄仲苏《赵世炎笔记与诗稿抄录》，中共党史出版社2001年版。

大钊和陈独秀“在途中则计划组织中国共产党事”这样一句话。另外，人民出版社1979年版《李大钊传》，据与李大钊共同发起成立北京大学马克思学说研究会，最早参加李大钊组织的北京共产党小组的朱务善1960年的回忆材料，在《中国共产党的创始人之一》一章记有：“一九二〇年一月，大钊同志送陈独秀去天津以转往上海。”“他们化装成下乡讨账的商人，坐骡车出朝阳门，走了好几天才到天律。陈独秀北方话说不好，沿途遇到军警检查，都是大钊同志对付，一直把他送上轮船。路上，大钊同志也与他商讨了有关建党的问题。”并在附录《李大钊同志生平活动简表》记有“1920年1月”，李大钊“送陈独秀去天津登轮赴上海。此时，陈独秀有倾向马克思主义的表示，大钊同志同他讨论了有关建立中国共产党的问题”。

▲ 致力于开创中国共产主义运动时期的李大钊

在中国组建中国共产党，李大钊有一个从思想到行动的过程。从思想上而言，他的许多论著已经明确说明他已经是一个伟大的共产主义者，在中国建立以共产主义为理想的政党，只是一个时间问题；从行动上而言，他与陈独秀相约建党，已是行动中最实质性的一步。除了这两点之外，当时共产国际也从外部因素也起了重要作用。

鲍立维，汉名柏烈伟，当时的公开身份是天津大学教授、北京大学俄文系讲师。根据俄共（布）中央远东局海参崴分局，以及共产国际东亚书记处的指示，他同中国革命者建立了联系，并在中国进行革命工作。他是最早介绍李大钊与俄共（布）党员建立联系的人。1919年9月，他介绍李大钊会见了俄共（布）党员布尔特曼；1920年春天，又介绍李大钊会见俄共（布）党员荷荷诺夫金。之后，又是他介绍李大钊会见俄共（布）中央远东局海参崴分局负责人维连斯基派遣的全权代表维经斯基（一译魏金斯基）和助手季托夫、谢列布里亚科夫及翻译杨明斋一行[1]。

关于李大钊会见荷荷诺夫金的情况,曾是中共莫斯科支部负责人之一的彭述之,在1983年4月出版的法文版《彭述之回忆录》第一卷有比较详细的回忆：

> 那时我在苏俄居留已近三年半。那时共产国际第五次大会正在进行,我以中共代表团成员的身份参加大会,李大钊(同志间通称他李守常或守常)便是中共代表团的首席代表,晚上,我常去他住的房间里长谈,我们相处有日,早已不是陌生人了。这一天倒是我在东方大学接待他,因为他要我陪他参观一下我们的学府。……在走廊里偶尔碰上了荷荷诺夫金。他是我的俄文教授。我正要向守常介绍这位先生时,守常眼睛里露出又惊又喜之色,急忙地扑向他,欢快地拥抱起来,我正在惊愕,守常放松了俄人,转过头来向我解释道:“哎呀！这荷荷诺夫金！就是由于他开始了这一切……”当晚在他房间里谈心时,守常才把这一段故事讲给我听,使我恍然大悟。
>
> 那是1920年年初时节,我同往常一样,正在北京大学的办公室里工作,突然有人敲门。我说:“请进来!”他说:“我就是鲍(波)立维先生向您提起的俄国人,我名叫荷荷诺夫金,李大钊同志,我向您致敬！……”
>
> 他说是受到在伊尔库斯克(又译为伊尔库茨克)第三国际远东局的委托前来同我联系的,目的是在中国创立一个共产党。我从来没有过这样的设想,心绪顿时被搅动了。他提出的问题,我必须有点时间来思考一下。
>
> 他提到的这件事情太严重了,我不能单独地解决,于是我这样答复他:“在

[1] 历史学家金毓黻1950年根据章士钊、张申府等人提供的资料写道：“李大钊担任北大图书馆主任以后，就和在北京的苏俄人士有了往来。……最初和大钊先生常常往来的却有两个俄国人。”这里说的“两个俄国人”应是伊万诺夫和柏烈伟。柏烈伟为鲍立维的汉名。据吴南如《瞿秋白与张太雷早年事》（载台湾《中共研究》第10卷第7号）记述，柏烈伟是1917年7月来中国的。现在，李大钊与当时与他“常常往来”的“两个俄国人”的情况，大体还是一个谜，仅有与柏烈伟交往的记载。

中国唯一有魄力发动创立共产党这一壮举的人物是陈独秀。可惜他已离开北京去上海了,因此我只能用通信方式同他商讨您代表共产国际向我们提出的建议。这是需要一些时日的,您是否可以延长在北京的居留时间,以便让我们作出一个决定?”

我立即去信给独秀,起初,独秀的反应也是慎重的,表示要好好考虑一下,然后才决定是否“下水”。不久,他的犹疑渐渐地消散了,我们一致认为对于共产国际的建议再也没有什么严肃的理由加以推却了。我一收到他肯定的答复,立即告知荷荷诺夫金,他欣喜极了,急忙赶回伊尔库斯克,成为陈独秀和我俩人接受共产国际建议这个佳讯的传递者。

彭述之的回忆,比较真切,应是当年的实际情况。在维经斯基一行到来之前,李大钊在北京大学图书馆会见俄共(布)党员荷荷诺夫金时,就已商谈了组建中国共产党的问题。当时,李大钊写信给已经到达上海的陈独秀与之商讨,陈独秀复信表示同意后,荷荷诺夫金立即赶回伊尔库茨克,汇报了这一情况。据彭述之回忆,李大钊在讲述了与荷荷诺夫金会见的情况之后,又说:“不多日,我在京见到另一位第三国际代表伍廷康(即魏金斯基)同志,我催促他即速启程去上海……”[1]

李大钊在北京大学图书馆会见荷荷诺夫金,当在1920年3月。到这时已是确确实实的“南陈北李,相约建党”了。

荷荷诺夫金是俄共(布)设在伊尔库茨克的远东局的“秘密使者”,他回去不久,维经斯基一行于1920年4月到达北京,在与李大钊等人会见之后,经李大钊介绍,由北京转赴上海会见陈独秀,指导和帮助李大钊和陈独秀发起创立中国共产党的工作。

1920年春节前后,李大钊开始为创建中国共产党开展活动,是当时的史实。至于李大钊在1920年2月中旬由天津返回家乡的情况,已经很难细细追

[1] 参阅任武雄《荷荷诺夫金:推动南陈北李建党的第一位苏俄密使》,《百年潮》2005年第2期。

述了。从他在寒假以后写给周作人的信中，说他那时“亦跑在昌黎山中去了”，他当是在昌黎下了火车以后，在寒冬腊月进了一趟碣石山，到五峰山韩文公祠给刘克顺老人拜了一个“早年”；隔日，回到大黑坨，与家人团聚，见到了尚在襁褓里的小女儿炎华。

李大钊回到家乡，与家里人辞旧迎新，心情异常愉悦。

这年寒假，留在大黑坨诸多父老乡亲的深刻记忆是：李大钊回到家乡以后，为大黑坨村民办了一件大好事。当时，他与村里一些主事的人，张罗着利用村西华严寺的部分殿宇办起了大黑坨小学，使大黑坨村有了一所男女生合读的公立初级小学校。据说，李大钊为村里办起小学以后，亲手写了一副对联，贴在学校大门的两旁，其上联为：“学校造人才为改造社会”；下联为：“读书为做事不是为做官。”[1]

据有关人员回忆，这年寒假结束以后，李大钊回到北京，除了先后见到鲍立维介绍与他会见的荷荷诺夫金和维经斯基一行，主要进行了马克思学说研究会的组建工作。

对于马克思学说研究会的成立情况，朱务善在1960年6月20日写的《回忆北大马克思学说研究会》一文有比较详细的介绍：

> 记得还在1918年,李大钊同志为要宣传和研究马克思主义,曾与当时北大教授高一涵等发起组织了一个研究马克思主义的团体。为避免当局的注意,这个团体并不叫马克思主义研究会。[2]因为当时“马克思”有译为“马尔格时”的,与马

---

[1] 参阅刘晓艳《李大钊与大黑坨小学的创建》，《党史博采（纪实）》2009年第7期。

[2] 高一涵回忆说：“五四运动前不到半年，守常在北京大学组织了一个马克思主义的学会。我们不是用马克思，而是用马尔克斯这个名字，为的是欺骗警察。他们回去报告，上司一听研究马尔萨斯，认为这是研究人口论的，也就不来干涉了。这个学会，先是公开的，后来就秘密起来。它的对内活动是研究马克思学说，对外则是举办一些讲演会。”[《五四运动回忆录》（上），中国社会科学出版社1979年版，第346页]

尔萨士之音相近似，所么他们把这个团体好像是定名为“马尔格士学说研究会”，以便在必要时对警厅机构说这个团体是研究人口论的而非研究共产主义的。开始这个团体并没有展开它的工作，没有吸收广大的革命青年参加……

“五四”以后，一些初步具有共产主义思想的革命青年，聚集在李大钊同志的周围，接受了马克思主义，赞成中国革命必须走十月革命的道路。……因此，在李大钊同志主持下，曾几次讨论过组织马克思学说研究会的问题。实际上，在1920年初已经组织起来这个研究会，不过还未公开登报而已。开始是利用从北大图书馆借来的一部分马克思、恩格斯和列宁的著作以及与此有关的一些书籍，分别阅读。不懂外文的同志，则请通晓外文者帮助他们。再过一个时期，又筹集了一些资金，买了一批书籍。学习的人渐渐多了，于是就在1921年11月17日的《北京大学日刊》上公开宣布，成立北京大学马克思学说研究会。发起人主要是党、团员，也有群众参加。李大钊同志之所以未列名发起人，是因为当时我们组织上考虑到：他是党的领导人，对外界说，他还是以一个教授和一个马克思学说理论家的身份出现的，所以开始时李大钊同志并未出头露面，而只是在党内指导。

马克思学说研究会的经常工作分下列三种形式进行：第一种是将研究会成员分成若干小组，各自研究某一问题，然后开会集体讨论；第二种是定期讲演，约请当时教授学者如李大钊、高一涵、陈启修等就马克思列宁主义或国际工人运动作学术报告；第三种是通过公开辩论以达到宣传的目的。记得在这个时期，一方面资产阶级右翼代表如胡适之流对宣传马克思主义深表不满，大肆诬蔑，另一方面梁启超、张东荪这一班人，也借着英国资产阶级学者罗素在中国讲学的机会，叫嚷什么中国产业不发达，谈不到社会主义。马克思学说研究会就利用这一机会，在沙滩大楼一个大教室里，开了一次为期两天的大辩论会，辩论的题目是“社会主义是否适宜于中国？”分赞成与反对两派辩论，邀请李大钊同志作为辩论会的评判员。参加这次辩论会的人都是北京各大学及专门学校的学生和教员，听众很多，连座位都没有了，很多人还拥挤在教室外面听。两方面辩论终结时，听众都想听一听李大钊同志的结论，一时满场俱寂，鸦雀无声。李大钊同志不慌不忙地走上讲台，手里拿着一张笔记大纲，开始用唯物史观的观点来解答这个问题。他慢慢地说明了人类社会发展的规律,证明资本主义社会转变到社会主义社会,正如封建制度因生产力的发展一定要转变到资本主义制度一样,不是人的意识与感情所能左右的。记得评判员用了河上肇所常用的譬喻来说明这一点:譬如雏鸡在孵化以前,尚在卵壳内部,及其孵化成熟以后,雏鸡必破卵而出,此为必然之理。李大钊同志最后说:赞成派若是拿唯物史观的观点来解答这个问题,就会更具有说服力。同时他着重指出:此地所说社会主义之必然到来,这绝不意味着工人阶级可以不要斗争而垂手以待社会主义之到来。李大钊同志说话声音不大,又很沉静,表现出一种高度自信心与坚定性,最能吸引听众的注意,使人悦服。会后,教室里还拥挤着很多人,在那里互相争论,喋喋不休。我还记得有一位反对社会主义的北大学生(好像是费觉天)最后对我说:李先生以唯物史观的观点论社会主义之必然到来,真是一针见血之论,使我们再也没话可说了。李大钊同志的发言引起了大多数听众研究马克思主义的兴趣,此后不久,马克思学说研究会的成员竟增加到数十人之多,同时其他各专校也成立了这样的研究会。北大马克思学说研究会和北大平民教育讲演团一样,同为北京党部外围组织。它的活动范围,不只是在宣传马克思主义和对进步青年进行政治教育,同时也常参加一般政治、社会活动。这个研究会从成立之日起,就设在马神庙西口北大第二院内(即理科)。在该院西头,辟有不少房间作为学生团体活动之用,研究会占了两间,平日借阅书籍,开讨论会,都在这里。[1]

罗章龙在1980年2月撰写《亢斋回忆录——记和守常同志在一起的日子》时,对马克思学说研究会的成立与活动,也有一些回忆。他说:“独秀先生……出狱后,革命思想更为坚定,终于成为社会主义的信徒,他和守常已就组织党的问题进行过交谈。与此同时,我们同学在多方营救陈先生出狱的过程中,感到组织的力量和必要,更明显地团结在李、陈二先生的周围,可

[1] 《五四时期的社团(二)》第293~296页。

▲马克思学说研究会部分成员合影及《北京大学日刊》登载的《马克思学说研究会通告》

说是初步具备了建党的思想和组织基础。”“到了一九二〇年春，上述的想法更成为我们经常的议题。我们不满足于一般的结合，如新民学会、辅仁学社和曦园等，认为应以主义来结合，开始酝酿组织马克思学说研究会，系统地研究马克思主义。”[1]

他回忆道：“马克思学说研究会成立后，几经交涉，得到蔡校长的支持，学校拨出西斋宿舍中两间宽敞的房子，作为马克思学说研究会的办公会址。房子里还包括应有的设备——家具、书架、火炉等，还派有勤务员值勤。”“马克思学说研究会的房子，守常先生和我们都亲切地称它为‘亢慕义斋’，其中‘亢慕义’是德文译音，全文意思是‘共产主义小室’（Das Kammunistsches Zimmer），对内习惯用‘亢慕义斋’或‘亢斋’，我们的图书以及对外发出公告、资料都是用的‘亢慕义斋图书’印记（北京大学图书馆现在还保存着六十年前珍藏下来的盖有‘亢慕义斋图书’图章的德文书八册）。这些图书一部分是由北大图书馆购进转给学会的，大部分则是第三国际代表东来后，陆续由第三国际及其出版机构提供的。”“守常先生领导我们建立的‘亢慕义斋’，既是图书室又是翻译室，还做学会办公室，党支部与青年团和其他一些革命团体常在这里集会活动。‘亢斋’的地址在景山东街第二院，地名‘马神庙’，又叫‘公主府’，它同校长办公室相距不远，有校警站岗，闲杂人等不得入内，在校内是公开的。”“‘亢斋’室内墙壁正中挂有马克思像，像的

[1] 《回忆李大钊》第35~36页。

两边贴有一副对联：‘出研究室入监狱，南方兼有北方强’，还有两个口号：‘不破不立，不立不破’，四壁贴有革命诗歌、箴语、格言等，气氛庄严、热烈。自分得房子后，大家欢腾雀跃，连日聚会。守常也和大家一起朗诵诗歌，表示庆祝，亢斋同人如天健、克钦和我都写诗纪念。”“为了开展思想意识形态的斗争，我们努力翻译和介绍马克思主义的书籍，宣传马克思主义。当时也有有利条件，蔡元培先生很强调学习外语，课程安排上，外语比重相当大，有英、德、法、日、俄、西班牙语以及拉丁文、印度梵文等七八种之多，都开了班。我们亢斋的翻译组就是吸收这些外语系的同学，计有三四十人，其中德语有十来人，英语二十多人，俄语四五人，法语五六人，日语也有一些人，还有老师辅导我们。”罗章龙还说：“北京大学马克思学说研究会从一九二一年公开征求会员，到成立大会时有八十多人，以后又陆续增加到一百一十人左右，一九二二年夏季统计有一百五十多人，一九二三年‘二七’之前，增至三百人左右，其中工人会员占百分之二十，还有些少数民族会员，学会工作一直持续了七八年之久。”[1]

这些回忆，介绍的都是李大钊于1920年春天开始在北京大学组织马克思学说研究会的情况。当时，最初参加马克思学说研究会的，主要有李大钊和邓中夏、刘仁静、高君宇、罗章龙等19人，多为北京大学学生[2]。

---

[1] 《回忆李大钊》第43～45页。

[2] 近年，湖南省常德市收藏家黄明军发现一份“发起马克斯学说研究会启事”原稿，印证了罗章龙的回忆。这份启事一共有四页，用的是民国早期国立北京大学附设内分泌学研究所稿纸，尺寸大小为19.2cm×27.2cm，属毛笔手写原稿，于1921年3月22日发布。原文写道“马克思学说研究会”于上年3月发起，主要发起人有高崇焕、王有德、邓中夏、吴汝明、罗章龙、黄绍谷、王复生、黄日葵、李骏、杨人杞、李梅羹、吴溶沧、刘仁静、范鸿劼、宋天放、高尚德、何孟雄、朱务善、范斋韩等19人。该组织是以研究关于马克思学派的著述为目的，研究方法分四项：一是收集德、英、法、日、中文各种马克思学说的图书，他们19人筹集120元购书费，购买了德、英、法三种文字的马克思全集；二是讨论会；三是讲演会；四是编译，将德英、法、日文字的马克思学说翻译成中文，便于国人研究学习。启事中这样写道：“我们凭着这单纯的组织，逐渐次完成我们理想中应有的希望。”（见《珍贵红色文献手稿惊现常德》，《常德晚报》2010年6月29日）

春节过后，天气渐暖。寒假结束，李大钊回到北京，忙于一些事务性工作，加之筹建马克思学说研究会，接见俄共（布）远东局派来的代表，极少再写文章，就连已经写惯的随感录也不怎么写了。

1920 年 3 月下旬，李大钊在送走荷荷诺夫金之后，向学校请假，回了一趟家乡。

▲亢慕义斋旧影及钤盖有“亢慕义斋”字样的部分书刊

李大钊之所以在春天到来以后旋里，主要是小女儿炎华不幸染上了天花。赵纫兰怕炎华出现意外，急急写信告诉了丈夫。李大钊闻讯，急忙从北京赶回了家乡。幸好，天花生过，孩子就没事了，两口子舒了一口长气。

在家里住了一些天，李大钊在清明节到来之际赶回了北京。

关于这次回乡之行的情景及感触，李大钊记述在回京以后写的散文《自然与人生》之中[1]。

《自然与人生》的写出，是李大钊成为一个马克思主义者以后新的思想的自然流露，也是他多年关注和体验社会最底层生活的一次新的思想结晶。而他所实践的，正是他在这一年 1 月 4 日出版的《星期日周刊》“社会问题号”发表的《什么是新文学》所倡导的新文学主张。他的这篇作品完全植根于“宏深的思想、学理，坚信的主义，优美的文艺，博爱的精神”这个“新文学运动的土壤、根基”之中，是新文学运动发展过程中盛开的一枝奇葩，也是

[1] 李大钊的散文《自然与人生》刊载于 1920 年 6 月 20 日出版的《新生活》第 38 期，见《李大钊全集》第 3 卷 509～513 页。

他献给自己家乡的父老乡亲和自然景观的一篇力作。

李大钊是在由家乡返回北京以后，见到维经斯基一行，下决心与陈独秀南北呼应，组建中国共产党的。

维经斯基一行到达北京后，首先访问北京大学，会见了李大钊。之后，他们又会见了参加过五四运动、思想接近马克思主义的一些北京大学学生，并举行了座谈会，介绍了十月革命和苏联现行的各项政策，介绍了一些书刊。同时，还分别找人谈话，作进一步了解。对此，罗章龙在《亢斋回忆录——记和守常同志在一起的日子》一文中说，在维经斯基行将结束在京访问的一次会上，维经斯基以国际代表的身份作了讲话，大意说：他的访问是双方共同需要，经过一段了解，这次参加座谈会的人都是信仰共产主义的中坚分子，拥护十月革命，积极参加当前革命斗争实践的先进分子，他以第三国际代表身份，同意应邀参加座谈会的人为共产党员。“守常同志也在会上讲了话，对第三国际代表表示感谢说：‘我们这些人只是几颗革命种子，今后要努力耕耘，辛勤工作，将来一定会开花结果。’会后，维经斯基还赠送了一些书籍和刊物，并与我谈了一些有关双方联系的技术方面的问题，把我们的名字和通讯处记下来，以便今后联系。我们后来源源不断地收到从国外寄来的外文书刊，充实了‘亢斋’的图书，就是从这时开始的。维经斯基在北京工作结束后，由守常同志写信介绍到上海，会见陈独秀。”[1]

▲李大钊与维经斯基会见的沙滩红楼北大图书馆主任室

1920年五、六月间，在会见维经斯基一行后，经过充分酝酿讨论，陈独秀决定在上海发起组织中国共产党。

中国共产党创建活动的帷幕，就此拉开。

[1] 《回忆李大钊》第38页。

第十章

共产主义秉持真

“劳工神圣”的纪念日

1920年春节之前，李大钊把陈独秀护送回南方以后，回到家乡与家人过了一个安安稳稳的旧历年。春节过后，他由家乡返回北京，接到陈独秀的来信，知道陈独秀到达上海以后一切顺利，正在继续编印《新青年》杂志，非常高兴。他深知，陈独秀回到上海，定会龙归大海掀大波。

果然，陈独秀回到上海后不久，就开始到工人群众中宣传马克思主义和社会主义思想。他先到码头工人中了解罢工的情况，到中华工业协会、中华工会总会等劳动团体去作调查。后来，他又出席了上海码头工人发起的“船务栈房工界联合会”成立大会，发表演说《劳动者底觉悟》，高度评价工人阶级在社会中的重要地位，希望工人群众迅速觉悟起来，认识到自己的伟大力量和历史使命。此外，陈独秀还约请北京大学的进步学生和各地的革命青年，深入工人中开展调查，了解工人的状况，并决定把5月1日出版的第7卷第6号《新青年》编辑成《劳动节纪念号》。

春分节气前后，陈独秀给李大钊写来一封信，说他已经决计将第7卷第6号《新青年》编成《劳动节纪念号》，为此他正在向友人约稿，并设法组织调查产业集中地的劳动状况。在信中，陈独秀特意约请李大钊专门写一篇介绍“五一”国际劳动节的文章，内容越详尽越好。

要建立无产阶级的政党，必须把马克思主义的传播与中国工人运动的开展密切结合起来。而“五一”国际劳动节，是“劳工神圣”的纪念日，理应成为中国工人自己的节日。陈独秀的想法与做法，正合李大钊的思想与心意，他觉得，又一个“五一”国际劳动节即将到来，是大张旗鼓地开展“劳工神圣”纪念活动的时候了。

“劳工神圣”这一惊天动地的呐喊，出自蔡元培之口，是蔡元培在1918年11月16日庆祝第一次世界大战结束的集会上演讲时脱口喊出的。当时，中国虽被列入战胜国之列，但实际的贡献只有在法国参战的15万劳工。在举国对战胜国的称谓寄予厚望的情况下，劳工的价值被赋予“民族救星”的扩张定义，凝聚成“劳工神圣”这样一个响彻云天的口号。蔡元培当时演讲的题目，就是《劳工神圣》。在演讲时，他热情洋溢地扩大并明确了“劳工”的概念：“我说的劳工，不但是金工、木工，等等，凡是用自己的劳力作成有益他人的事业，不管他用的是体力、是脑力，都是劳工。所以农是种植的工；商是转运的工；学校职员、著述家、发明家，是教育的工。我们都是劳工。”并说：“我们要认清我们的价值！劳工神圣！”同时，他还满怀激情地向世人宣告：“此后的世界，全是劳工的世界呵！”[1]他的这一讲演，引起了民众的强烈共鸣。

李大钊由衷地赞同“劳工神圣”的口号。时隔不久，他在中央公园发表《庶民的胜利》的讲演，大声宣布：“这新纪元的世界改造，就是这样开始。资本主义就是这样失败，劳工主义就是这样战胜。……所以劳工主义的战胜，也是庶民的胜利。”[2]1919年“五一”国际劳动节到来时，李大钊协助《晨报》第7版《文化副刊》编辑了“五一劳动节纪念”专号。在5月1日那一天出版的《晨报副刊》上，他和陈溥贤（渊泉）、高一涵分别撰文介绍“五一国际劳动节”的起源和现实意义，号召中国工人阶级与国际劳动组织

---

[1] 转引自岳凯华《蔡元培与“劳工神圣”》，《光明日报》2005年11月8日。

[2] 《李大钊全集》第3卷第101～102页。

接轨。他在短文《“五一节”May Day 杂感》中告诉人们，“五一节”这一天，“是世界工党第一次举行大祝典的日子！是世界工人的唯一武器——‘直接行动’（Direct Action）造成的日子！是世界工人的神圣经典颁布的日子！”“五月一日是工人的祝典日”，并指出：“我们中国今年今日，注意这纪念日的人还少。可是明年以后的今日，或者有些不同了！或者大不同了！”[1] 当时，他之所以这样预言，是因为“劳工神圣”的口号正在日益深入人心，已经变成时代的最强音。

转眼之间，又一个“五一”国际劳动节就要到来了，与去年“大不同”的纪念活动相继在上海、北京等地展开。

在应陈独秀之约撰写介绍“五一”国际劳动节历史的文章时，李大钊心情激奋，有八九千字的《“五一”May Day 运动史》很快就条理清晰、一气呵成地写了出来。

“大凡一个纪念日，是吉祥的日子，也是痛苦的日子，因为可纪念的胜利，都是从奋斗中悲剧中得来的。‘五一’纪念日也是如此。”[2] 李大钊开笔就这样写道。接着，他由追述“五一”纪念日的起源开始，一一介绍了整个世界的“五一”运动的历史，展开的是国际工人运动的全景画卷。在阐述这些历史时，他着重介绍了劳工阶级做出的巨大努力和牺牲，特别是受到的鲜血的洗礼。

在文章的最后，李大钊着重谈了自己的感想。他奋笔疾书：

> 我们在今年的“五一”纪念日，对于中国的劳工同胞，并不敢存若何的奢望，只要他们认今年的“五一”纪念日作一个觉醒的日期。
>
> 我们在今年的“五一”纪念日，对于世界的劳工同胞希望很大。希望他们由“八小时”“四十八小时”的运动，到“六小时”“三十六小时”的运动，给“五一”纪念日加一新意义，为“五一”运动开一新纪元。

---

[1] 《李大钊全集》第 3 卷第 219 ~ 220 页。

[2] 李大钊：《“五一”May Day 运动史》，《李大钊全集》第 3 卷第 483 ~ 496 页。

我们最后对于“五一”纪念日的自身，希望他早日完成那“八小时”运动的使命，更进而负起“六小时”运动的新使命来。

起！起!! 起!!! 劬劳辛苦的工人！今天是你们觉醒的日子了！

李大钊在写出《“五一”May Day运动史》前后，找了一些进步学生聚谈，商量开展纪念“五一”国际劳动节的活动事项。快到“五一”时，他还与校长蔡元培联系，决定在北京大学举行有史以来的第一个纪念“五一”国际劳动节的大会。

对此，罗章龙曾经回忆说：“一次，守常在图书馆邀我们，他谈到今年五月一日是国际劳动节，我们中国工人阶级应该有所表示，我们应该组织庆祝宣传。他讲了一个故事，说‘五一’国际劳动节在一些国家很早就纪念了，上年（一九一九年）日本人曾在一个刊物中讥笑我们对‘五一’节茫然无知说：‘还没有进入支那人的清梦。’我们听了后，决定公推守常起草纪念五月一日的文章。守常费了几天时间，写了近万字的文章，这是我国历史上第一篇记述‘五一’节的文字，非常新鲜。于是，我们去找北大印刷厂的工人协助印刷。由于时间紧迫，从拣字、校对、排印，白天黑夜轮流加班，由刘伯青设计了封面，共印了三千多份，印成后在长辛店、北京大学‘五一’节纪念大会上散发，还寄往南口、石家庄、唐山等处工厂散发。”[1]

“五一”国际劳动节到来之际，《新青年》的《劳动节纪念号》如期在“劳工神圣”的纪念日与读者见面了。

为了编好这期《劳动节纪念号》，陈独秀匠心独运，花费了很大的心思。这期《新青年》厚度相当于以往的两倍多。《劳动节纪念号》在醒目位置发表有蔡元培、孙中山等16人的题词，蔡元培题的是“劳工神圣”，孙中山题的是“天下为公”。其中最醒目的是9位工人的题词。这些名不见经传的工

[1] 罗章龙：《亢斋回忆录——记和守常同志在一起的日子》，《回忆李大钊》第39页。

人题词有：上海怡和纱厂绒毯间工人武毓源的“不劳动者人类之公敌也”，植树工人刘郎山的“黜逐强权，劳动自治”，先施大菜间王澄波的“不劳动者口中之道德神圣皆伪也”，张玉堂的“惟亲身劳动者有平等互助精神”，怡和纱厂工人周传勋的“不自食其力者社会之绝物也”，刘光典的“不劳动者之衣食住等均属盗窃赃物”，等等。此外，还刊登了33幅工人劳动状况的照片。

这期纪念专刊共发表了28篇文章，李大钊写的《“五一”May Day运动史》被放在了首篇位置；陈独秀发表了自己的两篇文章，一篇是在上海船务栈房工界联合会发表的演说《劳动者底觉悟》，一篇是他写的《上海厚生纱厂湖南女工问题》调查。另外，有美国、英国、日本劳动节运动的介绍文章，并全文刊载了《俄罗斯苏维埃联邦共和国劳动法典》。对国内劳动状况调查的文章，约占全部篇幅的三分之一，有香港工人罢工、巴黎华工以及上海、北京、天津、长沙、芜湖、无锡、南京、唐山等城市劳动状况的调查，比较全面地反映了当时中国工人阶级的现状。

5月1日，北京、上海、广州、九江、唐山等城市纷纷举行集会、游行，纪念“五一”国际劳动节。

这一天，在蔡元培的支持下，北京大学破天荒第一次举行了隆重的纪念活动，在北京大学二院召开了约有500多名工友和学生参加的纪念大会。李大钊主持了这个纪念大会，并在会上发表演说，宣传八小时工作制，盛赞俄国十月社会主义革命后所取得的成就。大会提出：“把世界人人纪念的五一节，当作我们一盏引路的明灯，我们本着劳工神圣的信条，跟着这个明灯走，向光明的地方去。”会后，工读互助团成员何孟雄等分乘两辆汽车到东、西城游行，车上飘扬的横幅写有“劳工神圣”“五月一日万岁”等口号，并沿途高呼“劳工万岁”等口号，散发《五月一日北京劳工宣言》。宣言写道：“今天是世界劳动者争得八小时的纪念日，我们应该快快起来休业一天，大大庆祝一下才是。从今以后，有工大家做，有饭大家吃，所有不做工的官僚、政客、军人、道士、和尚、盗贼、娼妓、流氓、乞丐都要驱逐净尽。吾们要把田园工厂以及一切生产机关收回，自己管理，不要被一般不做工的剥夺了去！”这一天，《北京大学学生周刊》也出版了“劳动纪念号”。

同一天，邓中夏等还赶到北京郊区的长辛店，在铁路工人中进行宣传和联系工作。

此前，即4月中旬，陈独秀联系中华工业协会、中华工会总会、电器工界联合会、船务栈房工界联合会、药业友谊联合会等7个工界团体筹备召开“世界劳动节纪念大会”，并在筹备会上发表了《劳工要旨》的演讲。他受到工界团体的尊敬和拥戴，被推选为筹备会顾问。上海各界5000多工人于5月1日举行集会，各界代表发表演说，工人提出八小时工作、八小时休息、八小时教育的“三八制”要求，并高呼“劳工万岁”“中华工界万岁”等口号，通过了《上海工人宣言》，发表了答俄国劳农政府的通告。

在李大钊和陈独秀等人的推动下，这一年的“五一”纪念活动的规模尽管开展得还不是很大，却开了一个好头。“南陈北李”南呼北应，同为“劳工神圣”的纪念日呐喊助威，中国的工人阶级自在五四运动期间登上政治舞台以后，正式迎来了自己的庆典。至此，“劳工神圣”的口号响彻云霄，工人运动不可遏止地开展起来了。

李大钊由日本归国以后，在身羁京华的日子，即开始关注底层工人的生活。在1917年2月10日出版的《甲寅》日刊上，他曾经发表一篇题为《可怜之人力车夫》的短文，云：“北京之生活，以人力车夫为最可怜。终日穷手足之力，以供社会之牺牲，始赢得数十枚之铜圆，一家老弱之生命尽在是矣。”“北京浊尘漫天，马渤牛溲都含其中，车马杂踏之通衢，飞腾四起，车夫哮喘以行其间，

▲李大钊在1920年“五一”纪念大会发表演说时的情形

最易吸入肺中。苟有精确之观查，年中车夫之殭[殭]卧而死者，必以患肺病者居多。应令车主每车备一避尘口囊，警察告以理由，令车夫于行路时使着之，一也；冬时备一双手囊，二也；夏时备雨衣雨帽各一具，置车箱中备用，三也。此等事，若由警察督饬车主为之；所费不多，而车夫之受其惠者厚矣。惟关心社会者图之！”他情知自己的建议是杯水车薪，还是希望人力车夫悲惨的境遇能略好一些。

李大钊关注产业工人的命运，始于1919年春天。当时，他从一位来自唐山煤矿的朋友口中，得知了唐山煤矿工人的真实生活状况，便以“明明”为笔名，写出《唐山煤厂的工人生活——工人不如骡马》，发表于3月9日出版的《每周评论》第12号上。

在写《唐山煤厂的工人生活——工人不如骡马》时，李大钊已经在自己的思想深处明确了这样一个观念：“要想把现代的新文明，从根底输到社会里面，非把知识阶级与劳工阶级打成一气不可。”[1]这是《青年与农村》中的一段话。为此，他不仅亲自调查唐山煤矿的工人生活状况，而且支持邓中夏等青年学生组织旨在“增进平民知识，唤起平民之自觉心”的北京大学平民教育讲演团，到工厂、矿山开展讲演活动，并支持少年中国学会开展工读互助运动，尽可能体会工人、农民的现实生活情景。

1920年1月，李大钊倡导和支持一些北京大学青年学生到人力车工人居住区进行实地考察。人力车工人悲惨的生活状况使这些学生大为震惊，“调查回来，大家相顾失色，太息不止，都显出一种极伤心且不平的样子”[2]。在这种情况下，把青年知识分子的爱国思想与启发工人阶级觉悟相互融合，成为摆在李大钊面前的迫切而现实的工作。他决定不断推动这项工作深入开展，促进工人运动的发展。

时至这一年的早春时节，李大钊支持和安排北京大学学生罗章龙和新潮

---

[1] 《李大钊全集》第3卷第179页。

[2] 《晨报》1920年1月26日。

社社员罗家伦等分别到唐山进行社会调查，与唐山工业专门学校的学生一起调查工人的生活状况。他们写出两篇《唐山劳动状况》，一篇署名“无我”，一篇署名“许元启”，发表于《新青年》的《劳动节纪念号》。罗家伦则以“志希”为笔名，在《晨报》连载发表了《唐山纪游》。当时，李大钊还建议平民教育讲演团的成员到唐山讲演。“五一”国际劳动节前夕，北京大学、北京高等师范学校的学生分别到唐山，在铁路唐山制造厂、开滦煤矿进行调查，对工人和各界群众发表演说。

这一年的下半年，各地的共产党小组相继成立后，纷纷创办以“劳工神圣”为主旨的工人刊物，如上海的《劳动界》、广州的《劳动者》、武汉的《劳动声》、北京的《劳动音》、天津的《劳动周刊》等。北京的《劳动音》就是李大钊倡导主办的。这些刊物用通俗易懂的文字，结合工人生活和斗争的具体事例，深入浅出地宣传马克思主义；同时，刊登工人来稿，用他们的亲身经历揭露中外资本家对工人的压迫和剥削，诉说工人的要求，在工人中引起广泛的共鸣。

▲李大钊倡导主办的《劳动音》封面

组建北京共产党早期组织

在1920年的暑假即将到来之际，北京大学评议会于7月8日举行特别会，议决北京大学图书馆添用助教，图书馆主任改为教授。7月23日，李大钊被正式聘为教授。至此，他在北京大学不仅担任图书馆主任，而且有了教授的身份，可以在校内和校外开课授业，薪金也由每月140元提高到200元[1]。

李大钊进入北京大学以后，把原来比较杂乱的图书馆工作做得有声有色，井然有序，这是有目共睹的。而且，他平易近人，广交朋友，积极参加各种社会活动，在社会上的影响越来越大，已经成为北京大学颇有声望的知名学者，将他聘为北京大学教授，是水到渠成，众望所归。

李大钊在被聘为教授前后，参加的社会活动仍旧很多。他相继当选北京大学教职员会文书组委员、北京大学妇孺救济会调查部主干，并被少年中国学会会员选举为得票较多的评议员。8月1日，他和胡适、蒋梦麟等北大教授在《晨报》发表《争自由的宣言》，指出："政治如果不由人民发动，断不会有真共和实现"，而要达此目的，则先要"养成国人自由思想、自由评判

[1] 一说为180元。

的真精神的空气”。就此，他们提出了有关言论、出版、集会、结社、通信等方面自由的几点要求。

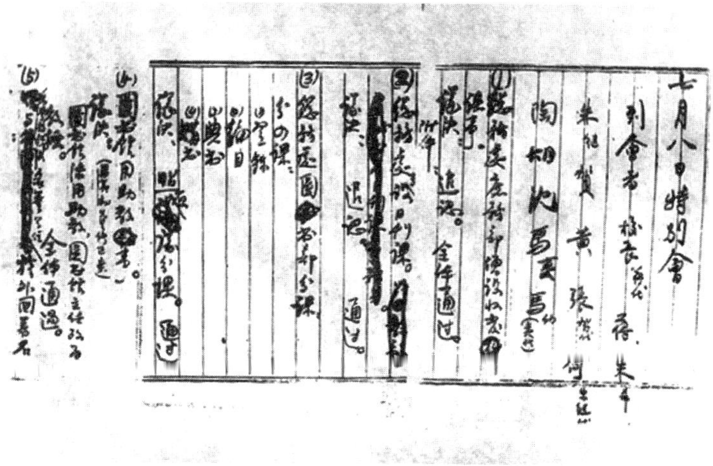

▲1920 年 8 月北京大学评议会全体通过的关于李大钊由图书馆主任改为教授的记录

这一年暑期到来，李大钊依然比较忙碌。他有一些事情难以脱身，没有能够像上年那样，一放暑假就回乡度假，继而到昌黎五峰山韩文公祠避暑。

当时，北京高等师范学校利用暑假举办有各省或各校 100 多名图书馆工作者参加的全国性图书馆讲习会，李大钊是讲习会聘请的讲习员之一，需要自始至终参加。8 月 3 日和 4 日上午，他连续给讲习会讲授“图书馆教育”；8 月 14 日，他又在北京大学图书馆接待了讲习会组织的大规模参观活动。参加这个前所未有的图书馆讲习会活动，几乎占去了他整个暑假的一半时间。

8 月中旬，李大钊在自己的办公室，迎来了一批由天津来的客人。周恩来等 11 名觉悟社社员利用暑假从天津到北京访问，准备与宗旨相同的北京团体举行联合活动。他们到北京后，首先找到李大钊，向他说明了来意。李大钊热情地接待了周恩来一行，并协助他们与各社团取得了联系。

8 月 16 日上午，觉悟社 11 名成员和少年中国学会、青年工读互助团、曙光社、人道社等团体的代表，在北京城南的南下洼子陶然亭慈悲庵共同举行茶话会，讨论联合问题。茶话会开始后，由觉悟社的刘清扬报告开会宗旨，邓颖超报告觉悟社的成立和活动情况，周恩来介绍觉悟社在举行年会时提出的“改造联合”的主张。各团体的代表纷纷发言，表示赞同觉悟社的提议。李大钊与张申府、陈愚生一起以少年中国学会代表的身份出席了茶话会，并在会上发了言。李大钊肯定了周恩来和觉悟社成员选择的努力方向，并提出，各团体有标明本会“主义”的必要。他指出，各团体要有一个确定的主义，主义不明，对内既不足以齐一，对外尤不足以与其他组织进行联合的行动。他鼓励大家，明确共同的“主义”，将其作为联合的前提和基础。李大钊的发言，抓住了问题的实质，提出了革命团体的联合应有明确的指导思想，在统一思想的基础上有目标、有组织地开展活动。

这次茶话会开得很成功。会议决定，5 个团体组成“改造联合”，并制定联合宣言和约章，以促进各进步团体的协调和统一。经协商，与会的 5 个团体代表又于 8 月 18 日下午在北京大学图书馆举行筹备会，议决事业数条及组织大纲，公推张申府创拟草案，拟妥开委员会讨论，决定后再交各团体通过。李大钊又作为少年中国学会的代表，参加了筹备会议。

8 月 19 日，李大钊到中央公园的来今雨轩参加少年中国学会北京会员茶话会。与会人员在听取陈愚生介绍的前一天的“改造联合”筹备会情况后，对于成立“改造联合”的提议均无异议。李大钊在发言时，再次强调了自己明确“主义”的

▲1920 年 8 月觉悟社在北京陶然亭慈悲庵集会合影

意见。他认为，少年中国学会在创立时，系一个研究学问的团体，思想极自由，主义自不一致；学会成立两年多来，世界思潮已经出现非常明显的倾向，而国内成立的无数小的团体，都有鲜明之旗帜。少年中国学会经过两年之切实研究，对内对外均应有标明本会的“主义”之必要，否则内部很难统一，对外也难以与其他组织联合。经过研究，大家同意李大钊以个人名义提出意见，征求全体会员讨论公决。

对于李大钊当时参加的这几次会议，《少年中国》第2卷第3期在发表《少年中国学会消息》时均进行了报道。从报道的情况看，李大钊在支持周恩来等觉悟社社员提出的建立“改造联合”倡议时，一再强调的是“主义”上的联合。他殷切希望有越来越多的青年及团体信奉马克思主义，投身社会主义运动。这是他当时参与社团活动的主导思想。

到8月下旬，李大钊离开北京，回了一趟老家。

李大钊这次回乡的目的很明确，就是去接妻子赵纫兰和孩子们到北京居住。对此，《少年中国》第2卷第3期《少年中国学会消息》报道：“李君守常回籍接家眷，准下月初回京。”《少年中国》第2卷第4期的《少年中国学会消息》后续报道：“北京会员李君守常，于前月回籍接取家眷，已于月初回京，寓西城石驸马大街后宅三十五号。”由此可知，李大钊在这个暑假到来之际，就开始准备把家眷再次接到北京居住了。他在宣武门附近的石驸马大街后宅胡同租赁了一所比较宽敞的宅院，利用暑假后期的一些时间，返回家乡把妻子和3个儿女接到了北京，在距离原来住过的回回营不远处重新安了一个家。

石驸马大街后宅三十五号是一个独门独户的三合院，地处后宅胡同深处，比较僻静，是一个好的住处[1]。

[1] 现为北京市西城区文化街文华胡同24号院，已经辟为北京李大钊故居纪念馆，系北京市重点文物保护单位。

李大钊由家乡返回北京之后，即于9月6日到中央公园来今雨轩参加了少年中国学会举行的又一次茶话会。在这次茶话会上，通过了《改造联合约章》草案。是时，其他4个团体对《改造联合宣言》和《改造联合约章》也都讨论通过，这5个团体正式结盟。改造联合的宣言和约章的起草，均接受了李大钊的建议，号召集合在“改造”的赤旗下的青年，以相爱互助的精神，组织一个打破一切界限的联合；同时，提出“到民间去”做“社会实况之调查”“农工组织之运动”“妇女独立之促进”等项工作，要联合各地主张革新的团体，分工合作，共同实行社会改造。

▲李大钊在北京的寓所石驸马后宅三十五号，北京共产党早期组织经常在这里活动

建立“改造联合”的工作告一段落，李大钊的心情比较愉悦。他觉得，按照周恩来等人的建议，建立一些青年团体的“改造联合”，是一种很有益的尝试。要组建中国的布尔什维克党，从事社会主义革命，必须团结越来越多的青年，集合在“改造”的赤旗之下，进行社会改造的实践。

此时，不断有消息从上海传来。在陈独秀的主持下，中国共产党的筹建工作进展得比较顺利。

维经斯基到达上海以后，首先见到的是正在致力发动工人运动的陈独秀；之后，又由陈独秀介绍，会见了正在宣传社会主义思想的《星期评论》编辑戴季陶、李汉俊、沈玄庐，以及研究系的报纸《时事新报》的负责人张东荪，还有与陈独秀关系比较密切的李达、陈望道、俞秀松等对马克思主义研究有兴趣的有识之士。大家先后举行多次座谈会，商讨发起建立中国共产党的问题。据当时翻译并出版了《共产党宣言》的陈望道回忆，那时“大家

▲创建中国共产党时期的李大钊

住得很近（都在法租界），经常在一起，反复的谈，越谈越觉得有组织中国共产党的必要”[1]。在这种情况下，陈独秀也像李大钊一样，在上海先行组织了一个马克思主义研究会，自任负责人，会员有沈雁冰、李达、李汉俊、陈望道、邵力子等。

上海马克思主义研究会建立后，陈独秀以此为基础，加快了建党工作的步伐。1920年6月，他同俞秀松、李汉俊、施存统、陈公培等人开会商议，决定成立共产党组织，并初步定名为“社会共产党”；众人起草了一个党的纲领，党纲草案共有10条，其中包括运用劳工专政、生产合作等手段达到社会革命的目的。7月19日，再次举行筹备会，“这次会议为未来中国共产党奠定了基础。会上陈独秀、李汉俊、沈玄庐坚决赞成建立中国共产党”[2]。8月，中国共产党上海发起组成立，发起人有陈独秀、李汉俊、沈玄庐、陈望道、俞秀松、施存统（时在日本）、杨明斋和李达，开会地点在陈独秀的住处——渔阳里2号。上海发起组会议推选陈独秀任书记，议决函约各地组织支部。在此期间，围绕着组织名称是用“社会党”还是用“共产党”的问题，陈独秀征求李大钊的意见，李大钊主张定名“共产党”。

[1] 陈望道：《回忆党成立时期的一些情况》（1956年6月17日），《“一大”前后》（二），第220页。

[2] ［苏］舍维廖夫：《中国共产党成立史》，《“一大”前后》（三），第156页。

中国共产党上海发起组成立以后，在李大钊的主持下，北京共产党早期组织也紧接着成立起来。

北京共产党早期组织是在北京大学马克思学说研究会的基础上成立的。对于建立北京共产党早期组织的经过，张申府曾经写有一个比较简略的回忆："1920 年 8 月创党，北京有李和我两人，第三个要发展的就是刘清扬，她曾和张国焘代表全国学联到南洋募捐。刘清扬在严氏小学任教，张国焘当时是北大学生。暑期回来，我和李大钊在北京图书馆主任室和刘谈话，希望发展她入党，刘不同意，张国焘同意入党，因此第三个党员是张国焘。"[1]他的这一回忆表明，北京共产党早期组织的发起者是李大钊、张申府和张国焘。

1980 年 3 月，张申府在年交八旬时，写了回忆文章《建党初期的一些情况》：

> 陈独秀在上海建党，首先主要找了一些从日本留学回来的人参加组织，有周佛海、田汉、李达等。此外有施存统、沈雁冰、沈玄庐等。都是当时在沪的。1920 年 9 月十几号，因罗素来中国讲学，我去接罗素，到了上海，就住在渔阳里 2 号陈独秀家里。这就是当时党部所在。上面这些人我都见过。罗素在上海待了几天，由傅铜（英国留学生，北大教授，搞哲学的）陪着他先到长沙讲学。9 月下旬，我就回北京了。在上海时，我同陈独秀谈过建党的事，我们认为既然组织起来了，就是发展，能入党的人最好都吸取到党内来。[2]

张申府的回忆，突出了自己在建立北京共产党早期组织过程中的作用，说自己是除李大钊之外的又一个党员。从当时他与李大钊的关系看，李大钊

---

[1] 见苗体君《"出土文物"张申府曲折离奇的一生》。

[2] 见《李大钊史事综录》第 529 ~ 530 页。

先找到他商谈建立北京共产党早期组织的事情，是完全可能的。张申府介入北京共产党早期组织的组建较早，当是史实。他晚年写回忆文章《建党初期的一些情况》时，在时间上有一些出入。据考订，张申府去上海接罗素，是在1920年10月。罗素是在1920年10月12日抵达上海的[1]；几天后，他离开上海到了南京，又于10月24日抵武汉，再去长沙，于10月31日到达北京。另外，说“1920年7月，学联决定到南洋去募捐，就派了刘清扬、张国焘两人参加”，并说刘清扬于“9月底回到北京”等，时间上也不准确。张申府若是在罗素离开上海时折回北京，应在当年的10月中旬；回到北京不久，他又去上海，乘船到法国去了。

对于北京共产党早期组织的建立过程，张国焘1966年在香港《明报月刊》出版《我的回忆》一书时，写有与张申府不尽相同的回忆：

> 一九二〇年八月底，我回到北京，即以兴奋的心情将和陈独秀先生谈话的经过告诉李大钊先生。李先生略经考虑，即无保留的表示赞成。他指出目前的问题主要在于组织中国共产党的时机是否已经成熟，但陈独秀先生对南方的情况比我们知道得更清楚，判断自也较为正确，现在他既已实际展开活动，那末我们就应该一致进行。李先生相信我们现在起来组织中国共产党，无论在理论上和实际上的条件都较为具备，决不会再蹈辛亥革命时江亢虎等组织中国社会党那样虎头蛇尾的覆辙。他认为陈独秀先生和我在上海所拟议的要点都是切实可行的，在北京可以依照着发动起来。我听了李先生这种肯定的反应后十分高兴，就说：“那末，请根据你的意思回陈先生一封信罢！”
>
> 第二天李大钊先生表示赞成的信写好了，情词恳切而确定，我们共同签上了名字后寄出，这就是我们组党工作中第一件重要文献。此后我们与陈独秀

[1] 见韩信夫、姜克夫主编《中华民国大事记》第1册，第734页。

先生许多次的通信,都是我与李先生共同签名的,内容多半是具体进行方法的商讨。

我们没有耽搁时间,立即开始活动。首先我们请北大一位讲师张申府同为发起人。他是研究罗素哲学的,对马克思学说也曾公开表示赞成。他在一两个星期内就要启程到英国去留学,我们这三个发起人在李先生的办公室里曾有过两次商谈,首先计划由张申府乘便在西欧留学生中展开活动。可是学者气味很重的张申府并不是勇于实行的人,他到达英国即放弃了他那发起人的责任,后来连党员名义也因此消失了。[1]

张申府与张国焘的回忆，讲的大体应是当时的实际情况。但从两人当时与李大钊的交往情况看，还是李大钊先与张申府商量建立北京共产党早期组织的可能性较大。当时，张申府时常到北京大学图书馆协助李大钊工作（曾任北京大学图书馆秘书），两人都参加了《每周评论》的创办工作，并均为少年中国学会会员，参加《少年中国》月刊的编辑工作，关系比较密切，思想比较贴近。张申府也曾与陈独秀密切交往，并在《新青年》连续发表介绍罗素哲学的文章。陈独秀在筹备建党时，曾给张申府写信，是完全可能的。由此，张申府是陈独秀、李大钊共同看中的共产党发起者之一，当是史实。至于张国焘的回忆，有的地方显得比较杂乱，而且炫耀自己的成分很大。如他说李大钊给陈独秀写信，是他俩“共同签上了名字后寄出”，“此后我们与陈独秀先生许多次的通信，都是我与李先生共同签名的”，就显得非常不真实。另外，张国焘关于张申府的记述，也是闪烁其词，并不确切的。

张申府与张国焘的回忆，尽管并不相同，但有一点基本可以肯定，北京共产党早期组织的发起者，主要是起核心作用。从当时的各方面的情况分

---

[1] 张国焘：《我的回忆》第1册第104~106页。

析，北京共产党早期组织的成立时间，当是在1920年10月，成立地点是在北京大学图书馆主任办公室，主持成立者是李大钊。

北京共产党早期组织成立后，张申府并没有参加多少实际活动，就以蔡元培秘书的名义，到法国去了[1]。当时，李石曾、吴稚晖等人在法国巴黎筹办了一所里昂中法大学，张申府受聘前往教逻辑。张申府在赴法途经上海时，登门拜访了正在和李大钊共同建党的陈独秀，陈独秀嘱咐他在法国的留学生和华工中建立共产党组织。

▲1920年11月李大钊与北京女子高等师范学校毕业生欢迎武昌高师教员胡小石的合影

张申府是1920年11月23日由上海乘坐“高捷尔”号邮船去法国的。与他同船前往法国的，还有到法国勤工俭学的刘清扬和蔡子民、李善初、许彦之、劳君展、魏璧等。赴法途中，张申府向刘清扬介绍了俄国十月革命和布尔什维克主义，讲述共产主义理论以及共产党的性质，使刘清扬对共产党组织有了更多的认识。经过密切接触，刘清扬与张申府相恋，到巴黎后结为伴侣。1921年2月，张申府在法国安定下来之后，介绍刘清扬加入了中国共产党。

当时，先于张申府、刘清扬到达巴黎的周恩来准备去伦敦留学。他在伦敦住了一段时间后，感到那里的生活费用太贵，便转回巴黎。到巴黎后，他

[1] 张申府在1920年9月就已经决定去法国。为此，他在同年9月18日举行的少年中国学会常会上，辞去了《少年中国》月刊编辑职务。

听说刘清扬和张申府都在法国，就急着去找他们。张申府与刘清扬和周恩来重逢后，介绍他加入了中国共产党。后来，在国内入党的赵世炎、陈公培来到巴黎，持陈独秀的信与张申府接上关系。至此，巴黎共产党早期组织正式成立，由张申府任负责人。这是中国共产党正式成立以前，在欧洲建立的第一个共产党早期组织，它与国内的上海、北京、武汉、长沙、广州、济南及旅日等共产党早期组织，共同发起成立了中国共产党。

张申府去法国后，北京共产党早期组织吸收了一批新的成员，由李大钊负总责，并主持马克思学说研究会的工作；张国焘担任职工运动的发动工作；黄凌霜、陈德荣编辑并发行《劳动音》周刊；罗章龙、刘仁静等负责建立社会主义青年团组织。不久，党组织内部发生意见分歧，并影响到实际工作的开展。黄凌霜等无政府主义者主张自由的联合，反对党的纪律和职务分工，并认为政府是一切罪恶的根源，反对建立无产阶级专政的政府。经过争论，无政府主义者退出了党组织。

1920 年 12 月，北京党组织召开会议，决定成立“共产党北京支部”，由李大钊任书记，张国焘负责组织工作，罗章龙负责宣传工作。随后，又陆续发展一些成员。到 1921 年 7 月，北京党组织的成员有李大钊、张国焘、邓中夏、罗章龙、刘仁静、高君宇、缪伯英、何孟雄、范鸿劼、张太雷、宋介、李梅羹、陈德荣等。这些党员，大多是北京大学的进步师生。其中，北京女子高等师范学校的学生缪伯英是中国共产党的第一位女党员。

北京共产党早期组织成立以后，根据上海党组织的经验和要求，李大钊与张国焘等人指导一些青年学生建立了党的外围组织——北京社会主义青年团。青年团的组织情况，大致是张国焘在《我的回忆》一书中介绍的那样，进行了一些活动。北京社会主义青年团开始也是共产主义者、无政府主义者和有其他思想倾向的青年混杂的联合团体，由于主义不同，半年以后解散，直至 1921 年 11 月才又重新建立。

中共北京支部是北方共产党早期组织的核心，它的建立对天津、济南等地的党、团组织建立起到指导和协助作用。时至1921年春天，中共北京支部的张太雷和天津觉悟社的成员谌小岑根据李大钊和张国焘的指示，在天津组织了社会主义青年团小组。张国焘还和谌小岑一起到唐山联络铁路工人邓培、梁鹏万等，在那里建立了社会主义青年团。后来，李大钊又协助于方舟等在天津马克思主义研究会的基础上组建了天津社会主义青年团。济南的共产党早期组织是在北京小组和上海小组的共同带动下建立的，其主要发起人王尽美在五四运动期间就与罗章龙建立了联系，后来成为北京大学的马克思学说研究会的通讯会员。王尽美与李大钊有所接触，北京支部也曾派人到济南协助工作。为此，济南的共产党早期组织得以在1921年春天秘密成立。

“非先实行社会主义不可”

1920年秋季开学以后，李大钊的工作依然很忙，根本不能兼顾过多的事情。为此，少年中国学会于9月18日在北京大学图书馆举行常会时，他辞去了《少年中国》月刊编辑部主任的职务，不再全权负责《少年中国》月刊的编辑工作。

自暑假之前被北京大学聘为教授，李大钊就开始准备在校内外开课。他先是应聘担任北京女子高等师范学校“社会学”和“女权运动史”两门课程，后是在北京大学参加现代政治讲座，在史学系开唯物史观课，并在政治系讲授“现代普选运动”。这使得他在秋季开学以后，不得不花费一些时间准备有关课程的讲授，很难再像以往那样集中时间与精力去为报刊写一些较长的文章了。

家又搬回北京，李大钊在个人生活方面便利多了。天天能与家人在一起，也感到舒心多了。

妻子赵纫兰再次来到北京，不像一年多以前那样，总觉得京城的一切都比较陌生。她决心与孩子们和丈夫厮守在一起，逐渐适应都市的生活，使自己也变成一个城里人。

▲李大钊(后排右三)和北京女子高等师范学校部分师生的合影

赵纫兰再来北京，感到异常高兴的是，白眉初一家已经由天津搬到了北京，就住在原来他们一家住过的回回营3号，这使她在北京有了可以时常串门的地方。

赵纫兰是在1918年秋天跟随李大钊来到北京以后，认识“白大哥”的。那时，白眉初由天津来北京上课，时常到李家落脚，还曾带妻子来认过“姐妹”。白眉初的夫人是一个性情开朗、热情和善的“老姐姐”。这回，“老姐姐”也搬到了北京，作为“大妹子”的赵纫兰自然分外高兴。亲不亲，故乡人，她总算在北京城找到一个说得来，也心贴心的从同一块土地上走出来的家乡姐妹。

新居与旧居相距并不算远。白夫人有事无事常来走动，赵纫兰也常到白家与白夫人拉拉家常，唠唠闲嗑儿。过日子的用品，两家也时常有个串换。白眉初的儿子汝成比葆华大五六岁，女儿汝娴比星华也大不了多少，两家的孩子常在一起玩耍。

这回返京，葆华没有回到高师附小，而是与妹妹星华一起转到了中法大学办的孔德学校。孩子们玩耍、学习有了伴儿，这令赵纫兰分外宽心。

赵纫兰在北京住下来以后才听说，她已经成为北京城堂堂正正的大学教授夫人了。她是从别人的称呼中得知的，事先李大钊并没告诉她，回家接她时也没跟乡里人说。就在她这次到北京的前两个月，北京大学将图书馆主任改为教授担任，并给李大钊颁发了正式的教授聘书。丈夫当了教授，除继续主持图书馆的工作以外，还在校内校外应邀开了课。这样一来，他在北京大学校内外的声望更高了，薪金也挣得多了一些。丈夫有名有利，家里的日子该过得富足、宽裕一些了。每想到这些，赵纫兰的心里就挺有滋有味的。她不图"教授夫人"的名声，图的是丈夫有头有脸，一家子日子过得像模像样。

闲暇时，赵纫兰计算了一下李大钊挣的薪金，开始筹划如何把家里摆设得像模像样，并想给丈夫和孩子多添置一些衣物等用品。当然，穷家穷过，富家富过，她明白这个道理。她不追求豪华奢侈，只想把日子过得尽量好一点，让丈夫在京师的教授圈儿里处处体面得当。

家又搬回北京不久，李大钊的同窗白坚武就到北京来了。

上一次，家搬到北京，白坚武曾经来过家里。1919 年的农历小年之前，他由南京坐夜车来到北京，住在了李大钊家。那是赵纫兰第一次与丈夫的好朋友见面。当时，白坚武住了四五天，到处访问朋友，并参观了北京大学图书馆。过了春节，他才离开北京，经过天津，返回泊头镇去看望他年迈的老母亲。回到南京后，他给赵纫兰寄来一件华贵的缎子袄料。白坚武为人稳重，知情达理，给赵纫兰留下了很好的

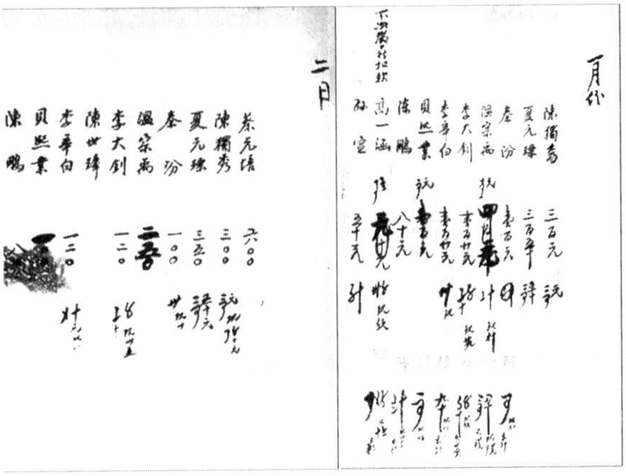

▲李大钊在北京大学的工资表

印象。

这一次，白坚武是 9 月 16 日来到北京的，下车后住在了李大钊家在石驸马大街后宅 35 号的新居。

一晃，李大钊与白坚武分别有一年半多的时间了。尽管平常时有通信往来，终归不如见面谈起来痛快。

两人分别这一年半多的最大变故，是白坚武与直皖战争[1]中优柔寡断的李纯政见不合，于 1920 年 7 月 27 日以“因病归里”[2]为借口，离开了李纯，转而北上保定去见吴佩孚。吴佩孚是在白坚武 1918 年秋天代表李纯到湖南衡阳作南北议和活动时结识的直系将领，已经在直皖战争结束后升任直鲁豫巡阅副使。

白坚武由保定来到北京后，李大钊忙中抽闲，陪同他在京城访友会朋。他俩和一些北洋法政专门学校的同学相继到城南公园（今先农坛）、中央公园、万寿山（今颐和园）、万生园（今动物园）等处游玩，并参加了一些宴会。

这一次，白坚武在李大钊家中住了一个月的时间。期间，两人多次畅谈时局。李大钊对白坚武搞社会主义研究持赞成态度，特意请他阅读了刚刚收到的陈望道翻译的《共产党宣言》[3]，并交换了看法。

白坚武准备离京时，获悉了李纯于 10 月 12 日在南京自杀的消息。不过，他并不准备就此转到吴佩孚幕下，尽管吴佩孚相当看重他的智谋，对他

---

[1] 直皖战争爆发于 1920 年 7 月 14 日，是直系军阀曹锟、吴佩孚与皖系军阀段祺瑞为争夺北京政府统治权，在京津地区发生的对抗。这次战争历时五天，以皖军大败告终。7 月 19 日，段祺瑞被迫辞职。之后，直、奉两系军阀控制了北京政权。

[2] 《白坚武日记》第 1 册第 491 页。

[3] 白坚武在 1920 年 10 月 6 日的日记载：“阅《共产党宣言》，语亦无甚他长，惟足能封闭资本家之口耳；其言劳动者早已无国之语，尤痛。”（《白坚武日记》第 1 册第 277 页）表明由陈望道翻译，陈独秀、李汉俊校对的《共产党宣言》第一个中文全译本于 1920 年 8 月在上海出版后，李大钊这时已经收阅。

极其赏识。

就在送走白坚武前后，李大钊与张申府、张国焘秘密建立了北京共产党早期组织，开始在北京及其邻近地区发展党的组织，建立社会主义青年团，开展党团活动。

时至1920年秋冬时节，“社会主义”已经成为国内思想界和舆论界的热门话题，有关“社会主义”的讨论，在一些报刊已经展开。李大钊审时度势，决定因势利导，在北京大学组建一个社会主义研究会，把社会主义的研究工作开展起来。同时，他也准备在北京大学开社会主义研究课，将社会主义研究纳入教学的轨道。

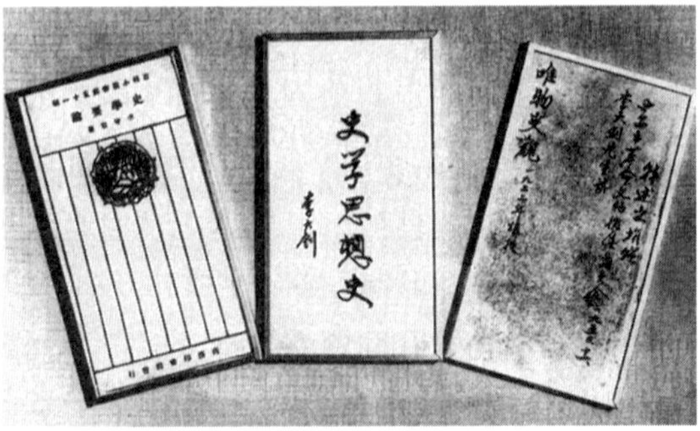

▲李大钊任北大教授时用的讲义

经过一段时间的酝酿和组织，到1920年12月2日，李大钊与何北衡、徐六儿、陈学池、郭梦良、陈顾远、费觉天、梅思平、鄢公复[1]等北京大学等对社会主义研究颇有兴趣的学生，成立了北京大学社会主义研究会。

1920年12月4日出版的《北京大学日刊》，报道了北京大学社会主义研究会于12月2日正式成立的消息，并公布了《北京大学社会主义研究会简章》。简章规定北京大学社会主义研究会的宗旨是集合信仰和有能力研究社会主义的同志，互助地来研究并传播社会主义思想；会员要求是对于社会主义有信仰和有研究能力的北大同学；会务由全体会员负责，采取轮流或自由

[1] 北京大学社会主义研究会公布的成员名单为“李大钊（守常）、何恩枢（北衡）、徐其湘（六儿）、陈学池（儒康）、郭弼藩（梦良）、陈顾远（晴皋）、费秉铎（觉天）、梅祖芬（思平）、鄢祥禔（公复）”。

担任制度。通讯处为“本校第一宿舍郭梦良处”。

北京大学社会主义研究会成立以后，李大钊作为主要的发起者，带头介绍和研究社会主义。他在1921年1月27日出版的日文《新支那》报发表了《中国的社会主义及其实行方法的考察》[1]，介绍了自己对于中国如何实行社会主义的观点与见解，以及北京大学社会主义研究会的一些活动情况。

李大钊在这篇文章中表达的中国如何实行社会主义的观点，实际上是对张东荪和梁启超等人利用研究系创办的《解放与改造》杂志，极力宣传基尔特社会主义的一个回应。

基尔特社会主义是20世纪初英国工人运动中出现的一种打着社会主义旗号的资产阶级改良主义思潮。它反对无产阶级革命和无产阶级专政，主张在保存现有国家的条件下，按照中世纪行会的某些精神和办法，建立“产业自治”，从而消灭剥削，实现劳动者的解放。基尔特社会主义在五四运动爆发以后开始在中国产生影响，《解放与改造》杂志主编、著名学者张东荪非常赞同基尔特社会主义，从欧洲访问归来的梁启超也很赞成在中国实行基尔特社会主义。1920年9月，《解放与改造》杂志从第3卷起易名《改造》，改由梁启超主编，梁启超在《发刊词》中宣布要将基尔特社会主义精力向“实际的方面”贯彻。同年10月，梁启超、张东荪以讲学社的名义，约请英国哲学家罗素来华讲学，正在上海创办中国公学的张东荪随他到湖南等省演讲。罗素在中国讲学时，相继发表了有关中国文化传统、访俄观感、中国改革的出路及若干哲学问题等内容的讲演。对于中国的现实问题，他很注重教育与实业发展的落后，宣扬中国的当务之急是开发实业，兴办教育。他认为，对中国来说，最适宜的是基尔特社会主义。张东荪、梁启超借助罗素讲学的声势，连续发表文章，挑起关于社会主义的论战。他们口头上声称“资本主义

[1] 《李大钊全集》第3卷第583～584页。

必倒而社会主义必兴”，实际上强调的是中国经济落后，缺少真正的劳动者，中国绝对不能建设劳动阶级的国家，也没有条件建立代表劳动阶级的政党，“真的劳农革命决不会发生”[1]。他们认为，救中国只有一条路，就是依靠“绅商阶级”来振兴实业，发展资本主义。李大钊的《中国的社会主义及其实行方法的考察》，主要针对的是张东荪、梁启超等人宣扬的基尔特社会主义。李大钊认为，“要在现存制度下发展实业，只能越发强化现在的统治阶级而迫使下层农民为少数的统治者阶级付出更多的劳动”；“在现存制度下谋求实业的兴盛，实质上就是要使我国的统治阶级与各国的资本阶级结合起来，这样只能加强统治阶级的力量，而决不会带来其他任何好结果”，也就是说，不改变社会制度，一味发展实业，只能适得其反。他觉得，应当“要使人们了解为什么在现存制度下不可能发展实业，并进一步使人们了解发展社会主义实业的方法”，尽管这“不是很容易的事”，但“将来是必定要进入这一步的，这是最终而且必须达到的目的”。为此，他在文章中介绍了北京大学社会主义研究会的成立和活动情况，特别是为“深入研究中国与社会主义的关系及其实行的方法”，而“翻译各国最简明扼要的关于社会主义的名著”的一些情况。

北京大学社会主义研究会成立以后，活动有所开展，但最终并未形成大的举动，多数成员主要信奉的也是基尔特社会主义。在这种情况下，李大钊没有急于求成，而是尽力说服北京大学社会主义研究会的成员，共同探索中国应当走的真正的社会主义道路[2]。

[1] 《中国共产党大事记 · 1919－1920 年》，中国共产党新闻网：http://cpc.people.com.cn/GB/64162/64164/4415936.html.

[2] 后来，北京大学社会主义研究会的参加者因主张差异，意见不一，组织发生分化：郭梦良、徐六几等组织了“基尔特社会主义研究会”，陈顾远等组织了“工团社会主义研究会”，李大钊等人则走上了追求科学社会主义的道路。

1921年3月，李大钊给北京大学社会主义研究会会员费觉天写了一封长信，对于“中国今日是否能行社会主义”发表了自己的看法。费觉天是来自湖北的北京大学法学系学生，五四时期思想活跃，常在《国民》《改造》和《晨报》等报刊发表文章，并创办了《评论之评论》[1]，作为自己主要的言论阵地。当时，他已经在1920年10月出版的《国民》月刊第2卷第3号发表了翻译的马克思《资本论》第一卷德文第一版序言《马克思底资本论自叙》，并翻译有《近世科学与社会主义》，对马克思主义和社会主义研究极有兴趣。

费觉天在1921年3月20日出版的第1卷第2号《评论之评论》发表李大钊这封信时，加上了标题：《中国的社会主义与世界的资本主义》。信中说：

> 要问中国今日是否已具实行社会主义的经济条件，须先问世界今日是否已具实现社会主义的倾向的经济条件，因为中国的经济情形，实不能超出于世界经济势力之外。现在世界的经济组织，既已经资本主义以至社会主义，中国虽未经自行如欧、美、日本等国的资本主义的发展实业，而一般平民间接受资本主义经济组织的压迫，较各国直接受资本主义压迫的劳动阶级尤其苦痛。中国国内的劳资阶级间虽未发生重大问题，中国人民在世界经济上的地位，已立在这劳工运动日盛一日的风潮中，想行保护资本家的制度，无论理所不可，抑且势所不能。再看中国在国际上地位，人家已经由自由竞争，发达到必须社会主义共营地位，我们今天才起首由人家的出发点，按人家的步数走。正如人

[1] 《评论之评论》于1920年12月15日在北京创刊，为五四时期的学生刊物，不定期出版，由北京大学评论之评论社主办，费觉天主持编辑。内容主要是刊载评论各种学说和主义的文章，对马克思主义、无政府主义、工团主义、新村主义等都进行了批评。1921年12月15日终刊，共出一卷四期。

家已达壮年，我们尚在幼稚；人家已走远了几千万里，我们尚在初步。在这种势力之下，要想存立，适应这共同生活，恐非取兼程并力社会共营的组织，不能有成。[1]

李大钊在给费觉天的信中，意见表达得非常明确，即中国要实行社会主义，就必须“由纯粹生产者组织政府，以铲除国内的掠夺阶级，抵抗此世界的资本主义，依社会主义的组织经营实业不可”，也就是说，必须进行社会主义的革命，方能走社会主义的建设道路。

同一时期，李大钊还在第2卷第2号《曙光》杂志发表了短文《社会主义下之实业》，进一步阐明了自己的见解。

在《社会主义下之实业》这篇文章中，李大钊主要介绍了俄国建立社会主义苏维埃以后所取得的建设成就。他说：“自从罗素说了一句‘中国需要振兴实业’的话，就有人大吹振兴实业。诚然，中国经济之厄运已至，实业确有振兴之必要。但谓振兴实业而必适用资本主义，其谬已极。……我现在所要问的，就是俄罗斯是否是社会主义的国家？俄罗斯既是社会主义国家，为何还能振兴实业？……照俄国说，社会主义于发展实业，实在有利无害。换言之，用资本主义发展实业，还不如用社会主义为宜。因为资本主义之下，资本不能集中，劳力不能普及；社会主义之下，资本可以集中，劳力可以普及。资本之功能以集中而增大，劳力之效用亦普及而加强。有此种资本与劳力，以开发公有土地之富源，那愁实业不突飞猛进？中国不欲振兴实业则已，如欲振兴实业，非先实行社会主义不可。……我要说一句武断的预言：中国实业之振兴，必在社会主义之实行。”[2]

这是李大钊通过“振兴实业”这个话题，对中国必须实行社会主义，走

---

[1] 《李大钊全集》第3卷第603~604页。

[2] 《李大钊全集》第3卷第617~618页。

社会主义道路的思索。显然，在这一年的春天，他已经取得了这样的认识，用资本主义“振兴实业”是极其荒谬的；根据俄国实行社会主义的现实，“社会主义于发展实业，实在有利无害”的。也就是说，中国要发展实业，必须实行社会主义。

结合中国必须实行社会主义的讨论，李大钊在北京大学发表了演讲《俄罗斯革命的过去和现在》[1]。

在讲演时，李大钊介绍了俄国革命的进程之后，针对“现在有许多人，替俄国担心；以为于国家运命上，很有危险”的疑虑，明确地告诉人们：“其实这是过虑。他们底精神，不止于能维持本国，并可以代表世界无产阶级的精神。……列宁认为想建设新世界的组织，先有大破坏始有大建设。这种改造世界的新思想，是不是尽美尽善，是另一个问题；从事实上说，他们的精神是很好的，进步是很快的。现在俄国所行的政治是手段，不是目的；将来俄国改造成什么样子，还不能定。可是将来与世界改造有绝大的影响，是无疑的。”他认为，目前实行社会主义的俄国面临的最大的问题“就是资本国妨害他的发展”，“他们许多资本家的国家，和俄国为难，想推倒劳农政府”；然而，“布尔什维克的力量一天比一天大；各资本国虽用种种方法去防备他，去破坏他，然而一点用处也没有”。在讲演中，他还指出：“罗素说：‘俄政府对于资本家决不予以自由，先使他们渐渐化成共产主义一分子，将来再和别人享受一样的自由，恐怕这样办法不妥。’其实，这也不要紧，现在俄国资本家，已经渐渐倾向共产主义，为政府效劳的也很多，决无何等的不妥。”最后，他总结道：“俄国这次大革命，不是独独代表俄国精神，是代表人类共同的精神。比如法国革命，不独关系于法国，却关系于全世界。此次俄国革命，足以表示全世界人类共同的精神。他底办法，虽然

[1] 《李大钊全集》第3卷第605~612页。

不能认为终极的理想境界，但他是革命的组织，是改造必经的阶段，自由的花是经过革命的血染，才能发生的。”

李大钊的这篇讲演的记录稿，发表于1921年3月21日的《民国日报》副刊《觉悟》。后来，李大钊在这篇讲演稿的基础上，改写出在1921年7月1日出版的《新青年》第9卷第3号发表的同题文章。

李大钊在这一时期发表的文章和讲演表明，经过同基尔特社会主义的争论，他已经完全认定，中国必须像俄国那样选择社会主义的道路，并且非实行社会主义不可。由此，他更加坚定地与陈独秀共同创建中国共产党，推进中国的共产主义运动。

第十一章

开天辟地新纪元

“开天辟地大事变”中的伟绩

从 1920 年 8 月至 1921 年春天，继上海、北京之后，武汉、长沙、济南、广州等城市先后建立了本地的共产党早期组织，旅日、旅法的共产党早期组织也相继成立，党员人数达到 50 多人（一说 53 人，一说 57 人）。至此，正式成立中国共产党的条件日臻成熟，召开中国共产党第一次全国代表大会被提到议事日程。

1921 年 6 月 3 日，共产国际派来一个化名马林的荷兰籍代表，取道欧洲抵达上海，与从西伯利亚南下的另一位俄籍代表尼科尔斯基会合，并很快与在陈独秀离沪期间主持上海党组织工作的李达、李汉俊取得了联系。共产国际代表建议，应及早召开党的代表大会，宣告党的正式成立。李达、李汉俊马上写信征询陈独秀、李大钊二人的意见，获得同意后便写信给各地党组织，要求每个地区派出两位代表，到上海博文女校集中，准备召开全国代表大会。

在各地大、中、小学普遍放暑假时，上海代表李达、李汉俊在上海博文女校与陆续抵沪的各地代表会合。他们当中，有北京代表张国焘、刘仁静，长沙代表毛泽东、何叔衡，武汉代表董必武、陈潭秋，济南代表王尽美、邓恩铭，广州代表陈公博，旅日代表周佛海，陈独秀的私人代表包惠僧。

代表们到齐以后，中国共产党第一次全国代表大会于1921年7月23日在法国租界的“李公馆”召开。会址是由上海代表李汉俊提供的，利用的是他哥哥李书城在法国租界购置的寓所——望志路树德里106号（今为兴业路76号），一座典型的两栋砖木结构的两层石库门楼房。

共产国际代表马林和尼科尔斯基列席了中国共产党第一次全国代表大会。

李大钊与陈独秀一样，没有出席中国共产党第一次全国代表大会。原因是他们一时都抽不开身。会议召开期间，陈独秀在广州兼任着广东大学预备科校长，正在争取一笔钱款修建校舍；而李大钊正在出任北京各高校教职员联合会的代理主席，肩负领导各校员工为反对军阀政府断绝教育经费、拖欠教职员薪金展开的大规模索薪斗争的重任[1]，忙得不可开交。为此，陈独秀指派包惠僧作他的代表，北京的共产党早期组织经李大钊委托和开会研究，最后决定让张国焘、刘仁静作为代表前往。对此，张国焘在《我的回忆》一书中回忆道：“北京支部应派两个代表出席大会。各地同志都盼望李大钊先生能亲自出席；但他因为正值北大学年终结期间，校务纷繁，不能抽身前往。结果便由我、刘仁静代表北京支部出席大会。”[2]

中国共产党第一次全国代表大会召开时，没有做会议记录，只有共产国

---

[1] 1921年春天，由于北京政府断绝教育经费，拖欠教职员薪金，北京国立各校教职员从3月14日起实行全体罢工，开展大规模的索薪斗争。3月15日，北京国立专门以上学校教职员代表联席会议成立，每校派代表3人；会议选举马叙伦为组织委员会主席，李大钊为组织委员会新闻干事。4月26日，因主席马叙伦生病缺席，李大钊任代理主席主持会议，自4月26日至7月4日，先后召开30余次会议。这次索薪斗争历时4个多月，至7月28日结束。在这场索薪斗争中，李大钊始终站在第一线，作出了重大努力。

[2] 张国焘：《我的回忆》（上），东方出版社2004年版，第124页。对此，刘仁静在《一大琐忆》一文中亦有详细回忆。而罗章龙对于派代表参加中共一大之事也有记述。

际代表尼科尔斯基回国后提交了有关会议内容的详细报告。

会议开始时，先由各地代表报告本地工作，再讨论党的纲领和今后工作计划，最后选举中央领导机构。

会议召开七天后，一个陌生人（新中国成立后查明是华人探长程子卿）突然闯进屋子，扫视一圈后自称找错了地方。有地下工作经验的马林马上宣布散会，并要求大家迅速离开。果然，十几分钟后，法籍警官率领巡捕包围了会场并闯进搜查。留在屋内的李汉俊、陈公博声称刚才只是外国教授来作学术讨论，巡捕警告了一番学术思想不可“过激”后，便悻悻而去。后来得知，是因马林在欧洲曾经以“赤色分子”身份被捕过，警方已通知国际上许多口岸，他来华后即受租界监视，才有这次险遇。

转移出来的一大代表当晚集中于李达寓所，一致认为不能再在上海开会。李达夫人王会悟提出可到自己的家乡嘉兴南湖开会，这样易于隐蔽。于是，代表们于次日早晨分两批乘火车前往嘉兴，两位国际代表目标太大未去，看守原会址的李汉俊和受到虚惊的陈公博也未前往。

在嘉兴南湖上的会议只开了一个白天，与会代表讨论并通过了第一个党纲，确定了党的名称、奋斗目标、基本政策，最后选出三人组成的中央局——陈独秀任书记，张国焘为组织主任，李达为宣传主任。傍晚时分，会议在代表们低声齐呼“第三国际万岁”“共产党万岁”后闭幕，中国共产党就此正式诞生。

党纲确定党的名称是“中国共产党”；规定党的奋斗目标是以无产阶级的革命军队推翻资产阶级，建立无产阶级专政，废除私有制，直至消灭阶级差别；同时，还规定了民主集中制的组织原则和党的纪律。大会还通过了关于当前实际工作的决议，确定党成立后的中心任务是组织工人阶级，领导工人运动。从此，在中国出现了完全新式的、以实现共产主义为目标、以马克思列宁主义为行动指南的、统一的工人阶级政党。

在中国共产党第一次代表大会上，陈独秀和李大钊虽然都没有出席，但陈独秀仍然被选举为总书记，李大钊也被视为党的主要领导人之一。这正如1936年毛泽东在延安和斯诺谈话时所说："在这个大会的组织上，起领导作用的是陈独秀和李大钊，他们两人都是中国最有才华的知识界领袖。"[1]

▲1921年李大钊(后排右三)与少年中国学会部分会员合影

实际上，在中国共产党正式成立之前，李大钊就已经紧紧围绕党的一大确立的中心任务，带领北京共产党早期组织尝试组织工人阶级，领导工人运动，开始了卓有成效的工作。

当时，北方地区的产业工人分布最广，也相对集中的，主要是铁路，而北京地区铁路工人的集聚地是在京城西南的古镇长辛店。

坐落在永定河西岸卢沟桥畔的长辛店，位于西南进京的必经要道上，系距离京城较近的驿站（那里距天安门仅19公里）。长辛店由一条有着近千年历史的老街组成，街面上商贾旅客云集，店铺酒肆林立，人来人往，车马声啸，热闹非凡。据说，元代时长辛店被称为泽畔店，到明代形成长店和新店两个村落，清代时长店与新店连接，得名"长新店"，后衍化为"长辛店"，寓意商旅长途跋涉，一路艰辛。

长辛店在近代中国之所以出名，源于南北铁路交通动脉——京汉铁路的修建。最初，京汉铁路被称作卢汉铁路，修建时设在北京的起点选在了长辛店的所在地——卢沟桥。为修建卢汉铁路的起点段——卢沟桥至保定间的卢

[1]　[美]斯诺：《西行漫记》，三联书店1979年版，第132页。

保铁路，清朝政府邮传部于1897年在永定河畔建立了卢保铁路卢沟桥机厂，从而使卢沟桥附近地段开始成为中国铁路工人的起源地之一。1900年，工厂被义和团烧毁；1901年，法国人和比利时人利用卢沟桥机厂残余机械，将厂区迁至长辛店三合庄，建立了长辛店铁路机厂。此后，长辛店地区的铁路工人越聚越多，到1920年已经达到2330人，成为北京铁路工人最集中的地方。

1920年10月，北京共产党早期组织成立以后，李大钊宣布，从他每个月的工资中拿出80元作为北京支部的活动经费。

1920年冬天，负责组织工作的张国焘深入到长辛店铁路工人当中，了解工人的切身需求，发现工人子弟没有地方读书，希望有一间工人子弟学校。由此，他受到启发：开办学校是接近工人群众、发动工人运动的最佳方式。

张国焘向李大钊汇报后，得到李大钊的赞许。北京共产党早期组织决定在长辛店创办劳动补习学校，让工人及其子弟接受教育。11月21日，张国焘在上海出版的《劳动界》第15期上发表《长辛店工人发起劳动补习学校》一文，介绍了补习学校的《募捐启事》和《简章》。经过与史文彬等工人磋商，捐款租房，置备桌凳，于12月19日在长辛店正式召开“筹备会议”。开筹备会时，张国焘和邓中夏、张太雷等乘火车到长辛店，动员工人及其子弟踊跃报名参加补习学校。

长辛店劳动补习学校于1921年1月1日正式开学。

坐落在长辛店大街祠堂口1号的长辛店劳动补习学校，是一座砖木结构的小三合院，坐南朝北，东面有正房三间，南北厢房各两间。学校的开办，“以增进劳动者和劳动者子弟的完全知识，养成劳动者和劳动子弟高尚人格为宗旨”，分日、夜两班上课。夜班是工人上课，设国文、社会常识、科学常识、工场和铁路知识；日班是工人子弟上课，课程与普遍国民高等小学堂的课程略同。教员大都由北大师生担任，驻校教员是吴汝明。教材由教员自己编写。教员们讲课，先教识字，再讲革命道理，使工人们既能学习文化知识，又能听到革命道理。而且他们能抓住工人的思想，讲课生动具体，通俗易懂，深受工人们的欢迎。 课后，教员们还经常对工人进行家访，同工人交朋友，促膝谈心，了解工人的思想和生活状况。

学校开办初期，张国焘、邓中夏、罗章龙等轮流担任教员，李大钊也曾到学校讲课。 在教学时，教员尽量以通俗的语言、生动的事例，讲工人为什么受苦受穷、为什么要组织起来，讲外国工人怎样与资本家作斗争，讲怎样组织工会和政党。 为了启发工人的阶级觉悟，教员们一有闲暇，就到工人家里去谈心，并把自己编的歌谣念给工人听，如“五人团结一只虎，十人团结一条龙，百人团结成泰山，谁也搬不动”。 他们还把歌谣谱上曲教工友演唱。 就这样，通过劳动补习学校这一形式，教员们一方面运用马克思主义教育工人群众，启发工人的阶级觉悟，在工人中发现和培养骨干，并通过骨干把工人群众组织起来进行革命斗争；另一方面，教员们自己也找到了本阶级的群众，并通过与他们接触和参加实际斗争，不断地改造自己的主观世界。

北京共产党早期组织开办长辛店劳动补习学校的实践，创造了当时知识分子和工农群众相结合、马列主义和工人运动相结合的一种最有效的形式。

长辛店劳动补习学校培养了一大批工人活动骨干，直接推动了长辛店工人组织的成立。 在李大钊和北京共产党早期组织的关怀、教育和组织下，1921 年“五一”国际劳动节这一天，长辛店工人举行群众大会，参加大会的有 1000 多人，除了北京的工人外，还有从天津、保定来的工人，《晨报》和《京报》的记者都到会采访。 大会当场通过了成立工会的决议。 会后，举行了盛大的示威游行。一时间，口号声、歌声以及沿路观众的欢腾叫嚷声，响成一片，几乎把火车汽笛声都压

▲长辛店劳动补习学校旧址

住了。

北京长辛店工会是中国最早的现代工会之一，是中国共产党领导的最早的工会组织。是时，《共产党》月刊曾报道长辛店工会成立的消息，热情赞扬它“不愧于北方劳动界的一颗明星”。当时，各地工人纷纷到长辛店参观、访问，把长辛店工会当作自己学习的样板。长辛店工会的建立，为党的组织在北方领导和开展工人运动打下了良好的基础。

长辛店铁路工会会址最初就设在补习学校。后来，由于报名人数增多，到 1921 年 10 月，改称为俱乐部，并迁到长辛店大街 174 号刘铁铺开展活动。

李大钊和北京党组织充分利用长辛店这个成功的实例来影响和教育北方各地的工人。1921 年夏天，在中国共产党第一次代表大会召开前后，《劳动音》改办成《工人周刊》，行销北方各地。当时，《工人周刊》每期销售量几千份，最多时达 20000 份，在各地工人中影响很大。《工人周刊》向北方工人重点介绍和宣传长辛店，使北方工人特别是各铁路的工人都知道长辛店有个俱乐部，于是各处纷纷派代表去参观长辛店，各地代表回去后也纷纷组织起工人俱乐部。与此同时，李大钊通过北京党组织派出一些人员到各铁路局去帮助工人建立自己的组织，也有从长辛店工人俱乐部的委员和骨干中派去的，并和这些人保持密切联系。1921 年秋天，李大钊领导的北京党组织在长辛店发展了史文彬、王俊、杨宝昆等最早的一批工人党员，使工人有了自己的中坚力量。

1921 年 8 月，为推动全国工人运动的进一步发展，刚刚成立的中国共产党设立了公开领导全国工人运动的中国劳动组合书记部，李大钊担任了这个组织的北方区分部的主任。至此，李大钊围绕党的中心任务开展工作，组织工人阶级，领导工人运动。在他的直接领导下，京汉铁路工人于 1922 年 4 月 9 日在长辛店工人俱乐部召开了京汉铁路总工会第一次筹备会；到这一年夏天，长辛店铁路工人成功地举行了“八月罢工”。1922 年 6 月间，长辛店工人俱乐部路局提出开除总管、工头，承认俱乐部有人事推荐权和增加工资等要求，但迟迟得不到答复。8月23日，中国劳动组合书记部书记邓中夏从北京来到长辛店，召集工人代表开会，决定罢工。8月24日，罢工开始，3000多工人手持写着“不得食不如死”“打破资本专制”等口号的白旗，在娘娘宫举行誓师大会。曹锟派兵镇压，强迫工人复工。工人不肯退让。此时，郑州铁路工人发动声援罢工，使京汉铁路南北交通完全中断。京绥、京奉、正太等线铁路工人也纷纷声援长辛店铁路工人的罢工，并表示如三天之内不答应罢工工人的要求，各路即开始总罢工。罢工坚持两天，到8月26日，路局被迫与工人代表谈判，答应了除工人参与路局人事权以外的全部条件，工人才正式复工。

这次罢工，为进一步开展北方工人运动，迎接第一次全国工人运动高潮的到来，打下了扎实的基础。

为谋取劳工利益而奔走

中国共产党建立前后，李大钊为了求得民族的解放和无产阶级革命的胜利，不仅致力于马克思主义、社会主义的理论研究和从事各种组织活动，还比较注重建立革命的统一战线，利用自己的社会影响，同各方面的人物广泛接触，以做有利于革命事业的工作。

1922 年 5 月，吴佩孚取得第一次直奉战争的胜利。李大钊通过白坚武与吴佩孚建立了联系，并且于是年 6 月上旬到保定与吴佩孚会谈，试图通过做吴佩孚的工作，改变北方政局，以利于工人运动的开展，打开中国无产阶级革命运动的局面。

白坚武多年任江苏督军、冯国璋的嫡系将领李纯的顾问兼书记处秘书，为李纯的主要幕僚。1920 年 7 月直皖战争爆发时，白坚武建议李纯与曹锟、吴佩孚部合师出击皖军，李纯“意终犹豫”；白坚武遂离开了令其大失所望的李纯，到保定去见吴佩孚。白坚武同吴佩孚接触始于 1918 年秋，据云二人一见便觉情投意合。白坚武曾于 1920 年 8 月 4 日写信给李大钊，介绍吴佩孚，对吴佩孚倍加推崇。1920 年 10 月李纯自杀身亡，白坚武遂脱净与李纯的关系，准备转到吴佩孚幕下。白坚武到保定改投吴佩孚的消息传出去以后，立即引起曹锟一派非议，使得吴佩孚不便急于对白坚武委以重任。时隔一年零四个月，时任两湖巡阅使、直鲁豫巡阅副使的吴佩孚，欲向亲日的梁士诒内阁发难，遂派亲信孙丹林去上海请白坚武到洛阳任政务处长，帮助策划军务，交接各方。1922 年 1 月初，白坚武应吴佩孚“电约莅洛，咨询应付”[1]，正式成为吴佩孚的主要幕僚。也正由于白坚武到了吴佩孚的大本营——洛阳担任要职，李大钊与吴佩孚之间才有了联系渠道，有了交往的可能。

白坚武到吴佩孚处担任要职，为李大钊与吴佩孚交往提供了条件和方便。此外，还有一个重要原因，就是当时吴佩孚已经被共产国际远东局确定为在中国的联合对象。联合吴佩孚是共产国际远东局，也是共产国际初期的策略方针。

共产国际远东局之所以认为吴佩孚是“可以合作的人物”，也不是偶然的，与当时吴佩孚的政治表现和标榜的政治主张有关。落魄秀才出身的吴佩孚，弃笔从戎后青云直上，在五四运动爆发前后成了直系军阀中后来居上的风云人物。在五四运动中，他接二连三地发表通电，反对在“巴黎和约”上签字，主张取消中日密约，支持学生的爱国运动，“当时的报端，几无日不有吴氏之通电，且语语爱国，字字为民”，致使“吴氏之大名，遂无人不知，吴氏之行为，无人不注意”，甚至有人把他当成北洋军阀集团中站在人民方面的“英雄”，将其捧为“救时之伟人”[2]。在这种情况下，共产国际成立后“在北方找过吴佩孚”，共产国际远东局奉行“联合吴佩孚”的方针，可以说是情有可原的。

有关李大钊与吴佩孚保定会谈的记载，主要见于《白坚武日记》和《胡

[1]　《白坚武日记》第 1 册第 345 页。

[2]　辛培林：《军阀列传》，黑龙江人民出版社 1987 年版，第 165 页。

适日记》。据《白坚武日记》记载，此前，即5月22日，李大钊曾介绍苏俄有关方面的代表霍德列夫赴保定与吴佩孚会晤，并介绍霍德列夫与白坚武“作主义上深谈”[1]。这可以说是李大钊与吴佩孚会谈的前奏。时至6月2日，北洋军阀政府总统徐世昌被迫宣布下野，曹锟、吴佩孚等派人到天津“恭迎”黎元洪复职，“好人政府”的宣传得到不少舆论的支持。在黎元洪即将恢复总统职位之际，李大钊应吴佩孚之邀到保定会谈。就在李大钊去保定的前一天，即6月6日，黎元洪为收买人心，发出一个“废督裁兵”的通电。吴佩孚本来已决定在这天去天津迎接黎元洪到北京复职，因接到这封电报而未成行。吴佩孚经过再三斟酌，说服曹锟同意黎元洪“废督裁兵”的复职条件，同时表示反对由自己的儿女亲家张绍曾组织内阁，并在答复黎元洪的电报中用“宵小谣啄”影射国会议长吴景濂，不许他们假借他的名义进行政治投机。《胡适日记》所记的李大钊从保定“带来边守靖、吴景濂、张绍曾等捣鬼的电文十二件”，指的就是这件事。

李大钊与吴佩孚的会谈是在光园举行的。光园系直系军阀——直鲁豫巡阅副使曹锟所修，用以待客，因其自称生平仰慕明朝大将戚继光的为人，故将此建筑定名“光园”。当时光园为吴佩孚由洛阳北上客居保定的住所。从时局来看，李、吴会谈的主要议题当然应是在黎元洪复职后组建一个什么样的内阁政府及内阁政府的主要人选等相关问题，因为这是吴佩孚欲控制北京政府最关心的问题，也是李大钊和蔡元培、胡适等人很注意的问题。就在李大钊到达保定的第二天，黎元洪派金永炎到保定找吴佩孚谈复职及组阁等问题。这自然会成为会谈的中心议题。

李大钊作为中国共产党的北方组织负责人，在与吴佩孚会谈时，直接涉及的有两个重要问题：一是协调吴佩孚及新建立的内阁与苏俄建立关系的

---

[1] 《白坚武日记》第1册第361页。

问题；一是工人运动的开展问题。这是他最关心的问题。后来的事实表明，这两个问题均得到相应的解决。

当年8月，苏俄派来新的代表——特使越飞，北洋军阀政府与苏俄的关系得到了实质性的改善；8月18日晚上，李大钊曾经设宴北京东方饭店，招待苏俄代表越飞等人，表示欢迎之盛意及对苏俄之好感。

中国共产党成立后，把发展工人运动作为党的中心工作，迅即成立了从事工人运动的总机关中国劳动组合书记部；书记部最初设在上海，1922年5月迁至北京，置于李大钊的领导之下。当时，从事工人运动的斗争条件比较艰苦，危险性较大。李大钊鉴于这种情况，一方面热情鼓舞大家用大无畏的精神去进行艰苦危险的工作，一方面和党内其他领导同志一起，千方百计利用军阀之间错综复杂的矛盾关系，打通某种上层关系，为工人运动争取合法地位和尽可能好一些的斗争环境。李大钊亲赴保定与吴佩孚会谈，“为吴公赞助”，让吴佩孚对工人运动采取更加开明的态度和保护的做法，这当为他此行的一个主要目的。而吴佩孚在军事、政治上发迹，在诸多北洋军阀中后来居上，主要靠其善于审时度势，顺应政治气候，把自己打扮成“开明”“爱国”“革命”将军的模样。五四运动爆发后，他接二连三发出通电，反对在“巴黎密约”上签字，主张取消中日密约，支持学生的爱国运动；直皖战争前后，他又一而再、再而三地通电建议发起召开“国民大会”，指名道姓地攻击段祺瑞为“大逆不赦”的“敌国之忠臣，民国之汉奸”，还宣布自己一不做督军、二不打内战、三不干政、四不扰民，颇赢得了一部分人心。不仅如此，吴佩孚还曾标榜自己要实行民主政治，用以收买人心。第一次直奉战争结束后，他曾极力表示自己尊重劳工，说工人支援战争有功，还特意制造自己的肖像奖章颁发给京汉铁路北段工人。此外，吴佩孚在得势后，极想铲除长期把持中国铁路的交通系势力，但又感到自己的力量不足，很想利用共产党领导的势力。诸多因素表明，李大钊跟吴佩孚会谈有关工人运动问题是有基础的，也势必会成为会谈的主要内容之一。

后来的事实也表明，李大钊与吴佩孚会谈了工人运动问题。邓中夏在《中国职工运动简史》中回忆："经过李守常同志向吴佩孚御用内阁交通部总长高恩洪建议每路派一密查员，得其允许，于是京汉、京奉、京绥、陇海、正太、津浦六条铁路都有一个密查员（守常同志荐去的共产党员）"，并说这六个密查员"实际上即是职工运动特派员，主要是在各路工人群众中活动，帮助工人组织俱乐部和进行斗争"；"这样一来，我们在铁路上的工作得以顺利的发展，差不多六条铁路都建立了相当的基础，特别是京汉铁路沿路都成立了工人俱乐部，共计十六个之多"。[1] 包惠僧也有类似的回忆，说当时"党的计划则是，要在每条铁路上有一个公职人员身份的人作掩护，来秘密进行工人的组织工作"[2]。由此，不难得知，吴佩孚在与李大钊举行保定会谈之后，发表了有"保护劳工"政治主张的通电，允许中共在京汉等六条铁路安插张昆弟、安体诚、陈为人、何孟雄、包惠僧、袁子贞等六名以密查员身份出现的职工运动特派员，是李大钊同吴佩孚在保定会谈的直接成果。

在与李大钊会谈后不久，吴佩孚通电发表了"保护劳工"等"四大政治主张"，其中当然有着自己的政治目的。而李大钊充分利用这个通电，组织和领导各地工人争取一些可能争取到的合法权利，发展和壮大工人阶级的力量，使得北方的工人运动，特别是铁路工人运动得到了迅猛发展。这可以说是李大钊做吴佩孚工作的一大政治成果。也正由于李大钊与吴佩孚建立了政治上的联系，在一个时期使党在北方的工作得以顺利开展。

李大钊与吴佩孚在保定进行的会谈，是一次很重要的会谈，它与推动北

[1] 《李大钊传》，人民出版社 1979 年版第 124 页。
[2] 《李大钊传》，人民出版社 1979 年版第 125 页。

方工人运动，特别是铁路工人运动关系很大[1]。李大钊通过做吴佩孚的工作，为开展工人运动争取到了一定的合法条件，有利于掀起北方工人运动的第一个高潮，进而影响了全国工人运动高潮的兴起。从这一点说，李大钊确实“不虚此行”。

---

[1] 据包惠僧以“栖梧老人”为笔名发表的文章回忆，李大钊说过：“吴佩孚毕竟还是吴佩孚，我们不要对他存有什么幻想。不过，我到洛阳同他会谈一次，他发出了那样一个通电，我们就算没有赔本。我希望你们这一次到交通部工作，第一不要赔本，第二能够把革命的种子散布在铁路工人中开花结果，把铁路工人组成为无产阶级革命事业中的战斗力量，就不虚此行了！”（《李大钊传》第124～125页）这是说李大钊对被派到交通部任密查员的6位党内同志临行前的交代，这其中的“洛阳”，也是“保定”之误。高恩洪是在1922年6月12日就任交通总长的，上任伊始他就查出曹汝霖在交通总长任内经手款项2000万元没有底账，致使曹汝霖被捕。李大钊建议高恩洪在每条铁路派一密查员，当为是年6月下半月之事，包惠僧回忆是在“1922年5月前后”。

赴上海与孙中山晤谈国共合作

国共第一次合作在中国近代革命史上是占有重要地位的事件，这一重要事件中，国民党的主角是孙中山，而李大钊，则是中国共产党的“适当主角”[1]。

1922年7月16日至23日，中国共产党第二次代表大会在上海英租界南成都路辅德里625号（现成都北路7弄30号）举行。出席大会的有党的中央局成员、地方组织的代表等共12人，包括陈独秀、张国焘、李达、蔡和森、邓中夏、施存统、王尽美、邓恩铭、项英、向警予、高君宇、张太雷，代表着全国195名党员。共产国际代表维经斯基也出席了会议。李大钊原本准备出席中共二大的，但因临时有事不能与会，故由他的学生高君宇代表。

这次大会的中心议题是进一步讨论和确定党在民主革命时期的纲领问题。陈独秀主持大会，并代表中央作了工作报告；张国焘作了出席远东各国共产党及民族革命团体第一次代表大会和第一次全国劳动大会的报告；施存

[1] 张国焘《我的回忆》第1册第300页，有李大钊充当“国共合作的一位适当主角”语。

统作了关于社会主义青年团第一次全国代表大会召开情况的报告。大会经过认真讨论，通过了《世界大势与中国共产党》《民主的联合战线》《中国共产党加入第三国际》《议会行动》《工会运动与共产党》《国际帝国主义与中国和中国共产党》《少年运动问题》《妇女运动》和《共产党的组织章程》等9个决议案和《中国共产党章程》，发表了《中国共产党第二次全国代表大会宣言》。大会决定出版党中央机关刊物《向导》周报，蔡和森担任主编。

大会选举了新的中央领导机构，陈独秀、邓中夏、张国焘、蔡和森、高君宇为中央执行委员会委员，李汉俊、李大钊、向警予（女）为候补委员。陈独秀被中央执行委员会推选为委员长，张国焘为中央组织部部长，蔡和森为中央宣传部部长，向警予为中央妇女部部长。

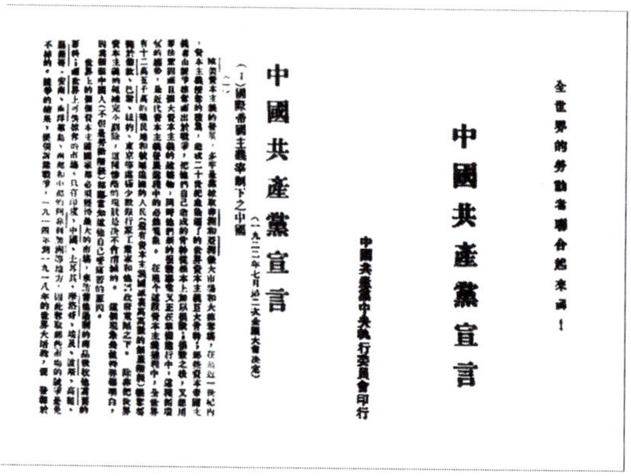
全世界的勞動者聯合起來呵！

中國共產黨宣言

中國共產黨中央執行委員會印行

中國共產黨宣言

（一九二二年七月第二次全國大會決定）

（一）國際帝國主義宰制下之中國

▲中国共产党第二次全国代表大会宣言

《中国共产党第二次全国代表大会宣言》分析了国际形势和中国社会半殖民地半封建的性质，阐明了中国革命的性质、动力和对象，指出：当前的中国革命性质是民主主义革命；革命的动力是无产阶级、农民和其他小资产阶级，民族资产阶级也是革命的力量之一；革命的对象是帝国主义和封建军阀；革命的前途是向社会主义革命转变。宣言实际上制定了中国共产党的最低纲领和最高纲领。党的最低纲领，即党在民主革命阶段的主要纲领，是消除内乱，打倒军阀，建设国内和平；推翻国际帝国主义的压迫，达到中华民族完全独立；统一中国为真正的民主共和国。党的最高纲领是：组织无产阶级，用阶级斗争的手段，建立劳农专政的政治，铲除私有财产制度，渐次达到一个共产主义社会。

为了实现中国共产党的最低纲领，大会通过了《关于“民主的联合战线”的决议案》，决定同国民党实行“党外联合”。但这一决议案，并不完全符合共产国际的指示精神，受到了共产国际驻中国特派代表马林的批评；是时，马林提出的关于共产党员加入国民党，以实现国共合作统一战线的主张，得到了共产国际的同意。7月18日，在党的二大召开两天后，共产国际指示中共中央，所有工作都必须在和马林的紧密联系下进行。7月24日，马林带着共产国际执行委员会和红色工会国际执行局的委任书，从莫斯科起程赴华，于8月12日到达北京；尔后转赴上海，开始履行这两个机构派他担任的驻中国代表的职责。是时，共产国际又专门作出《给共产国际驻中国特派代表的指示》。马林到达上海不久，决定召开西湖特别会议，专门研究共产党与国民党建立革命统一战线问题，并特别邀请李大钊参加。

李大钊是在1922年8月25日马林在上海与孙中山会晤那天动身南下的。8月26日，李大钊抵达上海；27日，与陈独秀、张继会谈。28日，他在上海给胡适修书一封，通报了自己在上海了解的情况：

> 适之吾兄：
>
> 学潮如何结束？中山抵沪后，态度极冷静，愿结束护法主张，收军权于中央，发展县自治，以打破分省割据之局。洛阳对此，可表示一致。中山命议员即日返京。昨与溥泉、仲甫商结合“民主的联合战线”(Democratic front)，与反动派决战。伯兰稍迟亦当来京，为政治的奋斗。《努力》对中山的态度，似宜赞助之。弟明日与仲甫赴杭一游，一二日即回沪去洛返京矣。余容面谈，请将此情形告知梦麟、一涵诸同人。
>
> 弟　李大钊

8月29日至30日，中共中央执行委员会在杭州西湖举行特别会议，会期两天。出席会议的有中共中央执行委员陈独秀、蔡和森、张国焘、高君宇，李大钊是作为候补中央执行委员出席会议的[1]，共产国际代表马林及翻译张太雷也参加了这次会议。

陈独秀主持会议。马林传达了共产国际的指示，详细阐述了共产党员以个人身份加入国民党的必要性和可能性：第一，中国在很长的时期内，只能有一个民主和民族革命，而现在无产阶级的力量及其所能起的作用都还很小；第二，孙中山先生领导的国民党是一个有力量的民主和民族革命的政党，是一个各阶层革命分子的联盟；第三，由于国民党有较长的历史和较大的影响，孙中山先生只能允许共产党员加入国民党，不会赞同与共产党在党外的对等合作；第四，中共要尊重共产国际的意向，学习西欧共产党员加入社会民主党工会的联合战线的经验；第五，共产党员加入国民党既可以增强革命势力的团结，又可使国民党革命化，尤其可以影响到国民党所领导的工人群众，将他们从国民党手中争取过来。

马林讲话后，与会人员围绕共产党员是否可以加入国民党的问题，展开了激烈的讨论。各种意见相持不下，大致分为以下三种：

第一种，坚决反对“党内合作”。认为，中共党员加入国民党不能与西

[1] 李大钊当在党的二大结束后不久召开的西湖会议上被增选为中央执行委员会委员。陈独秀在三大作的报告中说：“中央委员会的成员只有五个人，因此，代表会议以后，杭州委员会建议扩大中央委员会，再增加两个委员。”1926 年，蔡和森在《中国共产党史的发展》的报告中说：“在西湖会议时，马林不满意新委员完全系新分子，主张扩大加李汉俊、李大钊为委员。”1929 年年底，陈独秀《告全党同志书》讲到西湖会议时，参加人有“当时中共中央五个委员：李守常、张特立、蔡和森、高君宇及我”。另外，马林当时的工作记录记有参加西湖会议的人员：“张太雷与陈独秀和邓（中夏）会谈后决定，邀请北京参加会议，增加李大钊。”再者，1922 年 10 月李大钊曾经代表中共中央为陈独秀签发出席共产国际第四次代表大会的任命书：“陈独秀（Shen Tu Ciu）同志被中国共产党（Chinese Comm. Party）任命为莫斯科第四次大会的代表。北京，1922 年 10 月 3 日，中央委员会李守常（Li Shou Chang）代。”

欧共产党人加入社会民主党相提并论。国民党是一个资产阶级的政党，共产党员加入国民党，无异于是与资产阶级相混合，将彻底丧失自己的独立性。

第二种，基本同意“党内合作”。认为，国民党组织非常松散，共产党员加入不会受到约束。采取共产党员加入国民党组织的方式，是目前实现民主联合战线易于通行的办法。

第三种，有条件地服从共产国际的决议。这种意见认为，如果这是共产国际不可改变的决定，可以服从，但必须要向国民党提出一定的条件，即孙中山先生要根据民主主义的原则改组国民党，取消加入国民党必须“打手模”以及向个人宣誓等入党手续。

会议整整开了两天，最后通过了陈独秀提出的国民党必须取消“打手模”以及个人宣誓之后，中共的少数负责同志可以根据党的指示，加入国民党成为党员的决定。会议结果并未以文字的形式，而是以一种互相谅解的形式进行。这是在当时的历史条件下，一种比较切合实际的办法。

会上，李大钊从中国国情出发，坚决支持共产国际提出的两党合作形式，中国共产党及社会主义青年团团员均加入国民党；先由中共少数负责人加入国民党，然后再劝说全体党员加入。

“西湖会议”把马克思列宁主义的基本原理运用于中国革命的具体实践，将一时难以实现的国共两党“党外联合”的设想，转变为切实可行的“党内合作”的政策，为党的第三次代表大会确定建立国共合作统一战线的策略方针，从思想上、理论上、组织上做了必要的准备，顺应了当时中国革命的潮流，推进了中国革命的进程。

会后，回到上海，李大钊在林伯渠陪同下去见孙中山。

当时孙中山经香港于 8 月 14 日抵达上海，刚刚历经陈炯明叛变的打击，不仅与苏俄和中共合作的愿望加强，同时也有着与北方军阀妥协的念头。因此，他对于李大钊这样一个既有学识又有广泛政治基础的人表示欢迎。

孙李两人照面后，略微寒暄几句便切入正题，就“振兴国民党以振兴中国之问题”展开热烈探讨。畅聊之下，彼此颇有相见恨晚的感觉。一次交谈尚不尽兴，李大钊接连数度出入莫利爱路孙宅。有一回，二人竟长谈数小时，以致到了吃饭的钟点仍畅谈不已。他们每次见面时，宋庆龄都陪在一边。后来，每当提起这段往事，她记忆犹新：“中山先生特别钦佩和尊敬李大钊，我们总是欢迎他到我们家来。”[1]

李大钊对与孙中山的会谈印象极为深刻。他在《狱中自述》第三稿中回忆：“大约在四五年前，其时孙中山先生因陈炯明之叛变，避居上海。钊曾亲赴上海与孙先生晤面，讨论振兴国民党以振兴中国之问题。曾忆有一次孙先生与我畅论其建国方略，亘数时间，即由先生亲自主盟，介绍我入国民党。是为钊献身于中国国民党之始。”在《狱中自述》的初稿中，“亘数时间”一句之后，尚有“先生与我等畅谈不倦，几乎忘食”之语。由此可见，孙中山与李大钊二人谈话投机、情志相契的程度。

李大钊的儒雅风度与广博学识令孙中山赏识有加。在孙中山的心目中，李大钊是帮助他改组国民党的不二人选。经过几次接触后，他直截了当地提出希望李大钊加入国民党的想法。李大钊直言相告：“我是第三国际党员，是不能脱离第三国际的。”孙中山听后，微笑着摆了摆手，说道：“这不打紧，你尽管一面作第三国际的党员，一面加入本党帮助我。”[2]见中山先生如此恳切，加之中共中央在西湖会议上已有相应的规定，李大钊便欣然应允。当即由张继为介绍人，孙中山亲自主盟，吸收李大钊为国民党党员，李大钊成为第一个以个人身份加入国民党的中共党员。此后，陈独秀、张太雷、蔡和森、张国焘等中共负责人，也陆续加入国民党，并开始帮助孙中山先生筹备改组国民党组织的工作。宋庆龄曾就此问过孙中山为何要如此行

---

[1] 宋庆龄：《孙中山和他同中国共产党的合作》。

[2] 汪精卫：《中国国民党第二次全国代表大会政治报告》，见《政治周报》第5期。

事，孙中山的回答是，他认为这些人是他真正的革命同志，他知道在斗争中，能依靠他们明确的思想和无畏的勇气。

这是一次成功的会晤，使孙中山感到，在中国，共产党人是他最可靠的朋友，他体察到共产党人寻求国共合作、振兴中华的真诚厚望。特别是从李大钊身上看到了中国共产党蓬勃的生机和旺盛的活力，坚定了让国民党注入共产党这样新鲜血液的决心。此次会晤之后孙中山即开始了改组国民党的准备工作，加快了联俄联共的步伐。而李大钊则进一步成为其间最重要的桥梁，并得到了孙中山的极大信赖。李大钊在短短一年多的时间里，四跨长江，三赴上海，两下广州，与孙中山晤谈，推动国民党的改组，促成国共合作的实现。

▲孙中山上海故居外景

在中国近代史上，国共合作背景下的国民大革命，是推动中国历史前进的一场伟大的革命，而这样一场伟大的革命，肇始于孙李二人在上海的晤见。

在上海与孙中山会谈几次后，李大钊于9月8日抵达洛阳，在洛阳逗留了两三日。据《白坚武日记》记载，李大钊到达洛阳后，与白坚武谈了上海近况；9月9日，李大钊在白坚武等人陪同下，游览了元朝的铁木耳墓，途中共谈南北政情、人事之短长得失。11日晨，李大钊离开洛阳，返回北京。

这一年9月上旬，李大钊到洛阳与吴佩孚会晤，主要是为执行党内制定的“孙吴联合”主张，继续做吴佩孚的工作，以实现南北统一的革命局面。

此前，在西湖召开的特别会议上，马林以共产国际代表身份说赤塔政府倾向吴佩孚的方针是完全错误的，但会议并没有完全放弃这一方针，而是设想在联合孙中山的同时继续争取吴佩孚。对此，陈独秀、李大钊等是赞同的。因此，李大钊根据西湖会议的决议，到上海与孙中山进行会谈，并同陈独秀等共产党人正式加入国民党之后，于9月8日在由上海返回北京时，特意转道洛阳，与吴佩孚沟通有关情况。

在洛阳期间，李大钊主要是了解吴佩孚的政治动向，并同吴佩孚进行了会谈，通报了与孙中山会谈的有关情况，听取吴佩孚的意见。对此，他在回到北京后接受日文《北京周报》记者采访时作了一些陈述：

> 在上海作了短暂停留之后到了洛阳。回到这里后听到种种风言风语，说什么奉直还将再战，吴佩孚要移驻郑州等等，但在洛阳期间一点儿也看不出有这种迹象。至于移兵郑州一事，将来怎样无法预测，但在近期内确实没有这方面的动静。眼下吴氏正在热心地实践他那前些时刚刚公布的兵工政策，早上五点前就全体起床出动操练到七点，然后再到附近的山上植树。吴氏说，如果孙文先生肯出任兵工会的会长，那么他自己愿意担任副会长，率领现有的数十万士兵开到大西北新疆、青海一带去开荒种地。另外，孙吴两氏还就前几天报上披露的、近日刚刚收到的徐树铮致吴佩孚论述统一方策的信谈了他们的意见。[1]

一个月后，李大钊再临洛阳。这次主要是与王励斋一起陪同孙中山的代表张继与吴佩孚会谈。据《白坚武日记》记载，他们是在10月9日到达洛阳的："孙中山代表张溥泉及王励斋、李守常来洛。张与吴将军握谈颇欢洽。……连晚与守常谈京况。"

10月10日上午，吴佩孚主持纪念辛亥革命首义大会及阅兵式，邀请张

---

[1] 《李大钊史事综录》第613页。《北京周报》由日本人藤原镰兄于1922年1月22日在北京创办，1930年9月28日停刊。

继、李大钊等人参加；下午，白坚武和吴佩孚的参谋长李倬章等人陪同李大钊一行“游关陵、龙门、香山寺”，“登临尽日，夕阳归来”。

10 月 11 日，张继与李大钊、王励斋离开洛阳，吴佩孚亲自到金谷园车站送行。

据《白坚武日记》记载，“张溥泉今日言归，吴子玉将军复函答孙中山，以共同忠于民国相勉，勿与卖国党、匪党邻近。溥泉电孙中山意大略亦同”。从日记的记载看，张继与吴佩孚的会谈是成功的，但实际仅是暂时的现象，吴佩孚当时在表面上支持孙中山的兵工政策，与曹锟一同力劝孙中山北来，并不是真心尊重孙中山，而是想利用他来粉饰南北统一的局面。不过，这种局面终归有利于国共合作工作的开展。李大钊的两次洛阳之行，并非没有意义。还应当指出的是，到这时，李大钊的工作重点已经由吴佩孚方面转向孙中山方面。他的两次洛阳之行，与其说是继续做吴佩孚的工作，不如说是为联合孙中山，促进国共合作的统一战线的建立而铺平道路。

第十二章

国共合作起羊城

迎接中国工人运动的第一次高潮

李大钊是北方工人运动的主要领导者。在中国共产党创建之初，除长辛店、唐山等地，党在北方工人中的工作基本处于开创时期。为此，李大钊和北京党组织做了很大努力，除秘密组织党员到各铁路沿线从事工人运动以外，李大钊还利用自己在社会上的声望，多次公开发表发动和组织工人起来斗争的号召。此外，他还异常关心全国工人运动的开展情况，为迎接中国工人运动第一次高潮的到来做出了突出的贡献。

在中国共产党成立前后，南方一些地方的工人运动发展很快，其中尤以香港海员大罢工表现出色。

1922 年 1 月 12 日，在第三次向资方提出增加工资的要求被无理拒绝后，在香港工作的中国海员在海员工会联合总会的组织领导下，举行了香港海员大罢工。短短一个星期内，罢工规模迅速扩大，海员纷纷从香港返回广州。从 2 月初起，罢工从要求增加工资的经济斗争，发展成为反抗帝国主义压迫的政治斗争。3 月 8 日，历时 56 天的香港海员大罢工宣告胜利结束。香港海员大罢工是中国工人阶级第一次直接与帝国主义进行的针锋相对的斗争，从而拉开了全国第一次罢工高潮的序幕。

在香港海员大罢工结束四天后，李大钊应日文《北京周报》记者丸山昏迷采访，在1922年3月12日出版的第8号《北京周报》发表了专访《中国工人运动的趋势》。在这篇专访中，李大钊以这次香港海员罢工为重点，全面分析中国工人运动的形势，系统总结中国工人运动的实际经验，指出了工人运动存在的问题和发展方向。这是李大钊亲自领导工人运动的产物，也是他推动马克思主义与中国工人运动相结合的实际步骤。

李大钊首先高度评价了香港海员罢工的意义，指出：这是中国卷入由世界资本主义时代向社会主义时代转变的历史潮流的标志，“这一历史进程在中国虽然还很幼稚，但也避免不了受到这种世界性潮流的影响”。他还指出，这次罢工能够拥有这样多的成员，具有如此坚强的集体团结力量和一旦提出斗争目标就坚持到底的决心，无疑能给全国工人团体以巨大鼓舞和支持。它预示着，中国工人运动的高潮必将到来。在分析这次罢工取得胜利的原因时，李大钊特别强调了全国各地工会运动的支援，当时上海的工会组织在处于小组织林立不容易取得一致行动的状况下，极力劝阻了准备取代罢工海员的工人赴港，北方的京汉铁路工会募集了巨额捐款派代表送往香港，这些事实都促进了中国工人阶级觉悟的提高，极大地推动了他们迅速走向联合。

李大钊在谈到全国工人运动的形势时，肯定了当时工会运动的先进地区是长江流域和广东地区，在广东不仅出现了部门和行业的工会组织，而且在《新青年》的影响下出现了印刷工人采取强硬态度的罢工。上海工人组织的特点是基层工会组织数量多且比较分散，这种小团体的分散存在，一方面有益于联系广大工人，普及工会组织，另一方面又不利于集中统一和共同行动，因此迫切需要加强对工人运动的领导。1922年3月初，在武汉发生电话系统男接线员为排斥女接线员举行的罢工，当时一般舆论认为，这次罢工反映了工人运动的幼稚，没有任何积极意义。但李大钊却针对各地发生的这类罢工指出了它的另一方面，即这种情况不仅说明职业妇女的出现，而且有益于增强妇女的强烈职业观念，培养她们的团结精神，建立妇女职业团体，这又是促进工人运动不可缺少的。至于北方，由于工业不发达，还没有形成地方性工会系统，工人运动比较落后。然而北方的铁路工人运动是个例外，京汉线、京绥线的工会组织发达，工人运动达到了相当水平，必将在全国工人运动中发挥重大作用。总之，他表示，相信随着工业的逐步发展，职工人数的不断增加和他们知识程度的提高，工人必将觉悟到组织起来的必要，从而提出自己的要求，因此中国工人运动的发展具有必然的趋势。

这是李大钊作为中国劳工问题专家，第一次公开发表自己对中国劳工问题的见解和看法。这表明，时至1922年春天，他对整个中国工人运动的发展趋势已经了然于心。

同样是在1922年1月，湖南发生了军阀赵恒惕残杀罢工领袖、中国社会主义青年团员黄爱、庞人铨的流血案件。

1920年11月，湖南甲种工业学校的同级校友黄爱、庞人铨在校友会的基础上组建湖南劳工会，并出版会刊《劳工》及《劳工周刊》。湖南劳工会成立后的主要活动围绕湖南第一纱厂收归公有而展开。第一纱厂是1912年官商合办的一家企业，由于连年军阀战争，一直未能开工。后来，军阀张敬尧将股权承租给华实公司，才算是起死回生。军阀赵恒惕上台后，接受该公司所赠股本，继续承认其经营权。华实公司因无力经营，又转租给外省资本家，同时招收外省人来当技师和工人，引起湖南各界的不满。湖南劳工会率先提出纱厂公有运动，1921年3月8日推举10名代表署名发表反对华实公司垄断第一纱厂的传单，3月20日发动工人游行示威，4月13日又动员3000多名工人到第一纱厂示威，迫使华实公司的经理写下不再承租纱厂，否则“任凭工界打死无论”的“誓词”。赵恒惕派兵赶散工人并通缉首领，黄爱自首被捕，从5月1日起绝食抗议。庞人铨则在当天召集万余工人在第一师范开游艺大会，表演《万恶金钱》等新剧；还定做印有“劳工神圣”“不作工者不得食”等字样的纪念面包在会场出卖。6月8日，赵恒惕迫于公众压力释放黄爱。后来，黄爱、庞人铨加入了社会主义青年团。1922 年 1 月 13 日，长沙华实公司第一纱厂要求年终加薪，3000 多工人在黄爱、庞人铨的领导下举行罢工。黄爱、庞人铨代表工人与资本家谈判。赵恒惕收受华宝纱厂老板 5 万元贿赂，派出军警，于 1 月 16 日深夜将黄、庞二人秘密逮捕，第二天在长沙浏阳门外杀害。

黄爱、庞人铨的牺牲，在全国各地引起极大震动。消息传出后，许多工人到湖南省政府门前抗议赵恒惕的暴行。毛泽东在船山学社主持召开了隆重的追悼会，并将黄、庞被害的经过在京沪等地报刊上披露，开展了反对赵恒惕的宣传。1922 年 3 月 23 日，李大钊特地在《晨报副刊》发表了为当时出版的《黄庞流血记》一书写的序言，指出："黄、庞两位先生的死，不是想作英雄而死，亦不是想作烈士而死；乃是为救助他的劳动界的同胞脱离资本阶级的压制而死，为他所信仰的主义而死。因此，我乃对他们的殉死表无限的敬意！""黄、庞两先生，便是我们劳动阶级的先驱。先驱遇险，我们后队里的朋友们，仍然要奋勇上前，继续牺牲者愿做而未成的事业。""我们的目的，在废除人类间的阶级，在灭绝人类间的僭擅。但能达到这个目的，流血的事，非所必要，然亦非所敢辞。要知道，牺牲永是成功的代价。""中国社会运动史的首页，已由黄、庞两先生用他们的血为我们大书特书了一个新纪元！以下的空白怎样写法，要看我们的努力了！"

在 1922 年"五一"国际劳动节到来之际，李大钊又写出《五一纪念日于现在中国劳动界的意义》，明确指出："五一是工人的日子，是工人为八小时工作运动奋斗而得胜利的日子，是工人站起的日子，是工人扩张团结精进奋战的日子，不是工人欢欣鼓舞点缀升平的日子。在我们中国今日的劳动界，尤其应该令这个日子含有严重的意义，尤其应该不令这个日子毫无意义的粉饰过去。"同时，他又指出，"五一纪念"理应"把他作的轰轰烈烈，活活泼泼，一年过一回，一年有一年的意义，一回有一回的意义"。5 月 1 日这一天下午，他出席了北京高等师范工学会、北京大学马克思学说研究会、北京学生联合会在北京高等师范学校举行的五一纪念大会，并发表了演说。

北京的五一纪念大会举行不久，第一次直奉战争结束。李大钊又不失时机地到保定会谈，利用做吴佩孚工作的机会，为推动工人运动的迅猛发展，从吴佩孚那里，李大钊争得了一些对工人阶级斗争有利的条件，以领导工人阶级“乘此努力成就本阶级的组织，准备并训练本阶级的战斗力”[1]。正是由于他的得力领导和积极组织，北方工人阶级，特别是铁路工人，在中国共产党成立之后的一年间普遍地组织起来，为北方工人运动的进一步发展奠定了基础。到 1922 年 9、10 月间，他开始领导北方工人阶级由原来以组织工会为中心，转到向反动统治阶级展开大规模的罢工斗争，将北方工人运动推向一个新的高潮，并在短短的两三个月时间内形成一股强大的罢工潮流。

1922 年 10 月间，罢工运动形成燎原之势，达到了这次北方罢工高潮的顶峰。

在此以前，8 月间的长辛店工人大罢工，是罢工潮的起点。9 月是粤汉路长武段罢工、京奉路山海关罢工和安源煤矿的罢工。到 10 月下旬，工业重镇唐山接连发生大规模的罢工：10 月 23 日，爆发了闻名全国的开滦五矿工人的大罢工；10 月 28 日，唐山启新洋灰公司等大工厂 20000 余工人举行同情罢工；10 月 31 日，唐山铁路南厂工人罢工……10 月 30 日，又有京绥路车务工人的罢工。一直到 12 月 15 日，正太路石家庄机器厂工人罢工，罢工的潮流像一场猛烈的风暴，席卷了北方的铁路和矿山。

当时，北方的铁路工人罢工都是针对军阀和军阀政府的，而开滦大罢工则是直接把锋芒指向帝国主义的。罢工除提出增加工资、改良待遇等经济要求外，多数又都提出了承认工会有代表工人之权，开除工人须经工会同意等政治要求。这些都表明，北方工人运动在迅速地由经济斗争向反帝反军阀、

[1] 转引自《李大钊传》第 123 页。

争取民主权利的政治斗争发展。

在这些罢工中，尤其以开滦五矿大罢工在全国具有深远政治影响，是异常壮烈的。这次罢工共有30000多人参加，坚持了20天之久，虽然有英国军队、曹锟的军队和保安队数千人进行镇压，但工人们宁死不屈，宣称："除非把我们全体工人都打死，不然，还留我们一人活着，也要为死者报仇，和他们决战！"罢工最后虽然失败了，但它的影响很大，对工人的教育很深刻，工人阶级英勇斗争的壮举传遍全国，使帝国主义在全国人民面前又一次暴露了它丑恶的面目，给北方以至全国的工人阶级和人民上了反帝反军阀的一课。

▲1922年10月开滦五矿工人罢工领导人合影

李大钊亲自参与了这次开滦五矿大罢工的领导工作。他为发动罢工、扩大罢工、支援罢工和处理罢工的善后工作，费尽了心血。在他的领导下，北京大学学生成立了"北京开滦矿工罢工经济后援会"，向各方面发起募捐援助罢工工人，中国劳动组合书记部也召集全国各铁路工会的代表到北京，商议以全国铁路总罢工作声援。此外，李大钊还联络了一部分当时的国会议员，联名向军阀政府提出质问，扩大了罢工的社会影响。

为了配合工人运动的开展，李大钊还在理论上进行大力宣传。他在这个时期写了不少与劳动运动有关的文章，宣传马克思的剩余价值学说，通俗简要地阐明工人阶级受剥削的秘密，指出工人阶级的阶级地位和历史使命，戳穿资产阶级欺骗工人的谎言，并介绍了各国工人阶级组织起来进行斗争的情况。

1923 年 2 月初，李大钊应湖北教职员联合会的邀请，到武汉讲学。就在讲学期间，汉口发生了“二七惨案”。同年 2 月 1 日，京汉铁路总工会成立大会在郑州举行，军阀吴佩孚竟用武力横加禁止，野蛮地迫害工人代表；2 月 4 日，京汉铁路全路工人举行总同盟罢工，进行反抗。2 月 7 日，吴佩孚悍然下令对汉口、长辛店等地罢工工人实行血腥的屠杀，工人死难者达到 40 余人，伤数百人，被捕入狱者 60 余人，被开除流亡在外者 1000 余人。其中共产党员、江岸分工会委员长林祥谦，武汉工团联合会法律顾问施洋等壮烈牺牲，造成震动全国的“二七惨案”。“二七惨案”发生后，大批的工人死伤、入狱，大批的工人被开除，流落街头。设在北京的中国劳动组合书记部和全国 50 多个工会被封闭，工会领袖被通缉，新兴的中国工人运动暂时转入低潮。

李大钊心如刀割，悲愤交加，心情悲伤到了极点。

当时，李大钊在到达武汉以后，对京汉铁路工人大罢工是很关心的。当李汉俊等人从郑州参加京汉铁路总工会成立大会回到武昌，正在湖北高等师范讲课的李大钊立即询问开会的情况。他对铁路工人为抗议吴佩孚“违背约法，摧残集会”而举行京汉铁路全线大罢工的行动是完全支持的。但他当时没有想到，“流血大惨剧”已经“伏于吴佩孚微笑中”[1]，吴佩孚竟敢冒天下之大不韪，对手无寸铁的铁路工人大开杀戒。当得知“二七惨案”发生的消息，他的“神色大非昔比，面色苍白，胡子也似乎比前更黑了”[2]。他异常自疚，对致使一些铁路工人因过于相信吴佩孚而付出这么大的代价而悲愤至极。对于许多阶级弟兄的牺牲感到悲痛，他立刻写信给白坚武，断绝他与

[1] 《向导》第 20 期《二七大屠杀经过》，转引自《李大钊史事综录》第 593 页。

[2] 朱务善：《回忆守常同志》（《人民日报》1957 年 4 月 29 日）。

白坚武多年的友谊，从此把这个吴佩孚的主要帮凶视为路人，不再有任何来往。对吴佩孚，他更是深恶痛绝，将之视为整个革命事业和人民的仇敌。

李大钊与吴佩孚的关系，在“二七惨案”发生以前就已经向恶化方面转化。这从当时俄共（布）中央机关报《真理报》记者斯列巴克关于《京汉铁路工人罢工》的报道中就可看出。斯列巴克写道：“吴佩孚把铁路工人组织起来的愿望看作是对其军阀统治的严重威胁，认为是来自孙中山方面的密谋。吴佩孚就是这样对工会代表说的。工会代表知道不允许他们开会庆祝，就去找吴佩孚协商，吴佩孚表示他不反对工人成立组织，但是不允许像北京大学那个李教授那样的共产党人来领导。”[1] 吴佩孚貌似“拙”（如胡适在日记中所说），实际城府很深，很善于掩藏自己独霸中央政权的野心。在李大钊两次去洛阳时，他口口声声表示支持孙中山的兵工政策，甚至提出要领兵去新疆、青海一带垦荒，实际上口是心非，像以往一样在做表面文章。他一直在加紧扩军备战，欲步袁世凯、段祺瑞之后尘，实行武力统一中国的反动政策。他之所以发表“保护劳工”等四大政治主张，目的在于欺骗和利用工人，确保京汉等铁路掌握在自己手中。他在与李大钊会谈后，乐于让共产党人插手交通部的一些事务，目的也在于利用共产党在铁路上的新兴势力，铲除交通系的势力。而一旦交通系的势力被铲除，工人运动出现日趋高涨之势，他就不惜与李大钊等共产党人反目为仇，用武力镇压工人运动，以保障自己的统治不受威胁。当时，吴佩孚的10多万军队每月所需的80多万元的军饷，其来源的绝大部分靠的是截留京汉铁路的收入；再者，京汉铁路地处中经腹地，连接南北，进退均举足轻重，战略地位极其重要，对于这条交通命脉，吴佩孚视为命根子。当欺骗、利用工人等手段不能阻止已经觉悟的工人阶级的革命行动时，他就不顾一切地诉诸武力。这是他的军阀本质

[1] 《李大钊史事综录》第591页。

所决定的。从这一点出发，他对组织和领导铁路工人运动的李大钊自然改变了以往的态度；从他对工人代表说“但是不允许像北京大学那个李教授那样的共产党人来领导”工人组织看，他对李大钊至少已经十分反感，只是碍于其主要谋士白坚武的情面，尚未与李大钊公开闹翻。在这种情况下，李大钊若为工人运动问题，通过白坚武向吴佩孚疏通，已经无济于事。事实上，李大钊不仅没有这样做，而且极力领导工人向吴佩孚展开罢工斗争；对吴佩孚，他已不抱任何幻想。

对于“二七惨案”的发生，从当时的实际情况看，李大钊的思想准备是不足的。经过数次交往，以及对时局的观察和了解，他对吴佩孚的军阀本质已经有了充分认识，既不认为他是“真正好样的军阀”，也认为中国根本没有，也不会有“真正好样的军阀”[1]；但是，对吴佩孚在这么短的时期内就公然撕下“保护劳工”的假面具，充当镇压工人运动的刽子手，他没有料到。因此，当得知惨案发生以后，他的心情十分恶劣，以致改容变态，精神受到很大打击。不久，他在处置“二七惨案”的善后工作之后，由武昌乘船去了上海，到 4 月底才返回北京。

李大钊这次由武汉转抵上海，是因避免可能被捕的危险，在党内同志的力劝下这样做的。到上海后，他先是住在孙洪伊家，而孙洪伊当时与直系军阀的关系仍然比较密切，为了避免“引起人们对他与直系军阀仍保持接触的误会”，他在孙宅住了没几天就搬了出来，“以示决绝”[2]。

一年后，李大钊于 1924 年 2 月 7 日在广州工会联合会等群众团体举行的追悼列宁并纪念“二七”大会上发表演说，陈述了“二七惨案”发生时的情景：

---

[1] 李大钊《中国统一方策与孙吴两氏的意见》文中语，见《李大钊史事综录》第 613 页。

[2] 张国焘：《我的回忆》第 1 册第 283 页。

去年“二七”前几天，兄弟适因演讲事情到汉口，亲看同志为集会结社自由做很大的运动，又见如狼似虎的军人残杀工人，及在船上又知道流血的事情，今天回想起来，实在难过。军阀压迫工人何等残酷，为自由而战的劳动同志何等壮烈！现在还有许多工友们在那里流离失所，保定监狱里还有工人同志，长辛店还有许多同志家属非常可怜，这些都是我们后死者的责任！至于他们为什么要死，他们不是为自己利益而死，实为全国工人争回集会结社的自由，为争自由而死！与在军阀底下争自由都是很壮烈的。现在中国是在资本帝国主义压迫之下，试看全国的资产阶级、小资产阶级、知识阶级谁能反抗？只有无产阶级。在国民革命中当先锋的亦只有无产阶级。今日纪念会当中，有一位林祥谦同志，当时被军阀拿去，迫他开工，但他不肯，说“非有工会命令，头可断而车不可开”，军阀遂将他的头砍下。又有一位施洋律师，他为保障工人的正当利益，也被军阀杀了。施洋同志的死，在我尤为伤心，当我在汉口时，曾见他一次。这一次会面是第一次见面，也是最后一次的见面。

国民革命中，黄花岗七十二烈士与“二七”死难工友有同一的价值，京汉路流血与黄花岗七十二烈士流血同埋下第二次革命的种子，将来不久是要爆发的。“二七”被难同志虽然死了，然“二七”同志们仿佛常常在我们面前，他们的精神，还是像车轮——京汉火车的车轮不息的在工友方面转，好像指导我们后死者要不断的前进。[1]

显然，在李大钊的心目中，“二七”死难烈士牺牲的价值与黄花岗七十二烈士同样重要，同样有纪念意义。

李大钊与吴佩孚保持比较密切一些的联系，持续有近半年的时间。这

[1] 《李大钊全集》第4卷第333～334页。

▲孙中山主持的追悼列宁并纪念“二七”大会，李大钊在会上发表了演说

期间，他与吴佩孚安插在新内阁中的交通总长高恩洪、内务次长孙丹林（后任内务总长）等交往也比较密切，并曾与胡适、蔡元培、蒋梦麟试图通过做孙丹林的工作，打破吴佩孚“武力统一”的美梦，改变“联省自治”的态度。只是，对于“好人政府”，李大钊已经逐渐认识到不容乐观。最终凑成的新内阁，主要成员虽然都是当时被称为无党无派的“好人”，实际上均属于英美派，受控于吴佩孚。因此，李大钊在继续做吴佩孚及其一派势力的工作时，时常提醒党内同志，对吴佩孚不要抱不切合实际的“幻想”，还要观察，因为“吴佩孚毕竟还是吴佩孚”，他仍然是个军阀[1]。在领导工人运动时，李大钊也没有让同志们“因恐遭吴佩孚的疑忌而来束缚自己的行动”，“自始至终没有放弃准备和吴佩孚斗争”[2]。这体现了李大钊在革命斗争中的灵活性和原则性。

李大钊在“二七惨案”发生后，继续坚持领导革命活动，并在国民党“一大”召开后成为国、共两党在北方的主要负责人。在这种情况下，公开与人民为敌的吴佩孚终于在1924年5月向李大钊伸出了罪恶之手，指使由其把持的北

[1] 《李大钊传》第124页。

[2] 邓中夏《中国职工运动简史》语，转引自《李大钊史事综录》第616～617页。

洋军阀政府明令通缉李大钊，并在北京、乐亭等地搜捕李大钊。由于李大钊及时得到消息，秘密离京到昌黎五峰山韩文公祠躲避，才幸免罹难。

李大钊与吴佩孚有一段交往，是不可抹杀的历史事实。对于这段交往而引出的是非得失，应该从当时的历史背景及具体情况进行客观分析，不能苛求。李大钊是中国共产主义运动的先驱、伟大的马克思主义者。他在中国最先认识和接受马克思主义，最先引进俄国十月社会主义革命的经验，但是对于如何进行中国的无产阶级革命，也有一个认识和实践的过程。在创建中国共产党前后，他已经认识到："希望以社会运动教育全体人民，待全体人民觉悟后再谋政治运动，推翻恶政府，这永远是一不可能的幻想。"[1]因此，他认为："最后的阶级争战，在世界、在中国均已开始了。""我们的目的，在废除人类间的阶级，在灭绝人类间的僭擅。但能达到这个目的，流血的事，非所必要，然而非所能辞。要知道，牺牲永是成功的代价。"基于这种认识，即使他在到保定与吴佩孚会谈之前，就已"绝不相信军阀能实现民主政治"，也"根本上不信任北洋军阀可以改造中国"[2]。那么，他为何要到保定同吴佩孚会谈，并同吴佩孚接触和建立联系呢？这里有客观和主观各方面的原因。应当说，共产国际的决策失误是一个主导因素，但也不能排除李大钊本人思想上还有一些难以超越历史局限的认识。对吴佩孚进行政治上的"赞助"，李大钊与当时表现得分外活跃的胡适等人的出发点是不同的，但也有一致的地方。胡适等人是想在直奉战争结束后建立一个亲美英的新政权，李大钊则是希望通过做吴佩孚的工作，出现一个有利于开展革命运动的新政局。他之所以同意与胡适等人发表一个倡导建立"好政府"的《我们的政治主张》，恐怕就是基于此。可是一个很短的时期内，"时局的发展"就"显得不可乐观"，这是他所始料不及的，因此他很快"毫不迟疑的表示同意"

[1]　《李大钊史事综录》第629页。

[2]　《李大钊全集》第4卷第96～97页。

党中央起草并发表的《中国共产党对于时局的主张》，这既表现了他的坚定的党性原则，又表现了他的思想变化。

对于李大钊到保定同吴佩孚会谈的结果，应当说是得大于失。不管李大钊对于吴佩孚在组建新内阁时起了多大的作用和影响，后来出现的“好人政府”毕竟与原来的亲日政府有了一定的区别，使全国的政局开始向有利于革命形势发展的方向转化。这是并不十分重要的方面，重要的是，通过李大钊疏通吴佩孚方面的关系，使更迭后的北洋军阀政府加速同苏俄建立关系，有利于苏俄共产党政权和共产国际在中国活动，给中国的革命运动以较大的支持和影响。在这方面，应当说李大钊起到了特殊的作用。再有就是，促使吴佩孚不得不以“保护劳工”的面目出现在中国政治舞台上，为进一步推动工人运动创造了一个良好时机，使中国共产党人充分利用军阀及反动势力之间的矛盾，不失时机地抓住一切有利条件，加速了早期工人运动的开展，以致在一个不太长的时期内形成了第一次工人运动高潮，给反动的统治阶级以沉重的打击。在这一点上，李大钊立下了特殊的功劳。至于说最终爆发了震惊全国的“二七惨案”，这是“最后的阶级争战”的必然结果之一，也是为取得革命成功必然要付出的代价之一，切不可以此来苛求李大钊等当时党的主要领导人。

在李大钊与吴佩孚交往的过程中，说李大钊对曾经被誉为“革命将军”的吴佩孚不存在一点幻想，也是不客观的。对于吴佩孚，李大钊和当时不少人，不管是党内的，还是党外的，中国的还是苏俄的，甚至是共产国际的有关负责人及代表一样，都有一个认识过程。吴佩孚本人，也有一个暴露的过程。这关键在于逐渐认清吴佩孚这个貌似“革命”的人以后的态度。李大钊对吴佩孚始终保持着警惕，即便在做吴佩孚的工作显得比较顺利时，他还时常提醒党内有关同志“不要对他存有什么幻想”，不要从根本上相信“这个军阀的什么保护劳工政策”[1]。因此，党内“对于吴佩孚有很大的幻想”的倾向，“对于当时做职工运动

[1] 《李大钊传》第123页。

实际工作的同志确是不生丝毫影响”[1]；当吴佩孚颁发自己的肖像徽章时，党组织及时向“把大帅的徽章佩戴起来，引为荣耀”的工人宣传：“吴佩孚也是军阀，工人佩戴军阀的肖像，是可耻的。”使得工人不再佩戴，“有戴者必受同伴的耻笑或摔毁”[2]。也就是说，李大钊在主持实行与吴佩孚“相互利用政策之下”，也“自始至终没有放弃准备和吴佩孚斗争”。也正因如此，在吴佩孚的反革命面目暴露于光天化日之下以后，党内并没有多少人指责或抱怨李大钊，倒是李大钊严于律己，日后久久回想，“实在难过”。这表现了李大钊高尚的思想品质和崇高的革命风范。

我们在回顾这段历史时，还应当指出的是，李大钊作为一个有高度革命责任心和民族使命感的无产阶级革命家，并没有因做争取吴佩孚的工作最终失利而放弃继续做其他有革命倾向的军事将领的工作。时隔两载，在第二次直奉战争结束后，北京政局发生新的变化，他从苏联赶回北京，相继代表党做冯玉祥、胡景翼、郭松龄等将军的工作，又经历了不少曲折，终于使一些旧军人转向有利于革命形势发展的方面，为中国革命的最终胜利奠定了不少基础，以致使自己最终牺牲于反动军阀的绞刑架下。仅从这一点上，说李大钊是为了革命而不怕牺牲一切的伟大先驱，是无可訾议的。

[1]　《李大钊史事综录》第617页。

[2]　《李大钊传》第123页。

出席国民党第一次全国代表大会

1923 年 1 月 1 日，《中国国民党宣言》发表。这表明，孙中山改组国民党工作已经进入一个新的阶段。

孙中山在共产国际和中国共产党的帮助下，于 1922 年 9 月着手进行国民党改组的准备工作。9 月 4 日，他在上海召集各省在沪的国民党党员胡汉民、汪精卫、廖仲恺、张继、于右任、程潜、陈独秀等 53 人，商讨国民党改组事宜，与会者表示赞同孙中山改组国民党的主张。9 月 6 日，孙中山指定茅祖权、覃振、陈独秀、张秋白等 9 人为中国国民党章程起草委员，胡汉民为宣言起草委员，陈独秀为党务改进计划起草委员。11 月 5 日，孙中山又在上海召集各省在沪党员 59 人，审查改进案，并选定宣言起草人。12 月 16 日，再次召集会议，审查中国国民党改进宣言；最后经孙中山审定，于 1923 年元旦公开发表了《中国国民党宣言》。

《中国国民党宣言》阐明了中国近代革命的历史和社会现状，叙述了中国国民党的由来和发展，指明了今后革命的方向，规定了一系列的新政策。宣言明确提出修改不平等条约的纲领，确定人民有集会、结社、言论、出版、居住、信仰之绝对自由权，初步提出了“制定工人保护法”，“改良农村组织，增进农人生活”等扶助农工的政策。

《中国国民党宣言》的公开发表，为国民党的改组作了思想和政策上的准备，有着重要的意义。

《中国国民党宣言》发表后，孙中山召集中国国民党改进会议，通过中国国民党党纲，并推荐了中央干部人员，交由孙中山任命。李大钊安排苏联代表越飞以养病为名，于1923年1月17日抵达上海；1月18日，越飞首次会见了孙中山，之后在双方多次会谈的基础上，于1月26日发表了《孙文越飞宣言》。几乎与此同时，同年1月23日，共产国际作出《关于中国共产党与国民党关系问题的决议》。这标志着孙中山联俄政策的确立，同时也标志着国共两党合作进程的开始。一个月后，孙中山组织军队从东江和西江直攻广州，驱逐了陈炯明，由上海回到广州，任大元帅，对国民党改组的决心更加坚定。

“二七惨案”发生后，李大钊等人遭到北京政府通缉，不得不乘坐江轮到上海避居。在上海滞留期间，李大钊在这一年的4月18日出版的《向导》周报第21期上，以“T. C. L”为笔名发表了《普遍全国的国民党》。这篇文章用极其通俗的语言，讲了“中国现在很需要一个普遍全国的国民党，国民党应该有适应这种需要，努力于普遍全国的组织和宣传的觉悟”的道理。他指出：“国民党是中国今日政治的国民的花，在广东和海外的栽植者啊，要努力传播他的种子于荒凉满目的全中国！”他阐述道：“今日的国民党，应该挺身出来，找寻那些呼唤的声音，去宣传去组织，树起旗帜来让民众——反抗军阀与外国帝国主义的民众，是工人、是学生、是农民、是商人，那集合在国民党旗帜之下，结成一个向军阀与外国帝国主义作战的联合战线。”进而，他指出：“一个政治革命的党，必须看重普遍的国民的运动。要想发展普遍的国民的运动，必须有普遍的国民的组织。……国民党现在惟一要紧的工作，就在向全国国民作宣传和组织的功夫。要使国民党普遍于全中国，不要使国民党自画于广东；要使全中国为国民党所捉住，不要使国民党为广东所捉住；要使国民党成功一个全国国民的国民党，不要听他仅仅成功一个广东和海外华侨的国民党。”通篇文章都讲得实实在在，语重心长，可谓国民党最好的“宣传书”。

1923年5月17日，李大钊由上海回到北京半个多月以后，在日文《北京周报》发表《实际改造的中心势力》，明确地指出，中国“势必需要作为改造的中心的东西”，“以我个人的见解，就是首先以中国国民党作为中心，除了使它更大更有力量以外，一点其他道路都没有”。他进一步解释道：“现在的国民党还没有什么实力，然而这个团体尚有容纳我们考虑问题的包容力。而且孙文氏具有理解人们主张的理解力，加上我们对它的不适当之处的改良，从而使该党形成为更加有力的团体，那么其他督军中之有力者，就不能反抗它而不得不加入它了。只有达到这种状态，才能开始进行实际改革的事业，仅仅只凭空想的议论是作不到实际的改革的。希望大家充分地考虑这一点。”[1]

1923年6月中旬，李大钊南下广州，出席中国共产党第三次代表大会。

中国共产党第三次全国代表大会是在6月12日至20日于广州东山恤孤院后街31号举行的。出席中共三大的代表有李大钊和陈独秀、毛泽东、蔡和森、瞿秋白、张太雷、张国焘等30多人（其中有表决权的19人），代表全国420名党员。共产国际代表马林参加了会议。

这次大会的中心议题是讨论全体共产党员加入国民党，建立国共合作统一战线的问题。

陈独秀主持了大会，并代表第二届中央执行委员会作了工作报告。会议传达了共产国际关于国共合作的指示，分析了建立革命统一战线的必要性和把孙中山领导的国民党改造成为工、农、小资产阶级与民族资产阶级革命联盟的可能性。在讨论中发生了激烈的争论。李大钊在发言中指出：“一、过去和将来国民运动的领导因素都是无产阶级，而不是其他阶级。二、由于这个原因，我们不要害怕参加国民的运动，我们应站在运动的前列。三、我

[1] 《李大钊全集》第4卷第233页。

们已加入国民党，但还没有工作，没有迹象表明我们没有希望。”[1]他表示了完全赞同共产国际指示的态度。大会接受了共产国际执行委员会于1923年1月12日通过的《关于中国共产党与国民党的关系问题的决议》，通过了《关于国民运动及国民党问题的议决案》，决定采取共产党员以个人身份加入国民党的形式实现国共合作，同时保持共产党在政治上、思想上和组织上的独立性。

大会选举了新的中央领导机构，陈独秀、李大钊、毛泽东、蔡和森、王荷波、谭平山、罗章龙、朱少连、项英当选为中央执行委员会委员；李汉俊、邓中夏、邓培、徐梅坤、张连光当选为中央执行委员会候补委员。中央执行委员会的常设机构是中央局，由陈独秀、毛泽东、罗章龙、蔡和森、谭平山5人组成，陈独秀当选为中央执行委员会委员长。

根据党的三大确立的策略，李大钊在大会结束以后，应邀继续在广州与孙中山进行会谈，讨论国共两党合作和外交政策等问题。6月25日，李大钊又与陈独秀、蔡和森、谭平山、毛泽东共同署名，发出《致孙中山信》，再次表达了对孙中山加快国民党改组、实现国共两党合作的支持。

▲广州中共三大旧址

6月下旬，李大钊由广州转行上海，在上海逗留了十几日。

其时，李大钊已经辞去北京大学图书馆主任一职，专任校长室秘书半年之久。而蔡元培愤于教育总长彭允彝破坏司法独立，蹂躏人权，耻于与

[1] 《李大钊全集》第4卷第237页。

之为伍，辞去北京大学校长职务，洁身南归，于4月10日抵达上海[1]。李大钊此行，主要是因校务原因，专程看望蔡元培校长。蔡元培于7月5日在上海一品香宴请了来访的李大钊及学生代表李骏等人，两天后前往苏州，于7月10日与周峻女士在苏州留园举行婚礼。是时，李大钊赶往苏州祝贺，并与蔡元培会晤。

在沪作短暂停留期间，李大钊有两个会议参加：一个是上海总商会临时会议，一个是全国工会救国大会。为此，他在7月22日返回北京以后，在接受日文《北京周报》记者访问时，发表了《中国今后的政治运动》，对时局发表了比较全面的分析、见解。其中特意指出："去年重新改组的中国国民党，决定排除政客，集中真正愿为国民尽力的战士进行活动。"[2]

这一年的9、10月间，李大钊在出席了北京大学师生欢迎苏联外交代表加拉罕的大会之后，在北京会见了苏联政府派驻广东革命政府代表鲍罗廷，就国共合作问题交换了意见。

为了加快国民党的改组工作，孙中山于这一年的10月19日致电上海事务所："已委廖仲恺、汪精卫、张继、戴季陶、李大钊为国民党改组委员。请孙伯兰密电北京李大钊即来沪会商。"[3] 10月24日，孙中山以国民党总理的名义，特派中国国民党临时执行委员9名和候补委员5名，李大钊被孙中山特派为候补委员。

10月25日，《北京大学日刊》第2版刊登注册部布告："李大钊先生因

---

[1] 1922年11月间，军阀政府任命政客彭允彝为教育总长，引起北京各校学生和教职员的强烈不满，于是发起"驱彭斗争"。第二年春天，蔡元培因不满彭允彝安置私党、克扣教育经费等卑劣行径及受军阀政府压迫，愤而辞职。北大全体教职员立即开会决定，由20人组成教职员临时委员会，主持校务，领导大家向军阀政府作斗争，李大钊就是临时委员会成员之一，并在这个委员会中起了重要作用。

[2] 《李大钊全集》第4卷第241页。

[3] 见中国社科院近代史所编：《孙中山全集》第8卷，中华书局1981年版，第310页。

事假两星期，所授功课假满时补授。”是时，李大钊已经于 10 月 20 日或 21 日启程赴国民党驻上海事务所会商国民党改组事宜去了。只是，他没有想到的是，一再续假，回到北京已经是 12 月中旬了。

11 月 12 日，孙中山在广州发表《中国国民党改组宣言》，并公布了《中国国民党党纲草案》。

11 月 24 日至 25 日，李大钊出席了在上海召开的中共中央第三届第一次会议。鉴于中国国民党已经发表了《中国国民党改组宣言》，中共中央决定全力促进革命统一战线的形成，与此同时，制定了统一战线要遵循的一些基本原则。在此次会议上，李大钊被确定为中国共产党的首席代表，准备出席在苏联首都莫斯科召开的共产国际第五次代表大会。

12 月 9 日，廖仲恺奉孙中山之命，在上海主持召开第十次国民党干部会议，讨论有关改组问题。会上，廖仲恺报告国民党改组的意义与措施，成立了上海临时执行委员会。李大钊出席了这次会议。

12 月下旬，李大钊回到北京以后，在天津停留了一个星期。他此行津门，一是应邀参加直隶法政专门学校十八周年校庆活动；二是借机与出席国民党第一次全国代表大会的天津共产党员于方舟、韩麟符、江浩等交换情况、商量问题，指导筹建中共天津地方党组织。

1924 年 1 月 6 日的《京报》刊发了这样一则短讯：“国民党北京支部之民治社，与某社近因接广州孙文来密电，请派代表六人赴广州接洽党务。特于昨日（四日）在某大学第三院大礼堂开全体党员大会，到会者约千余人，主席为某大学教授李某。”“李某”便是李大钊。“赴广州接洽党务”即参加即将开幕的国民党第一次全国代表大会。当时“选定谭仲逵、李大钊、许宝驹、谭克敏等六人为代表，赴广州出席国民党党务大会”。[1]

[1] 据国民党一大代表名单，李大钊、谭熙鸿、延瑞祺三人是孙中山指派的北京特别区代表，选举产生的代表是许宝驹、谭克敏、石瑛。

1924年1月5日，李大钊与在京的中共国民党第一次全国代表大会代表乘特别快车南下，取道上海，赴广州出席大会。

据张国焘《我的回忆》记述，李大钊在张国焘的陪同下，“停留在上海的时候，中共中央曾邀请我们两人参加中央会议，讨论我们去广州所应采取的态度。当时中共中央正为国共合作在各地的发展表示乐观。李大钊先生在会议上报告国民党组织在北方发展的经过；声言北京中共同志间已无歧见存在”。“陈独秀先生十分欣慰，提议由我们俩人会同已在广州的谭平山、瞿秋白等组织一个指导小组，以指挥出席国民党大会的中共党员。”“结果，这个指导小组的责任，就完全落在李大钊先生手上。”

李大钊等人于1月10日乘坐轮船抵达广州。1月11日，孙中山为李大钊等接风洗尘，并以亲自拟订的建国大纲相示，征求意见。

深得孙中山信任的鲍罗廷，负责国民党一大宣言的起草工作。直至这一年的1月10日，鲍罗廷与李大钊等人才一起到达广州。孙中山看过一大宣言以后，要求负责宣言起草的人员抓紧讨论此草稿。“会议在东山鲍罗廷的寓所举行，每次开会，鲍罗廷坐在客厅一端的中央，前面摆一张条桌，瞿秋白坐在桌子的一侧担任翻译。客厅的另一端，靠墙陈设着一套沙发；中间的一大块空地，摆了二十几张凳子。会议开了三天，参加的人除鲍罗廷、瞿秋白外，记得还有于树德、韩麟符、毛泽东、于方舟、夏曦、谭平山、李大钊、廖仲恺、戴季陶、傅汝霖、林伯渠、汪精卫、王法勤、谭鸿熙（常坐沙发上）等人。鲍罗廷就重点作了一些说明。然后由大家发言，记得发言较多的有守常老师、汪精卫、王法勤、毛泽东等人。”[1] 到17日宣言才修改定稿，由瞿秋白译成中文，进行讨论，经孙中山审定，再提请大会讨论决定。原定于1924年1月15日召开的一大，后来改在20日召开，其主要原因就是因为宣言的起草和讨论审定，用去了好几天的时间。

---

[1] 戴朝震：《采访国民党“一大”见闻》，《团结报》1984年1月28日。

1月15日，鲍罗廷召集已到广州的中共负责人报告了宣言的修改经过，并对一些问题作了说明。在这次共产党党团会议上，鲍罗廷作了关于国民党一大宣言的说明，指出在四个方面达成了共识：一是突出反对帝国主义，与世界上“其他被压迫国家的革命运动和世界革命运动共同前进”；二是权力只给“那些坚持革命政权观点的人，对于革命政权的所有敌人，对于帝国主义的所有走卒，不存在民权主义”；三是宣言中不用“群众利益、人民利益”这样笼统的提法，明确提出是指的“工人利益”“农民利益”；四是在“民生主义”上力求“在国民革命以后实现国家社会主义”。在讨论的意见中也出现了四点小分歧，主要是：民族自决权问题、土地改革问题、“民权主义”一语是否应该写入宪法问题、是否应写入“中国工人以其勤劳著称于世”这句话。鲍罗廷认为：“不可能争取到我们希望得到的东西，而只能争取到我们能够得到的东西。”

在1月18日的讨论中，毛泽东、谭平山、沈定一和李大钊都发表了意见。李大钊提出了自己的见解：“关于四点分歧意见，有可能后两点被采纳，而对前两点仍应保留自己的意见。”“关于民族问题，行动纲领上说，在中国内部所有民族都拥护自决权。”“所以我认为，对第一点的修改可以不必过于坚持。”“按照三民主义进行的土地改革是孙中山的骄傲，他认为是他的发明。”“我们现在公开反对土地所有者合适吗？”“我们可坚持让农民得到土地，而不指出其来源。”

李大钊在这些问题上的意见是富有策略性的。同时，李大钊批评了党内存在着的一种冷漠态度：“我发现，从北京到广州，存在这样一种气氛：我们共产党人加入国民党，却不打算支持它，而只想利用它。所以有你们所说的那个行动纲领就足够了，可以不去争取更多的东西。”[1] 这充分说明在建立国共合作统一战线问题上，李大钊始终不渝地坚持无产阶级的领导权。

[1] 《李大钊全集》第4卷第326页。

1月18日，孙中山亲自召开临时中央执行委员会及大本营的联席会议，最后一次讨论宣言草稿。鲍罗廷在会上作了详尽的声明，关于四点小分歧，除土地储备一条外，均被孙中山所采纳。正因宣言的定稿时间已经是1月18日，遂决定在1月19日开大会预备会，1月20日召开大会。

中国国民党出席第一次全国代表大会的代表分别由各省选出的代表和孙中山指派的代表所组成，共计197名。

▲国民党一大会场

在大会组织五人主席团时，名单是总理孙中山指派，然后表决通过的，胡汉民、汪精卫、林森、谢持、李大钊为主席团成员。接着，大会依次于1月20、21、22、23日成立并通过了宣言审查委员会、组织章程审查委员会、宣传问题审查委员会、预算委员会的组成成员名单，李大钊被选举通过为上述各委员会的委员，成为在国民党一大担任职务最多的人。

孙中山在国民党一大会上，作了《中国现状及国民党改组问题》的演讲，明确提出了联俄、联共、扶助农工三大政策，认为只有实施此三大政策，才能反对帝国主义对中国的干涉，才能取得中国革命的成功。由是，三民主义有了新的内容，民族主义有了反对帝国主义的内容，民权主义主张国民群众一律平等的民权，民生主义则直接提出了农民的土地问题和节制私人资本的原则。

在1月28日的大会上，当方瑞麟提出在党章中应增加“本党党员不得加入他党”的条文后，李大钊登台发言：“本人原为第三国际共产党员，此次偕同志加入本党，是为服从本党主义，遵守本党章程，参加国民革命事业，绝对不是想把国民党化为共产党，乃是以个人的第三国际共产党员资格加入国民革命事业，并望诸前辈同志，指导一切。”[1]

在第二天发言的《昨日国民党大会情形》上，李大钊说：“共产党员现热诚加入中国国民党，恪守党义、党纲，互相策励。进行国民革命，于入党时，声明为共产党，因服膺过民党主义，故志愿加入国民党，得孙总理之许可。”[2]

李大钊28日当天发言后，在会上散发了《北京代表李大钊意见书》，进一步详细阐明了共产党员加入国民党的理由及原委，并阐述了共产党在国民党中的工作及态度：

> 我们环顾国中有历史、有主义、有领袖的革命党，只有国民党，只有国民党可以造成一个伟大而普遍的国民革命党，能负解放民族、恢复民权、奠安民生的重任，所以毅然投入本党来。我们觉得刚是革命派的联合战线，力量还是不够用，所以要投入本党中，简直编成一个队伍，在本党总理指挥之下，在本党整齐纪律之下，以同一的步骤为国民革命的奋斗。我等之加入本党，是为有所贡献于本党，以贡献于国民革命的事业而来的，断乎不是为取巧讨便宜，借国民党的名义作共产党的运动而来的。因为在今日经济落后，沦为帝国主义下半殖民地的中国，只有国民革命是我民族唯一的生路，所以国民革命的事业便是我们的事业。本党主张的胜利即是我们的胜利。我们以此理由，不但自己愿来加入本党，并愿全国国民一齐加入本党。这种发展本党的责任是要先进诸同志与我们共同担负的。
>
> ……所以我们来参加本党而兼跨固有的党籍，是光明正大的行为，不是阴谋鬼祟的举动。不过我们既经参加了本党，我们留在本党一日，即当执行本党

[1] 据《中国国民党第一次全国代表大会会议录第12号》。

[2] 《李大钊全集》第4卷第328页。

的政纲,遵守本党的章程及纪律。倘有不遵本党政纲,不守本党纪律者,理宜受本党的惩戒。我们所希望于先辈诸同志者,本党既许我们以参加,即不必对于我们发生猜疑而在在加以防制。倘认我们参加本党为不合,则尽可详细磋商,苟有利于本党,则我们之为发展本党而来者,亦不难为发展本党而去。惟有猜疑防制实为本党发展前途的障害,断断乎不可不于本党改造之日明揭而扫除之。自今以往,我们与先辈诸同志共事之日正长,我们在本党中的行为与态度,当能征验我们是否尽忠于国民革命的事业,即以尽忠于本党。愿我先辈诸同志提携而教导之。[1]

在国民党全国第一次代表大会中，23 位共产党人作为代表出席大会。 李大钊的这一意见，不仅是章程审查委员的发言，而且是以中国共产党负责人的身份所作的发言，从而使国民党右派排斥异己、反对国共合作的阴谋未能得逞，使正在发展着的国民革命统一战线得到了维护和加强。

1 月 29 日，李大钊任大会主席团轮值主席，主持了会议的进行。

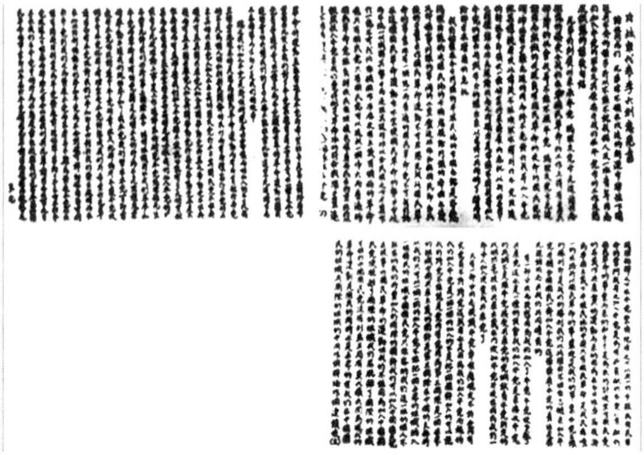

▲北京代表李大钊意见书

[1] 《李大钊全集》第 4 卷第 229 ~ 332 页。

在历时十天的大会中，李大钊十分注意对左派的联合，对右派的斗争和争取，为了中国的国民革命事业，有理有据地进行说理，以理服人，以大局为重。这使得许多代表深受感动。据大会代表黄季陆的记述，李大钊发言时，感情真挚，词语动人，“全场似已全为李大钊的话所动”。[1] 何香凝回忆起这段经历时说：“李大钊先生和我都是代表，他的和蔼与诚恳的态度，以及他的透彻而伟大的言论，一见便使人折服，他对孙中山先生的改组国民党与联苏、联共、扶助农工三大政策，发表了极伟大的理论。”“他的一切总被我们大家忆念着。”[2]

在整个大会进行中，孙中山对李大钊极为倚重。现在保存下来的纪录电影和历史照片中，还可以看到他们肩并肩地阔步走出会场的生动场面。经过李大钊等共产党人的帮助，孙中山与廖仲恺等国民党左派积极努力，使这次大会通过了由共产党人参加起草的《中国国民党第一次全国代表大会宣言》，确立了孙中山的联俄、联共、扶助农工的三大政策，对三民主义做了新的解释，实现了国共合作。

▲李大钊和孙中山步出国民党一大会场

在1月30日的闭幕大会上，选举产生了中国国民党中央执行委员会。中国国民党中央执行委员会由24人组成，当选的共产党员有李大钊和谭平山、于树德；候补执行委员17人，当选的共产党员有林祖涵（伯渠）、毛泽东、于方舟、

[1] 参见司马璐：《中共党史暨文献选粹》第三部第59页。

[2] 何香凝：《众志成城不可摧》，《回忆李大钊》第140页。

瞿秋白、韩麟符、张国焘、沈定一。

1 月 31 日，国民党中央执行委员会召开第一次全体会议，建立地方执行部。北京执行部由李大钊任组织部部长，李大钊成为中国国民党北方主要领导人之一。大约于 2 月下旬，李大钊回到了北京。

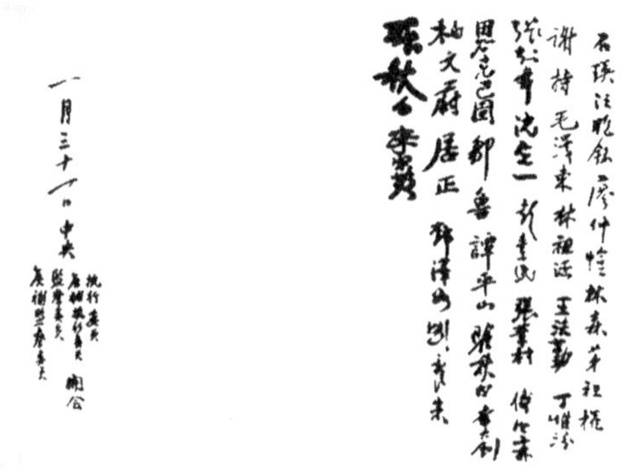
▲国民党第一届中央执行委员会开会时的签名簿

4 月 20 日，中国国民党北京执行部在织染局 29 号设立办事处。北京执行部下设秘书处和组织、宣传、青年、工人、农民、调查、妇女等七个部，负责领导直隶、山东、河南、热河、察哈尔、奉天、吉林、黑龙江、绥远、内蒙古、山西、甘肃、新疆及北京、哈尔滨 15 个省市的党务工作。李大钊与国民党中央执行委员王法勤、丁惟汾、于树德、石瑛等人一起共同担负起领导国民党北方组织的工作。

在李大钊等人的领导下，以共产党员为骨干，在北方很快建立了一批国民党省市党部，国民党员迅速发展到 14000 多人，其中仅北京一地就有 2600 多人。由于共产党员和青年团员的加入，国民党党内呈现出一片新气象。

一个“老于旅途的人”的感怀

1923年12月20日出版的《新民国》第1卷第2号，刊登了李大钊的一篇短文，题为《艰难的国运与雄健的国民》。

显然，这是应《新民国》编辑部编辑之约而写的短文，全文不足500字，但文笔极美，颇似一则韵味浓郁的散文诗。

> 历史的道路，不全是坦平的，有时走到艰难险阻的境界，这是全靠雄健的精神才能够冲过去的。
>
> 一条浩浩荡荡的长江大河，有时流到很宽阔的境界，平原无际，一泻万里。有时流到很逼狭的境界，两岸丛山叠岭，绝壁断崖，江河流于其间，曲折回环，极其险峻。民族生命的进程，其经历亦复如是。
>
> 人类在历史上的生活，正如旅行一样。旅途上的征人所经过的地方，有时是坦荡平原，有时是崎岖险路。老于旅途的人，走到平坦的地方，固是高高兴兴的向前走，走到崎岖的境界，愈是奇趣横生，觉得在此奇绝壮绝的境界，愈能感得一种冒险的美趣。
>
> 中华民族现在所逢的史路，是一段崎岖险阻的道路。在这一段道路上，实在亦有一种奇绝壮绝的景致，使我们经过这段道路的人，感得一种壮美的趣

味。但这种壮美的趣味，是非有雄健的精神，不能够感觉到的。

我们的扬子江、黄河，可以代表我们的民族精神，扬子江及黄河遇见沙漠、遇见山峡都是浩浩荡荡的往前流过去，以成其浊流滚滚、一泻万里的魄势。目前艰难境界，那能阻抑我们民族生命的前进？我们应该拿出雄健的精神，高唱着进行的曲调，在这悲壮歌声中，走过这崎岖险阻的道路。要知在艰难的国运中建造国家，亦是人生最有趣味的事……[1]

文章起笔就切题，表现了李大钊简洁、明快的文风。接着李大钊用江河时宽时窄、时缓时急、时坦时险的行程，来比喻民族的经历，既形象逼真，又真切自然。然后，他笔锋一转，抒发了一个“老于旅途的人”的宽荡感怀，字里行间饱含的是个人深厚的感受。但这并非是在单纯地抒发情怀，而是在运用生活中的这种情趣讲述如何走过险象环生的革命征程。在文章的结尾处，他对革命者应当具有的“雄健的精神”作了诠释，对革命者所携有的革命风采进行了礼赞。

这篇文章言简意赅，浅显明率，既是一篇诗意奔放的散文，又是一篇高昂激扬的短论。这篇文章抒发的是革命者的情操胸襟，表达的是富有强烈革命色彩的哲学。把革命事业看成是“人生最有趣味的事”，是“感得一种壮美的趣味”的征程，这表现了一个彻底的革命者无比高贵的审美情趣和战斗精神；把处在“艰难境界”的革命斗争生活，当作“冒险的美趣”来品味，来享受，这也标志着一个无所畏惧的革命者的审美观，已经达到非常成熟、纯真的地步。他一再强调的“雄健的精神”，是一种从现实生活场景中感受出来的审美能力的生动体现，是一种无产阶级革命时代社会生活中崇高的精神的鲜明显现，它能把人们的思想境界和精神面貌推向崇高，它显现的犹如长江、黄河的一往无前的魄势，无疑是革命事业最宝贵的精神财富，是美的力量的浓缩和化身。这种精神，在革命暂时遭受挫折、面临重重困难的紧急关

[1] 《李大钊全集》第4卷第312～313页。

头，尤为可贵，具有极高的价值和能动作用。

李大钊在中国革命事业处于重大转折之际，写出这些充溢着战斗激情和哲理的话语，并不是偶然的。纵观他的一生，完全可以看出，他本身就是一个以“感得一种冒险的美趣”为乐事的“老于旅途的人”。这篇文章，是他饱蘸着生命的人生体验写出来的。这一年，是他到南方长途跋涉最为频繁的一年。是年寒假，他应邀从北京到武汉讲学，恰赶上“二七惨案”发生，他怀着悲愤的心情顺“浩浩荡荡的长江大河”——扬子江转抵上海，滞留至春深时节方返回北京；一个月后，他再度南下，赴广州出席中国共产党第三次全国代表大会，并与孙中山再度会谈国共合作的有关问题；6 月下旬，他由广州抵达上海，参加蔡元培在苏州留园举行的婚礼，直至 7 月中旬返回。深秋时节，他又应孙中山密约，不辞旅途辛苦，到上海协助廖仲恺改组国民党，筹备国民党第一次全国代表大会，并为参加中共三大一次会议和国民党第十次中央干部会议，直至 12 月中旬才得以回到北京。这篇文章，就是在复至上海旅行期间写成的。文中借自己多年来的独特感受，抒情言志，表达了革命必定成功的坚定信念和革命者应有的“雄健的精神”。确实，这一年是他行旅匆匆的一年，也是革命事业接受严峻考验的一年。“二七惨案”发生以后，中国蓬勃兴起的工人运动落入了低潮，革命阵营内的悲观情绪笼罩了不少人的心境。

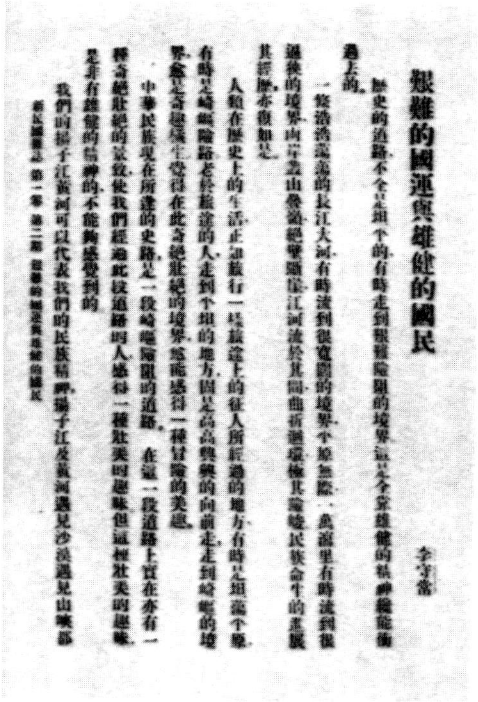
艱難的國運與雄健的國民

李守常

歷史的道路，不全是坦平的，有時走到艱難險阻的境界，這是全靠雄健的精神纔能衝過去的。

一條浩浩蕩蕩的長江大河，有時流到很寬闊的境界，平原無際，一瀉萬里。有時流到很逼狹的境界，兩岸叢山疊嶺，絕壁斷崖，江河流於其間，回環曲折，極其險峻。民族生命的進展，其經歷亦復如是。

人類在歷史上的生活正如旅行一樣，旅途上的征人所經過的地方，有時是坦蕩平原，有時是崎嶇險路。老於旅途的人，走到平坦的地方，固是高高興興的向前走，走到崎嶇的境界，愈是奇絕壯絕的境界，愈能感得一種冒險的美趣。

中華民族現在所逢的史路，是一段崎嶇險阻的道路。在這一段道路上，實在亦有一種奇絕壯絕的景致，使我們經過此段道路的人，感得一種壯美的趣味。但這種壯美的趣味，是非有雄健的精神的，不能夠感覺到的。

我們的揚子江、黃河，可以代表我們的民族精神，揚子江及黃河遇見沙漠，遇見山峽，都

新民國雜誌 第一卷 第二期 艱難的國運與雄健的國民

▲ 李大钊在《新民国》第 1 卷第 2 号发表的《艰难的国运与雄健的国民》

在这种形势下，李大钊作为党的事业的主要开创者和领导者，心情是异常沉重的，但他没有失望，也没有悲观，反而更加努力地去工作，去战斗，为挽回工人运动的颓势，为开创国共合作的新的斗争局面，几乎在外面奔波了一年。 当这些工作取得了预期成果时，他领略了多次旅行获得的“冒险的美趣”，心情不能不激动万分。 为了激励自己和同志们的斗志，他在即将结束这一年的斗争生活时，情不自禁地在黄浦江畔写出了这篇洋溢着革命乐观主义的散文。 当然，这不是一篇普普通通的文学作品，也不是一则毫不引人注目的短论，而是一曲革命战斗的颂歌，是一支鼓舞革命者战胜艰难困苦、焕发革命精神、迎接新的胜利的号角。 这篇文章发表于1923年的岁尾，是很有现实意义的，当时正值国民党第一次全国代表大会召开前夕，国共合作的成功预示着一个全民的革命新高潮即将到来，但摆在前面的“史路”，既有“奇绝壮绝的景致”，又有“一段崎岖险阻的道路”，急需的是“拿出雄健的精神，高唱着进行的曲调，在这悲壮歌声中，走过这崎岖险阻的道路”的斗争勇气和战斗豪情，从这一点上说，《艰难的国运与雄健的国民》是李大钊奉献给新的革命高潮的独特礼物——雄壮优美的壮行曲。

值得指出的是，李大钊在写出这篇文章之前，为追求真理，为实现再造中华的宏愿，几乎成了一个旅行家。 在此之后，他也没有停止自己行进的步伐。 他这次刚由上海返回北京，即去天津参加母校的校庆活动，在留下美好回忆的那座校园送走了一年风尘仆仆的旅程。 新的一年开始，他又踏上了长途跋涉的旅程，经上海由海路赴广州出席国民党一大。 此番由南方回来，他再也没有南下，却在到昌黎五峰山避开北洋军阀政府的缉捕之后，取道东北赴莫斯科出席共产国际第五次代表大会，在他久久向往的苏联停留近半年，并到过列宁格勒（今圣彼得堡）等苏联的主要城市，这更是一次长途的旅行。1924年隆冬时节，他从苏联归来，继续战斗在北京。 第二年，为做争取国民军的工作，他两赴开封，数往张家口，从而送走了1925年。 1926年“三一八惨案”发生以后，北京的政治局势恶化，不少同志劝他南下避开险境，他却停住了自己惯于旅行的脚步，在极其险恶的斗争环境中，坚持领导共产党和国民党在北方的组织进行艰苦卓绝的斗争，直至被捕、牺牲，走完自己的人生旅程。李大钊在数十年间，东渡日本，北行苏联，八到上海，两赴广州，并到南京、洛阳、开封两度落脚，涉足郑州、武汉、杭州、保定、张家口等地，尽情地领略了革命的“奇绝壮绝的境界”；在牺牲的前一年多，他几乎足不离京，也是为了在“崎岖的境界”，为革命“感得一种冒险的美趣”。他不愧为革命的“征人”，不愧是长江、黄河哺育的中华民族优秀的子孙，不愧为“壮美的趣味”感到最多最全的美的使者。

第十三章

十月革命故乡行

赴莫斯科出席共产国际五大

1924年2月底，李大钊在广州参加国民党第一次全国代表大会后回到北京，担负起领导国共两党北方组织的重任。

北方国共两党组织活动的活跃，引起了军阀吴佩孚把持下的北洋军阀政府的惶恐，在5月20日前后，北洋政府突然下令要逮捕李大钊等同志。在这种情况下，李大钊通知有关同志后，化装成生意人模样，由长子李葆华陪伴，搭京奉夜车连夜离开北京，于次日凌晨到达昌黎，并旋即径直进山住在了五峰山韩文公祠。

就在李大钊父子俩离京的那天晚上，警察总监王怀庆派便衣到李大钊在北京的住宅——铜幌子胡同甲3号进行了搜捕。第二天，李大钊在京家属乘火车回到了乐亭老家。接着，警察又由北京追到乐亭大黑坨。军警们去大黑坨必由昌黎下火车，回程又由昌黎上火车，但他们根本没有想到，李大钊就隐匿在昌黎城北12里的一座深山古祠里。五峰山，在军阀政府通缉李大钊的关键时刻，为掩蔽这位伟大的革命先驱立了大功。

李大钊这次到五峰山韩文公祠，住了20来天。是时，正值春末夏初，山中的景色异常宜人。他庆幸自己及时脱离了险境，也很想在多年钟爱的名山胜境好好歇息一下。但是，面对日益险峻的斗争形势，他又怎能安然小憩呢？住下来以后，他把时间抓得比在北京还紧，每天不是拼命地看书，就是奋笔疾书。

6月上旬，中共中央发出紧急通知，委派李大钊任中国共产党的首席代表，率领代表团赴苏联首都莫斯科出席共产国际第五次代表大会。一天黄昏时分，于树德见代表团的行程相当紧迫，便急忙由北京赶到李大钊的老家寻找他的下落。当时，于树德不知道李大钊避难地点，在李大钊的妻侄赵希增(曾在昌黎新中罐头公司当工人)的带领下，才找到五峰山韩文公祠，与李大钊见了面。

据《回忆我的父亲李大钊》，于树德在送到通知的当晚即下山返京。于树德在给李大钊送来紧急通知的同时，还带来了夫人赵纫兰写的一封家书。在信中，赵纫兰与李大钊商量，她打算给白坚武写一封信，想请白坚武设法把通缉令撤销，以免她和一家人再担惊受怕。

是日晚上，李大钊夜不能寐。社会主义的苏联是他久久盼望去的地方。1923年11月24日在上海召开的中国共产党第三届第一次中央执行委员会会议上，确定了他到苏联出席共产国际第五次代表大会，之后他一直在等待这个通知。如今通知已下，他异常兴奋。而赵纫兰在信中所谈的事，又使他的心情分外沉重。白坚武是他在天津北洋法政专门学校读书时的同窗密友，两人多年间交往密切。但“二七惨案”发生以后，他已毅然与白坚武割断了一切交情。白坚武已经出任吴佩孚的总参议，他若肯出面斡旋，通缉令的撤销并非没有可能。但是，他并不想，也不愿这样做。

在告别五峰山的这个夜晚，李大钊给赵纫兰复了一封信。在信中，他说写信给白坚武大可不必，理由是：过去同窗的时候，虽是好友，但在去年，我们就绝交了；他在直系军阀幕下摇翎打扇，而我却站在革命的一边，就是亲胞兄胞弟，站在敌对战线上也是常有的，何况我与白坚武?

在信中，李大钊还回顾了他去南方期间，反动当局对家里进行的一系列迫害活动。他说，这种无耻的迫害是吓不住他的。他把统治者形象地比作一只纸老虎，说纸老虎的寿命是不会长的，它是禁不住冲天的革命烈火燃烧的，那张不起任何作用的通缉令更没有什么可怕。

李大钊还提到这次到五峰山上以后，为前不久因患急病而夭折的小女儿钟华写的一首长诗[1]，他充满深情地对自己的妻子说：

> 现在,我的工作很忙,今后再没有空闲的时间照顾家庭了。你应当坚强起来,千万不要为我的生活颠沛流离所焦急,应当振作起精神抚养和教育子女。我这次出国说不定什么时候回来。钟华的死,确使我很伤心,但从此以后,我再也没有闲心想念她了。我已经替她写了一首长诗,作为对她最后的悼念吧!

在信的结尾部分，他满怀胜利信心地说：

> 目前统治者的这种猖狂行为,只不过是一时的恐怖罢了。不出十年,红旗将会飘满北京城。看那时的天下,竟是谁人的天下!

第二天清晨，李大钊告别了昌黎五峰山，也告别了看守韩文公祠的刘克顺夫妇。他把夜里写的信和一些零星衣物交给了李葆华和赵希增，叮嘱他俩晚一些时候下山。他把来时背的小包袱精减了又精减，却增加了一套李葆华带来阅读的《镜花缘》，他准备在旅途中看看这部书。

李大钊走的时候还和来时一样的打扮，背着一个轻便的小包，像是个行庄商人。当天，他就离开昌黎，回到了北京。

---

[1] 对于李大钊这段日子的生活状况，长女星华回忆说："父亲这次从南方回来，由于是在国共合作的新形势下，工作比以前更加忙碌，他把全副精力都投到革命工作中去了。就在这个时候有很多青年男女常到我们家里来找父亲。父亲和那些青年们，经常聚在南屋书房里开会。我们不知道他们在讨论什么，只看到他们都要到深夜一两点钟的时候才散去。""父亲离开家的时候，小钟华还站不稳，正是牙牙学语的时候，现在她已经会走路，会叫爸爸了，非常逗人喜爱。""正是父亲忙得废寝忘食的时候，可爱的小钟华忽然病倒了。""在他工作的时候，家里就是有天大的事情也不能把他找回去的。""这天的会，又是开到深夜一两点钟。孩子呼吸短促，眼也不睁，头也不抬。父亲才着急起来。""深夜里，医生来了。医生最后宣告：病已经治迟了。第二天中午，小钟华终于停止了呼吸，和我们永别了。""父亲很悲痛。埋葬了小钟华以后，父亲又投入了紧张的战斗生活。"另据李葆华回忆："小妹钟华在父亲从广州开完国民党'一大'回来后病死了，得的是白喉。医生没看出来，以为是肺炎，结果耽误了，死时才一岁多。"

共产国际第五次代表大会定于1924年6月17日开幕，但中共中央接到会议通知，并由上海转告到北京时，已是6月上旬了。这时，李大钊未在北京，而是正在家乡一带避难。于树德在赵希增的带领下，赶到五峰山韩文公祠找到他时，已是他到达大黑坨的第二天的傍晚时分了。李大钊回到北京时，约为是年的6月8日或9日。大体可确定这一日期的是李大钊在由昌黎回到北京与其他赴会代表会合时，在行色匆匆间写的一篇题为《新闻的侵略》的文章，在这篇短文结尾处，明确记有“6月11日北京”字样。那时，由昌黎乘火车到北京得用近一个白日或一个夜晚的时间，李大钊在10日或10日之前到达北京的话，才有在11日赶写出《新闻的侵略》的可能。11日，极可能是他与其他代表一起离京的前一天，或当日。

为筹措代表团赴苏联开会的经费，李大钊由北京乘火车前往苏联的第一站——哈尔滨的旅途，曾到昌黎新中罐头食品有限公司的杨扶青处停留。杨扶青慷慨解囊，资助李大钊和代表团500元银币，请李大钊到哈尔滨后去新中罐头食品有限公司驻哈尔滨分庄去取[1]。李大钊等人在哈尔滨停留了两三

[1] 李大钊去苏联参加共产国际第五次代表大会，得到了他的同乡好友杨扶青的掩护和资助。杨扶青是乐亭县杨岗子村人，由天津水产专科学校毕业后到日本东京水产所留学多年，1919年回国后在昌黎县城集股开办了新中罐头食品有限公司。他与李大钊是在日本熟识并结为好友的。他热衷“实业救国”，也很同情和支持李大钊所从事的革命斗争。据有关人回忆，李大钊路经昌黎时，不止一次到过新中罐头食品有限公司，杨扶青曾经掩护过李大钊，并以经费帮助过党。据乐亭人王芳田生前回忆，李大钊从北京出发来哈尔滨时，曾转道昌黎，住在杨扶青开办的新中罐头食品有限公司，杨扶青得知李大钊赴苏经费不足，当即决定资助500元银币，由李大钊凭杨扶青的字据，到新中罐头食品股份有限公司驻哈尔滨分庄直接提取。总之，李大钊等人是在杨扶青的昌黎新中罐头食品有限公司资助下，去苏联开会的。另据李星华生前回忆(杨扶青亲属提供)，那一次刚有风声，杨扶青就掩护她父亲从新中罐头食品有限公司走了。因就在那一年的6月11日，北洋军阀政府内务部发出“海捕文书”，密令严速拘拿李大钊等人。乐亭、昌黎一带，风声自然紧张。就在这时，李大钊突然在昌黎城里露面，很可能引起军警的警觉。而杨扶青在昌黎地面交游甚广，为掩护李大钊脱险定会竭尽全力。

天时间，取来钱后，与苏共在哈尔滨的有关机构联系妥当出国的路径，遂又乘火车转赴满洲里寻找秘密接头人，由满洲里坐骡车偷越国境线，到达苏联境内。之后，他们改乘穿越亚欧大陆连接地带的长途旅客列车赶往莫斯科。他们一行人又走了七个昼夜，才到达莫斯科。从离开五峰山，到抵达莫斯科，前后约有半个月时间，当他们出现在莫斯科的共产国际五大会场时，已经是6月下旬了，错过了共产国际第五次代表大会的开幕仪式，以及会议的开始阶段。好在会议得到7月8日闭幕，总算赶上了会议的举行。

李大钊在创建中国共产党前后，曾与共产国际代表和从苏俄来到中国工作的共产党人建立了密切联系。到苏维埃社会主义共和国联盟参观、访问，是李大钊埋在心底多年的心愿。实行社会主义制度的苏联，是李大钊心仪已久之地。一进入苏联国境，他就对掠入视野的景物有了异乎寻常的感觉。在到达莫斯科3个月后写的“赤都通讯”《苏俄民众对于中国革命的同情》中，他用异常优美的笔调追述了自己到苏联的行程：“自满洲里以迄莫斯科，森林矗立，高接云霄，火车行于长林丰树间，入眼均有郁苍伟大之感。景致之最佳处，为贝加尔湖畔山巅的白雪，平野的青松，与湖里的碧波相与掩映，间有红黄的野花点缀于青青无垠的草原，把春、夏、秋、冬四季的景物都平列于一时一处，真令悬想西伯利亚为黄沙白草终岁恒寒之域者，不能不讶为绝景也。”[1] 他还写道：“自满洲里来莫斯科，约经七昼夜可达。在此漫漫长途中，只有手一卷以为消遣，偶或探窗以观此幽深伟大绵延万里的长林，故不觉旅中的倦苦。”[2]

当时，出席共产国际第五次代表大会的有“全世界五十余个民族的共产党代表”[3]。中国共产党出席这次代表大会的代表，与李大钊同行的有王荷波、刘清扬（用名“刘齐佳”）、彭述之、卜士畸（化名普罗利塔里耶夫）等四人；

[1] 《李大钊全集》第4卷第497页。

[2] 《李大钊全集》第4卷第498页。

[3] 《李大钊全集》第4卷第498页。

据罗章龙回忆，他后来也去了（用名“罗文虎”），此外还有正在莫斯科东方大学学习的赵世炎等。据有关史料记载，正式代表为李大钊、王荷波、刘清扬、彭述之，其中李大钊与王荷波享有表决权，刘清扬和彭述之享有发言权。当时，陈独秀虽未与会，也被列入了正式代表的名单，且为有表决权的代表（一说罗章龙也为有表决权的正式代表）。李大钊大约是在启程去苏联的路上，给自己起了一个化名，叫“李琴华”，故在出席共产国际五大的中国代表团的名单上，登记的是“琴华”的俄文译名（一说汉字应回译为“秦华”）。

李大钊与王荷波、刘清扬等人到达莫斯科后，受到了来自全世界50多个国家和地区的兄弟共产党代表，特别是苏联共产党人的热烈欢迎。不少人对中国革命形势的发展与变化非常关心，用李大钊在《苏俄民众对于中国革命的同情》一文中的记述是，这些同志“询及中山先生的健康如何，广东革命政府的近情如何，颇有一种诚敬的钦感及浓厚的同情自然的流露出来”[1]。到莫斯科后，李大钊获悉，当英国路透社电告孙中山逝世的谣言时，莫斯科以《真理报》为首的各大报纸，均发表社论哀悼，并发表了孙中山先生的大幅肖像，他深受感动。苏共中央的机关报《真理报》编辑部的“俄人卫林士基”，还专写了一本《孙逸仙及其主义》，见到李大钊后，特赠送李大钊一册，“属为批评”。李大钊耳闻目睹在苏联首都开会的人们和苏联人民对中国革命的同情与关心，特别是对孙中山先生健康的关心，感叹道：“这可以看出中国革命的老祖孙中山先生在世界上的地位了。”[2]

共产国际第五次代表大会在7月1日举行的第二十二次会议上，预先安排李大钊作有关中国的革命斗争情况的报告，临时又改成了书面报告，使李大钊失去了在大会主席台发言的机会。当日的大会执行主席盖什克在会上作了说明：“我们的中国同志琴华曾想作报告，但今天他不能作报告。他的报告将并入会议记录，也将在简报中登载。”这可能主要是因李大钊早就写好，

[1] 《李大钊全集》第4卷第498页。

[2] 《李大钊全集》第4卷第498页。

并提前交给大会的这个报告，重点介绍的是中国革命斗争的现状，与会议当时集中讨论的殖民地问题和民族问题，似乎没有多大的直接关系。李大钊在去莫斯科的路上或到达莫斯科后起草的这个报告，于7月11日以《中国的民族斗争与社会斗争》为题，作为中国共产党代表团的声明，发表在《真理报》上；《真理报》的编辑特意加了说明："现刊载中国代表团的声明，将其补入7月1日讨论民族问题会议的记录之中。"在这个报告中，李大钊主要介绍了帝国主义国家在中国犯下的新的侵略罪行，以及"以工人和青年知识分子为首的民族运动"在中国的革命斗争中的发展情况，着重介绍了有中国共产党20%的代表参加的国民党第一次全国代表大会举行的情况，并提到北洋军阀政府"慑于国民党与日俱增的影响"开始进行大镇压的情况。在报告中，他指出："我们加入国民党能够加速民族革命运动的开展。参加国民党的共产党人是真正的革命先锋队。""我们在国民党内部工作的主要目的，在于唤起群众的革命精神，引导他们反对国际帝国主义者和国内的军阀。在国民党内部，我们将其左翼争取到我们方面来，并以此加速革命浪潮的高涨。尽管反动势力阻碍工人运动的发展而遇到一些困难，北方的工人组织仍在我们的掌握之中。在南方，特别是在广州，国民党在工人中有相当的影响，但我们的策略是掌握工人运动的领导权，以使其成为革命的先锋队。"最后，他恳切地向大会表示："我们希望第五次代表大会特别关注中国问题，

▲ 出席共产国际五大王荷波(中)等中国代表的合影

并给予中国党有关今后工作的指示。”[1]

李大钊的报告言简意赅，事实叙述清晰，观点鲜明，语意诚恳，若在7月1日的全体代表大会上讲述，反响可能会更加强烈。幸得《真理报》的编辑慧眼识珠，在会议刚刚闭幕第三天就将其作为中国共产党的声明发表出来，使之得以广泛传播，在莫斯科和苏联各地，乃至世界上的一些国家和地区产生了很大影响。李大钊虽未在大会上作正式报告，但他和中国共产党的其他代表一起，在会内会外广泛介绍中国革命的情况，听取了不少宝贵的意见，获得了应有的收获。

7月8日，共产国际第五次代表大会胜利闭幕。会议发表了《致东方各国和殖民地的兄弟人民书》。李大钊参加了在莫斯科国际大剧院举行的闭幕式。响彻整个会场的悲壮的《国际歌》，使李大钊这位革命斗士热血沸腾。

---

[1] 《李大钊全集》第4卷第418页。

留任中国共产党驻共产国际代表

1924年7月8日共产国际第五次代表大会闭幕以后，会议安排一些国家和地区的代表在离开莫斯科之前，参观莫斯科的一些工厂企业。李大钊和中国共产党代表团的其他代表一起参观了制糖厂、卷烟厂、纺织厂等由工人当家做主人的新型工厂。李大钊对纺织厂等企业为女工着想，附设婴儿室很感兴趣。

参观活动基本结束后，与李大钊一起来的代表，陆续动身回了国，李大钊出于多方面的考虑，一个人留了下来，出任了中国共产党驻共产国际的代表。大约在代表们大部离去后，他由会议安排的下榻之处——卢克斯旅馆，搬到了有很多中国留学生就学的东方劳动者共产主义大学（简称“东方大学”）的宿舍区。

李大钊之所以留在莫斯科任中国共产党驻共产国际的代表，一个重要原因是，北洋军阀政府正在国内加紧通缉他；但最主要的还是，李大钊想利用这次到苏联的难得机会，在苏联多停留一些时日，好好考察一下苏联的社会主义革命和建设情况，进一步研究中国的革命问题，以便今后在领导中国的革命运动时有更多更好的借鉴。同时，他还打算利用在苏联留居的机会，对中国革命的真实情况作一些进一步的宣传。此外，李大钊在中国共产党内的地位与影响仅次于党的总书记陈独秀，正在莫斯科东方大学留学的热血青年，特别是共产党员和青年团员，都想尽可能多地同李大钊接触，聆听他的教诲和指导。据有关资料介绍，当时在东方大学学习的共产党员、中共旅莫支部委员，并任中国社会主义青年团旅莫支部书记的王若飞，在8月1日曾以中共旅莫支部的名义正式向中共中央报告：李大钊同志一时不回国，暂留莫斯科。这可能是李大钊在搬到东方大学宿舍住下后，托嘱中共旅莫支部的同志们办的。

李大钊到达莫斯科，令正在莫斯科东方大学学习的一大批中国共产党党员和青年团员兴奋不已。自1923年6月中国共产党在广州召开第三次全国代表大会后，中国革命形势发生了很大变化，国共合作的统一战线得到了有效的巩固和发展，特别是国民党第一次全国代表大会举行后，国民党左翼与共产党人携手并肩，推动中国革命掀起了新的热潮。在莫斯科的留学生们急欲了解国内革命形势发展的详细情况，而李大钊作为中国共产党的主要创始人和领导者，特别是北方党组织的负责人，肯定会给他们带来尽可能多的信息和指示。据记载，在1924年6月22日，李大钊尚在赶赴莫斯科的旅途上，中共旅莫支部就在第四期第一次常会上宣布：李大钊同志不久将来莫斯科报告中国政治情况。这可见，在苏联留学的革命青年对李大钊的到来，真是盼之切切。据当时中共旅莫支部留下的工作报告，李大钊到达莫斯科后，在共产国际第五次代表大会召开期间和闭幕之后，曾率领中共代表团给旅莫党团组织先后作了三次报告，全面介绍了国内各方面的革命形势与主要情况。当然，至少第一次报告的主讲人是李大钊了。当时，在莫斯科留学的中国共产党党员和中国社会主义青年团团员，还有一些没有入党入团的进步青年，都受到了李大钊革命思想与高尚情操的深深影响与感染，特别是中共旅莫支部书记罗亦农和支部委员王若飞，还有赵世炎、陈延年、陈乔年、聂荣臻等，受其影响更深一些。

李大钊留在莫斯科，除进行一些考察之外，主要参加并负责指导中共旅莫支部的工作。他多次给党内外的中国留学生作报告，并在东方大学开设了课程。与此同时，他还同在东方大学学习的党内外青年进行了广泛接触，给了他们的思想以极大的启迪和影响。

据记载，李大钊在东方大学的暑假过后，由列宁格勒考察归来，便于9月12日参加了中共旅莫支部有青年团员参加的第三次党部大会，在会上作了《中国最近的政变》的报告。在报告中，他详细地分析了中国军阀与帝国主义国家互相勾结、相互利用的情况，以及各主要军阀的历史及其特点，预测“军阀还要分化，帝国主义者更要伸张他们的势力，人民对帝国主义的反抗也必更烈”；同时，他提出了中国共产党“要拿出很正确的口号，到民众中去宣传”的意见。时隔不久，李大钊又应邀给中国留学生作了一次有关中国工人运动情况的报告；到10月12日，他又专门给中国留学生讲了中国的问题与形势。10月30日晚上，李大钊根据冯玉祥发动北京政变后国内变化了的形势，在中共旅莫支部组织的全体党员，也有青年团员参加的大会上，专门作了《中国的事变和本团的训练》的报告。他在分析了北京政变可能会给革命形势的发展带来的影响和变化后，明确指出，未来中国革命的领导力量是中国共产党；从而，他希望在苏联学习的共产党员和青年团员要认清形势，坚定信念，加紧“训练”。在报告中，他殷切希望留学苏联的党员、团员，认清“我们来此是学习革命的”，不是“留洋留学求博士”的；要明白“我们的团体是全被压迫民族的先驱”，“我们的革命是为全人类的”；同时还要明白“我们的党纲是科学的，很自然的，很合乎人道的”，“我们的党是光明正大的”[1]。因此，他要求大家在肩负“这样的重大”的“责任”时，应摈弃一切不符合实际的想法和杂念，勇于做出很“值得”的“牺牲”，以“团体就是自己，自己就是团体”的信念与精神督促自己搞好在苏联以“学习革命”为要旨的“训练”，等学成回国后成为革命的有用人才，发挥难得的“团体”力量。这是他旅居苏联期间给在莫斯科“学习革命”的党员和团员作的最后一次演讲。他的话讲得很动情，很感人，句句语重心长，给了当时在苏联首都

[1] 《李大钊全集》第4卷第493页。

留学的风华正茂的共产党员和青年团员以极大的震撼和深深的影响。后来，这批聆听过李大钊教诲的党团员，大多带着极好的“训练”回了国，成了艰苦卓绝的革命斗争中前仆后继的英雄，还有些人像李大钊一样，在1927年的腥风血雨中为革命做了壮烈的牺牲。

在东方大学秋季开学后，李大钊为中国留学生开设的课程是主讲中国问题，讲授的内容以中国近代史为主，兼及中苏关系史和国内形势等；他还给中国留学生讲过汉字与文字观察、中国和各国交通之沿革。据李星华回忆，李大钊同家里联系上以后，曾要求已由乐亭老家回到北京的家人替他买一些有关太平天国的书寄去，以作为讲授中国近代史，特别是中国近代革命史的参考资料。聂荣臻当时正在东方大学学习，晚年他在回忆录中曾深情地回忆说，那时李大钊在莫斯科“对东大培养的这批中国学生很重视，亲自找我们谈话，给我们讲授中国近代史、中苏关系史和国内迅速发展的革命形势，听起来格外亲切”。他还说：“我对大钊同志是很敬仰的。当时，他已是国际知名的共产主义战士。”聂荣臻的回忆，道出了当时在苏联“训练”的中国留学生的共同感受。

是年秋天，李大钊除给在东方大学学习的中国学生作重要报告、讲课，与留学生进行广泛接触，同不少人促膝谈心之外，还十分注意发挥中共旅莫支部及团的组织在中国留学生中的战斗堡垒作用和先锋模范作用。他多次参加中共旅莫支部举行的会议，并参与其中的工作。10月25日，中共旅莫支部举行党团联席会议，决定成立编辑委员会和审查委员会，李大钊被特邀参加，与罗亦农、王若飞等支部的负责人一起，出任了审查委员会委员，负责新成立的编辑委员会工作项目的审定。四天后，李大钊参加了中共旅莫支部第二十四次执行委员会特别会议，并向会议提出，根据国内革命形势发展和变化的需要，迅速派一些同志回国；过了一些天，李大钊再次出席了研究继续派一些同志回国参加革命斗争的中共旅莫支部及地方团会议。11月19日，中共旅莫支部执行委员会全体会议根据李大钊的指示，决定了参加共产国际东方部组织的中国问题研究会的人选。五天后，执行委员会再次举行全体会议，研究向中国问题研究会提交的问题提纲。李大钊与会，和大家进行了深入细致的讨论，确定了提请研究会主要研究共产国际对中国目前的政治主张、对中国共产党与国民党之关系的主张和目前中国共产党之政治行动应如何进行，以及孙中山到上海后应采取的政策等关键性问题的意见。在这一期间，李大钊接连找被派遣回国工作的同志谈话，鼓励他们用在苏联学习到的革命经验，与国内坚持革命斗争的同志一起搞好党的各方面的工作，以发挥较好和较大的作用。对选出的参加中国问题研究会的人员，他也异常重视，要求他们谦虚、谨慎，认真听取多方面的意见；对向研究会提出的问题，他亲自把关，使之尽可能贴近中国革命的实际情况。李大钊在旅居苏联后期，为加强中共旅莫支部的组织建设和思想建设付出了大量心血，为共产国际能够比较确切地指导中国共产党的工作提出了不少好的意见，做了卓有成效的工作。现在尚无资料肯定共产国际东方部组建中国问题研究会，是不是李大钊的提议，但有一点基本可以确定，此举与李大钊有密切关系，因为他一直极想加强共产国际东方部与中国革命实际情况之间的沟通。

▲ 1924 年秋天李大钊在苏联拍摄的照片

李大钊到东方大学居住和工作，虽然仅仅只有几个月时间，但由于他平易近人，没有任何架子，善交青年朋友，特别是他思想深邃，学识渊博，对国内情况了如指掌，并对很多问题都有很深刻的见解，很快就赢得了广大中国留学生的由衷爱戴和敬仰。不少人以在莫斯科遇到李大钊为荣，甘愿做他最好的学生，在十月革命的故乡“自动地训练”“自觉地训练”，争取以最好的成绩学成回国，在革命斗争的洪流中锻炼成党的有用人才。就在李大钊为留学生作题为《中国的事变和本团的训练》报告之后，留学生吴潮鸣激动万分地为李大钊画了一幅神采奕奕的肖像；后来，他又把这幅表达大家对李大钊的敬爱之情的肖像画在了12月14日留学生办的墙报上（是时李大钊已回国）。留学生黄国佐读了李大钊的《中国时局与农民》，感到这篇文章对东方大学的老师、学生和苏联人民进一步了解中国社会和革命的情况能有较大的启示，便废寝忘食地把它翻译成了俄文。李大钊根据中共中央的指示，提前结束在苏联的工作，回到国内战场上去时，不少留学生依依不舍，极愿同他一起回国，在他的亲自领导下开展工作。

在莫斯科国家大剧院发表讲演

李大钊在其光辉而壮烈的一生中，留有不少各个时期生活、学习、工作的照片，但留下的电影镜头极少。有幸的是，俄罗斯国家社会政治历史档案馆长期保留着一段李大钊于1924年9月22日在莫斯科国家大剧院发表讲演的珍贵的电影片断。1999年10月，中央电视台拍摄纪念李大钊诞辰110周年的电视文献纪录片《李大钊》，寻找到了这段非常有价值的电影镜头，并将之放在纪录片开首部分，从而使中国观众有幸在李大钊英勇就义70多年以后，看到了他生前在异国他乡发表慷慨激昂的演说的动人画面。

那么，李大钊当年是怎样在苏联留下自己珍贵的电影镜头的呢？这需要从在发表这次演讲之前，李大钊曾在莫斯科郊区避暑，并到圣彼得堡参观、访问有一周时间谈起。

李大钊搬到东方大学不久，就赶上东方大学的暑假。而暑期，也是苏联人通常的假期。他见一时无多少工作好做，便应邀到东方大学设在莫斯科近郊马拉霍英卡的别墅休息。到这一年夏天，他已经有好几个暑假没有静下心来歇息过了。到北京大学工作后，他把自己家乡近处的“人间奇境”——昌黎五峰山作为自己的避暑之地，于1918年和1919年接连两个夏天到那里山居；就是在那里的幽雅环境里，他潜心研究俄国十月革命，取得了中国人必须走俄国人开创的社会主义革命道路，才能使革命取得胜利的真知灼见。后来，为了实现这个革命理想，他与陈独秀等人从宣传马克思主义、创建共产主义小组开始，燃起中国共产主义运动的火炬；自1920年夏天起，他平时忙，到暑假更忙，再也抽不出身到昌黎五峰山避暑去了，直至在这次来苏联之前，因受到北洋军阀政府的通缉，他才得以躲到昌黎五峰山避居有半个月时间。能在莫斯科原来的王公贵族和资本家避暑的别墅住上一些日子，这是他来苏联之前根本没有想到的。到马拉霍英卡后，他发现，不少幽雅别致的别墅已经变成了工人和学生，也包括少年儿童的疗养休假之地，心中自然感慨万千。休假期间，他怀着极大的兴趣参观和访问了苏联少先队员的度假活动，并专门跟少先队员一起到附近的农村，看他们向农民做政治宣传演出。他见少先队员们在从农村演出宣传回来的路上，举着迎风飘扬的红旗，高声唱着《国际歌》，心情十分激动。在《苏俄民众对于中国革命的同情》一文中，他特意记了这样一笔："这一班小孩子，都是在革命的风土中开起来的鲜红的花，其精神气度完全与旧社会里产生的人划一新时代。"[1] 当时，他听说不少资产阶级家庭出身的孩子也在少先队活动的感召下，加入了少先队的队伍，强烈地感觉到："这些小孩的手，不但可以打破他们的旧家庭，而且可以打破全世界束缚人类的一切锁链。"[2] 他从这些像"鲜红的花"的苏联少年身上，看到了中国革命的未来，热切期盼中国革命胜利以后，中国的少年儿童也能像苏联的孩子们一样幸福成长，成为社会主义革命和建设的接班人。

从马拉霍英卡别墅回到东方大学校区，李大钊在到苏联后一直负责给他做翻译工作的黄平（俄文化名为"沃罗夫斯基"）的陪同下，与共产国际的一位海员代表，一同由莫斯科到刚刚改名"列宁堡"（后通译"列宁格勒"）的圣彼得堡参观、访问。圣彼得堡是俄国十月革命的爆发地，是列宁发动和领

[1] 《李大钊全集》第4卷第493页。

[2] 《李大钊全集》第4卷第499页。

导俄国十月革命的地方，也是李大钊到苏联后很想亲自看一下的革命圣地。他们一行人到达圣彼得堡后，因海员代表的关系，住在了设有图书馆的“国际海员之家”。

李大钊到达圣彼得堡时，恰赶上苏联党和政府正在发起建立“不许干涉中国”协会运动，到处在开展着声援中国革命运动的活动。李大钊在这个时候到来，受到了列宁格勒人的热烈欢迎。在“国际海员之家”办事人员的介绍下，李大钊等人到“劳动宫”去参观、访问。在劳动宫，列宁格勒职工苏维埃主席团的一位成员，一与李大钊见面，就拿出了列宁格勒职工苏维埃打给英国职工大会的电报稿，请李大钊过目。当时，广州发生了英帝国主义公然干涉中国国民革命政府镇压叛乱的商团的严重事件。就在李大钊留驻苏联期间，以广州为中心的南方革命形势发展很快。孙中山在苏联和中国共产党的帮助下建立的黄埔军学校和由国民党中央农民部创建、共产党员彭湃主持的第一届广州农民运动讲习所相继招生开学，广州沙面工人英勇地举行了反对英法帝国主义者殖民统治的大罢工，整个广州的革命运动开展得轰轰烈烈。在这种情况下，英帝国主义支持广州商团发动反革命叛乱，企图采取武装叛乱的手段推翻广州革命政府。8 月 29 日，孙中山领导的国民革命军扣留了为阴谋叛乱的广州商团运送军械的英国轮船“哈佛号”，英国驻广州总领事公开表示支持广州商团叛乱，并调军舰到广州水域向国民革命军和广州革命政府示威。英帝国主义公然干涉中国革命的暴行立即在国内外引起了强烈反响。9 月初，为了声援中国广州革命政府与英帝国主义展开的针锋相对的斗争，俄共（布）中央委员会政治局迅速作出决议，决定以苏联和共产国际为中心，在全世界范围内发起一个建立“不许干涉中国”协会运动。《真理报》和《共产国际》杂志率先发表文章，大力宣传孙中山领导的革命事业，号召苏联人民和全世界各国人民支持中国革命，反对帝国主义侵略者干涉中国的革命运动。在短短的几天时间里，“不许干涉中国”的口号响彻莫斯科的大街小巷，也响彻了列宁格勒城。李大钊看到的电报，代表着列宁格勒的 40 万工人，要求英国职工大会号召英国工人起来反对英国的马克丹诺政府干涉广州革命政府。李大钊读了电报稿后，异常激动，连连对列宁格勒的工人表示感谢。当时，包括冬宫建筑在内的劳动宫正在进行修缮，“预备图书馆、博物馆等等设置”[1]，李大钊未能得以细细参观冬宫等建筑。也许是为了表示歉意，列宁格勒职工苏维埃的负责人在请李大钊等人在宫中吃过午餐以后，特意派汽车送他们到列宁格勒最大的工厂——三角橡皮制造工厂参观。三角橡皮制造工厂有工人8000多人，工厂领导人见有中国同志到来，立即举行了工人代表大会，请李大钊报告英国和美国等帝国主义国家干涉广州革命政府的罪行。李大钊作报告时，会场上群情激愤，工人代表当场通过了一项反对帝国主义干涉中国的议决案。

后几日，李大钊参观了设在列宁格勒郊区的一个儿童村。那里原来是沙皇的夏宫所在地，王公贵族围绕着皇家花园修建了不少别墅，形成了一个面积很大的皇家村。革命胜利后，苏联政府利用这些华贵、幽雅的建筑，设立了17个安置孤儿生活的院所。李大钊等人参观了其中的一个孤儿院。在各方面条件和设备都很完好的孤儿院，李大钊见那些遭遇孤苦命运的儿童，在管理人员的悉心照料下，生活得异常幸福，深深感觉到新建立的社会主义制度的无比优越。后来，他们又去了皇家花园，在皇家花园碰到了三个苏联红军战士。这三个苏联红军战士一见中国同志，就急切地问起中国革命的情况来，并一再表示，只要中国革命需要，他们和所有的苏联红军战士都愿意到中国去为中国人民的解放事业流血牺牲。这又使李大钊的心情相当激动，他当即紧紧握住有着赤诚火热心胸的苏联红军战士的手不放。又过了一两天，少年国际纪念日到来，当日列宁格勒有数十万工人和青少年举行声势浩大的“不许干涉中国”示威游行。当李大钊等人在参观海口后赶到设在冬宫前的高台上的游行检阅台时，立即被游行的人们簇拥到检阅台中央，李大钊向游行的工人和少年儿童挥手致意，顿时，台上台下，“中国革命万岁”的口号响成了一片。是夜，李大钊又被邀请参加在“五一”公园举行的盛大晚会，聆

[1] 《李大钊全集》第4卷第500页。

听俄、德等国少年发表支持中国革命和反对英美等国干涉中国革命运动的演说。就在这一天，李大钊留下了自己和苏联少年儿童在一起合影的珍贵照片。这张照片被他作为去苏联的最珍贵的纪念品，从苏联带回了中国，并得以保留到今天。

▲ 李大钊与苏联列宁格勒孤儿院的孩子在一起

当时在列宁格勒举行的游行示威，仅仅是整个苏联，乃至世界不少地方“不许干涉中国”运动的一个缩影。李大钊由列宁格勒返回莫斯科时，莫斯科和苏联的各大城市反对帝国主义干涉中国的规模盛大的示威游行几乎都举行过了。留驻共产国际的各国共产党代表也纷纷发表了声明，谴责英帝国主义的暴行；英国共产党执行委员马克·曼奴斯、法国共产党执行委员特莱恩和美国共产党代表亚门特儿等还联名致电孙中山，谴责英、美、法等国政府在广州扮演的不光彩角色。回到东方大学，李大钊又从中国留学生口中得知，东方劳动者共产主义大学和西方劳动者共产主义大学的学生都举行了声势浩大的示威游行，汇入到这场斗争的洪流。苏联和世界各国人民支持中国人民的革命斗争，作为中国共产党驻共产国际的代表，李大钊一回到莫斯科，就开始了紧张的工作。他除给在东方大学学习的党团员作《中国最近的政变》的报告外，还广泛宣传中国革命的新形势和中国共产党在新的形势下的主张。9月13日的《莫斯科工人报》发表了李大钊接见该报记者的谈话《中国内战蜂起，经济崩溃，帝国主义者为减轻自身困难瓜分中国》。在与《莫斯科工人报》记者的谈话中，李大钊在指出中国第二次直奉战争是“由帝国主义分子策划和支持的内战”之后，简要地说明了南方的革命形势发展、变化的情况，指出：“应当说孙中山在南方的政策至今仍是不明确不清楚的。他本人尚未找到自己真正的依靠力量。”“最近的事件彻底揭穿了外国资本家的阴谋诡计，这也促使了孙中山本人到工农群众当中寻找真正可靠的立足之地。”最后，他明确表示：“中国共产党的任务是要向工农大众解释清楚国内战争的起因和意义，竭尽全力支持南方革命政府进行的反对外国帝国主义和中国反革命的斗争。中国共产党将把这些群众组织起来，以进行阶级和民族的决战。”[1] 这些谈话表明，当时李大钊虽然身在国外，但对国内政治、军事形势的变化是了如指掌的，他对孙中山在南方政策上的失误分析，也是很中肯的，特别是他阐明的中国共产党的任务和作用，是相当正确的。这绝非是一般的分析与研究。

时至 9 月 22 日，莫斯科“不许干涉中国”运动被俄共（布）中央和共产国际组织推向了一个新的高潮。当日，俄共（布）中央和共产国际在莫斯科国家大剧院举行了有几千人参加的“不许干涉中国”协会群众大会。李大钊和俄共（布）中央的拉狄克、英国共产党执行委员马克 · 曼奴斯、法国共产党执行委员特莱恩、日本共产党的片山潜等诸多国家的共产党代表，一起出席了这次带有浓郁的国际色彩的大会。在会上发言的人争先恐后，除马克 · 曼奴斯、特莱恩、片山潜等人外，发言的还有美国共产党和美国黑人的代表、国际革命战士济难会的代表。当然，在大会主席台发言的，最引人注目的是中国共产党的代表李大钊了。当天，李大钊身着一身紧领紧身的制服，胸前佩戴着共产国际的徽章，整个人看上去显得异常干练、精神。李大钊在大会主席台上的中央位置站定后，操着他略带乐亭乡音的中国话，开口就直截了当地说道：“中国，已经成了世界帝国主义用来表演的大舞台。中国人民在受

[1] 《李大钊全集》第 4 卷第 488 页。

着帝国主义经济和政治上的影响。中国农民丧失了土地和生产工具，他们已经沦为流氓无产阶级，目前的境况十分危机……”他的话，立刻使整个会场鸦雀无声。紧接，他对着坐满剧院的莫斯科各个“不许干涉中国”协会的会员代表和东方大学、西方大学的学生代表，缓缓地挥舞手臂指出：“你们都知道，现在各种军人省长之间都在你争我夺，然而，这个斗争不只是军人省长之间的斗争，而是帝国主义列强之间的斗争。日本一直在帮助以张作霖为首的奉系军阀，英国和美国则支持以吴佩孚为首的直系军阀。不过，尽管有这两个以及更多的军阀集团之间的斗争，在中国以孙中山为首的民族解放运动还是在不断地增长和扩大。”略略停顿了一下，请翻译译完这一段话后，他又昂着头接着说：“但是这个运动的发展不能没有中国共产党的帮助。在共产党的队伍里吸收了大批革命知识分子、年轻的中国无产阶级和农民中的优秀分子。”接着，他指出：“中国问题并不单纯是民族问题，它是一个国际问题。没有世界无产阶级的帮助，中国的民族运动就无法发展。只有无产阶级才能充当革命的领导者。”说到这里，他充满深情和谢意地对在场的莫斯科工人群众说：“你们，莫斯科的男女工人们，组织起了‘不许干涉中国’协会。共产国际就是世界无产阶级和东方殖民地奴隶所进行的解放运动的中心。在莫斯科，我们在共产国际的直接领导下正沿着这条道路前进。愿你们积蓄力量援助中国的无产阶级和农民！由于俄国无产阶级的帮助，中国无产阶级和农民一定会争得自己的自由和独

▲ 1924 年 9 月 22 日李大钊在莫斯科大剧院演讲

立。”在结束整个简短而有力的讲演时，李大钊情不自禁地振臂高呼：“世界无产阶级革命万岁！”“共产国际万岁！”[1]

李大钊的精彩讲演，不时被暴风雨般的掌声和欢呼声打断。在场的中国留学生代表听得是那样入神，那样肃穆，那样热血沸腾。极其难得的是，苏联的电影摄影师拍下了这些极其珍贵的一个个镜头。如今我们在电视文献纪录片《李大钊》看到的这些镜头，就是当时那激动人心的场景的真实记录。现在，我们只能见到的一分钟左右的电影镜头，已把李大钊讲演时的神态、表情和动作，表现得淋漓尽致，并把在场的台上台下的听众聆听他讲演的场景表现得相当充分，其中还特意给了几个坐在前排的中国留学生以逼近的比较真切的镜头。遗憾的是，当时因设备的原因或其他原因，没有录下李大钊讲演的声音；倘若把李大钊讲演的话语都录下来，就更加珍贵了。但缺中无憾的是，我们如今从李大钊的神情中，完全可想象出他的慷慨激昂的声音。这些极其珍贵的电影镜头，颇有此时无声胜有声之神韵。

▲ 正在听李大钊讲演的中国留学生

李大钊在莫斯科国家大剧院发表演说后，心情分外激动。隔了一天，他挥毫给上海《民国日报》的《觉悟》副刊写了一篇题为《苏俄民众对于中国革命的同情》的通讯，尽记他来苏联的经过与感受，特别是苏联人民对中国革命的同情与支持的情况。在文章的结尾处，他又情不自禁地对在国内的青年说了这样几句话：“当全世界革命的青年为反对帝国主义干涉中国狂呼奋斗的时候，中国的青年应该怎

[1] 演讲全文见《李大钊全集》第4卷第493页。

样的激昂，在悲愤中跃起奔赴于我们中国的革命老祖孙中山先生旗帜之下，去和那帝国主义及军阀战斗，我们远在莫京引颈以盼此消息。”[1]

又过了几天，李大钊根据在日本大阪《编军英字日报》和上海《密勒氏评论周报》上读到的资料，写出《上海的童工问题》，寄给《中国工人》杂志发表；紧接着，又写出《中国的内战与工人阶级》，发表在《红色工会国际》第9～10期上。在《中国的内战与工人阶级》一文中，他明确指出：“目前在中国进行的内战是美、英帝国主义者支持吴佩孚进行军事冒险的结果，也是美、日帝国主义之间冲突的反映。”同时，也表示了自己的忧虑：“由于帝国主义者的互相倾轧，形势变得越来越复杂。究竟中国目前的内战会持续多久，暂且也很难说。”[2] 当时，他没有想到，第二次直奉战争因为冯玉祥发动的一场兵变，骤然结束，并导致他提前回国，开始了新的战斗。

李大钊是在1924年12月3日离开莫斯科，返回阔别5个多月的祖国的。去时是赤日炎炎的夏天，归来已是寒风凛冽的严冬了，但他心里充满了异常炽烈的感觉。

1924年10月23日，在直、奉两军于山海关一带打得你死我活时，直系爱国将领冯玉祥突然率部回到北京，发动了囚禁贿选总统曹锟的军事政变，组建北方国民革命军，电请孙中山北上共商国是；11月10日，孙中山应冯玉祥电邀北上，临行发表了北上宣言，从广州到达上海后又宣布了召开“国民会议”的主张。北京的形势急转直下，开始往有利于中国革命的方向急剧转化，密切关注国内革命形势发展变化的李大钊在莫斯科再也坐不住了，他极想尽快回到国内新的战场，和北方国共两党的同志们一起把北方的国民革命运动蓬蓬勃勃地开展起来。就在这时（当为11月下旬），中共中央发来通知，请李大钊尽快结束在莫斯科的工作，迅速动身回国，主持北方区委的工作，把握北方党的工作大局。接到中央的通知后，李大钊用了几天时间，交

[1] 《李大钊全集》第4卷第502页。

[2] 《李大钊全集》第4卷第495页。

代了在共产国际的工作，并和中共旅莫支部研究了有关工作和注意事项，与准备回国做工的袁子贞结伴，在莫斯科乘上了开往中国的火车，再度途经哈尔滨，于12月中旬回到了北京。

李大钊回到北京后，立即开始了紧张的工作。在与同志们和朋友们谈到去苏联的感受时，他不止一次地说："我这回去苏联是满载而归。"

离开苏联时，李大钊把带去的一套《镜花缘》留给了在东方大学学习的中国留学生，却把在列宁格勒与苏联少年儿童合影的照片设法带了回来。在以后的斗争岁月里，他时常把那张照片拿出来看看。这表明，他异常怀念在苏联度过的5个多月的难忘时光，异常怀念苏联的那些天真可爱的孩子们，希望中国早日像苏联一样，推翻帝国主义的压迫和军阀政府的统治，建成一个可令中国的孩子们也过上无忧无虑的幸福生活的社会主义国家。

李大钊在苏联期间，学会了一些俄语，这对他在1926年"三一八惨案"爆发后，带领国共两党在北京的领导机关避居苏联驻华大使馆的旧兵营区，在奉系军阀制造的白色恐怖下坚持革命斗争，起到了有利的作用。

李大钊的苏联之行，在他伟大而光辉的一生中，占有很重要的位置。人们将他在莫斯科国家大剧院发表讲演的神采飞扬的形象，永远铭记在心中；他为中国和俄罗斯两国人民联结的革命友谊，亦将万古长青。

第十四章

北方革命风雷动

与孙中山共同促进国民会议

1924 年 9 月，第二次直奉战争爆发。冯玉祥将军被任命为“讨逆军”第三军总司令，出古北口迎战奉军。10 月 23 日，冯玉祥率部返回北京，包围了总统府，迫使直系控制的北京政府下令停战并解除吴佩孚的职务，监禁总统曹锟，宣布成立“国民军”。是为“北京政变”。政变后，冯玉祥授意摄政内阁通过了《修正清室优待条件》，废除帝号，清室迁出紫禁城，驱逐溥仪出宫。

北京政变后，冯玉祥邀集胡景翼、孙岳、王承斌、王芝祥、鹿钟麟、刘骥、张之江等在北苑开会商议正式改组军队的事宜。会上推举冯玉祥为中华民国国民军总司令兼第一军军长，胡景翼、孙岳为副司令，分别任第二军、第三军军长，还决定成立摄政内阁，免除吴佩孚本兼各职，曹锟本人自动退位。会后，冯玉祥等通电全国，并公布《建国大纲》。

政变发生后，冯玉祥见一时无法控制局面，遂在北京召开政治军事会议，决定请皖系军阀段祺瑞担任中华民国临时政府执政，电请孙中山入京共商国是。孙中山接受邀请，于 11 月 10 日发表《北上宣言》，宣布对内要打倒军阀、对外要推倒军阀赖以生存的帝国主义，废除不平等条约。

段祺瑞入京，就任中华民国临时执政后，一批批安福系余孽联袂入京，政局急转直下。奉系军阀张作霖背弃与冯玉祥达成的“奉军不得入关”的协议，将大批奉军开入关内，以图乘机扩大地盘，觊觎北京。冯玉祥面临着奉、直、皖几方面的军事压力，决定辞职下野回避矛盾。

段祺瑞一方面借助张作霖的军事力量扼制冯玉祥，另一方面又感到，如果没有冯玉祥的军事力量，自己就会受奉系军阀张作霖摆布。因此，他坚决挽留冯玉祥，并对冯部略施抚慰手腕，于1925年1月任命冯玉祥为西北边防督办。

冯玉祥赴张家口就任西北边防督办职。他本来就任陆军检阅使并兼有西北边防督办名义，这无形中失去了检阅使名义。

就是在这种形势下，冯玉祥经过国民党人徐谦的介绍，认识了刚从苏联归国的共产党人李大钊。

是时，根据中共中央的指示，成立了中国共产党北方区委员会，由李大钊负总责。根据工作需要，李大钊陆续辞掉几个大学的教授职位，专门做党的工作。他和北方区党委其他负责人赵世炎、陈乔年、范鸿劼等一起，领导了整个北方——东到东三省，西到陕西北部，南到直隶、山西，北到内蒙古的广大地区的革命斗争。

北方区党委成立初期，李大钊一面着手加强党对革命的领导，召集会议，在各处建立党的组织，编辑印刷《政治生活》；一面全面分析北京政变复杂的政治形势，采取了联合国民军，打击段祺瑞和奉系军阀的正确策略。

李大钊、徐谦等介绍冯玉祥与苏联驻华大使加拉罕会晤。李大钊设法使冯玉祥振作起来，劝他不要消极。苏联方面也认为，只有冯玉祥振作起来，国民军才有可能形成中国北方一支反帝反军阀的力量。

通过李大钊、徐谦和加拉罕的协商，由冯玉祥军和胡景翼军、孙岳军各选派25名青年军官到苏联军队学院学习。冯玉祥又从学兵团挑选15名优秀连排长，进入苏联基辅军官学校学习。之后，冯玉祥派参谋长熊斌率团级军官鲁崇义等，赴苏联参观。

冯玉祥又根据李大钊的建议，向苏联政府请求派遣专家和援助武器。

1925 年 3 月，苏联派来了两个军事顾问组，共约三四十位顾问，各类专门人才具备，到国民军担任教官。冯玉祥在苏联专家的帮助下，建立了骑兵学校和炮兵学校，随后在张家口成立了高级军官学校，又在张家口建立了机枪学校、反间谍工作学校、小型通信学校、小型工兵学校。苏联顾问还帮助国民军建立了军械工厂，装备了修理厂，建造了弹药生产设备，培养了一定数量的技师，提供图纸，并具体指导建造了第一批装甲列车。在一年多的时间内，苏联援助国民军大批军火和装备，其中有步枪、子弹、马刀、大炮、山炮、手榴弹、机枪、迫击炮、火焰喷射器，以及飞机等。

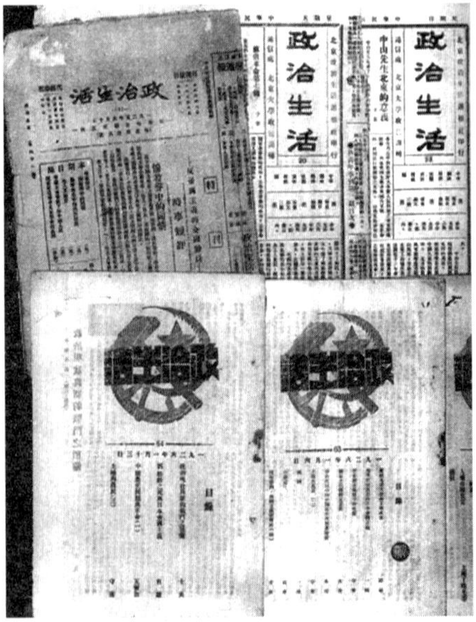

▲ 中共北方区委机关刊物《政治生活》

冯玉祥还采纳了李大钊的建议，建立军队中的政治工作，设立俱乐部作为政治工作的基地。冯玉祥委托李大钊、徐谦负责领导国民军的政治工作。12 名国民党党员和苏联顾问在俱乐部内讲课。

李大钊亲自对冯玉祥部下的主要将领做过许多工作，向他们解释和宣传党的打倒帝国主义、打倒军阀、打倒土豪劣绅等政治主张。此外，还派了一些同志直接深入到国民军中去，在中下层军官和士兵中进行活动。国民二军、三军中都有共产党员担任副官及其他职务。

李大钊还领导着北方各地的党组织，充分运用以国共合作为基础的革命统一战线形式，来公开组织工、农、学生运动，团结大多数的群众，扩大革命的势力，促进北方革命运动的发展。由于李大钊当时主持国民党在北方的最高领导机关——国民党中央政治委员会的工作，担负着国民党在整个北方的领导责任，这就给发展壮大革命的统一战线创造了极为有利的条件。为了加强党对这方面工作的领导，当时设立“国民革命运动委员会”专管国民党的事情。

李大钊到这时还做了很大努力，用来恢复“二七”以后暂时处于低潮的工人运动。

北方区党委成立后，全国铁路总工会（即“铁总”，1924 年 2 月成立）的工作就划归区党委领导，重大原则问题都直接向区党委和李大钊请示汇报，经区党委研究作出决定。区党委和李大钊领导“铁总”，利用北京政变后的有利时机，通过与国民军的关系，救出了“二七”以来被捕的工人领袖，恢复了“二七”以来各铁路失业工人的工作。在很短的时间内，铁路工人运动就又重新发展起来了。京津、正太、陇海、胶济、京奉、京绥各路工会都差不多恢复到“二七”以前的局面，京汉铁路总工会也恢复了。1925 年 2 月 7 日，在郑州召开了全国铁路总工会第二次代表大会。

李大钊在“铁总”出版的《“二七”周年纪念册》上发表了《吴佩孚压迫京汉劳工运动的原因》一文。他写道：

> 帝国主义者卵翼的军阀与民众的结合根本不相容。因为民众一有结合，便有一种力量抗拒他们的阶级的民族的仇敌，那作外国帝国主义者代理人、卖国殃民的军阀，焉有不时时提防民众运动、压抑民众结合的道理。
>
> 英、美帝国主义者所扶持的军阀吴佩孚，当那京汉路工运动初起的时候，似是很想用他曾经用过的以“国民大会”的口号诈骗民众的伎俩来诈骗工人群众和全国民众。后来渐渐看清工人群众的结合，能够在国民革命运动中形成一种纪律紧严、勇力雄厚的中坚势力，他便骤然揭破那副假面，拿出凶残的手腕来压迫工人的集会。等到京汉工人因为争集会结社自由，举行全路大罢工，在军阀大本营的第一火线上和他短兵相接的时候，他更惊心动魄，知道工人阶级是国民革命运动中最勇猛、最有力的先锋队，他的惊讶和恐怖更坚增了他那用辣手摧残工人的决心。
>
> 在一段工人流血的历史中，已经显出了工人阶级在国民革命中的力量和位置。现在吴佩孚的势力虽然烟消火灭了，那些凶残的帝国主义者，仍旧在制

造军阀来摧残我们的民众。京汉路工热烈奋勇战斗的精神既已开了国民革命和阶级革命的第一幕，我们工人阶级和那些献身于无产阶级革命的战士们，更要奋勇万倍的高扬着鲜红的旗帜，踏着先烈的血路，向帝国主义者和军阀进攻！我们要誓告全国的民众道：

打倒帝国主义！

打倒军阀！

国民革命万岁！

世界革命万岁！

李大钊的这篇短文，充满了无产阶级的革命战斗精神。它用与帝国主义及其走狗势不两立的态度教育工人群众，鼓舞他们去进一步向敌人开展坚决的斗争。

1925年间，党组织在北京成立了第一所区委党校，学生有二三百人，经过短期训练后派往各地工作。李大钊对这个为党和革命培育骨干的工作给予了很大的重视，常常亲临指导。

当时，北方区党委的指挥中心就设在北京沙滩一带。沙滩的北大红楼里，有区党委的接头机关，有《政治生活》发行的房间，还有几个教室，是党团组织夜间开会的场所。区党校则设在离红楼不远的北大三院。李大钊对北方区党委的工作倾注了全部的精力。他对党的工作是极其认真负责的。他从过去致力于马克思列宁主义一般原理的研究和宣传，进而专心研究中国革命的实际问题与策略；他和青年同志在一起，为了讨论问题或处理工作，常常夜以继日，毫无倦意；他对于党的重大决议的贯彻，必定亲自检查直至亲自带头参加，率领群众执行。他一贯提倡要有一种“求真的态度”，认为“这种求真的态度，熏陶渐渍，深入于人的心性，则可造成一种认真的习性，凡事都要脚踏实地的工作，不驰于空想，不骛于虚声，而惟以求真的态度作踏实的工作”。[1] 其实，这也正是他本人工作态度的写照，他正是这样身体力行的。

---

[1] 《李大钊全集》第4卷第364页。

▲ 中共北方区委党校旧址

由于以李大钊为首的北方区党委在中共中央领导下采取了正确的策略，领导北方各级党组织开展了一系列的工作，这样进一步加速了北方革命运动的步伐。

另外一方面，冯玉祥在拥护段祺瑞出山的同时，电请孙中山北上主持国是，又派马伯援持亲笔信南下，迎接孙中山。孙中山是反直三角同盟中的一员，段祺瑞、张作霖也先后邀请他北上讨论时局问题。孙中山接受了共产党关于乘机宣传革命的建议，决定北上。

北京政变直接造成了有利于革命的客观形势。尽管政变后政权落到段祺瑞手中，但冯玉祥建立的倾向革命的国民军在北京及其外围驻有重兵，使段祺瑞政府不仅难以巩固政权，而且不能有所作为。这种形势不仅有利于北方革命的发展，也有利于南方革命势力的巩固。

北京政变客观上促进了民族、民权运动的兴起，为争取国民会议的召开创造了有利的条件。中国共产党早在1923年就提出了召开国民会议的主张，但由于直系控制北京政权，势力较强，又高喊“武力统一”，使召开国民会议的主张不得实现。北京政变以后，直系政权垮台，冯玉祥电邀孙中山北上主持大计，共商国是。中共再次号召在全国范围内发起召集“国民会议”运动，支持孙中山北上。孙中山行前发表《北上宣言》，沿途广为宣传，使召开国民会议和废除不平等条约的群众性运动蓬勃展开。

孙中山发出召开国民会议的号召，主张立即召开国民会议预备会，成立临时国民政府。年底，孙中山扶病入京，受到空前的盛大欢迎。1925年1月4日，国民党北京执行部联合各进步团体，成立了北京国民会议促成会，李大钊作了题为《帝国主义侵略中国后之国民运动》的讲演。3月1日，国民会议促成会全国代表大会召开，李大钊为会议领导人之一，在会上多次讲演。这次会议历时一月有余，它教育了群众，揭露了敌人，宣传了革命主张，对推动全国革命高潮的到来，起了积极作用。

孙中山病重期间，指派在北京的国民党中央执监委员组成中央政治会议，代他处理一切政治事务，实为最高决策机构，李大钊是委员之一。

孙中山到京后病情日益加重，决定成立国民党中央政治委员会，指定6人为委员，李大钊在内。3月12日，孙中山与世长辞，李大钊亲自领导追悼孙中山的活动，有几十万群众参加悼念活动，宣传孙中山“唤起民众”和新三民主义的政治主张。孙中山出殡的那一天,10多万群众为他送葬，形成了一次反帝反军阀的大示威。

李大钊写了长达214字的挽联：

> 广东是现代思潮汇注之区,自明季迄于今兹,汉种孑遗,外邦通市,乃至太平崛起,类皆孕育萌兴于斯乡;先生挺生其间,砥柱于革命中流,启后承先,涤新淘旧,扬民族大义,决将再造乾坤;四十余年,殚心瘁力,誓以青天白日满地红旗,唤起自由独立之精神,要为人间留正气。
>
> 中华为世界列强竞争所在,由泰西以至日本,政治掠取,经济侵陵,甚至共管阴谋,急思奴隶牛马尔家国;吾党适丁此会,丧失我建国山斗,云凄海咽,地黯天愁,问继起何人,毅然重整旗鼓;亿兆有众,惟工与农,须本三民五权群策群力,遵依牺牲奋斗诸遗训,成厥大业慰英灵。

这副挽联对孙中山革命的一生作了精辟的概括，指出继续奋斗的工农群众必将完成民族民主革命的事业。

国民会议运动与首都革命的接踵到来

1924年年底至1925年春，李大钊领导召开了国民会议运动。

北京政变发生后，冯玉祥一面请段祺瑞出来做“临时总执政”以暂维政局，一面又通电邀请孙中山北上，提出召开由各实力派军事首领参加的所谓“和平会议”，来产生一个正式政权。中共中央针对这种情况，提出“召开国民会议”的口号，号召立即在北京召开国民会议预备会，成立“临时国民政府”，并指出：国民会议的纲领应当是“废除一切不平等条约”，“废止治安警察条例及罢工刑律，保障人民的集会、结社、出版、言论、罢工之无限制的自由权”等等。

国民会议运动迅即在全国各地展开，各地人民团体纷纷发表宣言、通电，宣告“国民会议促成会”成立。仅北京的“国民会议促成会”，就有学生联合会、北京农会、全国国立大学联合会、京兆教育会、顺直同乡会等300多个群众团体参加。随后，又在北京成立了“国民会议促成会总会”，李大钊领导了这个总会的工作。

北京的国民会议促成会成立后，进一步开展了大规模的宣传活动。除发行周刊寄往各省和组织会员分组在街头演讲外，又组织了演讲大会。由李大钊等轮流在北大、师大、美专等校演讲。李大钊在题为《帝国主义侵略中国后之国民运动》的演说中，着重分析了中国人民近百年来同帝国主义作斗争的经验教训，破除了一些人在这方面的疑虑，有力地宣传了党的反帝主张。

在全国人民的热烈要求下，孙中山于1924年年底北上，准备在北京主持召开国民会议。但老奸巨猾的段祺瑞，一面也不得不装出欢迎孙中山的样子，一面却又发表“外崇国信”的声明，承认一切不平等条约，并且召开“善后会议”，企图用这个完全是由各地军阀头目和官僚政客所组成的御用会议，来代替全国人民所期望的国民会议预备会。

为了反对段祺瑞的善后会议，北京召开了国民会议促成会全国代表大会。1925年3月1日，当善后会议正在进行的时候，这个代表了全国人民意志的大会在北京开幕了。大会开了一个多月，到会代表百余人，列席百余人，共200多人，代表了20多个省区、120多个地方的国民会议促成会。大会着重揭露了善后会议的反人民性质，同时也对中国革命的一些基本问题进行了讨论，通过了相应的决议。李大钊是出席这次大会的代表，而且领导了整个大会的工作。会前，他召开了北方区党委会，专门讨论了和这次大会有关的各项问题。大会期间，党组织了大会的党团。他又几次主持区党委会议，听取了大会党团书记的汇报，对如何同善后会议作斗争等进行了研究。鉴于大会与群众的联系还不够，区党委决定，组织两次群众示威游行，配合大会展开宣传，揭露段祺瑞的阴谋。此外，李大钊还亲自召集出席会议的共产党员，为他们详尽、具体地讲述了当时党的统一战线政策。他反复说明了中国共产党第四次全国代表大会所确定的“扩大左派，批评中派，反对右派”的方针，要求大家在会议过程中正确地贯彻这一方针。他提醒大家注意国民党右派在会上的破坏活动，要大家坚持党所提出的反帝、反军阀的主张。他的这些工作，对大会的成功起了重要作用。在会上，他被推举为大会的国民会议运动委员会委员，领导这个委员会讨论了进一步开展国民会议运动的办法。

大会进行期间，孙中山先生因病在北京逝世。北京的党组织和共青团组织，在李大钊领导下，在追悼孙中山的三天活动中，发动了30万人参加，散发了 3000 多份《政治生活特刊》,着重配合宣传国民会议运动,宣传了孙中山的“唤起民众”和新三民主义的政治主张。孙中山出殡那一天,数十万北京人民“恭送”,事实上形成了一次反帝、反军阀和反段的群众大示威,队伍经过西华门时(段祺瑞的善后会议就设在这里),愤怒的群众把善后会议的牌子也给砸了。

▲ 李大钊等为孙中山抬灵送柩

全国革命的高潮很快就因为五卅运动的爆发而到来了。

1925 年 5 月 30 日,帝国主义在上海实行血腥屠杀,制造了“五卅惨案”。在中国共产党的领导下,全国掀起反帝运动高潮,史称“五卅运动”。上海惨案的消息传到北京后,北京全城立刻沸腾起来了。北京党组织在李大钊的领导下,进行了紧张的工作,在反帝国主义的统一目标下,迅速将北京各阶层人民组织了起来。学生中组织了“沪案雪耻会”,并加强了各校学生联合会的工作;工人中组织了“工人雪耻会”。6 月 5 日,又成立了有 480 多个团体参加的“北京各界对英、日帝国主义惨杀同胞雪耻大会”。

在以李大钊为首的北京区党委领导下,北京人民在 6 月 3 日、10 日、25 日连续举行了规模空前的示威游行。第一次参加者有 5 万余人,第二次 20 万人,第三次 30 万人。特别是第三次总示威,参加最多的是各行业的工人,郊区的农民也第一次赶来参加了示威。

第二次示威游行前,在天安门广场前召开了五卅运动中第一次“北京国民大会”。会场上搭起了 5 座讲台,同时进行演讲、发言。与会者悲愤交集,群情激昂,高呼“打倒英日帝国主义!”“援助被害同胞!”“救国救民坚持到底!”等口号,当场有人血书“誓死救国”四个大字,表示决心。最后,大会通过了《北京国民会议宣言》。宣言中沉痛地写道："噩耗传来，心胆俱裂，伤心惨目，曷有其极……全国各地，实满布此辈强盗之凶迹，如不共同分头，一致抗争，则举国民众，死亡无日！""本大会痛国家之危亡，悼同胞之惨死"，"尤希全国同胞……一致奋斗，誓不摧挫英日、打倒帝国主义不止！"宣言郑重地宣告："自惨杀发生后，举凡一切不平等条约，即失其效力。中国国民，绝不承认其束缚能力。本国政府，即应本此民意执行。"这一庄严的声明，显示了北京人民和这次大会彻底的反帝斗争精神。

这次大会在区党委和李大钊的领导下，开得很成功。当天中午，烈日如火，会后游行示威时，又下起了大雨，水深过膝，但20万民众仍坚持到底，冒雨游行了20多里。

随着运动的发展，区党委和李大钊根据中共中央的指示，逐渐引导群众把反帝爱国运动和当时世界的反帝斗争更紧密地结合起来。6月10日，北方区党委发出的《告国民书》和当时刊行的《政治生活》都明确地向群众指出："反帝国主义的被压迫民族之奋斗，是世界革命的一件必具原素。"为反对"帝国主义而采取的民族革命行动……不能脱离世界革命而存在，即不能脱离国际劳动阶级的共同利益而存在"；"打倒这人类的恶魔——帝国主义，必须'联合世界上以平等待我之民族共同奋斗'，更要与一切弱小民族携手进行"。6月30日，北京500多个团体于天安门举行了"全世界被压迫民族国民大会"，邀请了朝鲜、印度、土耳其等国的代表参加。会上，"全世界被压迫民族团结起来！""打倒帝国主义！""打倒军阀！"等口号震动全场，与会民众受到了一次深刻的爱国主义和国际主义的教育。

▲ 1925年的李大钊

除几次大规模的游行、示威、集会外，李大钊领导下的北京党团组织还发动了学生罢课和工人罢工，以及抵制英、日货的运动。北京学生的罢课，从6月3日直到9月8日，坚持了3个多月之久。

李大钊还派赵世炎等到天津、唐山等地领导了那里的日商纱厂工人罢工、海员工人罢工以及开滦五矿工人大罢工和学生罢课。

五卅运动是反帝国主义运动。李大钊领导北方党的工作和群众革命运动，从一开始就把启发群众反帝的觉悟放在第一位。他反复地向群众指出："中国今日政治经济的情形，完全是国际帝国主义侵入的结果，中国全民族应该并力反抗那侵入中国的国际帝国主义，作民族独立的运动。""应该把国际帝国主义侵略我们的痛史，细数从头"，"以作民国的薪胆"。他向国民大声疾呼："国际帝国主义是我国民最凶恶的仇敌！被压迫民族及被压迫阶级联合起来！反抗国际帝国主义！"

五卅运动中，以李大钊为首的北方区党委坚决执行了中共中央的指示，使运动一开始就以废除一切不平等条约，推翻帝国主义在中国的一切特权为其主要目的，而没有停止在惩凶、道歉、赔偿损失等枝节的要求上。"北京国民大会"及其宣言和几次示威游行能具有鲜明的反帝色彩，是和李大钊在这方面的领导分不开的。在他的领导下，北京的党团组织以及党领导下的群众团体，在五卅运动中进行了极广泛深入的反帝国主义宣传，仅工会这一期间发出的反对英日等帝国主义的传单就有 12 万份之多，学生也组织了各种演讲队、演说团共数百组，川流不息地到街头巷尾展开宣传活动，并把这些宣传扩大到了市郊的广大农村中。

五卅运动以后，全国的反帝国主义怒潮并没有减弱下去，而是更加汹涌澎湃了。紧接着，北方区党委和李大钊在北方领导了声势更加浩大的关税自主运动。

当段祺瑞政府提出召开关税会议时，美国和英国、日本等纷纷表示同意。帝国主义国家企图通过这个会议，用一些微小的让步来欺骗和麻痹中国人民，缓和群众的斗争，并以此收买一部分资产阶级，分裂反帝统一战线。当时的英国首相张伯伦就曾明确表示："最好是根据华府会议九国条约，到中国开关税会议。"作为在华利益的总代表，"公开地要求中国应先恢复相当的秩序"，"要求实行禁止一切反帝国主义言论、团体和出版物的法律"，作为修改关税协定的条件。这一阴谋,正像当时北方党组织通过自己领导下的团体和刊物所揭露的:“帝国主义已由用大炮机关枪向完美进攻的方式,进而用骗人的关税会议来向完美进攻了!”“他们的条件,我们可以作一个公式:帝国主义者予中国政府以若干让步,但中国政府对自己的人民应实行保护帝国主义者的政策。”这真是一笔廉价的交易!而苟延残喘的段祺瑞政府,为要取得帝国主义在政治上和财政经济上的支持,却把关税会议作了自己“唯一的续命汤”,悍然不顾人民的反对,用全力来支持这次会议的召开;并在9月间下令封闭了上海总工会,作为见面礼,表示愿意实行帝国主义所要求的条件,和乞讨帝国主义的施舍。段祺瑞政府的这一做法,使自己更露骨地处于与人民相敌对的地位。

李大钊从来不对帝国主义抱任何幻想。1925年10月7日,北方区党委和共青团北方区委联合发布了《告工农学生军士书》,提出了“关税自主”的口号,并把这一口号和废除一切不平等条约的口号联系起来,来同关税会议作斗争。鉴于一部分人,特别是一部分资产阶级及其代表人物还对关税会议抱有幻想,还想到这个会议里去争一个“关税自主”,李大钊又领导北方党组织通过进步群众团体和一些报纸刊物,在各阶层群众中对关税会议进行了广泛的揭露,号召人民开展反对这个会议的斗争。李大钊曾亲自联络各团体对关税自主问题举行了讨论会,并在“马克思学说研讨会”中发表演说,为大家分析指明了帝国主义召开关税会议的真实意图;又在北大等校教职员中发起了要求关税自主的签名运动。在他的领导下,《政治生活》连续发表了七八篇文章,用大量的事实,彻底揭露了关税会议的本质,从而指出:“中国民众要在这种会议的形势之下要求关税自主,简直是妄想”;“要想真能得到关税自主,只有民众以自己的力量实行革命以后,自己宣布关税自主”。

与此同时,北方区党委和李大钊在关税会议开幕前后,于10月10日、25日、26日,11月10日、22日,组织了五次要求关税自主、反对关税会议的示威游行。这些示威游行,都遭到了段祺瑞军警的阻挠和破坏,特别是10月26日、11月22日两次,与军警发生了激战,流了血。最后那次,“完全是一次巷战”。

当时,段祺瑞政府已极不得人心,奉系军阀因奉军将领郭松龄的倒戈,也正自顾不暇；而倾向革命的国民军当时统治了北京、保定一带。群众已在五卅运动和关税自主运动中大大提高了觉悟，受到了锻炼；特别是通过最近的几次流血斗争，莫不对段祺瑞切齿痛恨，有推翻这一反动政权的革命要求。北方区党委和李大钊估计到这一形势，认为这是一个很好的时机。区党委召开了会议，决定发动一次以推翻段祺瑞政权、建立国民政府为中心的群众革命斗争，并组织了行动委员会，指挥这次革命行动。

11月28日，这场以推翻段祺瑞政权和建立"国民政府"为目的的革命运动在北京爆发了。李大钊亲自领导了这一次重大的斗争。这天，北京与往日大不相同。各学校、工厂的学生敢死队和工人保卫队在上午开始出动。很快，各种号召人们起来革命的标语贴满了墙壁，数十万张传单在人群中飞舞，屋顶上竖起了革命的红旗，迎风招展，革命的空气弥漫全城。到下午两点，神武门前已是人山人海，旌旗蔽空。群众队伍都像军队一样组织起来，有总司令、副总司令。前边是学生敢死队，臂缠红布的工人保卫队，十分威武。中间是一般群众团体和市民。最后是看护队。大家手拿木棍等武器，在神武门前举行了示威大会，然后，就在李大钊的亲自率领下，浩浩荡荡地向段祺瑞政府所在地前进。李大钊走在队伍最前面，领着大家高呼："打倒段祺瑞卖国政府！""打倒一切帝国主义！""建设国民政府！""建设民众的武力！""拥护广东国民革命政府！""解散关税会议！"等口号。随即，群众齐集队伍包围了段祺瑞的执政府，并赶跑了警察总监，占领了警察局和邮电局。因执政府已停止办公，大队又开往段祺瑞的住宅，准备举行群众公审，驱逐其下台。

次日，李大钊又领导着更多的群众，在天安门举行了国民大会，通过了"即日解除段祺瑞一切政权，由国民裁判""解散关税会议，宣布关税自主""组织国民政府临时委员会，召开国民会议""责成国民军，服从国民大会一切决议"等充满了革命精神的决议案，继续鼓舞群众的革命热情，准备进行更大的斗争。会后，又举行了盛大的示威游行。

这次革命虽然没有达到原来的目的，但它使北京在两天内陷于无政府状态，给了反动军阀以沉重的打击，显示了革命群众的力量，而且以此为起点，在全国范围内掀起了一个反段的国民运动。

这次革命，当时曾被同志们亲切地称作“首都革命”，是我们党领导群众起来夺取政权的一次尝试。中共中央和共青团中央特地于12月1日联合发布了告全国民众书，指出：“最近北京连日的民众示威暴动，已是人民夺取政权之起点。”

▲1925年11月28日“首都革命”群众队伍在故宫神武门前举行示威大会的情景

应当指出的是，当时进行的一系列斗争都面临着国民党右派的极大干扰和破坏，特别是在北京召开“西山会议”以后，通过了反共议案，宣布取消李大钊等共产党人的国民党党籍，并在北京等地组织地方党部。李大钊领导着北方各级党组织，依靠共产党和国民党左派的紧密合作，团结了中派，同右派作了坚决斗争。

在“三一八”运动中

五卅运动以后，奉系军阀代替了原来直系军阀的位置，秉承日、英等帝国主义的意旨，在沈阳、天津、青岛、上海由北到南的广大地区，到处“压迫国民革命运动，屠杀工人群众，封闭民众团体，摧残人民的自由”，从而成为当时帝国主义屠杀中国人民主要的和最野蛮的刽子手。党组织根据这种情况，于1925年冬反奉战争爆发的时候，领导了全国性的反奉运动。

反奉运动在全国人民的支持下，开始进行得很顺利。奉系军阀内部分裂，奉系将领郭松龄的部队倒戈，进逼沈阳，张作霖已经“准备逃亡”。国民军也击败奉系张宗昌、李景林的军队占领了天津和河北全省。

这时李大钊还亲自到天津去了一次，以加强党组织在这个大城市的工作，并在那里的群众大会上发表了演说。

但是，帝国主义是绝不会甘心让它的既得利益从手中失去的。日本帝国主义这时露出了更加穷凶极恶的面目，竟公然出兵我国东北，帮助张作霖消灭了郭松龄的部队；又进一步支持奉军再次入关，准备让这支最反动的武装占领京津一带，从而消灭冯玉祥国民军的力量。与此同时，英帝国主义以大批军械援助吴佩孚从南面攻打国民军。帝国主义这种肆无忌惮的侵略行为，激起了中国人民的极大愤怒。

在全国人民反日、英，反张、吴的怒潮中，北方区党委和李大钊领导着北京人民于1925年12月31日，1926年1月14日、31日，在天安门连续举行了三次大规模的、每次均有数万群众参加的反日讨张的国民示威大会，2月27日，又在天安门举行了有4万多人参加的反英讨吴的国民大会。瞿秋白在这次大会上发表了演说。经过这些运动，北京的广大群众更加团结了，他们对帝国主义及其走狗军阀同仇敌忾，而帝国主义和段祺瑞军阀政权对革命人民更加仇恨和恐惧，他们酝酿着一次新的、空前的大屠杀。

3月12日，两艘日舰公然掩护奉系军舰进入大沽口，驻守炮台的国民军以旗语制止，不听，于是发空炮警告，而日舰竟立即报以实弹射击。国民军在这种情况下，不得不开炮还击。事后，日本帝国主义非但不接受国民军的抗议，反而以国民军破坏了所谓“辛丑条约”为借口，向中国政府提出抗议，并纠合英、美、法等八国公使向中国发出最后通牒，限48小时内答复。与此同时，帝国主义的军舰也云集大沽口，陈兵海上，以武力进行威胁。

帝国主义这种蛮横到极点的挑衅行动，激起了中国人民的无比愤慨。当时的北京，更是舆论沸腾，群情激昂。在党组织和李大钊的领导下，3月14日，30万群众举行了国民反日大会，严重抗议日军炮击大沽口。“打倒日本帝国主义”的怒吼声震撼了每个人的心。3月17日，李大钊亲自率领北京全市各学校、各团体的代表团赴国务院、外交部请愿，要求段政府以强硬态度“驳复最后通牒”，驱逐签署最后通牒的八国公使出北京，但是，以卖国为能事的段祺瑞政府，却早已准备用屠杀群众来换取帝国主义更多的信任和支持，竟用刺刀回答了人民的要求，揭开了大屠杀的序幕。

3月18日，李大钊又亲自领导十余万群众、200多个社会团体在天安门举行了反对八国最后通牒示威大会。会场上挂起了昨天请愿受伤代表的血衣，写着“段祺瑞铁蹄下之血”8个大字。李大钊是这次大会的主席之一。他在会上发表了慷慨激昂的演说，号召大家“用‘五卅’的热血”，“不分界限地联合起来反抗帝国主义的联合进攻，反对军阀的卖国行为”。他的演说极大地激励了全体听众。这次大会开得异常激烈，与会之人个个热血沸腾，义愤填膺，准备与帝国主义决一死战，并且一致通过了驳回最后通牒和驱逐八国公使等决议。会后，又组织了2000多人的请愿团。

但事实证明，即便是“并无实力”的段祺瑞政府，即便是对这2000多和平请愿团群众，反动派也绝不放过他们蓄谋已久的屠杀机会。在群众进入执政府门前的广场后，段祺瑞的军警就封闭了广场上仅有的两个出口，血腥的大屠杀随即开始了。军警用排枪，用刺刀，用大刀，用最残酷最野蛮的手段射击砍杀群众达半小时之久。广场上流满了鲜血，人群一批一批地倒下。

这次惨案，死者达47人，伤者200多人，被鲁迅称作“民国以来最黑暗的一天”。丧心病狂的段祺瑞政府，为了开脱罪责，竟又在当天发表了一道完全颠倒黑白的所谓“指令”，胡说此次惨案，系李大钊等“率领暴徒数百人，手持枪棍，闯袭国务院，泼火油，抛炸弹，手枪木棍丛击军警，各军警因正当防御，致互有死伤”。然而，正如鲁迅所讲的：“墨写的谎说，决掩不住血写的事实。”“血不但不掩于墨写的慌语，不醉于墨写的挽歌；威力也压它不住，因为它已经骗不过，打不死了！”是的，血的事实，又一次无情地揭露了反动派凶残、无耻的本性，从而极大地教育了广大人民。许多群众正是从这次惨案中，抛弃了对军阀的最后一点幻想，进一步认识到了“立即起来团结、武装和革命”的必要，积极地迎来了轰轰烈烈的北伐战争。

▲“三一八”天安门前国民大会场景

李大钊在请愿队伍从天安门出发的时候，亲自打起一面大旗，走在队伍的最前面。流血惨剧发生时，国民党的徐谦等人即跳墙而走。李大钊头部和双手都负了伤，并曾一度被捕，因回答机警才得脱险，却仍旧从容不迫，镇静地指挥和掩护群众退却。当时，有的学生敢死队员准备拿起木棒冲上去，李大钊制止了他们，并告诉他们：“卖国政府是蛮横无理的，我们一定要保全自己的力量！”直到枪声响过半小时后，李大钊才随着最后一批群众撤出广场，表现了共产党人进攻在前、退却在后的高尚品格。

3 月 18 日当天晚上，李大钊召开了北京党、团地委的联席会议，决议一定要把斗争坚持到底，组织对伤者的慰问，召开追悼会，进一步揭露段祺瑞政府的卖国本质。第二天，北京各学校都停了课。许多学校先后为死难烈士举行了追悼会。3 月 23 日，北京总工会、学联等团体又在北大举行了追悼大会，会场高悬“先烈之血，革命之花”8 个大字。会上，有的爱国青年当场咬破手指，扯下衣襟，用鲜血写下自己的誓言。

“三一八运动”虽然被帝国主义及其走狗镇压下去了，但是，正像李大钊当时所言：“帝国主义对中国民族的压迫，只有日益增加，故中国民族之革命运动，亦只有从之而日益强烈……到处都有中国民众被屠杀于他们所谓‘秩序’之下的血迹，即到处都有中国民众反抗列强的斗争。因为对于压迫的回答，只有反抗，对于他们镇压我们的‘秩序’的酬应，只有我们反抗他们秩序的骚乱，这便是革命。”“三一八惨案”以后，为了保存和发展革命的力量，李大钊领导着北方的党、团组织，转入了地下斗争。

“三一八惨案”的第二天，段祺瑞的所谓“执政府”对李大钊等加以“假借共产学说，啸聚群众，屡肇事端”的罪名，“着京内外一体严拿，尽法惩办”。4 月 9 日，国民军进京赶走段祺瑞；随即，以奉军进迫，退守南口。张作霖、张宗昌的奉系军队乃占领了京津一带。

奉系军阀和直系军阀联合起来，疯狂地加紧了对革命的迫害，到处搜捕革命党人。当时，北京城贴满了这样的告示：“宣传赤化，主张共产，不分首从，一律死刑”。就连带有某些进步色彩的报纸的主编，如《京报》主编邵飘萍、《社会日报》主笔林白水等，也都被捕枪杀。李大钊更是被张作霖等视为眼中钉、肉中刺，一再被通缉。许多军阀密探、帝国主义间谍千方百计地侦查他的住处。在帝国主义和军阀指挥下，各种反动势力组织了所谓“国民制赤会”“反赤大同盟”等，嚣张地向革命进攻。严重的白色恐怖，一时笼罩了北方。

第十五章

生命绝响正气歌

为冯玉祥国民军引路

李大钊与冯玉祥早在 1911 年的滦州起义中就已相识。对这样一位出身微贱、具有爱国民主思想的将领，李大钊深为关注。1922 年，冯玉祥任河南督军时，因不满吴佩孚等人的穷兵黩武而被明升暗降，给了他一个“陆军检阅使”的虚衔，实际上是想剥夺冯的军权。李大钊敏锐地认识到这是一个争取革命武装的好机会，于是就和孙中山派来的国民党左派徐谦做冯的工作。当时冯玉祥驻军北京南苑，李大钊专程造访，向他介绍十月革命的情况，宣传南方的革命形势，鼓励冯：“孙先生在南方，冯检阅使在北方，如同心协力效法苏俄，刷新政治，中国就有前途。”冯玉祥听了李大钊所言，高兴地说：“教授一夕谈，胜读十年书。”

李大钊访冯，给困境中的冯玉祥指明了出路。冯在不利的条件下全力练兵，并在部队中大力进行爱国教育，练就了一支能征善战、纪律严明的精兵。1924 年 10 月，冯玉祥在李大钊、徐谦的影响和策动下发动了北京政变。

北京政变后，冯玉祥积极迎接孙中山北上“共商国是”，但同时，他又作出了邀请段祺瑞出山的错误决定。而段出山执政后，即积极联合奉系军阀张作霖，反对和排挤冯玉祥。尤其是张作霖，背弃奉军不入关的诺言，率军入关并进入北京。在这种情况下，冯玉祥感到政治上难以对付段、张的联合势力，军事上又难以与张作霖抗衡，只好通电下野。此时段祺瑞还假惺惺地任命冯玉祥为西北边防督办。而冯玉祥心灰意冷，对段政府的任命力辞不就。

面对北方的复杂形势，李大钊领导的中共北方区委认为，冯如果在此时下野，会使北方的形势不利于国民革命，尤其是冯的部队由于失去核心和支柱而被分化瓦解，这对中共和冯本人，都将是巨大的损失。李大钊等还分析，西北地区背靠苏联，可以得到苏联的援助，而冯玉祥已经经过李大钊介绍与苏联驻华大使加拉罕熟稔，加拉罕经常与冯交谈。后来冯玉祥在自己的回忆录《我的生活》中说：他与加拉罕“谈苏俄革命后各方面的情形，使我得到许多新的认识，觉得他们的国家实有伟大的前途”。李大钊和徐谦更是以国民党中央委员的身份多次与冯深谈，说服冯接受西北边防督办之职。李大钊和徐谦还与加拉罕商定，苏联可以通过外蒙古到张家口的路线，给冯部以无偿援助。冯玉祥在苦闷中接受了李大钊对他的帮助和建议，就任西北边防督办之职，并坚定了开发西北、创建一支全新的国民军事业的决心。

1925 年 1 月，冯玉祥将军遵照孙中山先生的密示，把西北边防督办公署由北京西山迁到塞外张家口。接着，冯玉祥把张家口桥东德胜西街 45 号西式平房院购下，建立了自己的图书馆——爱吾庐。爱吾庐是冯玉祥读书学习、举办高级将领研究班、接待国内外贵宾的“署外之府”。之后，李大钊为了架起国民军与苏联之间的桥梁，多次往返于北京苏联驻华大使馆和张家口西北边防督办公署之间，寝息于此。这是冯玉祥西北国民军联俄的重地，也是当时中共在北方革命活动一处重要地址。

▲ 冯玉祥的回忆录《我的生活》

冯玉祥在李大钊的帮助、指导下，对革命的认识逐渐深化，二人的友谊也与日俱增。冯在回忆录中写道：“我们的接触越来越亲密，越谈越接近，于是我的思想和许多政治方面的见解也慢慢起了变化。”

1925 年 2 月，冯玉祥又一次邀请李大钊和徐谦到张家口，经过会谈，达成了要求苏联给予军事援助的协议，拟定了援助的内容。李、徐并请冯派人到京与加拉罕谈判军援的具体事宜。这期间，冯玉祥提出要聘请李徐二人做他的高级顾问。但李大钊认为，徐谦是国民党驻冯部的代表，聘为高级顾问，有利于公开协助冯的工作，而他本人还是不担任顾问更有利于开展工作。对此，冯玉祥对李大钊不计较个人名利的高尚精神由衷地敬佩。

根据会谈结果，冯玉祥立即派代表到北京，同加拉罕商谈援助国民军各种武器装备的项目和数量。苏方表示给国民军的步枪、机枪、大炮及各种弹药都是无偿赠予。4 月，在李大钊的安排下，苏联派驻广东革命政府的最高顾问鲍罗廷专程赴张家口与冯商谈，双方达成了苏联对冯部的军事援助协议。自此，苏联的军援陆续运到冯部。据当时苏联顾问团成员普里马科夫回忆：“1925 年 3 月至 1926 年 7 月，国民军得到了（来自苏联的）：步枪三万八千八百二十八支，日本步枪一万七千零二十九支，德国子弹四千六百二十万发，大炮四十八门，山炮十二门，手榴弹亿万多枚，配带子弹的机枪二百三十挺，迫击炮十门以及药品……”[1] 苏联还先后派遣 30 人的军事顾问团到达张家口，展开对冯部军官的培训和部队的训练。国民军建立了高级军官、炮兵、机枪、步兵和骑兵等学校，由苏联专家主持教学。不久，各学校毕业的 500 多名学员分配到各部队，对提高国民军的战术和技术水平、增强战斗力发挥了很大的作用。

1925 年 8 月，国民党北方执行部在北京召开政治会议，“推定本党国民军方面政治、军事委员会各五人”，政治方面的委员为李大钊、徐谦等人，军事委员为于右任、李烈钧等。为了从政治上、思想上影响和改造冯玉祥和国

[1] ［苏］维·马·普里马科夫：《冯玉祥与国民军》，中国社会科学出版社 1982 年版，第 10 页。

民军，李大钊与冯玉祥进行了多次会谈，劝说他在部队中建立政治工作机构和制度，使其确信在部队中进行政治工作的必要性。

在李大钊的劝导下，冯玉祥开始重视政治工作。他请李大钊拟定了军队政治学习计划，主要是军队中设俱乐部作为政治工作的基地，在俱乐部里建立各种政治和文化教育制度，开设研究政治经济学和孙文主义小组。当时有12名国民党工作人员和苏联顾问在俱乐部里讲课。同时，还设立了称为“新村”的图书馆，馆中充实了马列主义书籍和孙中山著作及政治经济学等书籍，还订阅了全国许多报纸杂志。李大钊派到图书馆工作的宣侠父等人对各军长官讲解孙中山的“联俄、联共、扶助农工”三大政策，《建国方略》《建国大纲》等新三民主义的内容。对政治训练成绩优秀者，选派到基层作战部队宣讲，同时，用散发传单、发表演讲、编演新剧等形式到民众中宣传。一时，在偏远的察绥地区，革命气氛颇为活跃。在国民军能够影响到的察哈尔、绥远以致京畿、河南等地，共产党党员可以在群众中开展活动。为了扩大宣传，李大钊还派共产党人为国民军创办了《察哈尔国民新报》《西北日报》两份报纸。

李大钊的这些举措，在国民军中产生了巨大的影响，使国民军形成了以新三民主义为中心的思想教育格局，官兵们的爱国热情空前高涨，国民军的思想素质得到了提高，精神面貌焕然一新，新三民主义和“联俄、联共、扶助农工”三大政策深入人心，为以后参加国民革命奠定了良好的思想基础。

冯玉祥的爱国行为在当时影响很大，就连在华的许多通讯社的记者都不再称冯玉祥为“基督将军”，而改称“赤色将军”了。[1] 而奉系军阀和各派军阀，则把国民军视为心腹大患，称孙中山的国民政府为“南赤”，称冯玉祥的国民军为“北赤”，必欲除之而后快。到1925年年底，直系、奉系两派军阀和直鲁联军开始联合进攻国民军，国民军处于非常被动的地位。在这种情势下，冯玉祥通电下野，试图以辞职来避免战争。

---

[1] ［美］薛立敦：《冯玉祥的一生》，浙江教育出版社1988年版，第216页。

冯玉祥下野后决定出访苏联，经李大钊与苏联方面沟通，辗转到达莫斯科。在瞻仰了列宁墓之后，由徐谦介绍加入了国民党。[1] 冯在苏期间，先后受到苏联党政军领导和共产国际负责人加里宁、伏罗希洛夫、季诺维也夫等人的接见。在苏联的共产党人蔡和森、刘伯坚等对冯做了大量的争取工作。

1926 年，以国共合作为基础、以反帝反封建（“打倒列强，除军阀”）为伟大目标的国民革命如火如荼地开展起来。孙中山生前领导的广东国民政府在巩固了广东革命大本营之后，随即同中国共产党一起共筹北伐。7 月，北伐军正式誓师，北伐战争开始。有共产党人参加的北伐军一路势如破竹，不到半年的时间就由珠江流域打到长江流域。

但冯玉祥的国民军，此时已陷入极为困难的境地。虽然冯玉祥通电下野，但反动军阀力图对国民军赶尽杀绝。1926 年 1 月 5 日，奉直“讨赤联军”即向国民军发动大规模进攻，国民军群龙无首，军心涣散，在南口陷入奉、直、阎（锡山）和直鲁联军的围攻之中，终因寡不敌众，损失惨重，形势严峻。当时，每天的战报由张家口国民军总部的苏联军事顾问团电告北京的苏联大使馆，苏联大使馆随时转告李大钊。李大钊接到报告后心急如焚，随即发电报给于右任，要其火速赶往莫斯科，向冯玉祥转达他对国民军前途的意见。与此同时，还亲自连发三次电报，要冯玉祥迅速回国收拾残部，重振国民军。冯玉祥经过反复权衡，接受了李大钊“进军西北，解围西安，出兵潼关，策应北伐”的战略方针，带着苏联顾问和中共人士刘伯坚于 8 月中旬回国。

9 月 16 日，冯玉祥到达绥远省（今内蒙古自治区）五原县，五原县城虽不大，却是由京、津西到察、绥、甘、新的必经之地。城东有一家名为“兴隆长”的车马店，客房较多，于、冯下榻此店。冯玉祥在此召开军事会议。除于、冯外，国民军的高级将领如鹿钟麟、张之江、宋哲元、徐永昌、方振

[1] 关于冯玉祥加入国民党的时间，另有一说为 1926 年三四月间，见李泰棻著：《国民军史稿》，1930 年，第 301 页。

武、刘汝明、冯治安等及苏联军事顾问团成员参会。会上，于右任提议组织国民军联军；共推冯玉祥为总司令，于右任为副总司令兼国民军联军驻陕总司令。

经简单筹备，9 月 17 日在五原举行誓师大会。誓师会场设在“兴隆长”东广场，场上搭建司令台。所有部队整齐列队于司令台前。中国共产党北方区委派到各部队的 200 多名干部及共产党员，和经他们组织的农牧民亦成队参会。冯玉祥在誓词中说：“国民军之目的，以国民党之主义，唤起民众，铲除卖国军阀，打到帝国主义，以求中国之自由独立，并联合世界上以平等待我之民族共同奋斗，死生与共，不达目的不止”，并向全国发出《五原誓师宣言》。宣言中称：“玉祥本是一个武人，半生戎马，未尝学问。唯不自量，力图救国，怎奈才识短浅，对于革命的方法不得要领，所以飘然下野，去国远游，乃至走到苏联，看见世界革命，起了万丈高潮。中国是世界的一部分，受国外帝国主义与国内军阀双重压迫，我们要解除这深切的痛苦，惟有推翻帝国主义的压迫，解除军阀之压迫。”宣言果断宣布脱离北洋军阀，接受国共合作纲领和孙中山“联俄、联共、扶助农工”三大政策，誓师入陕。誓师大会上，冯玉祥率全军集体加入国民党。誓师会上还举行了易旗仪式，将五色旗更换为青天白日旗。于右任以中国国民党中央执行委员会常委身份授旗并监誓。会后成立国民军联军总司令部，冯玉祥就任联军总司令，共产党员刘伯坚任政治部副部长，聘请乌斯曼诺夫为政治军事顾问。同时，选派政治工作人员分赴各军，效法苏联红军设政治处。

五原誓师是冯玉祥国民军的行动纲领的实施，是国民军转败为胜具有决定意义的转折，是李大钊亲手策划和经略的结果。

誓师后，冯玉祥全盘采纳李大钊此前提出的“进军西北，解西安围，出兵潼关，策应北伐”的战略方向及随后密函“固甘、援陕、联晋、图豫”的八字方针。决定孙良诚、吉鸿昌、韩复榘、孙连仲、方振武、马鸿逵、刘汝明等部 2.5 万余人由于右任指挥，委孙良诚为援陕总指挥。孙良诚、吉鸿昌率部自甘先行出发，其余各部依次跟进，赴西安解围。当时，张作霖支持匪首刘镇华纠集一支号称10万人的部队，企图攻占国民军占据的西安，为北洋军阀扩大地盘。刘镇华围城8个月之久，放火烧掉城外6600余公顷麦田，强征民夫在城周围挖掘了一条3公里长的断绝沟，企图迫使全城军民投降。国民军将领杨虎城、李虎臣带领全城军民坚守西安，时称“二虎守长安”。国民军大军入陕，至11月末，西安解围。西安解围的胜利，证明了李大钊为国民军制定的战略方针是正确的，也扭转了国民军自南口失败后的低落士气。在西安守城期间，西安城内死难者达5万余人，占当时城内人口的四分之一。1927年2月，为纪念西安围城期间死难的军民，冯玉祥率众公祭，建革命公园，负土筑冢，建立烈士祠和革命亭，供市民凭吊纪念。

在解西安之围的同时，冯玉祥与苏联军事顾问亲赴包头、归绥（今呼和浩特）等地寻找旧部。10月，散驻各地的冯玉祥旧部来投者达6万余人，与西安解围之后的部队会合，国民军又达10余万人，军威再振。

▲ 冯玉祥国民军五原誓师

冯玉祥进驻西安后，李大钊又及时送来密函，内有奉、鲁（张宗昌部）及孙传芳部在北方的兵力部署和奉军的作战计划，据此建议冯“出长安会师郑州”。冯玉祥立即遵照李大钊的意见，筹措款项，整顿军纪，以实现“东出潼关，会师中原”的宏愿。李大钊领导的中共北方区委也积极配合冯军，为国民军东出培养军事骨干。

1927年4月6日，迁至武汉的国民政府任命冯玉祥为国民革命军第二集团军总司令，冯部开始东进潼关。此时，李大钊已被奉系军阀逮捕，闻此消息，冯玉祥立即联络各方，积极营救，同时发表宣言警告张作霖：“苟张作霖一味残暴成性，胆敢危害李大钊等数十同志之生命，则本司令实逼处此，亦唯有采取无可如何之报复主义，而以张作霖之残暴手段还诸奉方人员，且通令本军每至一地务必竭力搜捕奉方余孽，决不稍令姑宽……”表达了对军阀以血还血、以牙还牙的决心。

5 月 6 日，正在潼关前线督战的冯玉祥得知李大钊 4 月 28 日被奉系军阀张作霖杀害的噩耗后，泣不成声，立即通令三军和西北各地方机关、民众，举行大规模的追悼活动，并号令中级官长以上戴黑纱一周，以志哀悼。

接着，冯玉祥在潼关总部召开了追悼李大钊的大会。追悼大会结束后，冯玉祥为吊唁李大钊这位良师益友，还沉痛赋诗，刻石铭志。诗文如下：

> 何故被绞杀兮？为革命。何处被捕兮？于苏联大使馆所在之北京。何物残忍置诸同志于死地兮？帝国主义的刽子手张作霖。何人主谋凶杀兮？帝国主义倡首的日与英。我方率军东来兮，师次潼关。凶耗惊传兮，黄河流水为之呜咽。三军齐下泪兮，万众号啕。为大多数被压迫民族而痛哭兮，非为同志而寿夭。死我同志兮，增我灭敌之决心！革命潮流终不被绞杀兮，将复为之激荡而高涨与奔腾！人孰不死兮？死有异同。二十位同志之死，为世界工农。革命者的肉体虽可死兮，其精神永留被压迫人民心中！后死者之责任兮，起来向贼猛攻！继死者之志愿而奋斗兮，达到革命成功。

在第一次国共合作时期，李大钊为冯玉祥国民军的引路，其影响是巨大而深远的。首先，提高了国民军的战斗力；其次，团结改造了一批旧军队，为后来中共在西北地区建立抗日民族统一战线奠定了基础；第三，在国民军中建立了有中共直接领导的武装力量，这支武装力量后来发展成为西北红军，建立了陕甘革命根据地。李大钊是中国共产党最早抓武装的领导人。

坚持斗争在白色恐怖下

在生命旅程的最后二百多个日夜，李大钊在异常恶劣的环境下与敌人进行顽强的斗争。

当严重的白色恐怖迫临，环境愈来愈困难、愈来愈艰苦的时候，国民党的领袖们纷纷南下。有些人害怕了，不敢继续革命了。党组织为了保存革命力量，迎接北伐革命高潮，将许多同志调离了北京。李大钊始终毫不动摇地坚守在自己的岗位上，毫不计及个人的安危，毅然将领导北京革命的全副重担肩负起来。李大钊是中国共产党组织在北方的领导人，同时，又兼任了国民党在北方的领导人。他以大无畏的精神，投身于革命的秘密工作，表现了最大的革命坚定性。

1926 年 3 月底，李大钊和国共两党在北方的领导机关一起，迁入东交民巷苏联大使馆西院的兵营里。在敌人的严密监视下，他的活动受到了很大限制，苏联大使馆门口总是停放着几辆由密探伪装成洋车工人的东洋车，一有人出来就被跟踪上了。但是，他仍然通过种种方法，和北方各地的革命组织、革命同志保持了密切联系。在李大钊的领导下，沉寂多年的兵营一时成了北方革命运动活跃的指挥中心。外面虽然是敌人的黑暗统治，里面各种工作却在热火朝天地进行。在这里活动的革命者最多时曾达二三百人。有的时候，日夜都有同志化了装，躲过敌人的监视，前来请示汇报工作；一些进步青年，甚至大学教授，也常前来求教。李大钊总是尽量亲自接见这些同志或朋友，和他们谈话，并审阅各地送来的报告，派出干部，发出指示信，继续领导北方的革命力量，利用一切可能，开展了大量的革命工作。

▲ 东交民巷苏联大使馆西院原俄国兵营里李大钊的住宅

1926 年 7 月，广东国民革命军正式出师北伐，取得了伟大的胜利。同年 9 月，国民军也在中共的帮助下，誓师于绥远五原，发表宣言，愿以国民革命和扶助民众运动为职志，并配合北伐军，经陕、甘进军河南西部。北方党组织和李大钊这时派遣与输送了大批干部和革命青年到南方去，又派了许多同志到国民军中去担任政治工作，积极地支援了北伐战争。

李大钊领导北方党组织充分利用了全国革命高涨的有利形势，并充分估计直奉系军阀的野蛮统治在人民中引起的不满和反抗，采取了坚定的革命政策，积极地扩大了革命的统一战线，发展了北方的革命力量。仅北京一地，“三一八”以后至 1927 年 2 月，共产党员就在敌人的疯狂搜捕和“讨赤”“驱赤”的恐怖气氛中由三百余人发展到千人以上；共青团组织也有很大发展：除各大学外，京师一中、艺文、今是、崇实、朝阳、汇文等许多中学都建立了团的组织，团的东城区委更由一个区委分成了三个区委；国民党党员也由 2200 余人增至 4300 余人。

在革命力量不断发展的基础上，李大钊又联合北京各进步团体，组织了“左派联席会议”（简称“左联”），使进步力量在共产党的周围紧密团结起来，使革命统一战线获得了进一步的巩固，更加孤立了国民党右派。1927 年 1 月国民党北京特别市党部的选举中，左派大获全胜，完全实现了中共北方区委所提出的“将党权（国民党党权）交给左派”的口号。

由于北方区党委和李大钊的坚强领导，北方的群众革命斗争虽然处在恶劣环境下，但仍在逐步地向前发展。首先是直隶、山西、热河、内蒙古等地的农民运动，在湖南等省农民运动的影响下，更迅速地发展了起来。当白色恐怖笼罩了城市以后，李大钊和北方各级党组织派遣了更多的同志到广大农村中去，在这些地方突破了敌人的黑暗统治，扩大了原有的农民组织，建立了新的农民组织和农民武装，展开了新的斗争。

在敌人严密控制下的城市，党组织领导下的各种秘密革命活动也在积极进行着。仅从革命刊物的出版来看，除《政治生活》继续秘密出版外，北京各大学都出版了秘密刊物，如北大的《烈火》《新生》《下层》，师大的《新华》，燕京大学的《努力青年》，农业大学的《农光》，政法大学的《新社会》，艺术专科学校的《街头之塔》，等等。1926 年五一劳动节，党组织又在东北创办了《满洲工人》周刊，在奉系军阀统治的后方扩大了革命的宣传。

李大钊继续为《政治生活》撰写了许多文章。他的《日本帝国主义最近进攻中国的方策》一文，用确凿的事实，有力地揭露了日本帝国主义勾结国民党右派破坏中国革命的阴谋。

在李大钊领导下，北方的革命阵营还在反动军阀的军队中进行了多次策反工作。如联络国民军旧部任应岐的部队，利用奉直两派军阀的矛盾，使直系的一些高级军官反戈，以及在敌军中散发反戈反战的传单等等。这些工作虽然未能完全达到预期的目的，但是起了分化瓦解敌军、扩大敌人内部矛盾的作用，直接间接地配合了北伐战争。

李大钊紧张地、繁忙地策划着、指挥着。他的表姑薛范氏曾经问他：“你们老搞这事，也不怕吗？人家那样厉害，兵权在手，今日赶，明日捉，把你们从这儿赶到那儿，你们不是自讨苦吃吗？”李大钊答道：“他们就好比是一堵墙，我们捣来捣去，总会把这堵墙给捣垮的！”又说：“怕什么！早晚我们是要胜利的。我们的主义，就像庄稼人的种子一样，到处都撒遍了，他们是破坏不了的。他们破坏了这儿，还有那儿长出来，没有关系！”

革命者播下了革命的种子，将来一定会获得丰收！这是李大钊多次引用过的譬喻，也是他坚定不移的信念。他常对孩子们说：“你看，农民们辛辛苦苦地种下东西，收获的时候是多么的欢喜呀！他们忘记了辛苦，只有快乐。我们的革命也是一样，现在统治者虽然想尽办法攻击我们……我们是不怕的。我们要挺身和他们斗争到底。我们要用最大的努力把革命的种子撒得到处都是……等到革命成功的那一天，我们会像农民把庄稼收回家来一样的快乐！”

李大钊并以这种精神来影响和教育周围的人们。北方党组织在他的领导下，正确地分析了敌人的野蛮统治，指出敌人虽然残暴，反赤运动虽然猖獗，但人民却因此看清了军阀的真面目，在敌人的屠刀下广泛团结起来了。事情正在走向它的反面，反赤的运动反倒成了“赤化的教育”，安国军总司令部正在成为“赤化教育部”。即如《政治生活》说的：“此次反赤联军第一最大功德就是宣传赤化。从此以后，一般民众知道赤化就是‘不扰民，真爱民’，反赤就是烧、杀、奸、掳、军用票，所以，他们日思赤之再来，并深信唯赤可以使他们自救。”

但是，李大钊自己的处境却越来越险恶了。敌人进一步加紧了对北方革命指挥机关的监视与迫害。机关里的工友阎振三出去送信，没有回来；打杂烧饭的工友张全印一早出去买菜，又没有回来。大家很焦急。李大钊的工作也更加紧张起来。但是，他那钢铁般的革命意志是动摇不了的。他依然那么安详、乐观，满怀信心地来克服愈益严重的困难。工友被捕，没人做饭，他便与范鸿劼、谭祖尧等同志自己动手，淘米、切菜，做起饭来；工作闲暇的时候，他还向大家“谈些惹人发笑的话”，使得大家也都镇定下来了。

同时，李大钊对敌人保持着高度警惕，绝不对敌人抱丝毫幻想。他做了一切必要的准备，对各地的工作做了周密的安排，烧毁了重要的文件；还与同志们一起，练习打手枪，准备应付最坏的、可能的事变。

许多老朋友屡次托人带信给他，或者亲自来看他，劝他离开北京，都被他婉言谢绝了。他说：“要走出北京并不难，就是工作离不开，我是不走的。”妻子也很为他担心，多次劝说，但也不能改变他的决心。他总是说：“不是常对你说吗？我是不能轻易离开北京的，假如我走了，北京的工作留给谁？”“你要知道，现在是什么时代，这里的工作是怎样的重要……”

李大钊以其对党的事业无限忠诚的共产主义精神，坚持斗争在严重的白色恐怖下，高擎着革命的火炬，照耀着北方革命人民前进。

一卷革命与人生的正气歌

1927年4月6日清晨，奉军及京师警察厅出动数百名宪兵、警察、特务，悍然不顾一切外交惯例和国际公法，包围、袭击了苏联大使馆以及附近的远东银行、中东铁路办事处、庚子赔款委员会等。

帝国主义的公使团积极参与了这一罪恶勾当。事先，他们就与军阀当局秘密勾结，达成了所谓“完全的谅解”；届时，又下令东交民巷巡捕局配合军警、特务的行动。

这一天，正好是清明节，天气晴朗，妻子赵纫兰带着小女儿到附近儿童娱乐场上散步去了。李大钊坐在黑色的桌旁写字。忽然，传来了尖利的枪声，紧接着，是一阵纷乱的喊叫声，许多人从矮小的围墙上跳进院子里来。“什么？爹？”李大钊的长女星华正在外屋看报，紧张地问他。

“没有什么，不要怕。星，跟我到外面看看去吧。”在危难中，他是这样沉着，毫不慌张，他从抽屉里取出那支闪着光亮的小手枪，便向院里走去。院子里乱纷纷的，他们找到一间僻静的小屋，暂时坐了下来。

李大钊手里紧握着枪，面容更加冷静。看着他那坚定的神情，年幼的星华也不由得胆壮起来了。

“不要放走一个！”窗外，响起了吼叫声。随之，穿灰制服、脚踏长筒皮靴的宪兵们，穿黑制服的警察，胸系红线为记的便衣特务，蜂拥而入，包围了李大钊。他们拉出前些日子被捕的工友阎振三，一个满脸横肉、身材粗大的特务阴险地问道：

“你认识他吗？”

这个受过李大钊教育的可敬的工人，只是简单地摇了摇头。从他那披散的长发中间露出一张苍白的脸来，不难看出，他已经受过多次酷刑了。

“哼，你不认识吗？我可认识他呢！”一个家伙恶毒地狞笑着，又命令他的左右夺去了李大钊的手枪。

特务们的枪口对准李大钊。李大钊没有丝毫的怯懦或惊慌。他保持着他那惯有的神态，严峻，而又肃穆。他没有向他们讲任何道理，因为他清楚地知道，对这些军阀的奴才是没有道理可讲的。

李大钊被捕了。与他先后被捕的，还有范鸿劼、谢伯俞、谭祖尧、杨景山等共产党员，以及邓文辉、张挹兰等国民党左派。

▲ 军警包围苏联大使馆情形组照

李大钊在监狱中，在敌人面前，表现了共产党员对党的无限忠诚和崇高的革命气节。他没有一句有损党的荣誉、有损革命利益的“供词”，没有向敌人泄露党的任何机密。他始终立场坚定，坚贞不屈。他在狱中写下的自述回顾了自己壮烈的、革命的一生，表达了自己的坚定信仰和伟大抱负，宣传了反对帝国主义、改造国家的革命主张。他的自述最后自豪地说：“钊自束发受书，即矢志努力于民族解放之事业，实践其所信，厉行其所知，为功为罪，所不暇计。”在自述中，他把一切都由自己承担起来，尽力掩护一同被捕的青年同志们，表现了高度的舍己为人的共产主义精神。

军方还多次组织法庭审判，妄图从精神上压制李大钊。然而，屹立在他们面前的，却是一个伟大的无产阶级战士不可侮辱的形象。当时，一些记者的记载承认：“李大钊受审时……态度极从容，毫不惊慌。”“着灰布棉袍、青布马褂，俨然一共产党领袖之气概。”“自谓平素信仰共产主义，侃侃而谈，不愧为革命志士本色。”

威逼不成，敌方又继之以利诱。张作霖的参谋长杨宇霆亲自前来劝降，拉同乡关系，讲了许多甜言蜜语。李大钊一概严词拒绝，并痛斥了他们的鬼蜮伎俩。杨宇霆又用高官厚禄进行收买，李大钊从容答道：“大丈夫生于世间，宁可粗布以御寒，‘晚食以当肉，安步以当车’，就是断头流血，也要保持民族的气节；决不能为了锦衣玉食，就去向卖国军阀讨残羹剩饭，做无耻的帮凶和奴才！”大名鼎鼎的“小诸葛”无言以对，狼狈而去。

李大钊虽然身处缧绁之中，但他仍不倦地为一同被捕的难友讲解马列主义学说，鼓舞大家的斗志，在监狱里尽力宣传共产主义。他的不屈不挠的革命精神，赢得了全体被收监人的敬爱。

在生死存亡的关头，李大钊所念念不忘的，仍然是亲爱的党，仍是他那为之鞠躬尽瘁的革命事业。他的妻子和两个女儿与他一起被捕，但他“在狱二十余日，绝不提家事”。据李星华回忆：她和母亲、妹妹曾经在法庭上见过他一次，“父亲瞅了瞅我们，没有说一句话，脸上表情非常平静，既不愉快，也不伤心，似乎他的心并没有放在我们身上”。他是“如此安静和沉着”，另一种伟大的力量——对于革命事业的坚定信心——“笼罩了他的整个精神”。

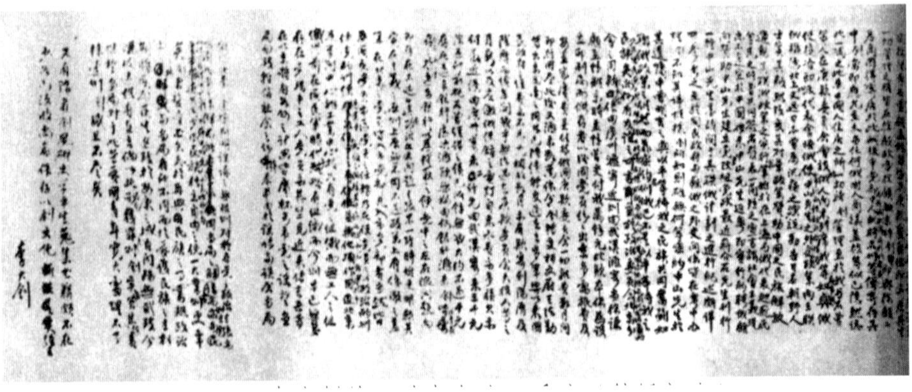

▲ 李大钊的《狱中自述》手迹(结尾部分)

李大钊的被捕，也在社会上引起了极大的震动。学生群众、教育界、学者、名流以至他的同乡，均起而营救。京津各大报纸，都用发社评赞扬他的学问、道德和人格的方式，“暗为守常呼吁”。北京国立九校的校长曾集会讨论营救办法，并由北大和师大的校长访问当局，陈述意见。之后，国立、私立25所大学的校长又开会讨论，决定发表书面声明，要求“移交法庭办理”。当时在北洋军阀政府内任职的秘密党员杨度，在得悉奉军即将举行大搜捕的消息后，即向党报告；在李大钊被捕后，又利用反动统治阶级内部的矛盾，由北洋政府出面，向张作霖提出应将此事“移交法庭”，积极设法营救。国民党也拍来了电报，向奉系军阀提出警告。广大的社会舆论，都是站在李大钊方面的。据李星华回忆：她们被捕后不久，另一个女政治犯，也是李大钊的学生，被捕到警察厅里来。当女看守不在身边时，她向她们讲起李大钊被捕后，在中国，甚至兴奋地说在国外，是如何的轰动。她说，报上还有李大钊的照片，不知从哪里找来的，是一张很神气的照片，脸上发着慈祥的光芒，活像一个菩萨；并且，这照片是摆在报头上的。她讲得非常起劲，她完全忘记了当时已经是深夜，而且还被关在没有自由的拘留所里。她一边说看，声音不由得高亢起来。她深深地被人民群众对李大钊的热爱所激动了。

一方面是人民的积极营救；另一方面，则是那些新旧军阀及其帮凶们勾结起来，进行卑鄙的谋害。蒋介石特“密电张作霖，主张将所捕党人即行处决，以免后患”；张宗昌也打来电报，说什么李为“赤党祸根”，“巨魁不除，北京终究危险”，等等。反动派对李大钊这样仇恨和害怕，这就更加暴露了他们共同的狰狞面目和凶残本质。

1927年4月28日，奉系军阀悍然不顾人民群众和社会舆论的谴责，杀害了李大钊与范鸿劼、谢伯俞、谭祖尧、杨景山等20位革命者。

▲ 李大钊英勇就义时留下的遗照

4月28日上午10时，所谓“特别法庭”突然开庭判决：对李大钊等立即处以绞刑。而由所谓的安国军总司令部、京畿卫戍总司令部、京师高等审判所、京师警察厅所组成的“军事会审”，竟是偷偷地在警察总监的一间客厅里匆忙进行的。当下午李大钊等被押解到西交民巷京师看守所秘密杀害时，更是“马路断绝交通，警戒极严”，如临大敌。

李大钊拖着沉重的身体，带着凛然不可侵犯的威严的目光，含着让人永远难忘的坚定的笑容，第一个从容地、昂然地走上绞刑台。

为了崇高的共产主义理想，李大钊战斗了一生，最后献出了自己宝贵的生命。他牺牲的时候，年仅38岁。

壮烈的牺牲足以延长生命的音响和光华

1927 年 4 月 28 日，中国共产主义运动的先驱、中国共产党的主要创始人之一、伟大的马克思主义者李大钊，在奉系军阀统治下的北京城走上绞刑台，用壮烈的牺牲延长着自己生命的音响和光华。

李大钊壮烈牺牲以后，最先对李大钊的罹难经过作出一些详细报道的是北京的《世界日报》；随后，天津的《北洋画报》和汉口的《民国日报》也发表了角度不同的记述。

《世界日报》是著名报人、北京大学国文系肄业生成舍我在 1925 年 2 月 10 日创办的民营报纸，有着较强的进步倾向，在“五卅惨案”和“三一八惨案”爆发时均曾及时发表大量报道，向来以“要说自己想说的话”“要说社会大众想说的话”出名。1927 年 4 月 29 日，在李大钊死难的第二天，连日追踪报道李大钊等人被捕、受审情况的《世界日报》，就以《李大钊等二十人昨被绞决》为题，报道了李大钊等人被处以绞刑的经过：

当局办理党案，自特别法庭成立后，审判长何丰林及各个法官，曾在警厅屡次检阅证据，及李大钊等供单。其关系较重者，并由何等亲提审问，核对前后供词，商量判决办法，至前晚上，大致即经商定，遂于昨日上午十时，在警厅正式开厅。出厅之法官为审判长何丰林、主席法官颜文海(安国军执法处处长)、法官朱同善、傅祖舜(安国军执法官)、王振南(高等厅推事)、周启曾(卫戍部执法官)、检察官杨辉增等七人。开庭后,即将李等提讯,至下午一时许讯定,即判决。所有情节最重之李大钊、谭祖尧、邓文辉、谢伯俞、莫同荣、姚彦、张伯华、李银连、杨景山、范鸿劼、谢承常、路友于、英华、张挹兰、阎振三、李昆、吴平地、陶永立、郑培明、方伯务等二十人,一概绞决。当派定东北宪兵营长高桂五为监刑官,由警厅调集刑车(即火车式之木栏二马所拖之车)五辆将李等装入车内,每车有押车警士二人。前后并有保安队一大队、手枪队一队,及卫戍团等甚多。二时由警厅出发,直赴司法部后之地方厅看守所刑场,沿途观者甚众。二时四十分至场。场中有绞杆数挺,即由保安队等护场。因杆少人多,故分批执行。第一批为李大钊、路友于等,因绞刑极费手续,故至下午四时十分始执行完毕,分别棺殓。警厅于事前已备就棺木二十具,闻每具价约在六十元上下。棺殓前,先由警厅派人将尸体一一照相,再行入殓。于昨日下午八时俱抬送长椿寺。闻所有照片罪状等,均将于今日同时公布。其余被逮捕之党员,据闻有四人处无期徒刑,三人处三等有期徒刑,均押送第一第二监狱分别执行。其他罪名较轻者,当可一律释放。至所捕俄人十五名如何发落,亦为时人所注意,据关系方面所云,俄人为另一问题,日内亦有分晓云云。

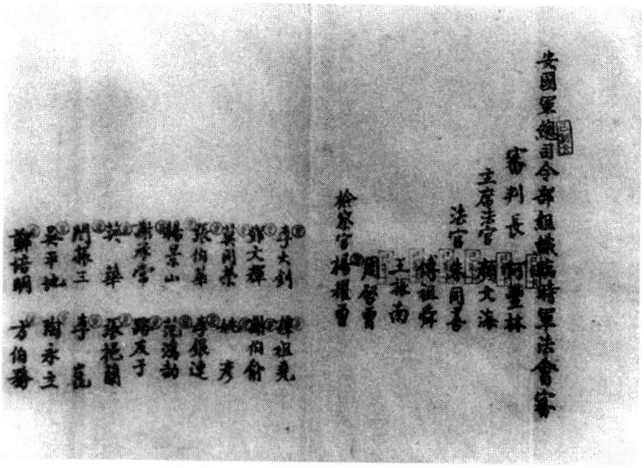
安國軍總司令部組織臨時軍法會審
審判長 何豐林
主席法官 顏文海
法官 朱同善
傅祖舜
王振南
周啓曾
檢察官 楊耀曾
李大釗 譚祖堯
鄧文輝 謝伯俞
莫同榮 姚彦
張伯華 李銀連
楊景山 范鴻劼
謝承常 路友于
英華 張挹蘭
閻振三 李昆
吳平地 陶永立
鄭培明 方伯務

▲ 与李大钊一起就义的19位烈士名单

同日，该报又以《张作霖决处绞刑》为题，报道了相关背景情况：

据复旦社云：关系方面传出消息，军法会审各委员，系未征据主义，凡无证据者，拟概予免究。最先只将证据较为充分之李大钊、张伯华二人判死刑，其余则未加可否。惟因某将领前晚来一急电，谓前方既宣明讨赤，后方捕获赤化要犯，久延不杀，恐不足以服各将领之心。张作霖乃命各审判官重为审讯，遂决定将李大钊等二十名处以绞死罪，即于前晚汇送安国军总司令判阅，张比画行云。

紧接，《世界日报》又在1927年4月30日追加报道：

又据复旦社云：某方确息，安国军司令部军法会审处，此次审讯党案，纯以证据为主。按照证据，平日工作最多者，应以张伯华、方伯务两人为首。张曾游历各处，并在天津开设机关，有时化装到外办事，所任职务，确为最高侦探。方伯务系调查党人工作，每星期必有一函报告党员工作上勤惰，及应该奖惩或联络方法。审核原书，文笔尚书通顺，书法亦清秀。闻前日安国军方面，决定将李等按律执行死刑，命令到后，即提出验身画供。李大钊首先签字，其余各人，亦均依次画押。当以汽车送入地方看守所时，表面上虽云是移送法庭，实际李等已明白矣。比因李毫不恐怖，即以相当礼貌送入汽车，其余则均有绳绊。到看守所之后，由地方厅每二人合照一相，照完之后，即送入刑台。刑事以隔离为原则，彼此不能看见。李就刑时，则呼天字。张挹兰则喊哎哟。其余亦有轻微呼声，死后有伸舌者，有鼻中向外流血者。官方事前对李大钊特预嘱买一上等棺木盛殓。其余十九人则用中等。所用棺木，均由内右一区在西单同顺木厂所购。闻李之棺木，价洋七十元，其余则四十元上下。但同顺只存有十四具，临时由同顺代购六具。前晚五时，即抬至法部后身看守所旁门之外陈列。每殓一尸，即抬至下斜街长椿寺。尸上粘有布条，上写姓名，棺外亦然。昨晨四时半始竣事。李之灵柩系十六人抬之，其余则十二人。灵柩到寺，俱搁于最后院之三间南房内。李柩及某某两柩单列，其余则重列。如张挹兰柩底即搁李银连之柩。

同时，《世界日报》还全文转发了“中华民国十六年四月二十八日”安国军总司令张作霖发布的关于“共产党人李大钊等”被“判决”及“各处死刑”的《安国军司令部布告》。

1927年4月29日，及时对李大钊等人死难作出报道的，还有《晨报》。《晨报》以《军法会审昨日开庭判决党人二十名死刑》，发表快讯：

前日方传军法会审尚未正式开庭，而昨日下午党人二十名已被绞决矣。据云此次军法会审因所有案情经警察厅司法处审问整理，早已明晰，无再行详细审讯之必要。且连日审判长何丰林，审判官颜文海、朱同善、傅祖舜、王振南、周启曾等均在警厅提讯各重要党人，而各人口供皆与侦缉处所供，毫无差异。而前晚又得前方某重要将领来电，谓前敌将士因讨赤而死者不知若干，今既获赤党首要人物而不置诸法，何以激励士心？最妙者，闻南方某要人亦有电致在京某人，主张将所捕党人速行处决，以免后患。

显然，此报道侧重的是“判决”的背景新闻。

当时，对李大钊等人牺牲的情景记述较详的，又有1926年7月7日在天津创刊的以图文并茂著称的《北洋画报》。1927年5月7日，《北洋画报》在第2版下方发表了署名“王郎自京师寄”的通讯《处决李大钊等琐闻》：

共产党李大钊等二十人，已于四月廿八日午后二时在西交民巷地方看守所执行绞决。闻未经军法会审开庭以前，连日审判长何丰林、审判官颜文海等，均已在警厅提讯重要共产党人数次，李大钊直供由孙中山西山会议以后，北方一切共产党员，即已完全归其统辖。彼谓孙中山对于学说，向主若无背叛国民党行为，率许自由研究，以是吾得（李自指）养成今日之势。余除报告一切工作外，对于北方有若何阴谋，则始终似未陈说也。

李有女二，亦被捕。提讯时，某审判员谓：“汝亦知共党为违法乎？”女答：

"吾只知读书,不知何谓共党。"某员谓:"曷询若父。"(指李)女答:"父之所行,不能使其女强同,吾课程俱在,听召等考试各科之成绩何如?"某员曰:"汝言殊狡狯。"一乃命姑退。又画供时,李大钊举笔先押,最后余二人,尚犹豫未肯决。某员曰:"二十人已画具十八,汝二人岂容独逃。否则亦将以弹丸饷汝等也。"乃画。

军法会审于二十八日上午十一时在警厅南院总监大客厅上正式开庭,至一时十分始毕,宣告死刑判决。事先秘不可知,故由警厅抵看守所时,女党员张挹兰,所乘为第四辆汽车,张系剪发,下车时身段极活泼,首左右顾,发随之动,面色自然。盖犹未知死神已临其头上也。殆兵警拥入所内,始就缚。当时某犯大呼曰:"我们受审判来,需此何为者。"此地何地,似尚未知。时兵警都未答,惟嘱其勿声。未几执行吏来,首以李大钊送往绞刑台。李见此,知已不免,乃曰:"请以纸笔来,俟书一遗嘱。"执刑者曰,此时已晚,由不得汝矣。李无言,神色尚未变,既上。执刑者令其颈稍伸长,李如言应之,厥态殊从容。二十分钟始绝。余人见此情形,尽失色,都知无望,乃顿足长嚎,为时计三钟许,始一一处刑完毕,随其首领,以"共"于黄泉中去矣。

此外,当时的国民革命中心——汉口的国民党中央委员会机关报《民国日报》在1927年5月12日以《北京各同志被害详情》为题,详细报道了李大钊等烈士就义的经过:

北京四月三十日快函云:前日方传所谓军法会审,尚未正式开庭,而昨二十八日下午李大钊先生及其他十九同志,已被万恶军阀惨绞毙命矣!据云前晚张作霖得其前方张学良等来电,主张杀害,同时蒋介石又密电张作霖,主张将所捕党人即行处决,以免后患(记者按:此讯甚确),二十九日北京《晨报》详载其事,惟改"蒋介石"三字为"南方某要人",故张作霖即决定于二十八日,先将李大钊等处刑,其余再陆续办理。二十八日早十时地方检察厅即下令传执刑吏(在宣外火道口居住)即刻到看守所应差,厅内外即知有行刑之事,惟尚不知究为何种犯人。正午十二时有警察厅司法处科长吴锡武、科员金某乘汽车直至法部后身看守所，嘱所长严重戒备，凡所内外不许出入，并命荷枪之法警四名，把守厅门，不许外人接近，旋有宪兵乘汽车至，在所内等候，形势益为紧张。同时所谓军法会审在警察厅南院，中（总）监大客厅正式开庭，召预定宣告死刑之二十人至庭，审问姓名年龄籍贯及在党职务毕，宣告死刑，至十二时十分始毕，十二时三十分即由警厅用汽车六辆分载各党人赴看守所，第一次抵看守所者，时为十二时五十分。第一辆汽车（号牌1200）内为李大钊先生等三人，两旁列宪兵警戒，第二辆汽车（号牌512）为路友于同志等四人，第三辆汽车（号牌536）为谭祖尧同志等三人，第四辆汽为张挹兰、邓文辉两同志，第五辆汽车为范鸿劼同志等三人，第六辆为方伯务同志等四人，各人均未带刑具，亦未捆绑，下车后即由兵警拥入所内。当日看守所马路断绝交通，警戒极严，李先生等被拥入所后，即由执刑吏及兵警送往绞台。闻看守所中只有两架，故同时仅能执行二人，而每人约费时十八分始绝命，计自二时至五时始完毕。首登绞刑台者，为李大钊先生。闻李神色未变，从容就义。又张挹兰同志下车时，面现喜色，摇首挺身而入。某同志临刑时，从容微笑云：“这样就死了吗？”其余皆从容就义，毫无恐惧之色。被害后，警察厅早为预备二十具棺木，有价值六七十元者，有价值四五十元，由狱吏用木板将尸身抬出，在看守所边门前殡殓，至晚九时方毕事，所有棺木均暂停下斜街长椿寺，待由家属领取。李先生及各同志被害后，另有十人被判处徒刑（编者按：其姓名已志本报，兹从略）。李先生死后，北京各报一致表示哀悼，日帝国主义机关报《顺天时报》亦称颂李为“青年思想家实际运动之先驱”云。

从这些当时的新闻媒介报道看，李大钊是当日在20个共同赴难的烈士中，第一个登上绞刑台的；他是“毫不恐怖”地被押往刑场的，是“神色未变，从容就义”的。在临刑时，李大钊曾索要纸笔，拟“书一遗嘱”；执刑者不允，他不再说话（“无言”），神色自若地上了绞刑台。在受刑时，“执刑者令其颈稍伸长”，他“如言应之，厥态殊从容”；临终前他可能曾“呼天字”，“二十分钟始绝”，堪称视死如归，大义凛然。这当是李大钊英勇就义的真实场景。

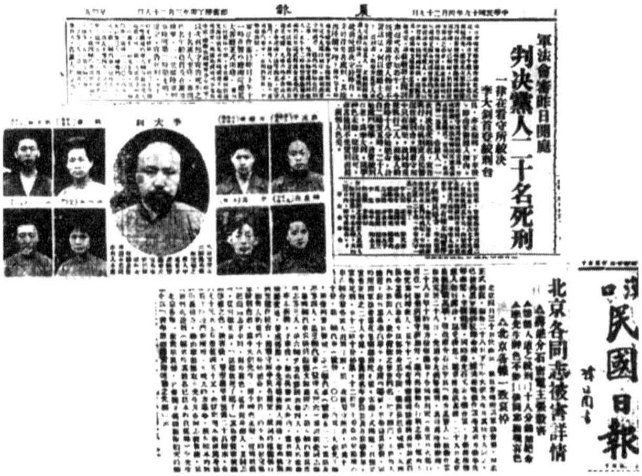

軍法會審昨日開庭
判決黨人二十名死刑
一律在看守所絞決
李大釗首登絞刑台

北京各同志被害詳情

民國日報

▲《晨报》《民国日报》等报纸报道李大钊等被害消息

今天，当我们如实地记录下这些文字时，心是被紧紧地揪着的，军阀刽子手那血腥的绞刑架，总是在我们的眼前挥之不去！ 不过，通过持各种不同政见者的记述，我们真切地感到，李大钊完完全全是慷慨赴死，从容就义！

绞刑在中国古已有之，并曾流行极其残酷的“三绞处决法”，即在执刑时翻来覆去地折磨受刑者。

中华民国成立以后，绞刑基本废止，对判处死刑的犯人多沿袭旧时广为采用的砍头法执刑。 时至1919年，在袁世凯死去以后继任总统的黎元洪下令禁止用砍头法执行死刑，国民政府遂从英国进口一架绞刑机，开始改用西式绞刑代替砍头。

▲ 李大钊被害的绞刑架

从李大钊就义的报道看，坐落在西交民巷的京师看守所刑场摆设有两架绞刑机，李大钊是第一个被执行绞刑的人，用时较长。 《民国日报》的报道说受刑时“每人约费时十八分始绝命”，《北洋画报》的报道说李大钊受刑时“二十分钟始绝”。据有关人员回忆，李大钊受刑的时间可能是“二十分钟”的两倍，约有40分钟。当年也被抓进监狱的李大钊长女李星华在《回忆我的父亲李大钊》一书中说：“反动政府把父亲视为‘罪魁祸首’，对他怕得要死，恨得要命。为了延长他的痛苦，刽子手们对别人只施刑二十分钟，面对他施刑长达四十分钟之久。”李大钊之所以被施刑时间较长，从当时的传闻和一些迹象分析，主要是刽子手对李大钊实行了古已有之的异常残酷的“三绞处决法”。对此，长期生活、工作在李大钊故乡的原乐亭县文联主席、作家张建国在《伟大的播种者——李大钊的故事》一书（湖北人民出版社1980年版）的《从容就义》一节曾经作出描写：

愚蠢的敌人第一次把大钊绞昏了，又放下来，仍然劝他“悔过”。大钊同志苏醒过来，愤恨地说：“你们把我绞死，我的灵魂不死，革命不死！”敌人又第二次把他绞了上去，然后又把他放下，还是劝他“悔过”。大钊慢慢地睁开眼睛，冷笑一声说：“力求速办！”

▲ 李大钊在就义前与路友于（左）、张挹兰（右）的合影

敌人的妄想完全破灭了，这才第三次把他绞上去。大钊同志终于为共产主义、为革命献出了他那只有三十九岁的宝贵生命！

此外，张建国在此节又记述道：“大钊死后，他的七窍流血。他生前一个姓周的好友，找了医生，为他擦去血迹，还仍是面貌如生。”

李大钊在受刑时说的话语已无从考究，但“力求速办！”很可能是他最后留下的声音。

另据笔者多年寻访，李大钊的

同乡好友白眉初收养的女儿白汝漪生前曾多次讲过，李大钊牺牲后，脖颈上勒有三道深深的血痕。

李大钊是中国第一个传播马克思主义并主张向俄国十月革命学习的先进分子，他用 38 年生命的光华和绝响，为世人诠释了为理想而追求、而奋斗、而献身的精神。 而今，已是“赤旗的世界”的中国，在历史的天空中，仍然闪现着那勇于担当的铁肩和为民擘画的妙手。